KB088722

지중해와 지중해 세계 16세기 후반기

해

폴란드

바르샤바

리보프

키예프

아조프 해

오데사

크림 반도

트리아

부다페스트

헝가리

몰다비아

흑해

왈라키아

부쿠레슈티

아티아

플리트　보스니아

라구사

카타로

아 해

리

오트란토

콘스탄티노플 (이스탄불)

보스포루스 해협

마르마라해

오스만 투르크

그리스

다르다넬스 해협

에게 해

코르푸

프레베자

레판토

키오스

이즈미르

이오니아 해

자킨토스

아테네

낙소스 공국

니코시아

키프로스

(동)트리폴리

다마스쿠스

시리아

크레타

지중해는 시칠리아 섬과 튀니지를 경계로 하여 동-서 지중해로 나뉜다

알렉산드리아

카이로

지중해 : 펠리페 2세 시대의 지중해 세계 II-1
집단적 운명과 전체적 움직임 상

지중해 :
펠리페 2세 시대의 지중해 세계 II-1
집단적 운명과 전체적 움직임 상

페르낭 브로델

남종국, 윤은주 옮김

까치

La Méditerranée et le monde méditerranéen à l'époque de Philippe II

by Fernand Braudel

Copyright © Armand Colin Publisher, 9th. Edition, 1990

ARMAND COLIN is a trademark of DUNOD Editeur-11, rue Paul Bert -92240 MALAKOFF

All rights reserved.

This Korean edition was published by Kachi Publishing Co., Ltd. in 2017 by arrangement with Armand Colin Publisher through KCC(Korea Copyright Center Inc.), Seoul.

편집, 교정 박종만(朴鐘萬)

지중해 : 펠리페 2세 시대의 지중해 세계 II-1
집단적 운명과 전체적 움직임 · 상

저자 / 페르낭 브로델

역자 / 남종국, 윤은주

발행처 / 까치글방

발행인 / 박후영

주소 / 서울시 용산구 서빙고로 67, 파크타워 103동 1003호

전화 / 02 · 735 · 8998, 736 · 7768

팩시밀리 / 02 · 723 · 4591

홈페이지 / www.kachibooks.co.kr

전자우편 / kachibooks@gmail.com

등록번호 / 1-528

등록일 / 1977. 8. 5

초판 1쇄 발행일 / 2017. 11. 30

2쇄 발행일 / 2019. 3. 25

값 / 뒤표지에 쓰여 있음

ISBN 978-89-7291-647-5 94900
      978-89-7291-645-1 (세트)

이 도서의 국립중앙도서관 출판예정도서목록(CIP)은 서지정보유통지원시스템 홈페이지(http://seoji.nl.go.kr)와 국가자료공동목록시스템(http://www.nl.go.kr/kolisnet)에서 이용하실 수 있습니다. (CIP제어번호: CIP2017030536)

적 이유

하권 차례

제II부

집단적 운명과 전체적 움직임 상

이 책『지중해』제II부의

제1장-제3장은 남종국 교수가

제4장-제8장은 윤은주 교수가

분담하여 번역했다.

<일러두기>

1. 한국어 번역의 저본이 된 판본은 프랑스어 원서 제6판(1985년)이다. 제10판
   이 최종판이며, 제2판 이후는 제4판에서 두 곳(제II부 377쪽 이하와 제II부
   570쪽)이 수정, 보충되었을 뿐이다.

2. 대괄호[ ]는 "역자 주"를 위해서 사용했다.

3. 인명, 지명 등의 고유명사는 국립국어원의 외래어 표기법을 준수했으며, 그
   밖의 경우에는 현지 발음을 따르는 것을 원칙으로 했다.

제II부

집단적 운명과 전체적 움직임

이 책 제I부의 목표는 지리적 공간 속에서 나타나는 반복, 느림, 영속성을 보여주는 데에 있다.

우리는 움직임이 없거나 거의 없는 것을 찾는 과정에서 원칙적으로 16세기 후반으로 한정된 연구의 시간적 경계선을 넘어섰다. 그리고 현대를 포함한 다른 시대의 증언들을 활용하는 데에 주저하지 않았다. 빅토르 베라르는 오디세우스가 지중해를 가로지르면서 목격했던 풍광들을 재현했다. 그런데 정작 우리가 여기서 보게 된 것은 페니키아인들의 섬인 코르푸 섬이나 로터스 열매를 먹는 종족들의 섬인 제르바뿐만이 아니라 수세기 동안 변하지 않는 인간 오디세우스 자신이었다.[1]

제II부에서는 이 장기 지속의 역사를 넘어 좀더 개별화된 리듬의 역사, 즉 집단의 역사, 집단적 운명의 역사, 전체적 움직임의 역사를 파악할 생각이다. 이것은 **사회사**이다. 사회사에서는 모든 것이 모르스 알박스가 이야기한 "사물"이 아니라 인간, 달리 말하면 인간이 사물을 이용해서 만들었던 것들로부터 출발한다.

사실 제II부에서는 상이한 두 가지 주제에 답하고자 한다. 이 책에서는 사회구조, 따라서 느리게 변해가는 구조에 관심을 가지려고 한다. 또한 구조의 움직임에도 관심을 둔다. 그리고 그것은 전문용어로 **구조(structure)**와 콩종튀르(conjoncture)라고 부르는 것, 즉 움직임이 없는 것과 움직이는 것, 느리게 움직이는 것과 빨리 움직이는 것이 서로 섞여 있는 것을 말한다. 이 두 가지 실체의 차이를 처음으로 인식한 경제학자들이 말하는 것처럼,[2] 이 두 실체는 변하는 것과 지속되는 것이 섞여 있는 매일의 일상 속에 존재한다.

그러나 단 한 번의 노력으로 이 독특한 모습을 파악하기는 쉽지 않다. 그래서 우리는 여러 장들에서 어려움을 분산했고, 경제, 국가, 사회, 문명, 필수불가결한 교환 도구, 마지막으로 다양한 형태의 전쟁과 관련된 문제들을 순차적으로 다루었다. 어쨌든 독자들은 이 광경을 분명히 확인할 수 있을 것이다. 탁월한 이해에 이르기 위해서는 다양한 부문의 노력이 더해져야지, 한 가지 시각으로 단번에 이룰 수는 없다.

사실 이런 편의적인 구분은 불가피하다. 이 구분은 지식인에게는 만족스럽지 않을 것이다. 그러나 가능한 한 반복을 줄이면서 최선의 설명을 할 수 있다면, 어떤 계획이라도 나름의 가치를 가지게 된다.

제1장

경제 : 16세기의 규모

본격적인 논의를 시작하기에 앞서 16세기의 경제 규모를 먼저 확인해야 한다. 우리의 목표는 『라블레(*Rabelais*)』[1]의 마지막 장에서 뤼시앵 페브르가 정한 목표와 같다. 그것은 16세기 사람들이 가지고 있던 심성적 도구의 목록을 작성하고, 그 크기를 가늠하고자 노력해야 한다는 것이다. 그렇게 해야만 역사가들이 흔히 저지르는 실수를 피할 수 있고, 그 시대의 가능성이나 지적 수준과 충돌하는 잘못된 결론을 피할 수 있다. 또한 지중해에서 이루었거나 이루려고 노력했던 것을 확인하기에 앞서 16세기 사람들이 가지고 있었던 경제적 도구와 능력의 한계가 어떤 것인지를 개략적으로 보여줄 필요가 있다.

1. 공간, 제1의 적

오늘날 인류에게 공간은 부족하고 그나마 점점 더 줄어들고 있다. 반면 16세기에는 공간이 넘쳐났는데, 이러한 충분한 공간은 이점인 동시에 장애이기도 했다. 문학에서 반복해서 다루는 지중해에 관한 모든 주제 중에서 "인간의 통제 하에 있는 바다"라는 주제는 가장 실망스러운 주제 중의 하나이다. 마치 인간의 역량이 단번에 모두 주어진 것처럼 말하고 있기 때문이다. 분명히 지중해는 16세기 인류의 통제 하에 있지 않았다. 20세기의 인류가 태평양 바다를 모두 제어하기가 힘든 것처럼, 16세기의 인류도 지중해라는 너무나 넓은 공간을 기껏해야 부분적으로만 지배했을 뿐이다.

편지 쓰는 사람들 : 편지 배달에 소요되는 시간

이 문제를 이해하기 위해서는 고군분투하며 자신의 삶을 살아가던 사람들의 하소연을 듣는 것만으로도 충분하다. 황후[신성 로마 제국 황제 막시밀리아의 아내인 오스트리아의 마리아]가 자신의 오빠인 펠리페 2세에게 털어놓은 것처럼,[2] 편지를 쓰는 사람들은 "왕복으로 잃어버리는 것," 즉 우편의 소요 시간에 대해서 불평하지 않는 사람이 없었다. 칼뱅은 비코에게 뒤늦은 답장을 보내면서 다음과 같이 고백했다.[3] "……제 편지가 도중에 오랫동안 지체될 것을 생각하니, 제가 제 의무를 다하는 데에 얼마나 태만했는지를 알겠습니다." 만약 편지가 빨리 도착했다면, 그것은 더 놀랄 일이었을 것이다. 인문주의자 안토니오 데 게바라는 한 친구에게 보낸 편지에서 "발렌시아와 같이 그렇게 먼 곳에서 보낸 편지치고는 무척 빨리 도착했네. 토요일에 보낸 편지가 이곳에 월요일에 도착했으니 말일세"라고 썼다. 카스티야의 한 고위 관리가 바야돌리드로 보낸 편지 또한 기록적인 속도로 목적지에 도착했다. "그 편지는 이곳까지 마치 송어처럼 아주 신선하게 도착했습니다." 이후에도 그는 이 표현을 계속 사용했다. 실제로 몇 년 후에 로스 벨레스 후작에게 보낸 편지에서 "당신의 편지는 우리가 이곳 바욘에서 당신에게 보내는 연어보다 더 신선하고 훨씬 더 빠른 속도로 저에게 도착했습니다"라고 썼다.[4] 항상 그렇듯이 이러한 예외들은 일반적인 규칙을 확인시켜줄 뿐이다.

우리는 정치가와 대사들이 보통 중요한 일들을 고민할 것이라고 생각하지만, 정작 그들이 가장 자주 근심했던 문제는 우편물이 늦게 도착하는 것이었다. 1575년 2월 24일 안트베르펜에서 근무하던 돈 루이스 데 레케센스는 펠리페 2세의 파리 주재 대사 돈 디에고 데 수니가에게 쓴 편지에서 "귀하께서는 에스파냐로부터 전하의 편지를 잘 받고 계신지 모르겠습니다. 저는 지난해 11월 20일 이후 네덜란드의 사건들에 관해서 전하로부터 어떤 지시도 받지 못했습니다……. 왕실 우편 업무가 심각한 문제를 일으킨 모양입니다"라고 썼다.[5]

강박관념에 사로잡힌 것처럼 사람들은 우편물이 도착하기를 애타게 기다렸다. 일상적인 우편배달 역시 시간이 정해져 있지 않았고, 종종 정해진 날짜도 없었다. 1561년 12월 샹토네는 "플랑드르로부터 오는 정기우편물이 도착하기를 매시간 기다리고 있다"라고 적었다.[6] 물론 에스파냐 대사들만이 이런 강박관념을 가지고 있었던 것은 아니었다. 랑부예 추기경은 샤를 9세에게 보낸 편지[7]에서 "소신들에게 서둘러 편지를 보내시려고 한들 소용이 없으실 겁니다.……우체국장들이 전하의 편지를 전하면서 너무나 부주의하고 종종 부정을 저지르기 때문입니다. 전하의 편지는 왕실에서 리옹까지 배달되는 데 대개 한 달이나 6주일이 소요됩니다. 따라서 제가 그 편지를 받을 때면 너무나 아쉽게도 그것을 활용할 시기를 놓치거나 편지가 전한 명령을 수행할 때가 이미 지나버린 경우가 아주 많습니다.……"라고 썼다. 푸르크보도 비슷한 불평을 했다. 그는 1567년 1월[8] 마드리드에서 쓴 편지에서 "때때로 로마로 가는 정기적인 우편 업무를 맡은 리옹의 주민인 대여섯 명의 우편배달부들은 전하의 휘장을 달고 다니면서도 다니는 도중에는 느무르 님을 위하여 일한다고 말합니다. 이것은 우체국장들로부터 좀더 나은 급여를 받기 위한 것이라고 합니다"라고 적었다. 그러나 우편배달부들은 은행가들의 일이라면 국적에 상관없이 그들의 자금과 급보의 운반을 맡았다. 예를 들면, 그들 중 한 명은 "이(에스파냐) 왕실 소속의 제노바인들[9]을 급하게 찾아가서 리옹에 거주하는 다른 제노바인 은행가들이 보낸 편지를 전달했다." 하지만 프랑스 왕의 편지는 여전히 배달 도중에 있었다. 한번은 "랑드의 우체국장들"[10] 때문에 편지 전달이 늦어졌고 따라서 늘 그렇듯이 배달이 지연되었다. 에스파냐 주재 앙리 3세의 대리인 롱글레는 1584년 2

월에 2주일 전부터 정부로부터 아무런 소식을 받지 못했고,[11] "바야돌리드로부터 오는 수많은 편지들이 부르고스에 있다"고 명시했다. 이로부터 수도 없이 많은 사건과 사고가 발생할 수 있었다. 정기적인 우편 교신이 이루어지지 않을 수 있었고,[12] 정상적인 우편배달 노선이 막힐 수도 있었다. 또는 도적떼가 출몰한다는 소식에 우편배달부들이 야간 이동을 거부할 수도 있었다. 멀리 떨어진 지역들 사이에는 언제든 예기치 않은 지체 요인이 생길 수 있었다. 예를 들면, 나폴리의 부왕은 아무런 지시도 받지 못하고 있었고, 신중왕 펠리페 2세의 정부는 네덜란드의 사건들이 어떻게 진행되는지를 더 이상 알지 못했으며, 마드리드의 베네치아 대사는 60일 동안 이탈리아로부터 아무런 소식도 듣지 못했다.[13]

분명히 이런 일들은 인간의 실수 혹은 환경의 영향이나 혹독한 기후 때문에 발생하는 예외적인 경우들이다. 그러나 이 "예외"는 반복적으로 발생했고, 가뜩이나 긴장된 상황을 더욱 악화시켰다. 거리를 극복하기 위한 싸움은 항상 주의를 요구하는 문제였지만, 또한 우연이나 행운의 문제이기도 했다. 바다에서 순풍과 맑은 날씨가 계속되면 다른 상황에서는 6개월에도 불가능했던 항해를 1주일이나 2주일 만에 할 수도 있었다. 프로퐁티드 해[마르마라 해]에서 베네치아까지 항해하는 데에 보통은 반 년이 걸리지만, 블롱 뒤 망은 13일 만에 주파했다.[14] 소요 시간의 차이가 덜한 육상에서도 마찬가지로 전쟁, 위험한 사태, 도로가 잠기는 비, 고갯길을 막는 눈 등으로 인해서 가장 넉넉하게 잡은 기한조차도 초과하기가 일쑤였다. 주어진 공간의 크기는 영원히 고정된 것이 아니다. 10배 혹은 100배로 늘어날 수 있기 때문에, 이동하든지 혹은 어떤 행동을 하고자 할 때 공간이 부과하는 시간을 결코 미리 확신할 수 없다.

사실 16세기의 사람들은 시간의 지체를 체념적으로 받아들였다. 에스파냐에서 이탈리아로 보내는 편지가 보르도와 리옹을 경유하거나 몽펠리에나 니스를 경유하기도 했다. 1601년 4월 베네치아 주재 대사 드 빌리에 경이 앙리 4세에게 보낸 편지는 브뤼셀을 경유해서 퐁텐블로 성에 도착했다.[15] 1550년대에 로마에 주재하고 있었던 포르투갈 왕의 대사들은 종종 안트베르펜을 경유하여 편지를 보냈다.[16] 그것은 편지 전달에 소요되는 시간이 여행 거리가 아니라 우편 서비스의 질과 빈도에 달려 있었기 때문이다. 결국 모든 사람이 이에 익숙해졌다. 3, 4일 정도의 시간 지연에는 전혀 신경을 쓰지 않았다. 1587년 말 "베아른 대공"이 이끄는 프로테스탄트들이 리무쟁을 점령하면서 파리에 있는 베르나르디노 데 멘도사와 펠리페 2세 정부 사이에 정기적인 교신이 중단되었다. 다른 새로운 루트를 통해서 급보를 보내야 했지만, 이 새로운 루트에는 잘 조직된 우편 서비스가 없었다. 펠리페 2세는 이러한 상황을 알리는 급보의 한쪽 모서리에 "신속을 요하는 몇몇 경우를 제외하면 4, 5일 만에 편지가 가는 것보다 확실한 길을 통해서 가는 것이 더 중요하오"라고 썼다.[17]

바다의 크기 : 속도에 관한 몇 가지 기록들

우리가 이용할 수 있는 수치의 종류는 매우 다양하다. 게다가 그 수치들이 동질적인 하나의 계열을 형성하는 일은 매우 드물다. 따라서 순전히 거리 개념이 필요한 경우에는 예외적일 정도의 빠른 주파 기록을 이용함으로써 바다의 크기를 최소한으로 표현할 수 있다.[18]

그런데 바다에서 하루에 200킬로미터 혹은 그 이상의 엄청나게 빠른 속도로 항해하는 것은 좋은 날씨가 뒷받침되고 견고한 갤리 선을 이용한다고 해도 거의 실현 불가능했다.[19] 돈 후안 데 아우스트리아가 1572년 6월 메시나를 출발하여 6일 만에 카탈루냐 해안의 팔라모스에 도착한 것이 이런 예외적인 기록에 속한다.[20] 당시는 매우 긴박한 순간이었다. 왜냐하면 대부분의 함대를 메시나에서 정박시키고 기다리고 있으라는 펠리페 2세의 명령을 돈 후안은 어떤 희생을 감수하고라도 철회시켜야 했기 때문이다. 잘 무장한 갤리 선은 홀로 항해했다. 토스카나 사람이 쓴 편지에 따르면, 갤리 선은 한번도 기항하지 않고 해안선을 따라 곧바로 나아갔다.[21] 이러한 쾌거가 유일한 예는 아니었다. 2년 전 겨울(1570년 2월) 잔 안드레아 도리아 역시 5일 만에 제노바와 팔라모스 사이를 주파했다. 거리와 속도는 돈 후안에 못 미쳤지만, 넘어야 했던 어려움은 필적할 만했다.[22] 마찬가지로 이보다 60년 앞선 1509년 5월 23일 수요일에 추기경 시스네로스는 하루 만에 오랑에서 카르타헤나에 이르는 200킬로미터를 횡단했다. 그것은 마치 그가 바람을 마음대로 부릴 수 있었던 것처럼 보일 정도로 기적적인 항해였다.[23] 이런 속도는 블롱 뒤 망에 따르면,[24] 로도스 섬과 알렉산드리아 항구를 3일도 채 안 걸려서 아주 순조롭게 항해할 때나 낼 수 있는 속도였다. 그것도 평범한 상선을 타고서 말이다.

육지에서는 예외적인 경우를 제외하면 속도 차이가 크지 않았고, 바다에서보다도 훨씬 더 규칙적인 이동이 가능했다. 따라서 우편배달의 경우 비용은 더 많이 들었지만, 해로보다는 육로를 선호했을 정도였다. 아마 유럽에서 가장 빠른 기록은 가브리엘 데 타시스가 운영하는 우편회사의 배달부가 티롤을 경유하는 이탈리아-브뤼셀 구간에서 세운 기록일 것이다. 이 구간은 정성을 들여 계획한 노선으로 정류 시간을 최소한으로 줄이고, 특히 아이펠 지역에서는 매우 잘 알려진 지름길을 정기적으로 이용했다. 이런 노선을 만들었다는 것 자체가 이미 하나의 기록이다. 764킬로미터의 길을 5일 반 만에 주파하는 것으로, 하루에 약 139킬로미터를 이동했다.[25] 이는 해상의 최고 기록에는 한참 못 미치지만 육로에서의 일반적인 속도보다는 훨씬 더 빨랐다. 예를 들면, 많은 사람들의 이목을 끌었던 성 바르톨로메오 학살(1572년 8월 24일) 소식조차 정상적으로는 파리에서 마드리드까지 하루에 100킬로미터밖에 가지 못했다. 만약 그 소식이 9월 3일에 바르셀로나에 도착했다면, 7일 저녁에 가서야 에스파냐의 수도에 전달되었을 것이다.[26]

예외적인 경우에 얼마나 빠른 속도를 낼 수 있는지를 확인하는 또다른 방법은 중요한 소식이 전파되는 과정을 추적하는 것이다. 보통 이런 소식은 날개가 달린 듯이 전해지기 때문이다. 1570년 9월 9일의 니코시아 점령 소식은 9월 24일 콘스탄티노플에 알려졌다. 베네치아는 라구새두브로브니크]를 통해서 10월 26일 그 소식을 알았고, 마드리드에는 12월 19일에 그 소식이 도착했다.[27]

1571년 10월 7일의 레판토 해전의 소식은 10월 18일 베네치아에, 10월 24일 나폴리에, 10월 25일 리옹에, 10월 31일 파리와 마드리드에 도착했다.[28]

1573년 3월 7일 비밀리에 체결되었던 투르크와 베네치아의 평화협정은 4월 4일 베네치아에서 공포되었고,[29] 그 소식은 4월 6일 로마에, 4월 8일 나폴리에, 4월 17일 팔레르모와 마드리드에 전해졌다.[30]

1574년 8월 25일에 투르크 함대가 라 굴레트와 튀니스를 점령했다는 소식은 10월 1일에 빈에 전해졌다. 마침 그때 외교 임무를 맡고 있었던 피에르 레스칼로피에가 콘스탄티노플을 출발하여 불가리아, 발라키아와 트란실바니아 지역을 통과하여 기진맥진한 상태로 합스부르크 가문의 수도 빈에 도착했다. 그 소식은 그를 당혹스럽게 만들었다. 그는 이 승승장구하는 투르크 함대가 자신이 출발하기 2주일 전인 지난 5월 15일 콘스탄티노플을 떠나는 것을 목격했기 때문이다.[31] 자신이 빈으로 돌아오는 도중에 이 함대가 그렇게 많은 일을 했다는 것을 그는 믿을 수가 없었다.

니코시아, 레판토, 베네치아, 튀니스 주변을 오가는 소식들의 전파 속도를 보여주는 위의 예들은 기껏해야 대략적인 수치일 뿐이다. 실제로 첫 번째 사례만을 가지고 지중해의 크기가 99일 소식 전달권이라고 말할 수 있을까? 이 수치는 지나치다. 사실 니코시아를 출발한 소식은 포위된 키프로스 섬을 어렵게 빠져나갔고, 베네치아는 이 소식을 서둘러 서유럽에 전하려는 열의가 전혀 없었던 것은 확실하다. 게다가 모든 측정은 신중하게 이루어져야 하며, 하나의 수치만 가지고 판단하면 오류를 범할 수 있다. 특히 우리가 측정하려는 것이 무엇인지를 염두에 두어야 한다. 소식의 전파와 편지의 전달 속도는 거리를 극복하려는 싸움의 한 측면일 뿐이다.

평균 속도

기록적인 속도가 아닌 평균적인 속도를 찾으려고 하면, 그 어려움은 훨씬 더 커진다. 같은 여행이라도 소요되는 시간이 두 배, 세 배, 네 배, 때로는 일곱 배나 열 배까지 차이가 났기 때문에 평균적인 속도를 측정할 수 있는 기록들이 있다고 해도 그것은 여러 수치의 평균에 불과할 가능성이 많기 때문이다. 중요한 점은 이 표본이 넓게 열려 있고, 소요시간 사이의 차이가 서로 엄청나게 크다는 것이다. 이것이 바로 이 시대의 구조적 특징이다. 근대의 수송혁명은 속도만을 증가시킨 것이 아니라 이전 시기에 구조적인 요인들로 인해서 발생할 수밖에 없었던 불확실성을 제거했다. 후자는 전자만큼이나 중요하다. 오늘날 날씨는 약간의 불편함을 의미할 뿐이다. 특별한 사고가 없다면, 기상 악화는 더 이상 시간표에 영향을 미치지 않는다. 그러나 16세기에는 모든 시간표가 날씨에 좌우되었다. 놀랄 것도 없이 불규칙이 당시의 규칙이었다. 영국으로 가는 베네치아 대사는 어떤 선박도 감히 헤쳐나갈 엄두를 내지 못할 정도로 높은 파도 때문에 1610년 1월 열흘 동안 칼레에서 기다려야만 했다.[32] 사소하지만 비슷한 사례를 하나 더 들어보자. 베네치아 정부가 서둘러 술탄에게 파견한 대사 프란체스코 콘타리니는 1618년 깊지는 않지만 폭이 넓은 마리차 강[발칸 반도 남동부]을 큰 어려움 없이 6시간 만에 건넜다.[33] 반면에 1609년 6월 콘스탄티노플로 향하던 한 베네치아 선박은 나쁜 날씨가 진정되기를 기다리면서 키오스 섬의 산타 아나스타시아 해안에 18일 동안이나 머물러야 했다.[34]

따라서 평균 속도라는 기묘하리만큼 과도한 단순화에서 너무 많은 것을 구하려고 하지 말자. 평균 속도의 유일한 장점은 무엇일까? 그것은 단순화시키는 것, 상상해서 말하는 것이다. 이것은 근대의 수송혁명 이전의 과거를 되돌아보게 한다. 우리는 근대의 수송혁명이 얼마나 모든 것을 바꿔놓았는지 매 순간 느끼지 못한다. 평균 속도를 고려하는 것은 여행에 대한 예측이 펠리페 2세 시대의 사람들에게 무엇을 의미했는지를 밝히는 것이다.

콘스탄티노플에서 알렉산드리아로 항해하려면 중간에 기항하는 것까지 포함해서 2주일 정도, 기항 시간을 제외하면 1주일 정도 걸렸다.[35] 다르다넬스 해협에 있는 성채들을 출발하여 키오스 섬까지 가려면 이틀이면 충분했다.[36] 1560년 10월이나 11월에 라구사의 라운드쉽이 메시나를 떠나 알렉산드리아에 도착하는 데에는 "9일"이 채 걸리지 않았는데, 이 정도는 기록으로 남을 일도 아니었던 것 같다.[37]

지중해 중앙 해역에서의 항해 시간은 계절, 선박, 여정에 따라서 달라졌다. 몰타에서 바르바리 해안의 트리폴리까지 9일 만에 가는 소형 선박이 트리폴리에서 메시나까지 가는 데는 17일 걸렸다.[38] 1562년 4월 나베 선 1척이 트리폴리에서 시칠리아 남부 해안에 있는 시아카까지 6일 만에 항해했다.[39] 튀니스에서 리보르노까지 항해하는 데(1600년에 1회, 1608년에 2회, 1609년에 8회, 1610년에 2회)는 각각 6일, 7일, 8일, 9일, 9일, 9일, 10일, 11일, 12일, 13일, 14일, 14일, 20일이 걸렸고 평균 소요 일수는 11일 정도였다. 가장 빠른 두 번의 여행—6일, 7일—은 예측에 혼란을 주기라도 하려는 것처럼 첫 번째 것은 1600년 1월 나베 선이었고, 두 번째 것은 1609년 7월 "소형 선박"의 기록이었다.[40]

마르세유에서 에스파냐와 북아프리카를 오가는 데에 걸린 시간에 대한 정보는 거의 남아 있지 않다. 밀항이 대부분이었기 때문이다. 프랑스 국왕의 대사인 다라몽은 발레아레스 제도에서 알제까지 왕의 갤리 선을 이용하여 1주일 만에 도착했다.[41] 알제-리보르노 노선에서의 1609년 두 번, 1610년 한 번의 항해는 각각 13일, 15일, 5일이 걸렸다.[42] 5일과 15일 사이는 무려 3배의 차이가 난다.

장거리 항해에서는 거리가 중요했다. 1570년 10월과 11월,[43] 베네치아 라운드쉽이 크레타 섬에서 오트란토까지 가는 데에는 12일이 걸렸다. 1561년 5월과 6월[44] 라운드쉽을 타고 크레타에서 카디스까지 지중해 전체를 통과하는 데에는 한 달이 필요했다. 그러나 1569년 7월 2척의 알제의 갤리 선이 콘스탄티노플로 가는 데에는 72일이 걸렸다. 1564년 1월 7일 알렉산드리아를 출발한 배는 4월 5일에야 메시나에 도착했다. 88일이나 걸린 셈이다. 한 역사가에 따르면, 15세기에 베네치아에서 야파로 가는 데에 걸리는 "정상적인" 시간은 40일에서 50일이었다.[45] 제I부에서 살펴본 베네치아에서 성지로 가는 여행 일람표에는 평균치가 훨씬 더 높게 나타났다.[46]

리보르노의 출입항 기록[47]에는 이보다 훨씬 더 정확한 정보가 나와 있다. 알렉산드리아에서 리보르노로 가는 5번의 항해(1609년 2회, 1610년 1회, 1611년 2회) 기록에는 다음과 같은 숫자가 기입되어 있다. 23, 26, 29, 32, 56일, 즉 평균치는 33일이다. 카르타헤나나 알리칸테에서 리보르노로 가는 8번의 항해(1609년 5회, 1610년 3회)에서는 다음의 기간들이 소요되었다. 7, 9, 9, 10, 15, 25, 30, 49일, 즉 평균 19일이다. 에스파냐-리보르노-알렉산드리아 노선을 여행하는 데에는 기록에 따르면, 총 52일이 걸렸다고 하는데,[48] 이 수치가 평균치인지는 확실하지 않다.

평균을 이용하여 아주 일반적인 결론을 내리자면, 지중해를 종단할 때는 1, 2주일, 횡단할 때에는 2, 3개월이 필요했다. 이 수치는 17세기에도 변함이 없었고, 그후에도 마찬가지였다.

베네치아를 통해서 본 편지의 이동 속도

별로 만족스럽지 않은 이런 근사치들보다는 동질적인 측정치들이 낫다. 그것은 바로 정부, 대사, 상인, 보통사람들이 보낸 서신들로부터 풍부하게 얻을 수 있다. 베네치아 정부의 결정 사항들에 정통했던 마리노 사누도는 1497년부터 1532년까지 편지와 소식지를 통해서 얻은 1만여 건의 유용한 정보들을 입수한 날짜를 꼼꼼하게 기록했다. 피에르 사르델라가 통계를 내고 분석한 덕분에,[49] 이 엄청난 양의 자료를 근거로 표를 완성시킬 수 있었고, 이로부터 지도를 작성할 수 있었다. 그런데 베네치아로 전달되는 소식들에 관해서 정확하게 해석하되, 이로부터 너무 많은 것을 얻으려고 하면

소식 전달 속도의 큰 편차(피에르 사르델라 인용)

I	II	III	IV	V	VI	VII	VIII
알렉산드리아	266	19	89	65	55	17	323
안트베르펜	83	13	36	20	16	8	200
아우크스부르크	110	19	21	11	12	5	240
바르셀로나	171	16	77	22	19	8	237
블루아	345	53	27	14	10	4 1/2	222
브뤼셀	138	24	35	16	10	9	111
부다페스트	317	39	35	18	19	7	271
부르고스	79	13	42	27	27	11	245
칼레	62	15	32	18	14	12	116
크레타	56	16	81	38	33	19	163
카이로	41	13	10	7	8	3	266
콘스탄티노플	365	46	81	37	34	15	226
코르푸	316	39	45	19	15	7	214
다마스쿠스	56	17	102	80	76	28	271
피렌체	387	103	13	4	3	1	390
제노바	215	58	15	6	6	2	300
인스부르크	163	41	16	7	6	4	150
리스본	35	9	69	46	43	27	159
런던	672	78	52	27	24	9	266
리옹	812	225	25	12	13	4	325
마르세유	26	7	21	14	12	8	150
밀라노	871	329	8	3	3	1	300
나폴리	682	180	20	9	8	4	200
나우플리온	295	56	60	36	34	18	188
뉘른베르크	39	11	32	20	21	8	262
팔레르모	118	23	48	22	25	8	312
파리	473	62	34	12	12	7	171
라구사	95	18	26	13	14	5	280
로마	1,053	406	9	4	4	1 1/2	266
트라니	94	14	30	12	12	4	300
트렌토	205	82	7	3	3	1	300
우디네	552	214	6	2	2	1 1/2	400
바야돌리드	124	15	63	29	23	12	191
빈	145	32	32	14	13	8	162
자라	153	28	25	8	6	1	600

I. 베네치아와 서신을 교환하던 지역 이름 / II. 관찰된 경우들의 수 / III. 정상적인 경우의 수 / IV. 최대 소요 기간(일수) / V. 산술적인 가중평균 / VI. 정상 소요 시간(일수) / VII. 최소 소요 시간(일수) / VIII. 최소 소요 시간(=100)으로 표시된 정상 소요 시간. 즉 최소치와 정상치 사이의 비율

안 될 것이다.

측정 대상이 되는 공간은 등방성(等方性)을 띠지 않았음이 분명하다. 파리-베네치아 구간을 반지름으로 잡고 베네치아를 중심으로 하는 원을 그려보면 이론상 등방성의 원형 지역을 얻게 된다. 그 안에서 소식들은 (빛처럼, 물론 훨씬 느리지만) 원주의 어떤 지점에서 출발하든지 중심부로 동일한 속도로 전달되어야 하지만, 실제로는 당연히 그렇지 못했다. 소식들은 알프스 산맥, 도버 해협, 바다 같은 자연 장애물 앞에서 진행을 멈추었고, 속도는 사람들의 의지, 계산, 필요에 달려 있었다. 1497년부터 1532년까지 베네치아는 프랑스 왕의 결정, 즉 프랑스로부터의 소문과 소식에 귀를 기울였다. 이 귀중한 상품들이 파리로부터 베네치아로 흘러들었다.

소식이 전해지는 데에 걸리는 평균 시간을 지도 위에 표시하는 것은 인위적이다. 왜냐하면 실제 움직임은 끔찍할 정도로 다양했기 때문이다. 전달 속도의 넓은 다양성(정상치와 최소치 사이의 비율인 VIII항 참고)은 최소치와 최대치를 비교해보면 더욱 커진다. 불규칙성을 나타내는 계수가 거리에 반비례하는 것 같다는 사실도 깜짝 놀랄 만한 일이다. 게다가 당연한 일이지만 노선에 항해가 포함되어 있을 때에는 불규칙성이 더 증가한다. 이렇게 되면 자래[자다리]가 1 대 6이라는 기록을 세운 것도 설명이 된다. 왜냐하면 이 구간은 베네치아와 가깝다는 점과 예측이 어려운 아드리아 해 건너편이라는 두 가지 조건을 모두 포함하고 있기 때문이다.

다시 한번 간추려서 말하면, 이러한 계산에 기대어 얻은 전체적인 그림은 확인과 비교를 위한 근거로 사용될 수 있다. 이 표의 유일한 단점(혹은 이점, 보기에 따라서 달라질 수 있다)은 이렇게 확정된 소요 시간이 상대적으로 짧았다는 점이다. 이는 부유한 베네치아조차 소식을 얻는 데에 엄청난 주의와 노력을 기울였기 때문이다. 파리, 바야돌리드, 콘스탄티노플에서 무슨 일이 있었는지를 아는 것은 베네치아로서는 단순한 호기심의 문제가 아니라 핵심사항이었다.

실제로 다른 기록들 속에서는 이 정도의 활기를 찾아볼 수 없다. 예를 들면, 펠리페 2세의 책상 위에는 유럽 각지에서 온 편지들이 쌓여 있었다. 편지의 마지막 쪽(카르페타)[50] 이면에는 보낸 날짜와 받은 날짜를 적는 것이 일반적이었고, 훨씬 드물지만 답장을 보낸 날짜 역시 적혀 있는 경우가 있었다. 이런 수십만 개의 자료들이 통계적인 분석을 기다리고 있다. 1559년 네덜란드에서 돌아온 뒤로 펠리페 2세는 중심지인 카스티야에서 거의 움직이지 않았다. 코르도바, 리스본, 사라고사, 바르셀로나, 발렌시아로의 몇몇 잘 알려진 여행을 제외하고는 말이다. 통신원의 위치나 편지의 전달 경로에 대해서 때때로 불확실한 점들이 있지만, 이 정도의 의혹은 늘 있다.

나는 이러한 정보들 가운데 피에르 사르델라의 것과 유사한 수치들, 즉 베네치아를 좌표 중심으로 둔 수치들을 모아보고 싶다. 16세기 말 베네치아 주재 에스파냐 대표단의 서신 40건 가운데 마드리드-베네치아 구간(사누도의 수치들 중에서 바야돌리드-베네치아에 해당된다고 가정해보자)에서 가장 적게 걸린 시간은 22일(사누도의 기록에서는 12일)이었고, 가장 많이 걸린 시간은 85일(145일이나 걸린 비정상적인 예를 제외하면)이었다. 가중치를 두지 않고 계산한 산술 평균은 40일이었다(P. 사르델라가 도출한 가중평균값은 29일이었다). 콘스탄티노플-베네치아 구간에 대해서 같은 시기에 조사된 16개의 기록들을 보면, 최소 29일, 최대 73일이 걸렸다. 평균치는 41.5일 정도 된다.[51] 이번에는 사르델라의 수치(더 많은 사례 조사에 근거하여 나온 결과물인 것만은 분명하다)에 보다 근접했지만, 여전히 높다. 이로부터 지중해의 큰 축을 형성하고 있는 베네치아와 에스파냐의 관계가 16세기 말에도 세기 초만큼이나 힘들고 위험하다는 결론을 내릴 수 있지 않을까? 그러나 확증을 위해서는 충분한 증거들이 더 필요하다.

어쨌든 사르델라와 우리의 계산 모두에서 베네치아는, 아주 대략적으로 말하면, 마드리드(혹은 바야돌리드)와 콘스탄티노플의 중간에 위치해 있었다. 우리가 계산한 평균값이 각각 40일과 41.5일이고, 사누도의 평균값은

29일과 37일이었기 때문이다. 이런 수치를 통해서 지중해 세계의 전체 길이를 80일 혹은 66일 거리로 산정할 수 있는데, 이 수치는 알렉산드리아-리보르노 구간 값과 리보르노-카르타헤나 구간 값을 더하여 자의적으로 얻은 52일이라는 수치보다는 분명히 더 크다.[52] 물론 이 두 수치는 엄격히 말하면 비교할 수 없다. 왜냐하면 알렉산드리아-카르타헤나 구간과 콘스탄티노플-베네치아-마드리드 구간의 실제 거리가 같지 않기 때문이다. 그러나 바다를 아주 정확하게 측정하려는 생각은 버려야 한다. 정치인들이나 상인들이 주고받은 편지라는 소중한 사료를 가지고도 이것은 불가능하다.

뉴스라는 사치품

뉴스라는 사치품은 같은 양의 금보다 비쌌다. 페라라 공작에게 보낸 베네치아 주재 대리인의 편지를 보면, 페라라와 베네치아처럼 가까운 두 도시 사이에서도 "편지 한 통당 1두카트를 요구하지 않는 전령은 없었다."[53] 16세기 초에 베네치아와 뉘른베르크 사이의 배달 요금[54]은 소요되는 기간에 따라서 달라졌다. 4일에 58플로린, 4일 6시간에 50플로린, 5일에 48플로린, 6일에 25플로린(P. 사르델라가 기록한 가장 빠른 속도는 마지막 날짜보다 이틀이 빨랐다), 이것이 부유한 상인들만이 이용할 수 있는 초특급 연락망이라는 것은 분명하다. 내가 알고 있는 한, 16세기 초는 시장 간의 가격 격차가 그 어느 때보다 큰 시기였다. 따라서 경우에 따라서는 어떤 값을 치르더라도 중간 경유지를 모두 건너뛰면서까지 명령을 전달하는 것이 이득이었다. 시간이 지나면서 사정이 조금 나아진 것 같기는 하다. 16세기 후반에 쓰인 시몬 루이스의 편지를 읽어보면, 주문이나 정보를 급히 보내는 것이 과거에 그랬던 것만큼 더 이상 중요하지는 않았던 것 같다.[55] 대은행가들이나 정부들만이 그러한 사치를 누릴 수 있었고, 가격이 세기 내내 지속적으로 높아졌다. 1560년 7월 14일[56] 프랑스 궁전에 머물던 펠리페 2세의 대사 샹토네는 샤르트르[프랑스 북서부]에서 톨레도[에스파냐 중앙부]로 배달부 한 명을 급파했고, 답장을 받아 돌아오게 했다. 배달부는 총 179개의 역참을 달렸고, 358두카트의 비용을 청구했다(한 역참 당 2두카트인 셈이다). 이것은 파도바 대학이나 살라망카 대학 교수의 연수입보다도 많은 엄청난 돈이었다! 역참이 10에서 12킬로미터마다 하나씩 있었음에 틀림없고, 배달부가 하루에 18리유[lieue : 약 4킬로미터]씩[57] 달렸다면, 우리는 여기서 기록적인 속도로 이루어진 여행을 하나 목격한 것이다. 부자들만이 이런 초능력에 가까운 업적을 살 수 있었다.

결국 편지 전달을 연구함으로써 공간이 야기하는 시간 지체를 측정하는 일이 얼마나 역설적인지를 인정해야 한다. 아무리 지체된다고 해도, 어쨌든 편지라는 이 귀한 상품은 다른 여행자보다는 빨리 움직이기 때문이다.

아마도 이것이 펠리페 2세 정부의 우편 기록에 대한 체계적인 연구나 시몬 루이스라는 상인의 편지들(약 10만 통)[58]에 대한 연구가 진행되지 않는 한 이유일 것이다. 사실 이런 시도는 이미 우리가 알고 있는 것 외에 어떤 것도 알려주지 못할 가능성이 있다. 왜냐하면 편지는 정기적 혹은 비정기적으로 전달되는데, 비정기적인 방식은 통계적으로 정기적인 방식보다 더 수가 적기 때문이다. 정기적인 편지 전달에 관해서 조만간 연구가 이루어지겠지만, 이에 필요한 공식적인 시간에 관해서는 우리도 이미 알고 있다. 로마로부터 마드리드까지 타시스 회사는 4월 1일부터 9월 말까지는 24일 만에 편지를 전달하겠다고 공언했다. 겨울 시즌에는 26일을 내걸었다. 이 기간을 상인들이나 외교관들의 편지 전달에 걸린 평균 속도가 아닌[59] 정상적으로 보낼 수 있는 가장 빠른 속도로 보아야 할 것 같다(왜냐하면 우편업자들의 약속은 거의 지켜지지 않았기 때문이다). 이런 속도들을 참조하고 발렌티노 바스케스 데 프라다[60]의 연구(마드리드-안트베르펜 노선)와 같은 몇몇 연구들의 도움을 받는다면, 우리는 소식 전달에 걸린 실제 속도가 얼마나 큰 격차를 보였는지 알 수 있다.

이런 계산의 바다에 쉽게 뛰어들지 못하는 두 번째 이유이자 가장 중요

도표 28. 29. 30. 베네치아로 전달되는 소식들

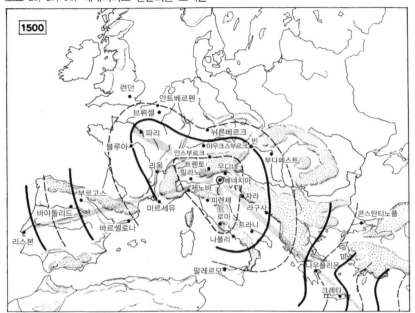

3장의 지도에서 **일주일** 단위로 연결된 등시성(等時性)을 표시하는 선은 모두 베네치아로 전달되는 편지가 배달되는 데에 필요한 시간을 대략적으로 표시하고 있다.

　첫 번째 지도는 1500년 더 정확히 말하면 1496년부터 1534년의 편지에 대한 P. 사르델라의 연구에 기초하여 작성되었다(18쪽. 주 49 참조). 두 번째와 세 번째 지도(도표 29, 30)는 런던 문서 보관소가 소장하고 있는 베네치아 가제트를 참조하여 작성되었다. F. C. 스푸너가 나를 위해서 이 자료의 조사를 맡아주었다.

　회색선은 평균 속도가 길어질수록 굵어진다.

　어느 축이냐에 따라 지도들 사이의 차이가 크게 나타난다. 이는 편지의 빈도에서 나온 결과이기도 하고 간헐적으로 발생하는 긴급 상황과도 무관하지 않다. 크게 보아 첫 번째 지도와 세 번째 지도의 속도가 비슷하고, 두 번째 지도에서는 배달 속도가 확실히 단축된 것 같다.

　그러나 이것을 결정적인 사실로 받아들여서는 안 된다. 원칙적으로 속도 비교는 같은 등시성 선들의 권역 내에서 이루어져야 한다. 그런데 권역의 범위를 충분히 정확하게 확정했다고 하기는 어렵다. 그렇지만 지도들을 서로 중첩시켜보면 한 방향에서의 기간 연장이 다른 방향에서의 단축에 의해서 보완되었기 때문에 지도들의 시간대 면적은 대체로 비슷했던 것 같다. 면적을 제곱킬로미터가 아닌 날짜 속도로 표시할 때 사전에 많은 주의를 기울여야 한다는 것은 말할 필요도 없을 것이다.

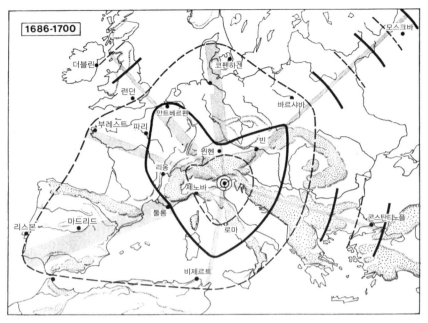

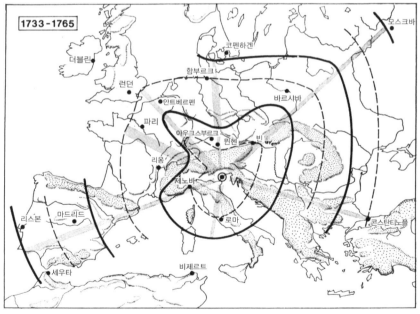

한 이유가 있다. 우선 이미 17, 18세기 베네치아를 중심으로 한 지도를 사누도의 것과 비슷한 방식으로 작성할 수 있기 때문이다. 이것은 베네치아가 계속해서 발행하고 유포했으며 현재 베네치아 시립 문서보관소와 마르치아나 도서관, 그리고 런던의 문서보관소에 사본이 보관되어 있는 포고문을 이용하면 가능하다. 이러한 사료를 이용하여 1681-1701년과 1733-1735년 시기에 대해서 프랭크 스푸너가 만든 두 장의 지도를 통해서 베네치아의 정보 체계가 포괄하는 영역을 알 수 있다.[61] 전달 속도는 대체로 1497-1532년과 비슷했는데, 17세기에는 좀더 빨랐고, 18세기에는 좀더 느렸다.

따라서 결론은 분명하다. 누군가는 이 기록 속에서 물리적인 거리가 가지는 16세기만의 "시대적인" 척도를 확인하고자 했을 것이다. 그러나 우리는 아직 분석이 완전히 끝난 것은 아니지만, 그것이 거의 변하지 않는 차원을 가진다는 것을, 즉 장기적인 구조가 존재한다는 것을 알게 되었다. 인간은 공간의 장벽에 도전할 수 있다. 갤리 선을 보강하여 노가 부서질 정도로 젓거나, 지친 말을 바꿔가며 달리거나, 순풍을 받아 파도 위를 날아가듯 항해할 수도 있다. 그러나 공간적 거리는 무기력한 저항을 버텨내고 인간의 이런 필사적인 노력에 대해서 보복을 한다. 물론 우리는 여전히 기록적인 속도에 대해서 당대인들만큼이나 강한 호기심을 느낀다. 쉴리에 따르면,[62] 샤를 9세의 사망 소식은 파리에서 크라쿠프까지 13일 만에 도착했고, "폴란드 국왕"은 신민들을 버리고 떠났대프랑스 국왕 샤를 9세가 사망하자 폴란드 국왕으로 선출되었던 동생 앙리가 급거 파리로 돌아가 왕위를 차지했다]. 1544년 1월 프랑수아 1세의 손자가 태어났다는 소식은 이틀 만에 퐁텐블로에서 리옹까지(420킬로미터) 다다랐고,[63] 투르크 전령은 콘스탄티노플에서 에르주룸까지 여러 필의 말들을 기진맥진하게 만들면서 18일 만에 도착했다.[64] 이 모든 기록들이 나름의 가치가 있고, 다른 기록들 역시 인용할 수 있지만, 정상적인 평균치와 비교할 때에 이 기록은 더 유용하게 쓰일 수 있다.[65] 그러나 중요한 것은 평균적인 시간과 기록적으로 빠른 시간 둘다 16세기 전이나 후나 큰 차이가 없었다는 점이다. 베네치아로 가는 상품, 배, 여행자들은 교황의 아비뇽 유수 시절[1309-1377]이나,[66] 15세기 초나,[67] 루이 14세의 세기나 똑같이 빠르게 혹은 느리게 움직였다. 18세기가 끝날 무렵에야 비로소 혁신과 단절이 일어날 것이다.

오늘날과의 비교

어느 경제학자는 다음과 같이 주장했다.[68] "모든 요소들을 고려할 때, 고대 로마 시대의 '세계' 경제의 공간은 가장 빠른 교통수단을 이용한다면, 약 40-60일 정도의 거리였던 것 같다. 이 세계는 헤라클레스의 기둥[지브롤터 해협]에서부터 파르티아 왕국[카스피 해 남동부, 이란에 있던 왕국] 국경까지, 라인 강 어귀로부터 아프리카 사막 가장자리까지 뻗어 있었다. 그런데 오늘날(1939)에도 역시 근대 세계경제의 전역을 횡단하는 데에는 40-60일 정도가 걸린다. 상품 수송을 위한 통상적인 절차를 밟는다고 가정하고, 경제적으로 중요하지 않고, 수송수단이 미비된 지역들을 제외한다면 말이다."

나는 이러한 측정방식을, 즉 고대 로마 시대에 육로를 이용하여 하루에 약 50킬로미터 정도의 속도로 이동한다고 가정하고 제시한 수치를 선뜻 받아들이지 못하겠다.[69] 이것은 결코 정확한 수치가 아니며, 기껏해야 이 세계의 규모만을 알려줄 뿐이다. 이에 따르면 1,000년이 넘게 지난 16세기에도 지중해는 대체로 "로마 시대"와 비슷한 크기였다. 그리고 좀더 정교한 분석이 필요하겠지만, 16세기 지중해는 1939년의 세계 전체에 비교할 만하다. 따라서 16세기 지중해 세계는 엄청나게 거대했다. 이 세계가 누리는 "인간적인" 지역이라는 명성은 16세기 사람들이 새롭게 맞서 싸워야 했던 태평양이나 대서양 같은 또다른 "괴물들"과 비교할 때에만 가능하다. 이 새로운 바다들은 정말 괴물들이었다. 그에 비하면, 지중해는 고분고분한 가축이었고, 20세기처럼 "호수" 정도는 물론 아니지만 여행객들과 요트들이 언제나 몇 시간 만에 육지에 닿을 수 있는 편안한 안식처였으며, 오리엔트 특급 열차가 한번에 돌아볼 수 있는 곳이었다. 따라서 지중해가 어떤 곳이었는지를 이해하려면, 머릿속으로 공간을 최대한 넓게 확대하고, 몇 달, 몇 년, 때로는 평생을 떠돌았던 여행자들의 이야기에 귀를 기울여야 한다.

비교할 만한 좋은 예들이 있다. 올더스 헉슬리가 『세계일주(Jesting Pilate)』에서 묘사한 현대의 타타르 상인들의 여행을 예로 들어보자. 이들은 러시아 혁명 전에 쓰던 10루블짜리 금화로 주머니를 가득 채운 뒤 히말라야 산맥을 넘어 카슈미르와 인도까지 간다고 저자는 쓰고 있다.[70] 소설에서나 나올 법한 이들은 16세기 지중해 끝자락에 위치한 시리아 여행자들과 닮았다. 그곳은 서로 다른 두 세계가 만나 서로에 대한 신뢰감 없이 대립을 계속하던 곳이었다. 그곳에서 환어음은 아무런 가치를 발휘하지 못했다. 모든 거래는 물물교환이나 현금으로만 이루어졌다. 오늘날의 타타르인들처럼 그들 역시 금화나 은화로 무장한 채 그곳에 도착했다.

금세기 중국에서의 끔찍한 내란과 외부세력의 침략, 학살과 기근을 떠올리고 광활한 평야 한가운데에 성벽으로 주위를 둘러싼 도시들이 세워져 있고, 그 속에서 많은 인구가 거주하면서 밤마다 성문을 걸어 잠그는 모습을 설명하려고 할 때, 종교전쟁 시기의 프랑스를 떠올린다면, 그것은 지나친 비유일까? 군벌들의 무리가 도시들 사이를 지나서 쓰촨 고지대에서 산둥성까지 거침없이 누볐다. 발루아 왕조[1324-1589] 말기 프랑스에서도 국내외에서 모여든 온갖 협잡꾼들이 질주하며 국력을 쇠약하게 만들었고, 결국 모든 부가 소진되었다. 신께서는 16세기 프랑스가 얼마나 부유했었는지 아실 것이다. 그곳은 그야말로 풍요로운 곡창이었다. 조반니 보테로[71]는 공식적으로 소집되었거나 그렇지 않더라도 프랑스에 머물며 이 거대한 왕국을 잠식해가던 군인들의 수를 계산하며 놀라움을 금치 못했다. 16세기 프랑스는 광대한 나라였는데도 말이다. 같은 시기(1587)에 작성된 베네치아 문서도 "프랑스로 몰려드는 무장한 외국인들"에 대해서 쓰고 있다.[72]

이야기가 이상하게 빗나간 것처럼 보일지도 모르겠다. 그러나 이것은 지중해가 광대한 공간이었다는 좀처럼 받아들이기 어려운 개념을 이해하기 위한 한 방법이다. 독일 경제사가들이 사용하는 세계극장(Welttheater)이나 세계경제(Weltwirtschaft)라는 표현을 반복하는 것만으로는 충분하지 않다. 이 표현들은 과거든 현재든 지중해 세계가 가진 자기충족적인 성격을 강조하기 위해서 사용되었다. 60일 동안에 일주가 가능한 이 "세계경제"는 오랫동안 아주 간헐적으로만 다른 세계와 접촉했으며, 특히 극동지역과는 거의 아무런 연계 없이 스스로의 힘으로 살아왔다. 중요한 것은 이 세계의 크기를 표시하고, 그것이 정치적, 경제적 구조를 어떤 방식으로 규정했는지를 아는 것이다. 이를 위해서는 매순간 상상력을 발휘하려는 노력을 기울여야 한다.

제국과 공간

공간의 중요성을 이해하면 16세기 제국들의 행정 체제의 문제들을 새로운 시각으로 보게 된다.

우선 에스파냐 거대 제국은 당시로서는 유례없이 거대한 해상과 육상 수송체계를 갖추고 있었다. 제국에서는 끊임없는 군대의 이동 외에도 수많은 명령과 소식들이 날마다 전달되어야 했다. 펠리페 2세의 정책은 이러한 연결망, 군대의 이동과 귀금속의 수송, 환어음의 원활한 유통을 필요로 했다. 이것이 바로 펠리페 2세의 제국 경영의 상당 부분을 설명하는 본질적인 요소들이며, 또한 프랑스가 에스파냐에 얼마나 중요한 문제였는지를 보여준다. 프랑스는 합스부르크 영토에 포위되어 있었다고들 말한다. 그러나 합스부르크 제국이 밖으로부터 프랑스를 위협하고 있었다면, 프랑스는 안으로부터 제국을 위협했다. 두 위험 중 어느 것이 더 컸을까? 프랑수아 1세와 앙리 2세의 프랑스는 에스파냐에 대해서 적대적이고 폐쇄되어 있었다. 1540년 빠르게 프랑스를 통과한 것을 제외하면 카를 5세는 평생 프랑스와 거리를 두었다. 반대로 1559년부터 1589년까지 30년 동안 프랑스는 펠리페 2세의 정책 참모진과 재정가들에게 훤히 길을 내주었다. 신중왕이 에스파냐에서 움직이지 않고, 거미줄의 한가운데를 지킬 수 있었던 많은 이유들 중에는 카스티야의 우월한 재정적, 경제적 능력과 아메리카와의 활발한 연계도 있었지만, 국경이 더 이상 완전히 닫혀 있지 않았다는 점도 있었다.

따라서 펠리페 2세의 문서들을 면밀히 들여다보는 것은 끊임없이 프랑스라는 중간 지대를 측정하는 일이다. 프랑스의 우편 배송체계를 평가하고, 역참이 있는 길과 없는 길을 확인하고, 배달부가 움직이는 길목 여러 곳에서 종교전쟁이 어떤 장애를 일으켰는지를 확인하고, 그것의 범위와 지속 기간, 상대적인 중요성을 평가하고, 돈 특히 환어음이 금융 중심으로 향하기 위해서 택한 우회로를 찾아낼 수 있다.

사실 국가라면 공간적 넓이를 극복하기 위한 싸움을 다각적으로 모색해야 한다. 유럽과 세계 여기저기에 흩어져 있었던 에스파냐 제국은 이 싸움에 최선을 다해야 했다. 그러나 어느 나라보다도 에스파냐는 이 절체절명의 과업에 잘 적응했고, 조직력을 보여주었다. 수송, 이체, 전달에 관한 한 누가 무엇이라고 말하든 에스파냐는 최고였고, 다른 국가들을 능가했다. 신기하게도 에스파냐는 적어도 1560년대부터 군대와 물자 수송을 위한 일종의 전문가를 두고 있었다. 프란시스코 데 이바라라는 사람과 그의 경쟁자들에 관해서 좀더 알아보면 흥미로울 것이다.

역사가들은 에스파냐의 행정체제가 기울인 그 거대한 노력을 너무나 홀대한다. 그들은 국왕의 편지가 "느렸다"는 것만을 보았다. 1560년 리모주 주교가 이미 지적했듯이,[73] "주인이면서도 몸소 비서를 자처하는 훌륭한 미덕을 가졌으나……" "납으로 된 발"을 가진 관료적인 왕의 모습만이 부각될 뿐이었다. 왕은 "너무나도 일에 전념한 나머지 한 시간도 허비하지 않고 서류를 들여다보는 데 하루 종일을 보냈다."[74] 과로에 시달리면서도 왕은 25년 후에도 이 초인적인 일을 중단하는 일이 없었다. 변화를 바라던 그랑

벨 추기경[75]의 간언도 아무런 소용이 없었다.[76]

따라서 에스파냐가 가진 "느림(lenteurs)"에는 여러 종류가 있었다. 먼저 우편배달부들이 느렸다. 정보는 느리게 도착했고, 답서와 명령은 느리게 길을 나섰다. 세상의 모든 정부들이 같은 곤경에 처해 있었으나, 에스파냐는 더 심했다. 극복해야 할 넓이와 거리가 같았다면, 에스파냐도 다른 나라들과 크게 다르지 않았을 것이다. 에스파냐의 약점은 다른 나라의 약점이기도 했을 테니 말이다. 예를 들면, 투르크 제국 역시 끝에서 끝까지 느림의 연속이었다. 콘스탄티노플부터 아드리아 해, 카타로 혹은 스팔라토[스플리트]까지 최고 속력으로 이동한다고 해도 16, 17일을 생각해야 했다.[77] 흑해, 에게 해는 거의 예측 불가능할 정도로 경로가 다양했다. 투르크인들이 백해(白海)라고 부르던 에게 해에서는 최고로 빠른 속도조차 그리 빠른 속도가 아니었다. 1686년에도 여전히 투르크의 갤리 선이 콘스탄티노플에서 네그로폰테까지 8일이 걸렸다는 것은 기록할 가치가 있었다(12월에는 정말 그랬다).[78] 1538년 홍해를 건너는 데도 술레이만 파샤의 함대[79]는 두 달이 필요했다. 말하자면 아무리 노력해도 시간은 좀처럼 줄지 않은 채 수세기 동안 꿈쩍도 하지 않았다. 페골로티는 『상업 실무(Pratica della Mercatura)』(1348)에서 트레비존드에서 타우리스까지 말로 가면 12, 13일, 카라반을 이용하면 30, 32일이 걸린다고 적었다. 그런데 이와 똑같은 여정에 대해서, 1850년 트레비존드 주재 오스트리아 영사인 괴델은 "길 상태가 좋으면" 27일에서 30일이 걸린다고 말했다.[80]

느림의 두 번째 원인은 회의가 느리게 진행되었다는 것, 즉 명령을 발송하기 전까지 오래 걸렸다는 것이다. 이 점에서는 당대인들의 증언이 일치한다. 프랑스인들이나 이탈리아인들은 차분한 에스파냐인들의 나라에서 기질적 차이를 느꼈다. 이들은 무엇을 결심하기까지 오랜 시간이 걸렸고, 숨기는 데에도 능란했기 때문이다. 그런데 수없이 등장하는 이런 설명이 정확하다고는 말할 수 없을 것 같다. 외국인들이 다른 나라에 대해서 느끼는 인상은 대개 확고부동한 것만큼이나 잘못되었을 가능성이 있기 때문이다. 그러나 정부의 느림, 즉 리모주의 주교 말처럼 "이 나라의 지체"는 더 말할 나위가 없었던 것 같다.[81] 1587년 카디스 만에서 드레이크가 거둔 성과가 로마에 전해졌을 때, 교황은 "에스파냐 국왕은 역량이 부족한 사람이다. 일이 벌어진 뒤에야 결심을 하니 말이다"라고 개탄했다. 파리에서는 "이러한 언급이 과장되어 회자되었을 뿐만 아니라, 영국 여왕의 물레가 에스파냐 왕의 검보다 낫다는 말까지 보태져서 공표되었다."[82]

물론 이것은 중상모략일 뿐이다. 그러나 외교 서신 문제로 되돌아가면, 프랑스 정부가 사건 처리에서 더 신속했던 것 같다. 그런데 이것이 마드리드에서 모든 문서를 읽기를 원하는 국왕 혼자의 잘못이었을까? 에스파냐가 프랑스(혹은 영국)보다 공간적으로 훨씬 더 넓은 곳까지 뻗어 있었기 때문에 펠리페 2세는 무엇인가를 결정하는 데에 필요한 의견을 듣기 위해서 더 오래 기다려야 했다. 바로 이 대목에서 두 가지 느림이 중첩된다. 에스파냐의 행정체제는 자체적으로도 느리게 움직였지만, 대서양, 인도양, 심지어는 태평양까지 건너야 하는 더딘 항해로 인해서 속도가 더 줄어들었다. 사실 에스파냐 정부는 알려진 세계 전체를 포괄하는 최초의 경제, 정치 체제를 작동시켜야 했다. 바로 이것이 에스파냐의 심장이 다른 나라보다 더 느린 속도로 뛸 수밖에 없었던 이유이다. 1580년 포르투갈의 합병 이후에는 그 속도가 더 느려졌다. 1585년 동인도에 도착하여 귀중한 편지를 남긴 피렌체인 사세티의 이야기를 들어보자. 그는 1585년 1월 27일 코친[인도 남부]에서 친구인 피에로 베토리에게 선상 생활에 관해서 편지를 썼다. "800, 900명이 비스킷, 씁쓸한 물을 먹으며 좁은 공간에 옹기종기 모여 지내야 하는데, 이렇게 굶주림과 갈증, 뱃멀미, 불편함을 감수하며 일곱 달을 보낸다는 것을 안다면,"[83] 인도에 가려고 하는 사람은 거의 없을 것이다. 그런데 배를 보면 사람들은 타고 싶은 욕망을 느낀다. 어쨌든 에스파냐 국왕의 명령서는 이 7개월 이상이 걸리는 항해를 극복해야 했다.

따라서 다음의 사실은 확실하다. 거리를 극복하기 위한 에스파냐의 싸움은 매우 힘든 싸움이었으며, 그 어느 것보다도 "16세기의 규모"를 잘 증언하고 있다.

클로드 뒤 부르의 세 가지 임무(1576년과 1577년)

작은 사례가 위의 사실을 잘 보여줄 것이다. 그것은 클로드 뒤 부르라는 베일에 싸인 수수께끼 같은 프랑스 협잡꾼에 관한 이야기이다. 천재였는지 아니면 기인이었을 뿐인지는 프랑스 국립도서관에 소장되어 있는 미간행 문서들을 가지고 연구를 더 진행해야만 알 수 있을 것이다.

여기서 우리의 관심을 끄는 것은 그의 인간성이 아니라 에스파냐로 향한 세 번의 흥미로운 여행들이다. 첫 번째 여행은 1576년 5월, 두 번째는 같은 해 9-10월, 세 번째는 1577년 7-8월에 이루어졌다. 알랑송 공작의 대리인으로 갔지만, 아마 자신의 이익도 챙겼을 것이 분명한 첫 두 번의 여행에서 그는 이 왕자와 펠리페 2세의 공주들 가운데 한 명의 혼인을 협상했으며, 신부는 결혼 지참금으로 네덜란드를 가져오라는 요구를 받았다. 세 번째 여행에서—이 이야기를 믿게 되기까지 몇 번이고 글을 다시 읽어야 했다—클로드 뒤 부르는 앙리 드 베아른의 대리인으로 행동하며 에스파냐 국왕에게 대부를 부탁했고, 앙리의 여동생과 사부아 공작의 혼인을 성사시킬 수 있도록 도움을 달라고 청했다. 이 이상한 행동들은 모두 아주 복잡한 문제들을 일으켰고, 결국에는 프랑스 대사 생-구아르를 격분시켰다.

첫 번째 여행의 결과로 우리의 주인공은 알랑송 공작에게 다소 애매한 편지 한 통을 전달했고, 자기 몫으로 400두카트짜리 금사슬을 챙겨서 돌아왔다. 두 번째 여행에서는 에스파냐 왕이 그를 만나지 않으려고 했다. "나는 클로드 뒤 부르가 돌아올 것이라 생각하지 않소. 특히 7월 30일과 8월 13일의 당신의 편지를 본 뒤에는 더욱 그러하오"라고 1576년 10월 4일 국왕이 파리에 있던 그의 대사에게 썼다. 그러나 이 불청객은 9월 2일에 이미 바르셀로나에 도착했다. 모든 것이 편지로 이루어지던 시대인지라 그를 저지하고 프랑스 대사와의 불쾌한 마찰을 피하기 위해서는 명령서가 신속하게 전해져야 했다. 사야스가 두세 번 편지를 썼지만, 클로드 뒤 부르는 그의 말을 듣지 않고 감시망을 빠져나갔다. 펠리페 2세는 이때의 일을 다음과 같이 썼다. "9월 22일 아침 에스코리알 궁전에서 프라도로 가는 도중에 갈라파가르에서 그가 내 앞을 가로막았다. 그러고는 내게 8월 19일자의 알랑송 공작의 편지를 전했다. 첫 번째 만남에서보다 더 노골적으로 공작과 내딸들 중 한 명의 결혼을 제안해왔다. 나는 알바 공작 편으로 그에게 답을 전했다." 이 소동은 여기서 우리의 관심 밖으로 사라졌다.

특이하고 게다가 달갑지도 않은 한 사람이 에스파냐 전체를 돌아다닐 수 있었고, 감시 당국의 주목을 받고 있었는데도 모든 검문과 제지를 피할 수 있었으며, 심지어는 신중왕의 행차를 가로막았다는 것은 전적으로 16세기에 소식이 전해지는 느린 속도 때문에 일어난 희한한 사건이었다.[84]

거리와 경제

모든 활동이 거리라는 장애물에 부딪쳤고, 그 속에서 해결책을 찾았다. 지체가 불가피했고, 끊임없는 대비에도 불구하고 실책이 반복될 수밖에 없었던 지중해 경제는 처음부터 거리라는 각도에서 살펴보아야 한다.

특별한 상품인 환어음조차 무기력이라는 이 전반적인 법칙에서 벗어날 수 없었다. 거래 장소까지 가는 데에 걸리는 시간적 지체에 더해 환어음 그 자체에 명시되어 있는 지불 시간 지체까지 겹쳤다. 16세기 초에는 제노바[85]를 출발지라고 할 때 피사까지 5일, 밀라노까지 6일, 가에타, 아비뇽, 로마까지 10일, 안코나까지 15일, 바르셀로나까지 20일, 발렌시아와 몽펠리에까지 30일, 브뤼헤까지 2개월, 런던까지 3개월이 걸렸다. 정화(正貨)는 훨씬 더 느리게 움직였다. 16세기 후반에 접어들어 세비야에 선단들이 도착하는 것이 유럽과 지중해 그리고 세계경제를 지배하는 주요한 요소가 되었을 때, 매년 새로 들어온 막대한 은이 어디로 향하는지를 추적할 수 있게 되었다. 일부는 통화량을 늘리는 데 쓰였고, 호세 헨틸 다 실바의 도표에 제시된 대로 매우 긴 간격이 있는 시간표에 맞추어 순환되었다.[86] 상품의 이동 역시 어려웠다. 상품 준비에 오랜 시간이 걸렸고, 창고에서 더 많은 시간이 지체되었으며, 들쭉날쭉한 속도로 이동했다. 에스파냐의 양모는 피렌체에서 수입했는데, 양털의 구입부터 모직물 마무리 공정에 이르기까지 몇 달이 걸렸고,[87] 이집트, 뉘른베르크 등지로 완성된 형태로 수출되어 고객을 만나기까지에는 다시 몇 년이 걸릴 수도 있었다. 우리는 앞에서 폴란드의 밀과 호밀을 전형적인 사례로 언급한 적이 있다. 수확되기까지 꼬박 1년이 걸리고 소비되기까지 6-12개월이 더 걸리며 지중해로 보내질 때에는 종종 더 많은 시간이 걸리기도 했다.[88]

게다가 어떤 상품들은 종종 다른 상품들이 멀리서부터 도착하기를 기다려야만 했다. 아브루치 지방의 라퀼라에서는 사프란이 거래되었는데, 매년 상품들의 대경합을 촉진했다. 사프란만 거래된 것이 아니었다. 사프란은 린넨 자루에 담겨야 했고(8자루가 한 단위였다), 이 자루들은 다시 네 자루씩 가죽 자루에 포장되어야 했다. 게다가 지불은 라퀼라 주조소가 사용하는 구리 괴로 이루어졌는데, 주조소는 이 구리 괴를 이용하여 카발리와 카발루치라는 소액 동전을 주조했다. 따라서 사프란은 독일에서 린넨과 구리 괴가 도착하고 헝가리에서 가죽 자루가 도착한 덕분에 거래될 수 있었고,[89] 반대로 이런 물건들은 사프란 덕분에 거래될 수 있었다. 라퀼라에서 이 두 흐름이 교차했다. 레반트에서도 마찬가지여서 향신료, 후추, 약재, 견직물과 면화가 서쪽에서 온 은화와 모직물과 만났다. 우리는 라구사에서 베네치아로, 다시 베네치아에서 안트베르펜과 런던으로 뻗은 노선에서 이루어진 상품거래에 관해서도 잘 알고 있다. 이 거래는 라구사, 안코나, 베네치아(나중에는 메시나), 그리고 이 거래의 중심지인 런던에 지점을 두고 활동하는 라구사 출신의 곤돌라 가문을 번창하게 만들었다. 이들은 레반트에서 수입한 건포도—영어의 영향을 받은 이탈리아어 uve passe, 혹은 curanti—와 팔 곳이 마땅치 않았던 로사리오 묵주를 영국 농촌에서 직조된 커지와 현지에서 물물거래를 했다. 수송은 안코나에서 베네치아를 경유하는 해로와 육로를 통해서 이루어졌으나, 거래가 종결되기까지 오랜 시간이 걸렸다. 1545년에는 미지불금 문제를 해결하기 위해서 리옹 환시장에서 살비아티에게 중계를 의뢰해야 했을 정도였다.[90]

상품 순환의 지체는 이 세계의 고질적인 병폐였다. 상품, 화폐, 환어음이 사방으로 움직이고, 서로 스치고 마주치고, 서로를 기다려야 했다. 모든 상거래 중심지는 상품, 화폐, 환어음이 만들어내는 다각적이고 변화무쌍한 콩종튀르를 끊임없이 경험했다. 그러나 느리게 순환하는 상품, 화폐, 환어음은 오랫동안 길 위에 머물러 있었다. 상인이 가급적 빨리 투자금을 회수하고 싶어하는 것은 당연하다. 왜냐하면 현금은 언제 시작될지 모르는 게임에서 승기를 잡을 수 있는 결정적인 으뜸패였기 때문이다. 16세기에 개인 은행들에게 닥친 비극이 고객의 돈을 너무 느리게 순환하는 상품 거래에 부주의하게 투자하는 바람에 시작되었음은 의심의 여지가 없다. 위기나 공황 사태가 발생하면, 며칠 안에 대금 지불이 이루어지기는 불가능했다. 거리라는 치명적인 지체 요인에 발목이 잡혀 있었기 때문이다.

"손가락에 잉크를 묻혀가며" 끊임없이 편지를 쓰던 상인들은 시간이 돈이라는 것을 모두 잘 알고 있었다. 이런 말은 이미 널리 퍼져 있었다. 1590년 3월 피렌체에 거주하는 에스파냐 상인인 발타사르 수아레스는 갤리온 선이 지체되는 것에 분노하며, 자신에게 비싼 대가를 치르게 할 것이라고 우려했다.[91] 따라서 (돈이든 상품이든) 투자할 때는 다른 일정으로 움직이는 여러 경로에 분산시키거나, 같은 일정이라면 여러 배에 나누거나 자본 회수가 가장 빠른 노선을 선택하는 것이 현명했다. 17세기 초에 상인들은 포 강의 편리한 수로보다 베네치아 육로를 선호했다. 베네치아의 한 논객에 따르면,[92] "위험하고 불편하고 값비싼" 육로보다 수로가 "언제나 더 편리하고 이익이 남았다." 그러나 물길에는 검문소들이 너무나 많아서 자주 멈추어야 했고, 수색이나 강탈을 당하는 일도 있었다. 특히 시간을 허비하게 함으로써 결국 어떤 수송로를 이용하든 경비는 비슷해졌다.

그 누구에게도 낭비할 시간이란 없었다. 15세기부터 베네치아 상인들은 시리아 면화에 대한 투자를 선호했는데,[93] 그것은 6, 7개월 만에 종결될 수 있는 사업이었기 때문이다. 영국이나 플랑드르로의 장기적인 여행보다 훨씬 더 빨리 해결될 수 있었다. 당대의 가장 규모가 크고 가장 능숙하며 가장 운이 좋았던 제노바인들만이 세비야로부터 대서양을 건너가는 지불망을 조직할 수 있었다.[94] 실로 거대한 거래였다! 그러나 리스본과 인도양 사이의 정기적인 상업 관계는 더 거대했다. 따라서 이 거래의 정착을 위해서 포르투갈은 국가 차원에서 왕이 스스로 후추 상인이 되어 전력을 다해 개입해야 했다. 그러나 곧 이 정도로는 충분하지 않음이 드러났다. 거래가 멀리서 이루어질수록 투자되어야 할 자본은 더 막대했고, 더 많은 자금이 묶여 있어야 했다. 세비야에서 출발하는 아메리카와의 해상 교역이나 리스본에서 출발하는 아시아와의 해상 교역은 그 이전인 15세기 독일 남부와 이탈리아에서 진행된 자본의 집중적인 성장이 없었다면 불가능했을 것이다.[95]

이러한 장거리 교역은 언제나 큰 용기를 필요로 했다. 먼저 항해가들 덕분에 가능했다. 1602년 7월 서인도 제도에서 온 큰 배 한 척이 리스본에서 몇 마일 떨어지지 않은 곳에 정박했다. "200만 두카트" 가치가 넘는 금이 배에 실려 있었는데, 살아 돌아온 선원은 고작 30명에 불과했다. 이렇게 기진맥진한 배들을 영국의 사략선들은 경비선들의 면전에서 큰 어려움 없이 나포했다.[96] 1614년 9월에도 비슷한 사건이 있었다(이번에는 최종 결과가 나쁘지 않았다). "서인도 제도"에서 온 배 한 척이 리스본 부근에 "100만" 두카트 가치의 금을 싣고 도착했는데, 승선 인원 300명 가운데 생존자는 16명뿐이었다.[97] 가장 극단적인 경우는 1657년 5월 마닐라에서 태평양을 건너 아카풀코로 돌아온 갤리온 선인데, 생존자는 단 한 명도 없었지만,[98]

수화물은 그대로 실려 있었다. 유령선이 스스로 항구로 돌아온 것이다.

　돈도 큰 몫을 담당했는데, 이 문제는 나중에 다룰 것이다. 어쨌든 막대한 자금이 동원되었고, 아주 오래 전부터 상업 중심지의 불규칙한 리듬이 이를 반영했다. 예를 들면, 1464년 3월[99] 베네치아는 시리아행 갤리 선들이 출발했을 때 가지고 있던 은을 모두 써버렸다. 은 비축분 전부가 바다에 떠 있게 만든, 이 시리아행 선단 때문에 도시는 잠시 동안 생기를 잃고 갑자기 마비되어버렸다. 100년 후 활기 넘치는 세비야가 똑같은 광경을 보여주었다. 서인도 선단이 출발한 직후인(이 배는 1563년 3월 24-29일에 가서야 산 루카르 삼각주를 넘었다[100]) 2월 15일에 시몬 루이스의 대리인은 그의 상관에게 다음과 같은 편지를 보냈다.[101] "이곳에서는 며칠 전부터 얼마를 준다고 해도 단 1레알도 빌릴 수가 없습니다." 배에 실어 보낼 상품을 사 모으느라 가진 돈을 모두 써버렸기 때문이다. 다시 현금을 "넉넉하게" 보유하기 위해서는 선단이 돌아올 때까지 기다려야 했다. 그 1년 전인 1562년에는 선단의 도착이 늦어지자, 이미 빚을 많이 진 상인들은 다시 어떤 희생을 감수하고서라도 돈을 빌려야 했다. 어떤 관리의 서한[102]에는 "한 달 전부터 4.5퍼센트 이상을 할인해서 외국 돈을 빌리고 있는데, 외국인들에게 큰 이익을 안겨주고 있습니다. 곧 메디나 델 캄포 정기시의 지불기일입니다. 부디 전하께서 지불기일을 연장하여 상인들을 구해주시기를!"이라고 쓰여 있었다.

정기시, 경제생활의 보조 네트워크

　상업 중심지는 경제생활에 꼭 필요한 원동력이었다. 공간적 장애를 무너뜨리고, 시대가 허락하는 최대한의 빠른 속도로 어떻게든 거리를 극복함으로써 장거리 교역을 활성화시켰다. 상업 중심지들의 이런 역할을 다른 보조적인 활동들이 도왔다. 그중에 최고는 정기시였다. 정기시는 소도시, 임시 상업 중심지와 비슷했다. 물론 도시들이 그런 것처럼 정기시들도 작은 규모, 중간 규모, 예외적일 정도로 큰 규모까지 큰 차이를 보였으며, 큰 정기시는 상품 정기시에서 환어음 정기시로 발전하기도 했다.[103] 그러나 이 분야에서 어떤 정기시도 영원하지 않았다. 샹파뉴 정기시들은 14세기에 소멸했고, 샬롱-쉬르-손, 제네바, 그 뒤에 리옹에 정기시들이 부활했다. 북부 이탈리아와 네덜란드처럼 **도시** 활동이 활발한 지역에서는 정기시가 16세기에도 여전히 화려하기는 했으나 쇠퇴하기 시작했다. 베네치아처럼 정기시들이 남아 있던 곳에서도 겉보기에만 그랬을 뿐이다. 예수 승천 기념일에 산 마르코 광장에서는 라 센사(La Sensa)[104]라고 불리던 화려한 정기시가 열렸다. 종교 축제의 이름으로 열린 이 정기시는 베네치아 도제(통령)와 바다와의 혼례를 축하하는 대축제의 장이었다. 그러나 베네치아의 심장은 더 이상 그곳이 아니라, 리알토 광장과 리알토 다리에서 뛰고 있었다.

도시(상업 중심지라고도 할 수 있다)와 정기시 사이에는 끊임없이 교류가 있었지만, 쉬지 않고 움직이는 도시(피렌체에서는 환시세가 매주 토요일마다 게시되었다)가 결국 정기시에 대해서 우월한 지위를 차지하게 되었고, 정기시는 예외적인 만남의 장소가 되었다. 그렇게 결론을 지어야 하지만, 어떤 역사 발전도 한 방향으로만 진행되지는 않는다. 뜻밖의 사건들과 역전이 언제든지 가능했다. 1579년에 이탈리아 북부의 피아첸차에서 (소위 브장송 환어음 정기시) 환어음 정기시가 열리게 된 것은 자본주의 역사의 큰 흐름에서 볼 때, 16세기 최대의 사건이었다. 지중해와 서양 전체의 경제를 움직이는 "심장"이 오랫동안 피아첸차에 있었다. 이 엄청난 사건은 나중에 다시 다루기로 하자. 사실 서양의 물질생활에 규칙적인 리듬을 부여한 것은 도시인 제노바가 아니라 피아첸차 이곳저곳에서 매년 네 번씩 모임을 가지던 100여 명의 사업가들이었다. 어느 베네치아인이 약간 과장해서 말한 바에 따르면,[105] 이곳에서는 동전 한 닢 없이 어음들만이 거래되었다. 그러나 모든 것들이―동맥과 정맥 속에서 주입과 순환을 반복하며 흐르는 피처럼―이 중대한 "요지"로 몰려들었다. 정기시는 어음과 송금을 분배하고, 채무와 채권을 계약하며, 어음의 지불과 반환을 성사시키고, 금과 은을 분배하고 균형 혹은 불균형도 배분했다. 피아첸차 정기시가 없었다면, 거래는 모든 의미와 활기를 잃게 되었을 것이다.

그러나 일상생활 수준에서는 지방의 정기시들도 제 역할을 하고 있었다. 이들은 리옹, 메디나 델 캄포, 프랑크푸르트 암 마인 그리고 곧 라이프치히에서도 열리게 된 최고 수준의 상업 정기시들과 역할 면에서 그리 다르지 않았다. 최근에는 수많은 지방 정기시들의 역사가 여러 연구들을 통해서 구체적으로 드러나고 있다. 나폴리 왕국의 란치아노,[106] 살레르노,[107] 아베르사, 루체라, 레조 디 칼라브리아 정기시가 그런 예들이다. 롬바르디아 이곳저곳에서 열린 정기시[108]와 연계되어 있었던 레카나티 정기시와 세니갈리아 정기시가 교황령 국가에서 열리고 있었고, 베네치아의 인가를 받아 베르가모나 브레치아 혹은 티롤 지방의 볼차노에서도 정기시가 열렸으며 특히 볼차노 정기시는 17세기에 크게 번성했다.[109] 시리아에서도 제블레 해상 정기시가 열렸고, 다마스쿠스에서 남쪽으로 100킬로미터 떨어진 내륙 사막 한가운데에 있는 엘 므제리브에서도 카라반 정기시가 열렸다.[110] 기껏해야 7일장에 불과했던 소규모 정기시들도 있었는데, 이 역동적인 시장들은 서유럽과 발칸 지역 전체에 흩어져 있었다.[111] 1575-1580년경 신(新)카스티야에만 성업 중인 정기시가 22개나 되었고,[112] 포르투갈에서도 몇십 개가 열렸다.[113] 소규모 정기시들은 아주 초라한 것들조차 모두 급조된 소도시들 같지만, 원래 그곳에는 메디나 델 캄포에서처럼 길 하나와 넓은 광장 하나가 덩그러니 있거나 란치아노에서처럼 도시 외곽에 그저 텅 빈 공터 하나가 있을 뿐이었다.[114] 정기시에서는 2주일, 3주일, 혹은 한 달 동안 활발한 거래가 이루어졌다. 아라곤의 다로카에서는 주요 정기시가 성체 축일에 시작되었다. 이때 삼위일체 수도회는 예전에 그리스도의 살과 피로 변한 적이 있었다는 기적의 오스티아(hostia)를 교회에서 가지고 나왔다(1581년 독실한 젊은 베네치아 여행자들은 확신을 가지고 "이것은 매우 분명하게 볼 수 있다"고 말했다). 일주일간 계속되는 이 정기시에는 안장을 하거나 고삐를 맨 채 쟁기를 끄는 노새들의 판매상들이 몰려들었다. 여담으로 한마디 덧붙이자면, 고삐를 맨 노새들은 "에스파냐에서 바퀴 두 개로 다니는 마차를 끌었다."[115]

축제가 끝나면 모든 것이 제자리로 돌아갔다. 설치물들은 포템킨[1739-1791]의 가짜 마을들처럼 분해되어 멀리로 운반되었다. 상인들과 상품, 짐바리 동물들은 이 도시에서 저 도시로 옮겨다녔다. 한 정기시가 끝나면 다음 정기시가 시작되기 때문이다. 1567년 9월 란치아노 "8월" 정기시를 떠난 7, 8인의 플랑드르 상인들은 그들의 희망대로 9월 21일에 시작되는 제2차 소렌토 정기시에 제때에 도착할 수 있었을 것이다.[116] 1567년 4월 나폴리 문서[117]에 언급되어 있는 스페란차 델라 마르카와 "그의 대리인들"은 정기시들을 찾아 왕국 전체를 순회하며 수예 재료들, 견직물, 자가렐,[118] 금사와 은사, 빗, 모자들을 팔았던 것 같다. 아마도 그들은 에스파냐 모자를 팔아 나폴리에 유행시킴으로써, 많은 고객을 만족시킬 수 있었을 것이다.

이런 시장들에는 늘 환어음과 신용거래에 익숙하고(란치아노에서 환어음 다발이 통째로 발견되었다),[119] 향신료와 약재, 직물을 거래하는 대상인들도 나타났다. 그러나 객주 주인들에 따르면, 1578년 3월 리옹에서조차[120] "10명에 1명만이 정기시에 말을 타고 와서 돈을 쓰고 좋은 숙소에 머문다. 나머지는 걸어와서 작은 숙소들만을 전전했다." 정기시들에는 가난한 행상들 역시 몰려들었다. 농촌 생활의 생생한 증인들이기도 한 이들은 자신들이 직접 생산한 제품들을 내다팔았다. 그중에는 가축, 기름, 염장한 쇠고기, 가죽, 피혁, 치즈, 새로 만든 나무통, 아몬드, 말린 무화과, 사과, 현지에서 일상적으로 마시는 포도주나 만지아게라 같은 고급 포도주, 앤초비 또는 정어리, 생사(生絲) 같은 것들이 있었다. 드넓은 나폴리 왕국—이곳의 다채로운 면모에 대해서는 여기서 언급하지 않겠다—에서도 그러한 정기시들은 주요 상업로와 시골 길들, 노새가 다니는 소로, 란치아노 배후에 위치한 산악지역을 누비며 "계곡을 따라 나 있는" "모세혈관들"이 마주치는 곳에서 매우 중요한 역할을 담당했다. 작은 정기시들이 거래와 순환을 촉진하면서, 결과적으로 현금이나 현물로 이루어지는 일련의 거대한 거래를 자극했음이 분명하다. 장거리가 만들어내는 장애물들 가운데 하나가 우편요금, 도시세, 국경세였다는 점에서, 이러한 거래들이 누리던 통행세 면제는 확실히 큰 혜택이었기 때문이다.[121]

어디를 보나 항상 비슷한 광경이 벌어졌다. 1580년경만 해도 과달라하라 지방에 있는 신(新)카스티야의 신도시 텐딜라[122]는 그리 잘 알려진 곳이 아니었다. 이 마을을 시에라 드 라 칼데리나 기슭에 위치해 있으며 북쪽으로 치우다드 레알, 바다호스를 지나 포르투갈로 흘러가는 과디아나 강변에 면해 있다고 기억으로 설명할 수 있는 지리학자가 있을까? 이 시기에 텐딜라는 700가구, 약 3,000명의 인구가 거주하는 꽤 큰 영주령 소읍이었다. 그런데 겨울이 끝날 무렵인 성 마테오 축일에 열리는 두 정기시들 가운데 하나는 한 달 동안 예외적이라고 할 정도로 성황이었다. 우선 시기가 좋았다. 겨울 내내 장인들은 직물을 짰을 것이고 이 정기시는 새해에 열리는 첫 정기시였다. 상인들은 인근의 모든 도시들에서 몰려들었다. 심지어는 마드리드, 톨레도, 세고비아, 쿠엥카의 대상인들과 비스카야 지역의 아마포와 실매매상들도 이곳을 찾았고, 포르투갈인들은 "카스티야의 다른 어떤 정기시보다 이곳에 더 많았다." 이렇게 많은 사람들과 가게들이 넘쳐나는 이곳의 모습은 그라나다의 알카이세리아를 연상시켰다.[123] 게다가 다양한 곳에서 생산되는 모든 종류의 모직물, 견직물, 향신료, 약재, 브라질 목재, 상아, 일상용품들까지 상품들도 많았다. 텐딜라 백작은 알카발라(alcabala), 즉 거래액의 3퍼센트만을 받는 가벼운 소비세를 거두어 매년 120만 마라베디(maravedi)의 수입을 올렸는데, 그것은 거래 총액이 4,000만 마라베디(40쿠엔토스), 즉 10만 두카트에 달했음을 뜻한다. 따라서 정기시는 평소 폐쇄적이고 내향적인 지역 경제를 해체시키고, "전국 시장"을 성립시키는, 적어도 출범시키는 역할을 했다.

지역 경제권

사실 지중해에는 독자적인 수많은 도량형들을 쓰면서 자신들만의 관습과 방언을 사용하는 다양한 규모의 폐쇄적인 경제권들이 곳곳에 산재했다. 그 수는 깜짝 놀랄 정도였다. 예를 들면, 사르데냐와 코르시카는 섬 전체가 지중해 무역의 큰 흐름에서 비켜나 있었다. 사르데냐 섬[124]에서 농민들은 더 많이 생산하도록 재촉을 당하거나, 새로운 경작법을 받아들이고 기존의 방식을 버리도록 요구받은 적이 없었다. 그들은 화전(火田)을 선호했고, 휴경을 하지 않았다. 1860년에도 여전히 동쪽 해안의 오로제이와 포사다, 북부의 갈루라 같은 지역들은 운송 수단이 없었기 때문에, 상거래가 "계속해서 말 등 위에서 이루어지고 있었다."[125] 따라서 16세기에 농업보다는 목축을 선호하던 이 섬 사람들은 돈을 잘 몰랐다. 1557년부터 칼리아리에 자리를 잡은 예수회 신부들에게는 가금류, 빵, 새끼 염소, 거세된 수탉, 젖먹이 돼지, 비둘기, 양, 좋은 포도주, 송아지 등 현물 기부가 넘쳐났다. 이들의 편지에는 "그러나 그들이 내놓은 현금 기부액은 고작 10에퀴밖에 되지 않습니다"라고 쓰여 있다.[126]

코르시카에서 각각의 교구는 섬 안에 있는 또 하나의 섬이었다. 산 너머에 있는 저편 계곡과는 어떤 접촉도 없었다. 아작시오 배후에 거주하는 크루치니, 보코냐노, 바스텔리카 사람들은 서로에 대해서 잘 몰랐다.[127] 따라서 어쩔 수 없이 스스로 모든 것을 생산해야 했고 모든 생필품을 알아서 조달해야 했다(이 때문에 돼지기름이 올리브 기름만큼이나 자주 사용되었던 듯하다). 옷은 집에서 직접 만들어 입었다. 제노바 상인들이 그들의 가게에서 옷감을 취급하려고 했을 때 섬 사람들이 저항한 것도 이 때문이었다. 섬 사람들은 통치자가 섬 안에서의 지역 간의 내부 거래를 독려하지 않은 것에 대해서도 분노했다.[128](그런데 이것이 정말 통치자들의 책임이었을까) 사실 지리, 구릉지들의 존재, 열악한 도로 사정, 이 모두가 상업 발전을 지속적으로 저해했던 요인들이었다. 섬은 화폐 경제의 네트워크에서 거의 전부 벗어나 있었다. 세금은 밀, 밤, 누에고치, 기름, 말린 채소로 지불했다. 읽고 쓰는 법을 가르쳤던 교사들은 1년에 2바치노(20-40리터) 정도의 곡물을 급료로 받았다. 상황이 이러했기 때문에, 16세기 코르시카를 연구하는 한 역사학자는 1582년의 기근에 대해서 다음과 같이 설명했다. "기근이 이토록 심각했음에도 불구하고 곡물 값은 1메라(mera)당 4스쿠도(scudo)를 넘지 않았다. 섬에 화폐가 있었다면, 가격은 8스쿠도 넘게 올랐을 것이다."[129]

부유한 섬인 시칠리아도 섬 안으로 들어가면 코르시카 섬보다 나을 바가 없었다. 시칠리아 사람들은 도로와 교량 건설을 위해서 세금을 납부했으나, 정부는 이 돈을 다른 목적에 사용했다. 따라서 18세기 전까지 시칠리아 내륙에는 제대로 된 도로망이 없었다. 1726년에도 여전히 내륙에 가게를 열겠다고 하는 모든 상인들에게 특권을 보장할 정도였다.[130] 따라서 16세기에 코르시카에서처럼 이곳에서도 현지 농민들이 만든 모직물이 일상적으로 소비되고 있었다고 하더라도 전혀 놀라운 일이 아니었다.[131]

아라곤 왕국 고지대의 하카 역시 폐쇄적인 경제 지역이었던 듯하다. 자급자족은 이 지역의 이상이자 요구였다. 밀(관개시설이 되어 있는 지역과 산악지대 모두에서 생산되었다), 포도나무(해당 지역이 방향, 토양, 특히 고도가 포도 생육에 적합한지 여부는 상관없이 재배가 이루어졌다), 올리브 나무(산악지대의 끔찍한 추위와 서리라는 난제가 있었다) 그리고 2세기 후의 경제학자 이그나시오 데 아소가 맛과 품질을 자랑했던 기본 채소들이 재배되었다. 의복으로는 농민들이 모직물을 직접 생산했다. 아라곤 코르델라테스라고 불리던 이 제품은 명성이 제법 높았다. 18기에도 여전히 몇몇 산악지대에서는 밀과 기름의 물물교환이 이루어졌다. 우에스카 지방에서는 기름과 양젖으로 만든 버터를 모두 사용하여 음식을 만들었다.[132] 펠리페 2세의 명령으로 1575년과 1577년에는 카스티야 지방에 대한 조사가 실시되었는데, 이때 작성된 『지형 보고서(Relaciones topográficas)』[133]는 이 지역 경제의 실상을 알려주는 귀중한 사료이다. 보고서에 따르면, 이 마을들에서 산다는 것은 자신들이 생산한 것을 먹는다는 것이었다. 인근 마을에서 생산한 기름과 포도주, 밀에는 거의 기대지 않았다. 구(舊)카스티야의 농업 구조에 대한 연구를 통해서도 16세기에 이루어진 복합 경작 형태를 엿볼 수 있으며, 남는 땅이나 바람을 막을 만한 곳이면, 기후와 상관없이 올리브 나무를 심었다는 것을 알 수 있다.[134] 자족적인 삶을 이상적인 것으로 생각했으며, 화폐는 거의 나타나지 않았고 나타나더라도 곧 사라졌다.

이런 낡은 경제의 폐쇄적인 성향이 강할수록 금이나 은이 불쑥 나타나더라도 지나치게 고평가되기가 십상이었다. 1558년 한 베네치아인은 주머니가 두둑한 사람들의 경우 사르데냐에서의 생활비가 이탈리아에서보다 4, 5분의 1밖에 들지 않는다고 적었다.[135] 예를 들면, 1609년 예수 승천 기념일에 예기치 않은 일로 베네치아 선박 한 척이 이스트리아 해안의 폴라[풀라] 부근의 작은 항구에 입항하게 되었는데, 배의 승객들과 선원들은 배에서 내려 풍성한 음식을 맛볼 수 있었다. 송아지 고기는 1파운드에 3솔도(soldo), 새끼염소 한 마리는 40솔도, 기름 한 병은 3솔도, 빵과 포도주는 한 여행객에 따르면, "실컷 마실 수 있을"정도로 턱없이 저렴했다.[136] 사실 (다른 유럽 국가들에서처럼) 지중해 지역에는 이렇게 물건 값이 저렴한 지역들이 많았다. 그곳은 경제적 주류에서 벗어난 독자적인 세계를 구축하고 있었다.

서유럽에서 물가가 낮은 곳은 대체로 좁은 범위의 경제권이었다. 동유럽에서는 그런 지역이 크게 형성되어 있었고, 자신들이 경작한 것과 염장한 음식, 말린 고기를 먹으며 독립적으로 사는 발칸 지역에서도 사정은 마찬가지였다.[137] 1555년 여름, 베오그라드에서 뷔스베크는 다음과 같은 기록을 남겼다.[138] "이 지역의 모든 것은 매우 저렴하다. 사람들이 우리에게 생선을 주었는데 그 양이 40인이 먹어도 충분할 정도였으며, 그런데도 2분의 1탈러밖에 지불하지 않았다." 따라서 라구사, 베네치아 등 다른 지역 사람들은 넓고 저렴한 발칸 시장에서 식량을 조달하는 것에 큰 관심을 보였다. 따라서 누군가가 이 게임을 혼탁하게 만든다면, 분노하는 것은 당연했다. 1582년 1월 파비오 카날이라는 한 베네치아인은 10인 위원회에서 스플리트 배후 지역에서 말 가격이 지나치게 크게 인상된 것에 대해서 격렬하게 항의했다. (종교전쟁으로 인해서) 프랑스인들이 대량으로 구매한 것이 이 개탄스러운 사태의 원인이었다.[139]

좁건 넓건 간에 화폐경제에 포함되지 않은 이런 경제권들이 많았다는 것은 지중해 지역만의 특징은 아니었다. 독일, 발트 해안, 에스토니아의 탈린, 핀란드에서도 상황은 비슷했고, 많은 경우 더 큰 불만을 자아냈다. 1590년 12월에 폴란드로 가려는 한 베네치아인은 빈에서 모든 준비를 마치고 심지어는 양초까지도 구입했는데,[140] 그의 이런 행동은 옳았다.[141] 프랑스에서도 여행자들의 이야기를 들어보면 이런 경우가 많았던 듯하다. 예를 들면, 브르타뉴 지방은 그 어느 곳보다 더 발전이 지체되고 불편한 지방이었다. 실제로 1532년 2월, 프랑수아 1세가 브르타뉴를 방문하려는 계획을 세웠을 때, 그는 "지옥에라도 가는 듯이 이 여행에 반대하는 궁정인들의 중론을 물리쳐야 했다."[142] 영국에서도 비슷한 광경이 벌어졌다. 크롬웰 시대[143]에도 여전히 주요 도로에서 살짝만 벗어나도 숲으로 둘러싸이거나 덤불로 뒤덮이고 유랑민들이 출몰하는 잉글랜드 지방을 만날 수 있었다. 하물며 스코틀랜드와 아일랜드에 대해서야 무슨 말이 더 필요하겠는가![144] 따라서 화폐경제를 충분히 진작시키지 못함으로써 모든 지역을 조화롭게 발전시키지 못하는 인간의 무능은 지중해의 문제가 아니라 16세기의 문제였다. 아니 그것은 16세기의 문제가 아니라, 경제적 구체제의 문제였다. 그리고 그것은 16세기보다 일찍 시작되어 그보다 더 오랫동안 계속되었다.

그러나 아무리 폐쇄적인 경제라고 하더라도 조금씩 스며드는 물의 흐름을 피하지는 못했다. 마르크 블로크의 충고대로 폐쇄된 경제에 대해서 섣부른 판단을 내리지 않도록 조심해야 한다. 코르시카 교구들조차 목동들을 통해서 외부와 상품을 거래했으며 상황에 따라서 돼지와 밤을 기름이나 직물 혹은 돈을 받고 내주었다. 다른 맥락에서 나온 이야기이기는 하지만, 나는 섬들에 관해서 설명하면서 사르데냐 섬 전체가 지중해 세계에 완전히 닫혀 있었던 적은 없었음을 지적한 적이 있다.[145] 곡물 창고인 시칠리아와 국제적인 양모 시장인 카스티야에 관해서는 길게 말할 필요도 없을 것이다.

우에스카를 비롯한 아라곤 고지대 전 지역은 자급자족적으로 살아갔던 듯하다. 그러나 이처럼 외진 곳에 위치한 지방들의 경우에도 외부와 교류한 흔적이 있음을 지적할 필요가 있다. 먼저 이곳은 중세부터 기옌[프랑스 남서부] 지역의 포도주와 영국산 모직물이 운반되던 길목이었다.[146] 15, 16세기 독일 상인들이 사프란 교역을 위해서 사라고사로 갈 때 이용하던 칸프랑 대로가 우에스카 지역을 지나간다는 사실 역시 잘 알려진 사실이다. 또한 두아엔의 배와 베아른에서 신의 사과라고 불리던 작은 사과는 아마도 베아른에서부터 건너와 피레네를 넘어 하카의 과수원으로 전해진 듯하다.[147] 아라곤의 밀은 에브로 강을 따라 토르토사까지 운반되었고, 카탈루냐는 16세기에도 여전히 이렇게 조달되는 곡물에 의지했다. 오랫동안 독자적인 하카 화폐[148]가 사용되었고, 양모[149]는 아라곤으로부터 매우 먼 지역으로까지 수출되었다. 끝으로, 이것 역시 중요한 일인데, 카스티야의 영향을 받은 펠리페 2세 시대의 많은 아라곤 귀족들은 카스티야 어로 장부를 작성했다.[150] 이처럼 가난하고 척박한 지역인 아라곤조차 외부 세계와 소통하고 있었다. 비록 그 방식에 관해서 우리가 알고 있는 것은 적지만 말이다.

게다가 선진적인 지역과 지체된 지역들은 서로 소통하지 않을 수 없었다. 오늘날처럼 과거에도 경제생활은 수준 차이, 즉 전압 차이가 있을 수밖에 없었다. 코르시카에 머무는 제노바 상인은 처음에는 그를 얽어매는 듯했지만, 사실은 그에게 특혜를 주는 하나의 경제법칙을 따르고 있었다. 그들은 현지에서 값싼 노동력과 생활비의 혜택을 누렸던 것이다.[151] 알레포와 호르무즈에 온 베네치아인들, 위스퀴브, 소피아, 티미쇼아라, 노비 파자르에 온 라구사인들, 보헤미아와 작센 지역에 온 뉘른베르크 상인들도 모두 마찬가지였다. 도시들은 그들의 성문 앞에 존재하는 가난한 지역들이 없으면 살 수 없었다(그리고 의도적이건 아니건 간에 이 지역의 가난을 지속시키려고 한다). 아무리 번성한 도시라고 해도 피렌체를 비롯한 모든 도시는 근방 30 킬로미터 주변 권역 내에서 필수품을 공급받아야 했다.[152] 도시를 둘러싼 이 지역으로부터 피렌체는 목재, 기름, 채소, 가금류, 상상할 수 없을 정도로 많은 양의 포도주, 사냥한 고기, 새고기를 공급받아야 했고, 농민들은 이 물건들을 다발째 성문 앞에서 팔았다.[153] 이처럼 선진적인 지역과 후진적인 지역은 가까이서 함께 공존했다. 바야돌리드[154]가 번성했다면, 그것은 성 밖의 기름진 티에라 데 캄포스 덕분이었다. 세고비아는 인근 지역에서는 구하기 어려운 적포도주와 백포도주를 메디나 델 캄포와 코카, 제브레로스로부터 가져와 매주 목요일에 열리는 시장에서 시민들에게 공급했다. 베네치아에 그토록 먹을거리가 풍부했던 이유는 수로망을 통해서 롬바르디아의 카살마조레[155]에까지 가서 식재료와 양젖을 가져올 수 있었기 때문이다. 바닷길은 밀, 기름, 포도주, 생선, 살아 있는 짐승들을 수송하는 데에 보다 편리했고, 겨울 추위에 대비하기 위해서 필요한 땔감은 이스트리아와 콰르네로로부터 배로 실어날랐다.[156]

사각형 : 제노바, 밀라노, 베네치아, 피렌체

우리는 앞에서 거리라는 장애물이 상존하는 공간을 경제적으로 조직화하는 일에 유리한 요소와 방해 요소를 살펴보았다. 간단히 설명하면, 노동의 지리적 분할이 그것인데, 이러한 분할은 지중해 전 지역에서 아주 분명하게 확인된다.

60일 거리의 이 세계는 크게 보면, 하나의 경제-세계(Weltwirtschaft, économie-monde), 그 자체가 하나의 우주였다. 이 세계가 엄격하고 강압적인 방식으로 구성된 것은 아니었지만, 하나의 일정한 질서가 큰 틀에서 확인된다. 예를 들면, 이 경제-세계는 하나의 중심, 즉 다른 지역들을 자극하면서 이 세계의 성립에 꼭 필요한 핵심 지역을 가지고 있다. 15세기처럼 16세기에도 지중해 세계의 중심은 어느 모로 보나 베네치아, 밀라노, 제노바, 피렌체라는 네 도시로 이루어진 그리 넓지 않은 지역이었다. 도시들 간에 경쟁과 충돌이 있었고 지리적 비중에도 차이가 있었지만 말이다. 무게 중심은 16세기 초까지만 해도 베네치아에 있었으나, 1550년부터 1575년 사이에 제노바로 이동하여 화려한 모습으로 거듭났다.

15세기에 베네치아는 의심의 여지없이 지중해의 막강한 중심이었고,[157] 지중해가 유럽의 몇몇 지역들과 연결되면서 생겼던 좀더 넓은 세계의 중심이기도 했다. 이렇게 중심으로 군림했던 것은 명백했지만, 결코 유일한 중심은 아니었다. 베네치아는 멀리서는 브뤼헤의 도움을 받아야 했다. 브뤼헤는 베네치아에 버금가는—이에 관해서는 논란이 있을 수 있다[158]—또 하나의 "극(pôle)으로서, 발트 해, 북해, 북서 독일의 배후지로까지 이어지는 북쪽 해로의 끝에 위치하고 있었으며, 무엇보다도 영국과 마주 보고 있었다. 베네치아는 또한 밀라노, 제노바, 피렌체 같은 인근의 대도시들의 도움을 받아야 했다. 이 사실을 입증하기 위한 증거 사료를 하나 든다면, 1423년 도제였던 모체니고의 유명한 임종 연설이면 충분할 것이다.[159] 베네치아는 주요 교역 지역인 레반트로 제노바산 벨벳, 밀라노산 금사 모직물, 피렌체산 고급 모직물을 수출했던 것에서 알 수 있듯이, 이들 도시들의 산업과 교역에 의존하고 있었다.

이러한 다각적인 협력이 아무런 충돌 없이 이루어지지는 않았다. 세계의 중심에 위치한 이 작은 지역들을 시기와 경쟁, 전쟁들이 갈라놓았다. 이러한 관계가 (적잖이) 만들어낸 희극과 속임수 그리고 비극적인 측면에 관한 연구가 조금씩 진행되어왔다. 1454년 4월[160] 로디 평화조약으로 정세가 결정적으로 전환되기까지는 모험가들, 도시국가, 제후들이 지배하는 이탈리아는 우리가 백년전쟁[1337-1453]이라는 잘못된 이름으로 통칭하는 정치, 사회, 경제적 갈등의 시대를 살고 있었다. 전반적인 활동이 위축되면서 이 시대는 우울하고, 종종 야만적인 색채를 띠었다. 도시들과 국가들이 서로 충돌했다. 선견지명을 갖춘 정치가들이 얼핏 엿보았던 이탈리아 통일을 모색하는 과정으로 이러한 갈등을 해석하는 것은 이 별 볼 일 없는 사태에 지나친 의미를 부여하는 것이다. 어쨌든 로디 평화조약은 평화를 되찾고 교역을 활성화시키는 긍정적인 역할을 했다. 이 평화는 1494년 9월에 샤를 8세가 좋지 않은 시기에 이탈리아로 쳐들어올 때까지 계속되었다.

이렇게 소강상태가 계속되는 동안 네 "강국들"의 패권이 가시화되었다. 베네치아가 주도권을 잡았다. 베네치아는 국제정치보다는 은, 환어음, 직물, 향신료, 항해에 더 많은 관심을 가졌는데, 믿기 어렵겠지만 그들은 늘 그랬다. 1472년 5월,[161] 베네치아의 10인 위원회는 하루도 쉬지 않고 "35인 평의회"와 논의를 거듭했다. 오래 전에 그랬던 것처럼, 회의 안건은 1470년에 재개된 투르크 전쟁이 아니라 베네치아 조폐국에서 주조되지 않은 은화 ―그로세티와 그로소니―의 가치를 떨어뜨리거나 아예 유통을 금지시키는 문제였다. 악화의 공격을 막아야 했다. 이런 일을 너무나 많이 겪었던 베네치아는 이 문제에 대해서는 언제나 가차 없었다. 1472년 6월 곤차가 가문의 대리인이 말했듯이,[162] 토머스 그레셤보다 훨씬 앞서 이 시대에 이미 그들은 "악화가 양화를 구축한다"는 사실을 잘 알고 있었다. 대리인의 보고에 따르면, "이곳 사람들은 더 이상 투르크 문제를 근심하지 않습니다. 그 외에는 아무런 소식이 없습니다. 투르크에 맞서 어떤 조치도 취하지 않고 있습니다." 1430년 살로니카를 잃었고, 얼마 전인 1470년에는 밀이 생산되는 네그로폰테 섬을 포기해야 했지만, 베네치아는 여전히 내부 문제에만 전념하고 있었다. 그만큼 베네치아는 자신감이 넘쳤고, 그들이 가진 부와 우월성을 확신하고 있었다. 투르크 해군은 베네치아 해군을 따라 만든 것이었다. 대포를 갖추었고 조선소에서 정기적으로 점검을 받고 물자를 보급받는 베네치아 함대의 막강한 지위는 어느 누구도 넘볼 수 없었다. 베네치아의 상업도 잘 유지되고 있었다. 지중해 전역으로부터 플랑드르에 이르기까지 갤리 상선에 의한 수송체계가 잘 가동되었고, 국영 선박을 임차한 귀족들에게 큰 이익을 가져다주었다.

베네치아가 중요한 요충지들을 잃어가고 있었던 것은 사실이다. 살로니카(1430), 원로원 문서에 "진정한 우리의 도시"라고 표기되어 있던 콘스탄티노플(1453), 네그로폰테(1470) 외에도, 아조프 해에 위치한 타나(1475)가 그러했다. 이보다 한참 후에 쓰인 한 기록을 보면, 특히 타나는 여성 노예들과 염장 식품들을 실은[163] 갤리 선과 나베 선이 베네치아를 향해 출항하는 곳이었다. 이 모든 일들로 인해서 타격을 받기는 했지만, 베네치아는 이에 유연하게 대처하여 크레타와 키프로스 같은 다른 곳을 새로운 상업 기지로 삼았다. 특히 키프로스는 1479년부터 베네치아의 독점적인 지배를 받게 되었다. 물론 비교라는 것이 작위적이지만, 어쨌든 제노바인들에 맞서 키프로스를 점령한 것은 그 시대의 잣대로 보면, 플라시[인도 동북부] 전투(1757)에 승리한 영국이 프랑스인들에 맞서 인도를 점령한, 아니 점령하기 위한 교두보를 마련한 것과 비슷했다. 게다가 베네치아 상인들과 상선들은 세기가 끝날 무렵까지 아니 그 이후까지도 콘스탄티노플과 흑해에서 활동했다. 그들은 레반트 무역의 두 관문인 시리아라는 핵심 지역과 이집트라는 중요 요지에서 거점을 가지고 있었다. 1489년 알렉산드리아는 베네치아에 300만 두카트 상당의 물품을 베네치아에 공급했다.[164] 1497년 베네치아 정부는 시리아와 이집트로 값비싼 상품들과 함께 정화 36만 두카트 이상을 보냈다. 그러자 갑자기 은 1마르크(mark)의 값(문제가 된 돈이 은화이기 때문이다)이 1마르크당 5그로소(grosso)씩 가치가 높아졌다.[165] 베네치아가 관례대로 후추, 향신료, 약재, 면화, 린넨, 실크를 가져오기 위해서 자신이 소유하고 있던 은화를 모두 실어보낸 결과였다. 이것은 이미 확고하게 굳어진, 말하자면 정치적으로 보장받은 정규 교역이었다(바스코 다 가마의 항해가 실현되리라고 누가 생각이나 했겠는가?). 시리아와 이집트는 과거의 상업 전통을 이어받은 맘루크 제국의 지배하에 있었다. 투르크인들이 1516년부터

1517년까지 카이로의 술탄에게 맞서 승리할 것이라고는 아무도 예측하지 못했다. 그래서 베네치아는 부자들이 그러하듯이 평온하게 지낼 수 있었다. 베네치아는 여성들의 지나치게 사치스러운 의상과 축하연에서 이루어지는 지나친 과소비, 그리고 남성들의 자수 의상을 질타했다. 그러나 사누도가 그러했듯이, 어느 누가 마음속으로는 귀족들의 결혼에서 관례가 된 막대한 지참금을 부러워하지 않았겠는가? 그것은 3,000두카트 밑으로 내려가는 법이 없었고, 종종 1만 두카트를 넘기도 했다.[166] 도제 궁전 앞에서 갤리선 노꾼들이 외치는 급료 지급 요구,[167] 견직물 조합이나 양모 조합에 속한 가난한 직공들의 한탄, 대형 선박의 위기[168]에 대한 원로원의 비관적인 포고문 같은 작은 오점들은 아름답게 빛나는 이 그림 속에서 거의 그 흔적도 찾기 어려울 정도였다.

그러나 다음 세기는 이 지나칠 정도로 부유한 도시들에 가혹했다. 베네치아는 아냐델로 전투(1509)에서 기적적으로 소생했다. 그러나 제노바, 밀라노, 피렌체는 차례대로 치유할 수 없는 불행을 겪었다. 로마 약탈(1527)이 과거의 참혹한 사건들을 능가하지는 못했다고 해도, 1522년의 제노바 약탈[169]은 끔찍한 재앙으로 기록될 것이다. 점령당한 이 도시에서는 환어음을 제외한—이것은 중요한 사항이다—그 어느 것도 약탈을 피해갈 수 없었다. 상관의 명령에 따라 군인들은 환어음만큼은 건드리지 않았다. 1528년 제노바는 마침내 운명을 받아들이기로 하고, 카를 5세와 동맹을 맺었다. 한편 밀라노인들은 경우에 따라 필요해지면 "프랑스 만세"[170] 혹은 "황제 만세"를 외칠 줄 알았고, 예전에 스포르차 가문이나 그에 앞서 비스콘티 가문에게 그랬던 것처럼 에스파냐인들에게도 순응했다. 게다가 에스파냐 지배의 그늘 아래에서 고위 공직을 담당하던 지방 귀족들은 밀라노와 롬바르디아의 지배자로 남을 수 있었다.[171] 모든 것이 변했지만, 그들은 자리를 지켰다.

요컨대, 도시들은 살아 있는 강자들의 세계에서 쉽게 제거되지 않았다.

적어도 1530년까지는 경제적 콩종튀르는 양호했다. 새로운 세계에서 세비야와 리스본이 새로 자리를 차지했지만, 안트베르펜에서부터 베네치아까지 일련의 도시들이 여전히 세계를 지배했고, 베네치아는 지중해 동부에서 여전히 제 위치를 유지했다. 어려움이 없지는 않았다. 왜냐하면 1574년 이후에야 비로소 투르크와 지속적으로 평화를 유지할 수 있었기 때문이다. 베네치아는 중부 유럽에서도 지위를 유지했다. 반면 1509-1511년부터 에스파냐가 북아프리카로 진출하기 시작하자,[172] 베네치아는 이곳에서 거의 모든 것을 잃었다.[173] 지중해 한 쪽에 지나치게 치우쳐 있었기 때문에 대서양 쪽에서는 매우 중요한 역할을 할 수 없었다.

베네치아가 산업—견직물과 고급 모직물, 유리, 인쇄업—을 급성장시키지 못했다면, 그리고 그 성장이 16세기 이후까지 지속되지 못했다면, 특히 베네치아가 16세기 "후반"의 전반적인 발전에 전력을 다해 참여하지 않았다면, 대차대조표는 적자를 기록했을 것이다. 적어도 1620년까지의 예산과 세관 수치에 따르면 그러하다.[174] 베네치아 조폐국은 매년 금화 "100만" 두카트와 은화 "100만" 그로소를 주조했다.[175] 상인들은 뉘른베르크에서 호르무즈까지, 즉 아주 멀리 떨어져 있는 세계 곳곳에 흩어져 있었다. 그들은 그 규모를 가늠하기는 쉽지 않지만, 일종의 "자본주의 제국"을 품고 있었다. 이 점에서 놀랄 만한 일이 한두 가지가 아니었다. 1555년 한 회사의 개편 과정을 보면, 세비야에서도 베네치아 상인들이 활발한 활동을 벌여왔음을 알 수 있다. 안토니오 코르노비, 안드레아 코르나로, 조반니 코레르, 로렌초 알리프란디, 도나토 룰로, 발드 가비아노가 그들이다.[176] 1569년에 작성된 한 나폴리 문서[177]에도 풀리아, 특히 바리에서 기름과 곡물을 샀던 500명의 베네치아 상인들의 명단이 적혀 있다. 알제의 프랑스 영사관에서 작성된 미간행 문서[178]에도 1579년에 활동하던 "베네치아 상인" 바르톨로메오 소마라는 대부업자의 이름이 쓰여 있다. 결국 1600년경에는 베네치아 국고가 정화로 넘쳐나게 되었다.[179] 우리의 계산이 잘못되지 않았다면, 베네치아 항구에는 매년 700-800척의 배들이 드나들었을 것이다.[180] 특히 베네치아는 기독교 세계에서 가장 많은 자금을 가진, 정화가 넘쳐나는 곳이었다.[181] 한 베네치아 문서는 약간의 과장도 없이 다음과 같이 말했다. "아마도 유럽 어디에도 이보다 더 편리한 곳은 없을 것이다."[182] 물론 까다로운 사회 비판가들은 만족하지 못했다. 그들 중에 어떤 사람은 "시장 거래의 5분의 4를 차지하는" 환거래에 대해서 세금을 부과해야 한다고 말했다.[183] 실제로 베네치아인인 베르나르도 나바제로가 운영하는 환은행의 장부를 보면 1603년 5월 24일부터 8월 9일까지 석 달 동안 부분적으로 조작이 있었다는 것을 감안해도 거의 300만 두카트의 돈거래가 이루어졌는데,[184] 그것은 그리 놀라운 일이 아니었다. 여러 차례 타격을 받았지만, 베네치아는 여전히 부유했고, 16세기 말, 17세기 초에는 삶의 즐거움과 철학의 기쁨을 만끽하게 되었다. 베네치아의 뒤늦은 르네상스가 이러한 현상의 증거이다.

그러나 이러한 화려한 겉모습에 현혹되어서는 안 된다. 16세기 베네치아는 15세기보다 더 부유했음에도 불구하고, **상대적으로** 중요성을 잃어가고 있었다. 이제 더 이상 지중해의 중심이 아니었다. 지중해의 주요 활동 영역이 동쪽에서 서쪽으로 움직이면서, 오랫동안 부의 핵심 분배자 역할을 했던 동쪽 해안 대신 서쪽 해안이 확실히 유리해졌기 때문이다. 이러한 무게 이동은 밀라노를 돕지는 못했지만 피렌체와 제노바를 전면으로 부상시켰다. 제노바는 자기 몫으로 황금 지분이라고 할 수 있는 에스파냐와 아메리카를 챙겼다. 피렌체는 리옹의 약진을 주도하며 프랑스를 차지했고 독일에서의 입지도 잃지 않았다. 또한 에스파냐에서도 폭넓게 자리를 잡았다. 두 도시는 네 도시들 가운데 선두로 나섰는데, 이는 그들이 활력을 잃은 상업에만 전념하지 않고, 대규모 금전 거래에 매진했기 때문이다. 16세기 중반 이후 제노바가 주도권을 잡았다. 지리학자들이 쓰는 말 중에 강물이 모여드는 구역이라는 뜻의 집수지(capture)라는 것이 있다. 16세기에도 활발한 금전 흐름들이 만들어지며 수많은 거래들이 집중되는 집수지가 생겼고, 제노바와 피렌체 금융가들이 이익을 보았다. 먼저 내부의 집수지부터 살펴보자. 역사가들이 선명하게 밝힌 것처럼, 피렌체에서는 신용거래가 발달하여 일상적인 경제 수준에까지 침투했다.[185] 외부의 집수지들도 발달하여, 제노바와 피렌체는 경제적으로 지체된 지역들, 즉 남이탈리아보다는 동유럽, 프랑스[186]와 이베리아 반도보다는 발칸 지역들에서 정기적으로 이익을 챙겼다. 이미 살펴보았듯이,[187] 이런 상황에서 느긋하게 움직이는 도시는, 설령 베네치아라고 할지라도, 미세하게 퍼져 있는 외세의 착취의 그물에 걸려들기 십상이었다.

물론 이런 상황이 처음은 아니었지만, 그 규모는 유례가 없었다. 유럽에서 화폐나 신용증서들이 그 정도로 유통된 적이 없었기 때문이다. 이러한 흐름이 16세기 후반을 지배했다. 금전과 신용의 흐름이 빠른 속도로 팽창하고 성숙하더니, 세기적인 흐름을 뒤바꿀 1619-1620년 위기[188] 직전부터 일종의 **구조적인 폭발**의 여파로 급속하게 쇠퇴하기 시작했다. 어쨌든 1579년 피아첸차에서 대규모 환어음 정기시가 세워지자, 제노바 은행가들은 국제적인 지불과 상환, 유럽과 세계적인 부의 지배자가 되었고, 경쟁자가 없지는 않았지만, 1579년부터 어쩌면 1557년부터 에스파냐 정부의 은 거래상으로서 굳건한 위치를 확보했다. 그들은 어디에든 도달할 수 있었고, 무엇이든 가질 수 있었다. 1590년 사람들은 제노바인들이 경매로 정해지는 포르투갈의 후추 계약을 따낼 것이라고 생각했다. 피렌체에 자리를 잡고 장사를 하면서 제노바인들을 싫어했던 한 에스파냐 상인의 말을 빌리면,[189] "그들은 분명히 세계 전체도 그들이 차지하기에 작다고 생각할 사람들이다." 너무나 짧았던 "푸거 가문의 세기"는 완전히 끝났고, 제노바인들의 세기가 뒤늦게 시작되어 1620-1630년대 전까지 번성했다. 이때에야 포르투갈의 신기독교도[기독교로 개종한 유대인이나 무슬림]가 등장했고 암스테르담의 혼합적인 자본주의 시대가 도래했다.

최근에 이 부분의 역사가 훨씬 분명하게 밝혀지고 있다.[190] 펠리페 2세와

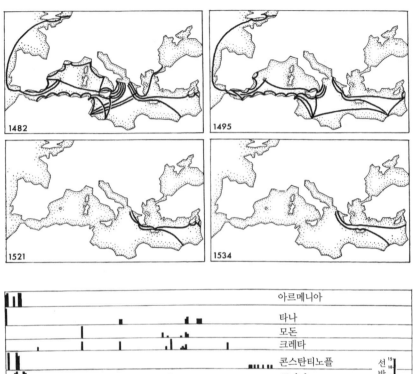

도표 31. 32. 베네치아 : 갤리 상선단의 항해

네 장의 지도는 알베르토 테넨티와 코라도 비반티가 1961년 "아날(*Annales E.S.C.*)"에 개재한 긴 논문에서 가져온 것이다. 이 지도들은 갤리 상선들과 그 수송 선단(플랑드르, 에귀모르트, 바르바리, "트라페고[북아프리카 해안]", 알렉산드리아, 베이루트, 콘스탄티노플)에 의한 오래된 수송체계가 쇠퇴하는 단계를 보여주고 있다. 1482년에는 모든 노선이 작동하고 있었다. 1521년과 1534년에는 레반트와의 수익성 있는 노선들만이 가동되고 있었다. 지도를 단순화하기 위해서 모든 항해는 베네치아가 아니라 아드리아 해에서 출발하는 것으로 표시했다.

위의 표는 수송량을 수치화한 것이다(사료가 없어서 15세기 말과 16세기 초의 데이터는 누락되어 있다). 그러나 수송 선단의 옛 시스템이 쇠퇴하며 생긴 공백은 자유로운 민간 항해에 의해서 메워졌으며, 그 비중은 시간이 지나면서 더욱 늘어났다.

그의 참모들에게 닥친 심각한 위기가 끝날 무렵인 1575-1579년의 결정적인 시기[191]에 제노바식 자본주의는 승리를 거두었다. 1576년 병사들에 의해서 약탈당한 안트베르펜의 몰락, 메디나 델 캄포 정기시가 겪은 곤경과 실패, 1583년부터 나타난 리옹의 두드러진 약진, 이 모든 징후들이 제노바와 피아첸차 정기시의 승리를 표시했다. 그때부터 베네치아와 제노바 사이에, 피렌체와 제노바 사이에, 무엇보다도 밀리노와 제노바 사이에 더 이상 균형과 견제는 없었다. 모든 문이 제노바로 열려 있었고,[192] 인근 지역들은 제노바에 복종했다. 이들은 다음 세기에 가서야 제노바에 설욕할 수 있었다.

2. 인구수

인구수는 이 세기의 의미와 크기를 알려주는 중요한 문제임이 틀림없다. 인구는 얼마나 되었을까? 이것이 바로 첫 번째로 대답해야 하는 쉽지 않은 질문이다. 모든 지표가 시사하는 것처럼 인구가 과연 증가했을까? 이 두 번째 문제 역시 앞의 질문만큼이나 대답하기가 어렵다. 특히 다양한 단계들과 성장률을 구분한다면, 그리고 각국의 인구수를 비교하기 시작하면 문제는 더욱 어려워진다.

6,000만-7,000만 명의 세계

정확한 인구 수치를 제시하는 것은 불가능하지만, 근사치들은 알 수 있다. 이탈리아와 포르투갈의 수치는 받아들일 만하고, 프랑스, 에스파냐, 투르크에 대해서도 큰 무리 없이 추정이 가능하다.[193] 그러나 다른 지중해 국가들에 대해서는 자료가 전무한 상태이다.

16세기 말[194] 유럽 국가들의 경우 다음과 같은 수치들이 맞을 것 같다. 에스파냐 800만, 포르투갈 100만, 프랑스 1,600만, 이탈리아 1,300만으로 총 3,800만 명이었다. 이슬람 지역의 인구는 다음과 같다. 유럽 쪽 투르크 영토에 대해서 콘라트 올브리히트[195]는 1600년경 800만 명 정도로 추정했다. 투르크 제국에서는 제국의 두 부분인 아시아와 유럽이 언제나 비슷한 수준을 유지했으므로(유럽 쪽이 약간 더 많았다),[196] 투르크 제국의 아시아 지역에서도 800만 정도가 거주했던 것으로 보는 것이 적당하다. 넓은 의미의 북아프리카 지역도 살펴보아야 한다. 이집트 인구를 200만, 300만으로 그리고 나머지 북아프리카 지역의 인구도 그 정도로 추정해도 될지 모르겠다.[197] 만일 그렇다면 지중해 연안에 의존하여 사는 이슬람 지역의 인구를 최대 2,200만으로 생각해볼 수 있다. 결국 지중해 전체 인구는 총 6,000만 명이 된다.

이 계산에서 3,800만이라는 첫 번째 수치는 비교적 확실하다. 그러나 두 번째 수치는 정확도가 많이 떨어진다. 그래도 전체적인 추정치는 믿을 만한 것 같다. 나는 첫 번째 집단의 수치를 낮추고, 두 번째 집단의 수치는 높이고 싶다. 시간대에 따라 조사된 인구수를 비교해보면, 지중해 이슬람 지역의 인구(지중해에 의존하여 사는 사람들의 수)가 이탈리아 인구의 거의 두 배에 이른다는 일종의 상관관계가 도출되기 때문이다. 이러한 비율이 1850년경에도 맞다면,[198] 첫 번째 집단의 인구수가 7,850만 명(프랑스 3,500만, 이탈리아 2,500만, 에스파냐 1,500만, 포르투갈 350만 명)이므로, 이슬람 아니 발칸 지역의 주민들을 포함한 이슬람 인구는 5,000만 명 정도가 되어야 한다.[199] 간단히 검증해보면 실제로 이 수치와 비슷한 값이 나온다. 1930년경 인구는 한쪽은 1억1,300만 명(4,200만, 4,100만, 2,400만, 600만 명), 다른 한 쪽은 8,300만 명이었다. 비율은 지켜졌다.[200] 물론 이러한 비율이 항상 같았다고 말할 수 있는 근거는 없다. 그러나 모든 변수를 감안한다고 하더라도 이러한 비율에 따라서 대략적인 수치를 추정하는 것은 가능할 듯하다. 그렇게 되면, 16세기 이슬람 지역 인구는 조금 전에 제시한 2,200만에서 크게 벗어나지 않는 2,600만 명이 된다. 외메르 루트퍼 바르칸이 제시한 것처럼[201] 지중해 이슬람 인구를 3,000만에서 3,500만 정도로 가정해볼

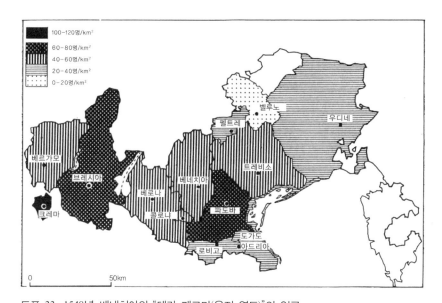

도표 33. 1548년 베네치아의 "테라 페르마(육지 영토)"의 인구

D. Beltrami, 『노동력과 토지 소유(*Forze di Lavoro e Propietà Fondiaria*)』(1961), p.3에서 인용.
아주 많은 지역에서 인구밀도 조사가 이루어졌다. 베네치아 도제의 직할 영토는 베네치아 섬과
바로 인접한 영토로서, 베네치아는 이곳을 육지 정복 전부터 소유하고 있었다.

수도 있겠지만, 이것은 낙관적인 견해이다. 어쨌든 첫 번째 수치를 낮추고,
두 번째 수치를 높인다고 해도, 16세기 말 총 인구수로 적합할 것 같은
6,000만 명과 크게 차이가 나지 않는다. 10퍼센트 오차범위 안에 있기 때문
이다. 이로부터 몇 가지 사실을 알 수 있다.

6,000만 명이 거주하는 이 세계에서 1제곱킬로미터당 인구밀도는 17명
이다. 지중해 영역에서 사막을 포함시키지 않는다면 말이다. 이 수치는 놀
라울 정도로 낮다. 물론 지역별로 큰 차이가 있다. 1595년 나폴리 왕국의
인구밀도는 57명이었다.[202] 베수비오 산 부근 캄파니아 지방에서는 160명
에 달했다.[203] 1600년경에는 이탈리아의 무게 중심이었던 티치노 강과 민치
오 강 사이 지역의 1제곱킬로미터당 인구밀도는 100명에 이르렀고, 종종
이 수치를 넘기도 했다(크레모나 지역, 117명; 밀라노와 주변 농촌 그리고
로디 지방, 110명; 베르가모 평원, 108명; 브레시아 평원, 103명). 인구밀도

는 동쪽과 서쪽으로 갈수록 떨어졌다(피에몬테, 49명; 파도바 주변의 부유한 지역도 80명). 이탈리아 전체 평균 인구밀도는 44명인데,[204] 이는 엄청난 숫자였다. 프랑스에서는 34명밖에 되지 않았고,[205] 에스파냐와 포르투갈에서는 고작 17명이었다.[206]

지금까지의 숫자들은 이 책의 초판에서 이미 소개한 바 있다. 그후 좀더 자세한 연구물들이 나왔고, 새로운 추정치들이 제시되었다. 그러나 정말로 바꾸어야 할 수치들은 없다. 물론 이슬람 국가들과 관련해서는 논란의 여지가 있다. 1500년 모로코 인구를 500만-600만으로 계산하는 것은 그 저자의 노력에도 불구하고 받아들이지 말아야 할 것 같다.[207] 총인구수를 올려 잡자는 외메르 뤼트피 바르칸의 제안[208]은 그 자체로서는 합당하지만, 그렇다고 해서 기독교와 이슬람 두 집단의 총계가 비슷했다는 주장에는 찬성하지 않는다. 두 배나 올리는 것은 옳지 않다고 생각한다. 또 한 가지 작은 증거를 보충해서 내놓자면, 우리가 도출했던 수치는 당대 관찰자들이 이미 제시한 것이었다. 조반니 보테로[209]뿐만 아니라, 로드리고 비베로라는 흥미로운 인물이 있었는데, 후자의 논문들이 곧 출간될 것이다.[210]

지중해의 황무지들[211]

실제 인구밀도는 제시된 수치들보다 더 낮았을 것이다. 당시의 지리적 공간이 오늘날보다는 심리적으로 훨씬 더 넓었기 때문이다. 인구가 현재의 3분의 1 내지 4분의 1밖에 되지 않았고, 지금보다 통제가 더 어려웠던 공간에 흩어져 살고 있었다고 생각해야 한다.

사람이 거의 살지 않는 황무지들도 많았다. 비정상적일 정도의 도시 집중과 자연적인 불모지의 존재가 정주지에 오아시스 같은 특징을 부여했고, 이것이 오늘날에도 여전히 지중해의 특징들 가운데 하나로 남아 있다.[212] 인간에게 불친절하고 적대적이며, 때로는 "거대한 크기"의 이 황무지들이 지중해 지역들을 갈라놓았다. 그러한 지역들의 가장자리 지역은 해안처럼 도시가 자리잡기에 좋은 위치였다. 왜냐하면 여행자들은 이곳에서 인접한 장애물을 건너기 전에 편안하게 쉬고, 적어도 상관(fonduk)에서 아무 걱정 없이 지냈기 때문이다. 황량하고 크기도 제각각인 이 아라비아 사막들을 모두 나열하려면 끝이 없다. 따라서 몇 가지 예만 언급하고 넘어가자. 예를 들면, 에브로 강과 그 주변의 관개시설이 되어 있는 농경지, 열심히 일하는 농부들 그리고 나무들이 늘어선 곳에서 멀지 않은 곳에 아라곤의 가난한 스텝 지역이 있었다. 그곳에서는 수평선 끝까지 야생 히스와 로즈마리가 무성하게 뻗어 있었다. 가톨릭 왕 페르난도에게 피렌체의 사절로 파견된 프란체스코 귀치아르디니는 1513년 봄에 이곳을 지나가며 다음과 같이 적었다. "이곳은 인적도 없고 나무도 볼 수 없는 가장 황량한 곳이다. 모든 곳이 로즈마리와 사루비아로 가득한 가장 건조한 땅이다."[213] 베네치아인 나바제로(1525)[214] 같은 다른 여행자들에게서도 비슷한 언급을 찾아볼 수 있다. 1617년 프랑스어로 쓰인 글[215]에도 다음과 같은 언급이 보인다. "피레 네 산맥 부근의 아라곤에서는 며칠을 온종일 걸어도 거주민 한 사람 만날 수 없다." 아라곤 지역들 가운데 가장 가난한 지역—가난에도 등급이 있으 므로— 은 알바라신 구역이었다.[216] 이것이 아라곤이, 나아가 이베리아가 처한 현실이었다. G. 보테로[217]는 다음과 같이 말하기도 했다. 에스파냐의 많은 곳이 경작되지 않고 있다면, 그것은 이 지역에 그만한 인구가 거주하 고 있지 않기 때문이다. 돈키호테와 산초는 대개 인적이 드문 적막한 지역 들을 여행했는데, 이는 세르반테스가 고안한 것이 아니었다. 포르투갈에서 도 마찬가지로 알가르베, 알렌테주, 베이라가 있는 남쪽으로 갈수록 인적이 드물어졌다.[218] 리스본 부근에도 야생초 향기가 진동하는 황무지들이 있었 다.[219] 사실 지중해의 모든 지역들은 황무지들로 가로막혀 있었고, 따라서 텅 빈 소리를 냈다. 프로방스에서 사람들은 "그 지역의 1/4만을 사용했다. 이 낮은 분지는 농작물, 올리브 나무, 포도나무, 관상용의 키프로스 나무가 자라는 오아시스였다. 자연이 차지한 나머지 3/4은 적갈색이나 은회색 빛을 띤 암석들의 단층으로 이루어져 있었다."[220] 사람들은 언덕 기슭을 따라 좁은 농경지대를 만들었고, 언덕의 경사면에서 이리저리 빠르게 옮겨다니며 농사를 지었다.[221] 충분하지는 않았지만, 농민들은 이 좁은 띠의 토지를 이용하여 살아가야만 했다.

남쪽과 동쪽으로 갈수록 인간이 거주하지 않는 곳들이 치유할 수 없는 상처처럼 늘어났다. 뷔스베크는 소아시아에서 여행할 때 진짜 황무지와 만나게 되었다.[222] 레오 아프리카누스도 모로코에서 틀렘센으로 돌아오는 길에 물루야 사막을 건너야 했는데,[223] 이곳에서는 영양 무리들이 여행자들을 피해 뛰어다니고 있었다.

마을도 없고, 집들도 없는 이 지역은 동물들의 천국이었다. 산악지대가 문자 그대로 야생동물들로 넘쳐났던 데에는 나름의 이유가 있었다. 바야르의 고향인 도피네 지역[프랑스 남동부]은 곰들이 번성했다.[224] 16세기 코르시카에서는 양떼를 지키기 위해서 대대적인 멧돼지, 늑대, 사슴 사냥이 필요했다. 코르시카는 제후들의 동물 사육장에 보내기 위한 야생동물들을 수출하기도 했다.[225] 에스파냐에서는 토끼와 자고새가 풍부했고, 아란후에스 숲 주변에서는 왕실 관리인들이 이 사냥감들을 주의 깊게 관리했다.[226] 여우, 늑대, 곰은 톨레도 주변에서조차 최고의 사냥감이었다.[227] 펠리페 2세는 생애 마지막 순간까지도 과다라마 산맥에서 늑대를 사냥하고 다녔다.[228] 안달루시아 농민들은 귀족들을 공격하기 위해서 늑대 소리를 내는 것을 생각했는데, 이보다 더 자연스러운 위장 전술은 없었을 것이다.[229] 양치기 소년인 디에고 수아레스[230]에게 닥친 다음과 같은 일 역시 너무나 일상적인 사고였다. 그는 바르바리의 해적 행위와 이에 대한 공포로 주민들이 사라진 에스파냐 남부의 연안 지역에서 양떼를 지키고 있었다. 어느 날 대낮에 늑대들이 이 불쌍한 양치기의 당나귀를 먹어치웠는데, 소년은 이를 지켜보지도, 주인에게 알릴 생각도 하지 않은 채 도주했다. 그라나다에서 일어난 1568-1570년 전쟁은 모든 상황을 악화시켰다. 얼마 전까지만 해도 부유한 지역이었던 이곳이 토끼, 멧돼지, 사슴, 노루들("큰 무리를 지어" 다녔다), 늑대, 여우 등 사냥감들이 믿을 수 없을 정도로 갑자기 번식하며 황무지로 변했다.[231]

북아프리카에서도 비슷한 광경이 더 다채로운 색채를 띠며 전개되었다. 1573년 10월 돈 후안 데 아우스트리아가 카르타고 유적지에서 사자와 들소를 사냥했다.[232] 라 굴레트 요새로 귀환한 에스파냐 탈영병은 길 동무였던 사람이 사자에게 잡아먹혔다는 이야기를 전했다.[233] 게다가 16세기 북아프리카 농촌 지역은 하이에나와 자칼을 막기 위해서 마을 주변에 가시덤불을 치는 일이 흔했다.[234] 아에도에 따르면, 알제 부근에서는 멧돼지 사냥이 대규모로 벌어졌다고 한다.[235]

16세기 부의 상징이었던 이탈리아에도 황무지들이 있었다. 보카치오[1313-1375]의 시대에도 숲이 울창했고, 산적, 야생동물들이 번성했다.[236] 반델로의 소설 속에 나오는 한 인물의 시신은 만토바 부근에 그대로 버려져 들개와 늑대들의 먹잇감이 되었다.[237] 프로방스에서는 토끼, 사슴, 멧돼지, 노루들이 많았고, 여우와 늑대들도 잡혔다.[238] 여우와 늑대들은 19세기 중반이 되면 크로 산의 사막 같은 황무지에서 사라졌다.[239]

야생동물들에 관해서는 두꺼운 책을 한 권 쓸 수도 있으며, 그 점에서는 세계의 모든 나라들이 우열을 다툴 것이다. 그리고 지중해가 선두를 차지하지 못했을 것이라는 것이 확실하다. 지중해의 수많은 모습들은 지중해만의 유일한 모습도, 독창적인 모습도 아니다. 다른 곳에서처럼 이곳에서도 인간은 가장 힘센 자이기는 했지만, 아직은 오늘날과 같은 절대적인 지배자가 되지는 못했다.

인구밀도가 높은 서유럽보다 이슬람 지역에 황무지가 더 많았던 것은 당연하다. 이슬람 세계는 광대한 천연 황무지 혹은 인간이 만든 황무지가 있는 훌륭한 동물의 세계였다. 1574년 레스칼로피에에 따르면, 세르비아 국경지대에 있는 "지방들은 황무지이기 때문에 기독교인 노예들이나 다른 사람들이 도주하지 못했다."[240] 인간이 거주하지 않는 이곳에서 야생동물들이 앞을 다투어 번성했다. 뷔스베크는 콘스탄티노플에서 체류하는 동안 그의 집을 동물원으로 바꾸며 대단히 즐거워했다.[241]

이슬람 지역에 인간이 거주하지 않는 지역이 많았다는 것은 왜 이곳이 말 사육으로 유명했고 군사력이 막강했는지를 설명해준다. 왜냐하면 발칸 인들이나 북아프리카를 기독교 유럽으로부터 지킨 것은 무엇보다도 이곳이 거대했고, 다음으로 말과 낙타가 많았기 때문이다. 실제로 진격하는 투르크 인들의 뒤를 쫓아 낙타가 서쪽으로는 디나르 알프스, 북쪽으로는 헝가리에 이르는 발칸 반도의 넓은 대평원을 점령했다. 1529년 빈 문전에 진주했던 술레이만의 군대에 식량을 공급한 것도 낙타였다. 동물들을 승선시키기 위한 "문"을 가진 수송선들이 끊임없이 오가며 아시아의 낙타와 말들을 유럽 으로 실어날랐다. 콘스탄티노플에서는 이 동물들이 오가는 모습을 항구에 서 일상적으로 볼 수 있었다.[242] 우리는 또한 낙타들로 이루어진 카라반이 북아프리카에서 엄청난 거리를 여행했다는 사실을 알고 있다. 발칸, 시리 아, 팔레스타인 산악지대와 카이로에서 예루살렘에 이르는 길에서는 낙타 보다는 말이나 당나귀, 노새들이 더 쓸모가 있었다.[243]

유럽에 대적하여 헝가리 국경지대를 따라 배치된 기병대는 이슬람과 그 인근 지역들에서 최강 군대로 알려져 있었고 오랫동안 기독교인들의 부러 움과 찬탄의 대상이 되었다. 세상 어느 나라의 기병대가 투르크인들에 비해 서 행동이 굼뜨고 어눌해 보이지 않겠는가라고 보테로는 말한다. "그들이 공격하면, 당신들이 아무리 도망가려고 해도 피할 수 없다. 당신들의 공격 으로 그들이 흩어진다고 하더라도, 당신들은 그들을 따라갈 수가 없다. 왜 냐하면 그들은 매처럼 움직일 수 있어서, 엄청난 속도로 당신들을 공격할 수도, 당신들로부터 도주할 수도 있기 때문이다."[244]

수도 많았고 자질도 우수했다. 이 이중의 자산은 널리 알려져 있었다. 1571년 12월, 돈 후안 데 아우스트리아의 측근들이 모리아와 알바니아 상륙 문제를 논의하고 있을 때, 대공은 말을 선적하는 문제는 신경 쓸 필요가 없다는 의견을 내놓았다. 함대에는 안장과 재갈만 필요한 수만큼 싣고, 그 외에는 말을 구입하기 위한 충분한 돈을 가져가면 된다는 것이었다.[245] 반면 기독교 지역에서는 나폴리와 안달루시아 같은 유명한 목초지대에서조차 말이 세심하게 지켜야 할 보물이었고 최고의 거래 금지 품목이었다. 펠리페 2세는 안달루시아의 말 수출을 금지하거나 허가하는 권한을 어느 누구에게 도 양도하지 않았고, 주문서를 직접 검토했다.

결론적으로, 한쪽에는 사람이 너무 많았고 말이 충분하지 않았다. 다른 한쪽에는 말이 지나치게 많았지만, 사람이 충분하지 않았다. 이슬람 세계의 관용은 아마도 이러한 불균형에서 유래했을 것이다. 출신이 어떻든 간에 그들은 이주민을 크게 환영했다.

100퍼센트의 인구 증가?

16세기에는 모든 지역에서 인구가 증가했다. 그런 점에서 모든 대규모 인구 증가는 대체로 인류 전체 차원에서 일어난다는 에른스트 바게만[246]의 주장이 맞는 것 같다. 그리고 16세기는 그러한 보편적인 인구 증가의 혜택을 누렸음이 틀림없다. 어쨌든 그 규칙은 지중해 연안의 주민 전체에게 적용되었다. 1450년부터, 늦어도 1500년부터는 프랑스, 에스파냐, 이탈리아, 발칸 반도, 소아시아 모든 지역에서 인구가 늘어나기 시작했다. 인구 감소는 1600년 이전에는 나타나지 않았으며, 1650년 이후에나 일반적이고 결정적인 방식으로 나타났다. 물론 세부적으로 들여다보면 이런 일반적인 움직임은 시간차를 두고 나타났으며, 증가할 때나 감소할 때나 단번에 이루어지지는 않았다. 그것은 두 걸음 전진하고 한 걸음 뒤로 물러나지만, 어쨌든 정해진 여정을 따라 앞으로 나아가는 회개자들의 행렬과 비슷했다.

주저와 신중함—여기서는 적절한 조언자가 아니므로—을 접어두고 말하자면, 1500년부터 1600년까지 지중해 인구는 대략 두 배 정도 늘어났다.

인구는 3,000만 혹은 3,500만에서 6,000만 혹은 7,000만 정도로 늘어났고, 평균 증가율은 1년에 7퍼밀 정도였다. 혁명적이라고 할 정도로 맹렬했던 16세기 초반(1450-1550)의 인구 상승세는 1550년부터 1650년(대략적인 연도) 사이에 전반적으로 약해졌다. 전체적인 모습은 그러했다. 이렇게 논의를 시작하기에 앞서 확실히 보장할 수도 없는 이야기를 꺼내는 것은 앞으로 제시될 증거들과 불완전한 논란들 속에서 독자들이 길을 잃지 않게 하기 위해서이다. 본격적인 논의에 앞서 독자들은 그런 움직임들이 일반적이었고, 가난한 지역들이나 부유한 지역들, 평야지대에 거주하는 사람들이나 산악, 스텝 지역에 거주하는 사람들, 도시—크기가 어떠하든 간에—나 농촌이나 어디에서든 일어났다는 것을 알아야 한다. 그래야만 이 생물학적 혁명을 우리가 관심을 두어야 할 가장 중요한 사실로서, 투르크의 팽창, 아메리카 대륙의 발견과 식민지화, 에스파냐의 제국적 소명보다 더 중요하게 받아들일 준비를 할 수 있다. 인구 증가 없이 그 모든 영광의 역사가 어떻게 가능했겠는가? 인구혁명은 가격"혁명"보다 더 중요했으며, 어떻게 이 사건이 아메리카의 은이 대량으로 유입되기 전에 일어날 수 있었는지를 설명해준다.[247] 인구 증가야말로 인간이 능력 있는 일꾼이었다가 점차 큰 부담으로 바뀌는 16세기의 승리와 재앙을 만들었다. 1550년부터 흐름이 바뀌었다. 그때부터 인간은 빠르게 움직이기에는 너무 많아졌다. 1600년경 이러한 인구 부담이 경제발전을 중단시키고, 범죄 같은 그동안 숨어 있었던 사회적 위기 현상을 조장했다.[248] 이로 인해서 17세기에는 모든 혹은 거의 모든 분야에서 후퇴가 일어나고 곧 쓸쓸한 내일을 맞게 될 것이다. 이 이야기는 간단히 하고, 이제 상승 추세의 징후들을 검증하자.

인구 수준과 지수

장기적으로 계열화할 수 있는 수치들을 확보할 수 있다면 가장 이상적이겠지만, 우리에게는 그런 수치가 없다. 따라서 우리는 불완전한 사료를 이용할 수밖에 없고, 다음의 예닐곱 개의 사례들에 만족할 수밖에 없을 것 같다. 그럼에도 불구하고 이 정보들은 꽤 선명하고 상호 일치한다.

1. **14세기부터 16세기까지의 프로방스**는 불완전하기는 하지만 우리가 가진 정보들 가운데 가장 훌륭한 증거를 내놓는다. 크게 보아 후일 사부아의 지배를 받게 될 니스 백작령까지 포함하면 프로방스에는 14세기 초에 8만 가구, 즉 35만에서 40만 명 정도의 거주민이 살고 있었다. 비슷한 운명을 겪은 랑그도크 지방처럼 프로방스 역시 흑사병(1348)이라는 심각한 재앙을 경험했고, 인구의 1/3에서 1/2을 잃었다. 인구는 한 세기가 지난 1470년부터 다시 증가하기 시작했다. "가구 수가 급격하게 늘어나서, 1540년경에는 1470년의 3배 수준에 달했다."[249] 프로방스의 인구는 흑사병의 대유행 이전과 거의 같아졌다. 이제 16세기 후반과 17세기에 인구가 어떻게 변동했는지 확인하는 일만 남았다. 아마도 다른 곳들에서처럼 처음에는 증가했다가 나중에는 감소했을 것같이 보이지만, 확실하지는 않다. 자주 그렇듯이 중세 역사가와 근대 역사가들은 여기에서도 협력하지 않는다. 이 문제는 중요하기는 하지만 핵심적인 것은 아니다. 문제의 핵심은 16세기 인구 증가는 상당 부분 이전 수준의 회복이자 상쇄의 양상을 보였다는 것이다. 1540년 전에는 그 속도가 빨라졌고, 아마도 16세기 후반에 접어들면서 느려졌을 것이다.

2. **랑그도크**에서도 상황이 비슷하게 전개되었다. 15세기에 이곳은 텅 비었고 야생동물이 그 자리를 차지하고 숲이 늘어났다. 16세기에는 혁명적이라고 할 정도로 급속한 인구 팽창이 나타났고, 1550년을 넘어서면서 속도가 줄어들었다. 1600년경에는 정체 현상이 확연해졌다. 재앙과 같은 극적인 인구 감소는 1650년 이후에 나타났다. 엠마뉘엘 르 루아 라뒤리가 최근에 내놓은 신뢰할 만한 작업이 이 사실을 보여준다.[250]

3. **카탈루냐**에서도 비슷한 움직임이 나타났다. 증가에서 감소로 이어지는 이러한 변화는 1620년경에 나타났다.[251]

4. 발렌시아에서는 인구 증가가 느렸고, 1527년부터 1563년까지는 거의 눈에 띄지 않았다. 그러나 1563년부터 1609년까지는 인구 증가가 매우 급속했다(전체적으로 보면 50퍼센트 이상의 증가율을 보였고, 다산을 하는 모리스코들의 경우에는 70퍼센트에 가까웠다).[252]

5. 카스티야에서는 16세기 내내 인구가 급격히 증가했다는 증거가 있다. 콘라트 애블러와 알베르 지라르 같은 많은 학자들이 주장한 가톨릭 공동 국왕 시대의 에스파냐의 지나치게 높은 인구수를 채택하지 않는다면, 증가세는 더욱 커질 것이다. 16세기 내내 인구 증가는 계속되었던 것 같다. 어쨌든 1530년부터 1591년까지는 토마스 곤잘레스의 오래 전 작업이 제시한 수치[253]가 그것을 분명하게 보여주고 있다. 그에 대해서 종종 심각한 비판이 제기되고는 있지만 말이다.[254]

그러나 곤잘레스의 방대한 계산에서 나타난 오류—오류는 있을 수밖에 없다—가 전체 결과를 뒤바꾸지는 못한다. 61년 동안 카스티야의 인구는 간단히 말하면 두 배로 늘었다(연 증가율 1.1퍼센트). 전쟁의 부담과 신세계로의 이주에도 불구하고 말이다. 그러니까 이주의 파급효과를 과장해서는 안 된다.[255] 게다가 잘 알려지지 않은 또다른 두 개의 전체 인구 추정치도 이와 크게 다르지 않다. 1541년 인구 조사에 근거한 조사서는 카스티야인의 주민 수를 1,179,303가구로 보았으며,[256] 이는 토마스 곤잘레스의 수치보다 높다. 1589년 1월 13일에 군사평의회가 내놓은 또다른 추정치는 150만 가구이다.[257] 신빙성에 대해서 논란이 있을 수는 있겠으나, 이 숫자들은 곤잘레스의 결론을 뒷받침해준다.

물론 지금까지의 결과는 우리의 호기심을 채워주지도 못하고, 시망카스와 그외 지역들에 대한 모든 문서들을 철저히 이용한 것도 아니다. 예를 들면, 나는 시망카스에 대한 연구를 진행하면서 1561년에 시행된 방대한 인구 조사에 대한 언급을 본 적이 있는데, 이 조사는 아마도 모든 도시들[258]과 그 주변 지역의 인구조사부를 만들기 위한 것인 듯하다. 그 결과를 모두

카스티야 왕국의 인구

	1530	1541	1591
부르고스	83,400	63,684	96,166
소리아	29,126	32,763	38,234
바야돌리드	43,749	43,787	55,605
레온	28,788	59,360	97,110
사모라	31,398	86,278	146,021
토로	37,117	41,230	51,352
살라망카	122,980	133,120	176,708
아빌라	28,321	31,153	37,756
세고비아	31,878	33,795	41,413
과달라하라	24,034	26,257	37,901
마드리드	12,399	13,312	31,932
톨레도	53,943	80,957	147,549
무르시아		19,260	28,470
쿠엥카	29,740	33,341	65,368
세비야	73, 522	80,357	114,738
코르도바	31,735	34,379	46,209
하엔	24,469	35,167	55,684
그라나다		41,800	48,021
가구 수	686,639	880,000	1,316,237
인구	3,089,875	3,960,000	5,923,066

인구수는 가구수에 계수 4.5를 적용하여 나온 값이다. 가구수는 호구수와 같은 표현이다.

알 수 있다면, 1530년부터 1591년까지의 인구 변화를 더 잘 나타낼 수 있었을 것이다. 어쨌든 인구 증가의 정점이 정확하게 1591년이라고 판단할 만한 증거는 없으며, 따라서 우선은 라몽 카란데의 주장이 옳은 것 같다.[259] 사실 우리는 더 나은 정보가 없기 때문에 1591년을 인구 정점이라고 생각했다. 또한 정확한 인구 변환점이 에스파냐의 운명을 가르는 중대한 순간이었기 때문에 그것이 언제였는지를 확실히 해야 한다는 것은 당연해 보인다. 마지막으로 이베리아 반도 인구의 지역별 분포도를 알아내는 것이 중요할 것이다. 흔히 많은 것들이 남쪽으로 쏠려 있었다고 언급되었다.[260] 돈도 그렇고, 범죄자들도 그랬다고 한다. 그러나 인구만큼은 북쪽에 강하게 뿌리내리고 있었고, 16세기가 끝날 때까지도 여전히 움직이지 않았다.[261]

6. 이탈리아에 대해서도 역시 방대하고도 쉽게 분석할 수 있는 연구 성과가 하나 있다. 모든 수치들은 카를 율리우스 벨로흐가 수집하고 분석했는데, 그가 사망한 지 32년 만인 1961년에 그의 저서가 완간되었다.[262] 지역별 수치와 전체 수치 모두 잘 들어맞는다.

먼저 지역별 인구 조사의 결과이다. 1501년 시칠리아[263]의 인구는 60만 명 이상이었다. 1548년에는 85만 명, 1570년에는 100만 명을 넘었고, 1583년에는 101만 명, 1607년에는 110만 명이었다. 그후 인구는 17세기에 정체 상태를 유지했고, 1713년에 114만3,000명에 이르렀다. 나폴리도 비슷한 인구 곡선을 보여주었다.[264] 에스파냐의 가구별 인구 조사 방식을 따른 나폴리의 인구는 1505년 254,823가구(즉 100만 명 이상)에서 1532년 315,990가구, 1545년에는 422,030가구, 1561년에는 481,345가구, 1595년에는 540,090가구(인구 조사 가운데 가장 높은 신빙성을 보여준다)로 증가했으나, 1648년에는 500,202가구,[265] 1669년에는 394,721가구였다.

1505년의 수치를 지수 100으로 잡을 때, 나폴리 왕국의 인구는 1532년에 124로 올라갔다. 1545년에는 164.9, 1561년에는 187, 1595년에는 212로 올라갔다가 1648년에는 190, 1669년에는 155로 떨어졌다. 따라서 우리가 관심을 두고 있는 반세기 동안(1545-1595)에는 164.9에서 212로 지수가 올라가서 무려 28퍼센트의 증가를 보였다. 17세기가 되면 인구가 감소세로 돌아섰다. 시칠리아에서 인구가 17세기 내내 정체 상태를 보였다면, 나폴리에서는 눈에 띌 정도의 감소세가 나타났다. 1648년에는 190, 1669년에는 156으로 줄어들어 왕국의 인구 상황을 1545년보다 낮은 수준으로 끌어내렸다(165 대 156). 교황령에서도 역시 1500년 170만 명에서 1600년 200만 명으로 인구가 증가했다.[266] 피렌체에서도 도시와 주변 영토의 인구가 1551년 586,296명에서 1622년 646,890명으로 늘어났다.[267] 밀라노와 그 인근에서도 증가 현상이 나타나서 1542년에는 80만 명이었던 인구가 1600년에는 124만 명으로 늘어났다. 피에몬테 지방에서도 1571년에는 80만 명이었지만, 1612년에는 90만 명을 헤아렸다.[268] 베네치아와 이탈리아 영토에서도 인구가 증가했다. 1548년에는 1,588,741명,[269] 1622년에는 1,850,000명[270] 이었다.

마지막 지역으로 사르데냐를 살펴보자. 과세의 목적으로 실시된 호구 조사이기 때문에 누락이 있고 실수와 속임수의 가능성이 많지만 이곳에서도 인구가 증가했던 것 같다. 1485년에는 26,163가구로 조사되었다.[271] 교회 토지에 742가구, 봉건영주의 영지에 17,431가구, 왕령지에 7,990가구가 살고 있었다. 이 세 범주들에 대해서 15,000리라의 세금이 다음과 같이 할당되었다. 교회 토지에 2,500리라, 영주령에 7,500리라, 왕령지에 5,000리라. 가구수에 비례해서 계산하면, 전체 인구가 10만 명 이상이라는 것은 확실하다. 한 역사가는 15만 명 정도로 추산한다. 66,769가구를 기록한 1603년의 인구 조사[272]는 엄청난 인구 증가를 여실히 보여주었다. 가구당 인구수를 계산할 때 4라는 낮은 계수를 적용해도 그러하다. 이 수치들이 정확하다고 가정한다면, 1485년부터 1603년까지 증가한 인구수는 10만 명 정도인데, 섬이 감당하기에는 너무나 큰 부담이었을 것이다.

이 모든 수치들이 전반적인 인구 증가를 보여준다고 할지라도, 증가가 어떤 방식으로 일어났는지는 확인이 어렵다. 인구 증가의 시기에 차이가 있었겠지만, 그 양상이나 원인은 모른다. 전반적인 상황을 검토하면, 몇 가지 의구심이 생긴다. K. 율리우스 벨로흐도 똑같은 의혹을 품었던 듯한데,[273] 나는 그와는 다른 방식으로 해결해보려고 한다. 분명히 1500년경의 수치들은 매우 불완전해서 이탈리아의 전체 인구를 꽤 낮은 수준으로 보이게 만든다. 바로 이 점이 벨로흐가 가진 의혹이다(그런데 그럴 필요는 없을 것 같다). 샤를 8세가 기습적으로 침입했던 이탈리아 반도의 인구가 950만 명이라는 것은 너무 많은 숫자인가, 아니면 충분하지 않은 숫자인가? 우리의 안내자는 이 수치가 너무 적었다고 보고, 적어도 10만 명은 더 있었을 것으로 보았다. 그리고 1550년경 전체 인구가 11,591,000명(이탈리아 전

도표 34

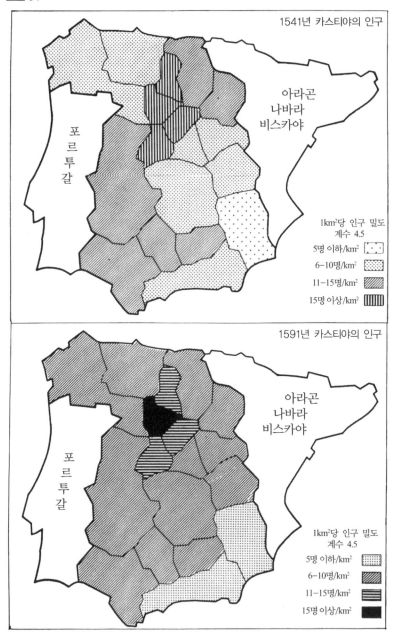

1541년 카스티야의 인구

아라곤
나바라
비스카야

포
르
투
갈

1km²당 인구 밀도
계수 4.5

5명 이하/km²

6-10명/km²

11-15명/km²

15명 이상/km²

1591년 카스티야의 인구

아라곤
나바라
비스카야

포
르
투
갈

1km²당 인구 밀도
계수 4.5

5명 이하/km²

6-10명/km²

11-15명/km²

15명 이상/km²

도표 34와 도표 35의 네 장의 지도들은 "아날(*Annales E.S.C.*)"에 게재 예정인(1965년, 719-733쪽) 알바로 카스티요 핀타도의 논문에서 인용한 것이다. 분할선은 지방을 표시한 것이다.

도표 35

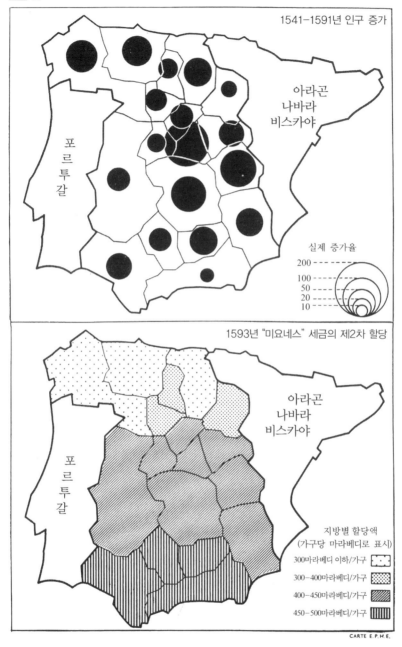

1541-1591년 인구 증가

아라곤
나바라
비스카야

포
르
투
갈

실제 증가율
200
100
50
20
10

1593년 "미요네스" 세금의 제2차 할당

아라곤
나바라
비스카야

포
르
투
갈

지방별 할당액
(가구당 마라베디로 표시)

300마라베디 이하/가구
300-400마라베디/가구
400-450마라베디/가구
450-500마라베디/가구

CARTE E.P.H.E.

첫 지도에서 인구가 가장 많이 증가한 지역은 새로운 수도인 마드리드이다. 신설된 소비세인 "미요네스"의 재조정을 보여주는 이 지도는 대체로 가장 인구가 많은 지역이 가장 가난한 지역이었음을 보여주고 있다. 따라서 이 지도는 제목이 말하듯 세금의 "할당"을 보여주었다기보다는 세금의 분포, 즉 과세 분포를 보여주고 있다.

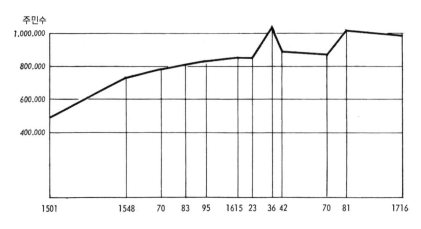

주민수

1.000.000

800.000

600.000

400.000

1501　　　1548　70　83　95　1615 23　36 42　　70　81　　　1716

도표 36. 1501-1716년의 시칠리아 섬의 인구
율리우스 벨로흐를 따른 것이다. 공식적인 인구 조사를 보면, 인구 감소는 1636년부터 1670년
까지만 단기적으로 나타났다.

쟁에도 불구하고 늘어났다)에서 1600년경 13,272,000명으로 늘어나고,
1658년에 11,545,000명으로 줄어든다고 보았다. 늘어났다가 줄어드는 패턴
이다. 그러나 우리가 이 부분을 설명하기 시작하면서 주장했던 2배 증가의
규칙에는 위배된다. 이탈리아에서 다른 곳보다 인구 증가가 완만했음을 믿
지 못할 이유는 없다. 출발점이 되는 해에 이 나라가 다른 나라보다 더 부유
했다고 할지라도 말이다. 따라서 부는 이런 점에서 적절한 지표가 아니다.
그러나 벨로흐가 인구를 더 높게 상향 조정한 것을 받아들여야 할 근거 역
시 없다. 우리는 정확하게 언제 후퇴가 시작되었는지도 알지 못한다. 더 상
세히 알게 되기 전까지는 이러한 큰 전환이 두 번에 걸쳐 일어났다고 생각하
자. 이탈리아 반도 북부를 황폐하게 만든 흑사병이 나타난 1630년과 역시
같은 전염병이 제노바, 로마, 나폴리를 심각하게 강타한 1656년 말이다. 그
러나 이것은 더 좋은 지표가 없어서 잡은 약간 늦은 날짜이다.

7. 오스만 투르크 제국의 인구조사는 최근 역사 연구에서 가장 좋은 성과
를 낸 분야들 가운데 하나이다.[274] 술레이만 시대(1520년경-1530년경)에
1,200만에서 1,300만 명이었던 인구가 1580년경에 1,700만이나 1,800만 명

으로 늘었고, 1600년경에는 3,000만에서 3,500만 명이 되었다. 이 숫자들은 논란의 여지가 있기는 하지만, 받아들일 만하다. 인구 증가는 의문의 여지없이 명백하다. 비록 콘스탄티노플의 연구자가 우리에게 제시한 것처럼 그렇게 혁명적인 규모로 증가하지는 않았겠지만 말이다.

물론 이것은 모두 추정치이다. 그러나 면밀한 검토를 거친 인구 조사에 근거했고, 저자들이 내린 잠정적인 결과들을 허락을 받아 이용한 것이다. 다시 한번 말하지만 주장의 핵심은 서양과 동양에서 인구가 동시에 증가했다는 사실이다. 1501년경-1509년경 5개의 큰 도시들—베네치아, 팔레르모, 메시나, 카타니아, 나폴리—의 인구를 모두 합산하면, 349,000명이 될 것이다. 1570-1574년에 대해서도 같은 방식으로 계산하면, 641,000명이 될 것이고 83.6퍼센트의 증가를 확인할 수 있다. 투르크의 12개 도시의 인구를 합산하면 1520년 이전에는 142,562명이, 1571년경-1580년경에는 271,494명이 될 것이다. 거의 90퍼센트가 증가한 것이다.[275] 두 움직임이 유사했다.

유보와 결론

모든 수치들이 일치하고 있다. 그러나 이 수치들은 우리를 속이고 있는지도 모른다. 1900년에 발표된 한 논문에서 율리우스 벨로흐가 이미 이 사실을 지적했다. 증가하는 이 수치들은 사실 징세 행정의 발전을 보여주는 것일지도 모른다. 즉 16세기 징세 행정이 납세자 명부를 전보다 더 잘 조사했고, 그만큼 이들로부터 더 많은 것을 요구할 수 있었다는 것이다. 17세기의 수치들 역시 인구 조사가 반박할 수 없을 정도로 완벽해진 결과일 수 있다.[276] 그러나 이러한 유보조항들을 인정하고 이러한 오류가 16세기 인구 증가폭을 늘리고, 반대로 17세기의 인구 하락을 완화했다는 사실을 받아들인다고 해도, 1500-1600년 시기는 여전히 인구가 증가한 시기였다. 이에 대해서 우리는 수많은 증거들을 가지고 있다. 어떤 것들은 소박하고, 어떤 것들은 잔인하다. 소박한 증언들의 예를 들면, 1576년 톨레도 농민들은 마을 인구가 확실히 늘어났다고 말하고 있다.[277] 교회가 신자들이 이용하기에 너무 협소하다고도 했다. 인근 마을에서도 마찬가지였다. 푸에르토 데 산 비센테 주민들에 관해서 목격자들의 말을 들어보면, "인구가 늘어났는데, 이는 많은 사람들이 태어났고, 그들이 혼인했기 때문"이라고 한다.[278] (나폴레옹 1세가 아일라우 전투 전날 밤에 했다는 말처럼) 잔인한 예를 하나 들어보자. 크레타 섬에서 돌아온 베네치아의 한 지방 장관이 보고했다. "지난 전쟁 중(1570-1573)에 많은 크레타인들이 베네치아 정부를 위해서 복무하다가 사망했습니다. 그러나 이 공백은 몇 년 안에 다시 채워질 것입니다(인구수는 회복되었다). 10세에서 15세 아이들이 많기 때문입니다. 그보다 더 어린 아이들은 말할 필요도 없고요⋯⋯."[279]

이처럼 직접적인 증거들이 넘쳐나는 한편, 간접적인 증거들 역시 중요하다. 1450년부터 1550년까지 지중해에 관해서 우리가 알고 있는 바로는 시간이 지날수록 사회적 긴장이 점점 더 높아졌다는 것이다. 카스티야, 프로방스 그리고 그밖의 다른 많은 곳에서 농촌과 소도시들이 생겼다. 1600년 경에도 카스티야가 텅 비어 있는 것처럼 보일지도 모르겠다. 그러나 1465년부터 1467년까지 이 도시는, 주의 깊은 여행자인 레온 드 로스미탈이라는 보헤미아 귀족에 따르면,[280] 황량해 보였다. 곡물의 생산과 공급 상황에 관해서도 살펴보자. 우리가 1550-1600년에 나타난 것으로 확인한 바 있는 지속적인 곡물 부족 사태는 그 이전에는 없었던 일이었다. 물론 G. 알론소 데 에레라의 저서 같은 농학서 한 권에 절대적인 신뢰를 보내서는 안 된다는 것도 잘 알고 있다. 이 책은 1513년에 발간되었고,[281] 1620년에 또 하나의 판본이 인쇄되었다.[282] 실제로 그는 오래된 로마 농학서에서 많은 부분을 가져왔다. 게다가 풍요로웠던 옛 시절을 지나칠 정도로 옹호했다. 그러나 이 좋은 시절은 속임수가 아니었다. 당시 카스티야는 주변 지역으로 밀을 수출했던 곳이지 수입했던 곳이 아니었기 때문이다. 물가가 저렴했다는 말도 사실이었다. 실제로 그곳의 물가는 인플레이션이 일어나기 이전 수준을 유지했다. 밀과 식량에 관한 한 1550년 이전, 보다 정확하게는 1500년 이전의 이탈리아에서도 비슷한 상황이 연출되었다. 당시 사람들은 도시의 넉넉한 품속에서 편안하게 지낼 수 있었다. 그러나 도시들은 식량 공급에서 이미 많은 문제들을 안고 있었다. 16세기 후반부의 비극적인 상황에 익숙한 역사가들의 눈에는 이런 일들이 사소해 보이겠지만 말이다.[283]

확인과 제안

바야돌리드,[284] 팔렌시아,[285] 파비아,[286] 볼로냐,[287] 우디네,[288] 베네치아[289]에 관한 중요한 연구들 덕분에 여러 가지 사실들을 확인할 수 있게 되었고, 새로운 제안도 가능해졌다. 확인된 사실부터 이야기해보면, 가장 중요하게는 인구 증가 트렌드를 꼽을 수 있겠다. 세례, 결혼, 사망 동향이 우리의 추정과 일치한다. 역사가 B. 벤나사르는 바야돌리드와 주변의 풍요롭고 활기 넘치는 마을들에 관한 연구를 통해서 이 사실을 입증했다. 그러나 그는 상승의 움직임이 1540년부터 1570년 사이에 잠깐 동안 중단되었음을 확인하고, 세기 중반에 잠시 쉬어가는 시기가 있었으며 거대한 동향의 역전은 얼 J. 해밀턴[290]이 이미 오래 전에 제기했던 시기보다 빠른 1580년경-1590년경에 시작된 것으로 보았다. 그에 따르면 이 시기는 무적함대의 패배보다도 빠르고 (1610-1620년 이후에 시작되는) 세비야 교역의 후퇴보다도 훨씬 더 빨리 위대한 에스파냐의 생물학적 전환을 목격한 셈이다. 1580년대가 점점 더 에스파냐의 운명을 가르는 전환점이었던 것처럼 보인다. 바로 이 시기에 포르투갈이 강력한 이웃 에스파냐 왕국에게 합병되었고, 코르도바, 톨레도, 세고비아의 번영이 둔화되기 시작했으며, 소비세인 알카발라의 수입이 **사실상** 증가를 멈추었고, 전염병이 보다 빈번해졌다.[291] 이제 바야돌리드가 에스파냐 전체의 표준 지표가 될 수 있는지 여부만 밝히면 된다. 가능성은 있지만, 밝혀내야 할 부분이다.

바야돌리드의 상황은 파비아나 볼로냐, 우디네에서 관찰된 것과 전체적으로 유사하다.[292] 16세기는 눈부신 인구 증가를 보여주었다. 1550년부터 1600년까지 파비아에서 인구는 12,000명에서 26,000명으로 늘어났고, 1650년경에는 다시 19,000명으로 줄어들었다. 볼로냐에서 세례자 그래프는 1515년에 1,000명 정도였으나 1585년에는 3,500명이었다. 그런데 이런 비슷한 예들을 늘어놓는다고 해도 무슨 소용이 있겠는가? 또다른 보다 중요하게 다루어야 할 문제들이 우리를 기다리고 있다.

몇 가지 확실한 사실들

여기에서 조사된 모든 인구 동향은 흔히 구체제적이라고 이야기되는 양상을 보여주고 있다. 이러한 인구의 구체제는 새로운 인구 균형을 이루는 18세기 이전의 것이다. 인구의 구체제는 불규칙한 변동을 특징으로 하고 있다. 사망률이 출생률을 갑자기 압도하고, 출생률이 끈기 있게 반격을 가하는 구조였다. 피렌체의 장기적인 세례 성사 그래프[293]는 아주 부유한 도시에서조차 "자연적인" 생물학적 콩종튀르가 순전히 경제적인 변동에 따라서 결정된다는 것을 보여준다. 구체제하에서의 출생률과 사망률은 어느 곳에서나 40퍼밀 정도로 조사된다. 이는 얼마 전, 심지어는 오늘날까지도 저개발 국가에서 나타나는 인구 증가율과 대체로 비슷하다.

바야돌리드 인근[294]의 투델라 데 두에로라는 포도 재배 마을에서 1531년부터 1579년까지의 출생률은 시기에 따라(1531-1542, 1543-1559, 1561-1570, 1572-1578, 1578-1591) 42.7퍼밀에서 49.4퍼밀 정도까지 오르내렸다 (44.5, 54.2, 44.7퍼밀). 가장 높은 수치인 54.2퍼밀(1572-1578)은 "부자연스럽지만," 다른 수치들 역시 대체로 "자연스러운" 출생률인 40퍼밀보다 월등히 높다. 반대로 카스티야 지역의 팔렌시아[295]에서는 1561년부터 1595년까지 이 수치에 도달한 적이 없다. 이곳의 출생률은 34.81퍼밀에서 37.48퍼밀 사이를 오르내렸다. 그러나 사실 팔렌시아는 도시이다. 볼로냐에서도 이와 비슷한 수치를 찾아볼 수 있다(1581년 37.6, 1587년 37.8, 1595년 35.8,

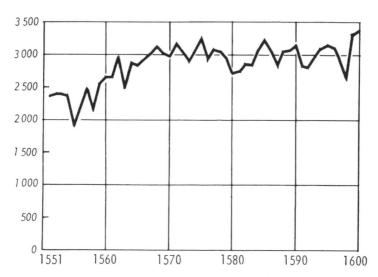

도표 37. 1551-1600년 피렌체에서의 세례 성사
그래프는 1570년까지 수적 증가 추세를 보이다가 1600년까지 일정 정도 정체 상태를 나타냈다. 매년 3,000명 정도가 세례를 받았다.

1600년 34.7, 1608년 36.4퍼밀). 베네치아에서는 약간 더 낮다(1581년 34.1, 1586년 31.8퍼밀). 그러나 출생률이 이미 해당 지역의 부와 대조되기 시작한 것 같다고 단정해서는 안 된다. 왜냐하면 피렌체 농촌의 수치들은 또다른 모습을 보여주기 때문이다(1551년 41.1, 1559년 35.6, 1561년 46.7, 1562년 41.9퍼밀).[296]

바야돌리드 인근 마을로 다시 돌아가보자. 비야바네스에서의 결혼율(1570-1589)은 8퍼밀이다. 출산 사이의 간격은 33개월이고, 출산/결혼 비율[결혼한 여성이 평균적으로 낳은 아이의 수]은 4.2 혹은 그보다 낮다. 시망카스(1565-1590)에서는 사망률이 38.3퍼밀이었다. 우리는 그 이유를 이미 알고 있다. 다른 곳들과 마찬가지로 사망률이 높은 것은 유아 사망률 때문이었다. 1555-1590년에 2,234건의 세례 성사가 있었던 한편, 916건의 영아 장례식이 기록되었다. 영아 사망자가 전체 사망자의 41퍼센트를 차지했다. 가장 중요한 "지표"인 결혼 연령은 바야바네스 마을의 약간 한정적이지만 유효한 샘플을 상대로 조사되었다. 여성들의 경우는 20세보다 약간 낮았고, 남성들의 경우는 23-25세였다. 우리가 알고 있고 짐작하고 있는 다른 곳의 결혼 연령보다 이곳에서의 결혼이 일렀다고 해야 할 것 같다. 물론 조사 대상이 50여 명에 그쳤기 때문에,[297] 이를 일반화하기는 어렵다.

따라서 이 세계는 태어날 때부터 기대수명이 낮은 허약한 인간들이 사는 세계였다. 숫자를 확인하지 않아도 우리는 이 사실을 알고 있다. 우리는 또한 여성의 수명이 대개 남성보다 길다는 것을 알고 있다. 1575-1577년 카스티야의 여러 마을에서 조사된 수많은 미망인들만으로도 이 사실은 확인이 가능하다.[298] 1552년 7월[299] 베네치아의 인구는 남성이 48,332명, 여성이 55,422명이었다(소년, 소녀를 모두 합한 어린이들의 총수는 49,923명이었다). 인구학자들은 베네치아의 수치보다는 1593년 자라[크로아티아의 자다르][300]에서 조사된 네 개의 수치들을 더 좋아할 것이다(자라 시 5,648명, 자라의 인근 섬들 5,419명, 자라의 육지 2,374명, 자라로 이민 온 모를라키아 시골 노동자들 2,000명으로 총 15,441명이다). 앞의 세 수치들은 노인, 성인 남성과 여성, 소년과 소녀로 구분되어 있다. 노인들의 수는 적었다. 181명, 190명, 94명으로, 13,441명 가운데 365명이었다. 어린이들은 남자 아이들 —1,048명, 559명, 1,170명—과 여자 아이들—893명, 553명, 1,215명—로 구분되어 있었다. 전체 2,777명의 소년과 2,661명의 소녀들로, 소년이 소녀보다 약간 더 많았다. 성인 남성(18세에서 50세)은 각각 1,156명, 1,023명, 505명으로 총 2,684명이었고, 여성은 4,854명(2,370명, 1,821명, 663명)이었다. 여성의 수가 남성의 수보다 훨씬 더 많다. 마지막으로 크레타 섬에서도 상황은 비슷했다.[301] 이곳의 전체 인구는 대략 다음과 같다. 1525년 사누도의 추산에 따르면 10만 명(약간 적은 듯하다), 1538년 198,844명, 1606년 212,000명, 1608년 220,000명, 1636년 176,684명이었다. 그러나 섬의 일부인 크레타 시만 조사해보면, 1636년 주민 수는 98,114명이었다. 그중 성인 남성(18-50세)은 23,169명, 소년과 노인들은 21,362명, 여성은 48,873명이

었다. 남성들의 수를 구하기 위해서 앞의 두 숫자를 더해보면 남성 44,531
명 대 여성 48,873명이 나온다. 이 비율은 1581년 볼로냐 인구에 관한 최초
의 "보고서"에서도 비슷하게 찾아볼 수 있다. 남성 19,083명, 여성 22,531명
이고, 15년 후인 1596년에도 여성의 수가 더 많았다.[302]

이들은 활동 인구에서 높은 비중을 차지한다. 남성, 여성, 아이들은 모두
혹은 거의 모두 일을 했다. 이는 젊은 인구가 가진 유일한 장점이다. 이곳에
서는 나이 들고 생산력이 없는 사람들, 특히 노인들은 설 자리가 거의 없었
다. 각자가 자신의 양식을 벌었다.

우리의 설명과 이를 뒷받침하는 수치들만으로는 여성 인구와 남성 인구
사이의 비율의 문제를 해결하기에는 역부족이다. 여성이 남성보다 수적으
로 많았다는 것이 일반적이었음을 인정한다고 해도 예외는 있었다. 1548년
만 해도 이러한 규칙을 확인할 수 있었던 베네치아를 예로 들어보자. 왜냐
하면 다니엘레 벨트라미[303]의 고전적인 저서에 나오는 수치는 정반대의 이
야기를 하고 있기 때문이다. 1563년, 1581년, 1586년에 남성이 더 많았다
(전체의 51.6, 51.3, 51퍼센트). 1643년 혹은 그보다 조금 앞선 시기에는
49.3퍼센트를 기록하여 상황이 역전되었다. 젊은 이민자들이 큰 역할을 했
던 도시인 베네치아만이 남성 인구가 우세했을까 아니면 경제적으로 번영
하는 모든 도시들의 특징이었을까? 나는 이것을 이쪽저쪽으로 오가는 그네
의 원리로 보고 싶다.

또 하나의 문제 : 이주

지중해가 사방으로 특히 서쪽 대서양 방면으로 열려 있지 않았다면, 이
세계는 심각한 인구 문제, 즉 인구 과잉의 문제를 스스로 해결해야 했을
것이다. 다수의 인구를 지중해 지역 곳곳으로 재분산시키는 방법으로 말이
다. 이 방법은 지중해에서 실제로 사용된 적도 있었다.

15세기 말 이후 지중해 유럽의 인구가 과잉 상태였다는 증거는 유대인의

빈번한 추방 사건이었다. 유대인들은 1492년에 카스티야와 포르투갈에서, 1493년에 시칠리아에서, 1540년과 1541년에 나폴리에서, 1571년에 토스카나에서, 마지막으로 1597년에 밀라노에서 추방당했다.[304] 이러한 강제 이주자들 가운데 가장 많은 수를 차지했던 이베리아 유대인들은 투르크의 살로니카, 콘스탄티노플, 북아프리카까지 가서 정착해야 했다. 페르난도와 이사벨 시대의 이베리아 반도에서처럼 보유하고 있던 부에 비해서 인구가 너무나 많았던 나라들에서는 종교가 이러한 박해의 원인이자 구실이 되었다. 그후 수의 법칙은 펠리페 3세 치하의 에스파냐에서 모리스코들에게도 적용되었다. 오래 전에 조르주 파리세가 지적했듯이,[305] 그로부터 또 시간이 한참 지난 뒤에 루이 14세가 프랑스에서 프로테스탄트들을 추방한 것도 같은 이유에서였다.

또다른 증거는 산악지대에서 평야나 도시로 대규모 이주가 진행된 것이다. 이 점에 관해서는 이미 상세하게 설명한 바 있다. 많은 사람들이 기독교에서 이슬람교로 개종한 것 역시 한 증거이다. 이것은 균형의 법칙을 따르는 것 같았다. "미국식" 발전 패턴을 보여준 알제는 이주자들의 도시였다. 이탈리아에서는 장인, 예술가, 상인, 포병의 자격을 갖춘 노동자들을 멀리 북유럽, 이슬람 국가들, 심지어는 서인도 제도로까지 가게 했다. 세기 말에 베네치아 정부는 중동 지역에 4,000-5,000가구의 베네치아인들이 살고 있다고 기록했다.[306] 이주민들의 존재가 여기저기서 발견되었다. 예를 들면, 코모 출신의 노동자들이 16세기 말에 독일과 모라비아에 도착했다.[307] 1587년경에는 리구리아로부터 코르시카 평야를 찾아온 날품팔이 농업 노동자들도 있었다.[308] 이탈리아 반도의 제작 기술들, 가령 금사를 수놓은 견직물 직조법, 무라노의 유리 제조법,[309] 알비솔라의 마욜리카 도기 제작법[310] 등을 여기저기 특히 프랑스에 전파했던 "기술자들"[311]도 있었다. 이탈리아인 발명가, 예술가, 석공, 상인들이 유럽 도처를 여행했다.[312] 이런 개별적인 모험들은 얼마나 되었을까? 또는 독일에서 이탈리아로 지속적으로 이루어지던 그 반대 방향의 이주 규모는 또 얼마나 되었을까? 역사가들은 두 방향 모두에서 소수의 사람들만이 관련되어 있었던 것으로 믿는 경향이 있다. 그러나 작은 수라도 모두 더해보면 결국 16세기 수준으로는 꽤 큰 수가 된다. 10만 명의 에스파냐인들이 이 시기에 아메리카를 향해서 반도를 떠났다.[313] 한 세기에 10만이라면, 결국 1년에 1,000명인 셈이다. 현재의 우리의 기준에 따르면 많은 수가 아니다. 그런데 1632년에 로드리고 비베로는 이 현상을 걱정스럽게 바라보았다. "이대로 계속 진행된다면, 에스파냐에서 주민이 사라질 것"이고, 서인도 제도는 이 게으른 신참자들과 함께 타락할 것이다(비베로는 누에바 에스파냐[멕시코]에서 태어났고 이러한 편견을 가지고 있었다). 그들은 도착하자마자, "구두 수선공이었던 사람들은 영주가 되고 싶어하고, 토목 노동자들은 더 이상 곡괭이를 들려고 하지 않는다."[314] 단연코 이 문제는 당대인들, 특히 세비야를 바라보며 에스파냐의 운명을 고민했던 모든 사람들에 의해서 과장된 것임에 틀림없다.

반대로 에스파냐로 향하는 프랑스 이주민들의 흐름에 대해서는 알려진 바가 거의 없다. 그러나 이에 관한 최근의 연구에 따르면,[315] 16세기에 그 규모가 상당했던 듯하다. 전형적인 인구 과잉 국가였던 프랑스는 장인, 행상, 물지게꾼, 농업 노동자들을 가까운 이베리아 반도로 끊임없이 내보냈다. 남부 프랑스가 유독 심했으나, 다른 지역들에서도 없지 않았다. 카탈루냐는 이들 이주 노동자들을 대규모로 받아들였고, 이들 가운데 일부가 카탈루냐에 영구적으로 정착했다. 1536년 8월에 이미 페르피냥 주민의 절반 이상이 프랑스인이라는 에스파냐의 기록이 있다.[316] 17세기 초 카탈루냐에서도 대다수의 주민이 프랑스인이었다. 1602년에 한 여행객[317]은, "프랑스인이 현지민의 1.3배였다는 것이 확실하다"고 말했다. 바르텔리미 졸리라는 이 여행객은 "루에르그, 오베르뉴, 제보당, 가스코뉴" 사람들이 "날마다" 카탈루냐로 오고 있다고도 지적했다.[318] 카탈루냐인들은 가난한 프랑스 이주자들을 가리켜 가바슈(Gavache)라고 불렀는데,[319] 그럴 가능성은 거의 없지만, 혹시 이 호칭이 제보당(Gévaudan)이라는 지역 이름에서 나온 것은 아니었을까?[320] 어쨌든 이주가 상당 규모로 지속되었다. 신참자들은 아라곤으로도 갔다. 그곳에서 수공업자들은 "에스파냐에서는 수공업 제품들이 비쌌기 때문에" 가능했던 높은 임금에 매료되었다.[321] 기술이 없었던 사람들은 시동으로 고용되었다가 곧 "하인 제복으로 갈아입었다. 왜냐하면 (그들의 주인인) 신사들이 이러한 사치를 매우 즐겼기 때문이다."[322] 또한 "현지민들이 게을렀기 때문에" 농민들은 더 환영받았다. 물론 이런 말을 한 사람은 프랑스인이고, 그는 다음과 같은 말을 덧붙이기도 했다. "타유(taille : 인두세)"의 무거운 부담을 피해 도망쳐나온 "프랑스인들은 가능하기만 하다면 주인의 미망인들과 결혼했다."[323] "프랑스 왕녀들처럼 향수를 뿌리고 화장을 하고 잘 차려입은 아름다운"[324] 에스파냐 창부들이 그들 모두의 마음을 빼앗았다.

프랑스인들이 향한 곳은 카탈루냐와 아라곤만이 아니었다. 어떻게 여기까지 오게 되었는지는 모르겠지만, 여러 명의 프랑스인들이 발렌시아[325]에서 양치기나 곡물 창고지기로 일하기도 했다. 카스티야 종교재판소는 프랑스 장인들의 경솔한 말투, 흥얼거리는 노래, 행동거지, 그들의 일상적인 모임 장소인 카바레에 관해서 많은 기록을 남겼다. 누군가 투옥되기라도 하면 서로에 대한 비난과 고발이 빗발쳤기 때문이다. 이때 언급된 직업들도 직조공, 견직공, 주물 제조공, 삽 제작공, 대장장이, 금은 세공업자, 열쇠공, 요리사, 구이 장수, 외과의사, 정원사, 농부, 선원, 항해사, 책 행상들 그리고 상습적인 걸인들 등으로 다양했다. 20세 혹은 25세 미만의 젊은이들도 종종 있었다. 이들 이주자들이 에스파냐로 오기 전에 프랑스 여기저기를 주유하던 놀라운 이야기들도 들을 수 있다. 톨레도에서 비극적인 운명을 맞이하게 된 루앙 출신의 카드 제작공의 경우가 그러하다.[326]

이러한 이주 흐름은 1620년대에 줄어들었다고 하지만,[327] 얼마 지나지 않아 재개되었음이 분명하다. 1640년의 한 기록에 따르면,[328] "매년 엄청난 수의 건초업자, 가축 거세업자, 먹는 입을 덜어서 가정의 부담을 줄이고 소액이나마 돈을 벌려는 그밖의 다양한 노동자들"이 베아른을 거쳐갔다. 최근까지도 여전히 그렇게 믿고 있듯이, 임시직이건 영구직이건 간에 일자리를 구하고 높은 임금을 기대하고 에스파냐로 이주한 사람들이 오베르뉴인들만은 아니었다.[329] 나는 이러한 이주를 통해서 이베리아 반도가 이탈리아나 서인도 제도로의 인구 유출을 광범하게 보충할 수 있었을 것이라고 장담한다.

3. 지중해 경제의 "모델"을 만들 수 있을까?

지중해 전체 규모를 평가하고, 모든 것을 포괄하고 (가능하면) 계산할 수 있는 일반적인 "모델"을 만들 수 있을까? 우리는 그만큼의 충분한 정보를 가지고 있을까? 모델을 만들 수 있어야만 지중해 세계는 지중해와 맞닿아 있거나 연결되어 있는 다른 "경제-세계(économies-mondes)"와 하나의 단위로 비교될 수 있을 것이다.

지금의 수준에서는 기껏해야 전체적인 크기와 대체적인 윤곽들에 관해서만 밝힐 수 있을 뿐이다. 솔직히 말하면, 이 시도는 현재의 난관을 고백하는 것일 수도 있다. 사실 모델이라면 특정 년도 혹은 시기가 아니라 위기의 시기와 번영의 시기를 모두 아우르는 한 세기 전체를 나타낼 수 있어야 한다. 또한 세기의 모든 연속된 국면들이 만드는 물결, 그 평균 값을 담아야 한다. 그런데 이것들 중에서 가능한 것은 하나도 없다. 그렇다고 하더라도 시도할 만한 가치는 있다. 어려움과 수많은 난관이 예상되지만 말이다.

먼저 지중해는 내적으로 균질한 지역이라고 말할 수 있는가? 전체적으로 보면, 그렇다. 비록 내륙 쪽이나 해안 쪽이나 경계(흑해, 홍해, 페르시아 만, 지브롤터 해협, 그리고 대서양)가 불분명하고 특히 자주 변했지만 말이다. 답을 찾는 데까지 이르지는 못했지만, 이 문제에 관해서는 이미 논의한

바가 있다.[330]

이 책의 초판을 낼 때만 해도 나는 많은 예시들을 검토하고 이러저러한 중요하고 의미심장한 세부적인 사항들을 살펴보면, 16세기 지중해의 다양한 면모가 드러날 것이라고 예상했었다.[331] 콘스탄티노플은 인구 70만이 거주하는 도시이고, 흉년에나 풍년에나 곡물선은 100만 퀸탈(quintal : 1퀸탈은 100킬로그램)에 달하는 밀 등의 곡물들을 운반했고, 1580년 리보르노 항구에는 3,000톤가량의 양모가 쌓여 있었고,[332] 1571년 10월 7일 레판토 만에는 투르크군과 기독교군 모두 합하여 10만 명의 전투병력이 모여 있었고, 1535년에는 카를 5세가 튀니스로 600척의 군선을 파견했고(총 45,000톤), 1592-1593년 리보르노 항구의 최대 선박 수용능력은 15만 톤에 이렀으며(아마도 과장이 있었을 것이다), 나폴리에서는 130만 두카트 상당의 거래가 환어음으로 체결된 데에 반해서 보험 계약은 6만에서 7만 두카트가량이 이루어졌다.[333] 그러나 채색된 작은 점들 사이에는 여전히 거대한 공백이 남아 있다. 이는 우리의 세계와 지난 16세기의 세계 사이에 존재하는 거리를 인정해야 한다는 사실을 말해준다.

요즘 나의 마음을 끄는 용어로 경제학자들이 "국민회계(comptabilité nationale)"라고 부르는 것이 있다. 나는 16세기 지중해의 대차대조표를 만들고 싶다. 그 시대의 초라함이나 상대적인 근대성을 보여주기 위해서가 아니라, 다양한 활동 분야들 사이의 핵심적인 비중을 명확히 하기 위해서, 간단히 말하면 물질생활의 주요한 구조를 파악하기 위해서이다. 이런 작업은 어렵고 불확실하다. 오늘날 화폐가 경제 전체로 침투하지 못한 미개발 국가들의 대차대조표를 만드느라 고생하는 경제학자들은 이 어려움을 잘 알고 있을 것이다. 16세기에도 사정은 마찬가지였다. 정확한 자료가 주어진다고 해도 계산화폐와 실질화폐가 존재해서 계산이 복잡해질 텐데,[334] 그런 자료마저 우리에게는 당연히 부족하다. 게다가 아무렇지도 않게 에스파냐에서는 두카트(ducat)나 에퀴(écu), 피렌체에서는 두카트, 에퀴 혹은 플로린(florin)을 혼용하고 있었다는 사실을 고려해야만 한다. 피렌체에서도 이렇게 썼다. "1스쿠도(scudo) 금화는 7리라(lila) 금화, 7리라 금화로 1,000두카트." 여기서 중요한 것은 7리라짜리 금화가 기준이 되었다는 것이다.[335]

농업 : 주요 산업

밀(그리고 다른 곡물들)의 연간 소비량이 1인당 2퀸탈(200킬로그램) 정도 된다고 가정해보자.[336] 물론 소비량은 이보다 높을 수도 혹은 다소 낮을 수 있다. 그러나 이 평균은 16세기 지중해 세계에 대체적으로 적용될 수 있을 것 같다. 당시 인구가 6,000만 명 정도였다고 가정하고 이 비율을 적용한다면, 지중해 세계는 1억2,000만 퀸탈의 밀 종류의 곡물을 소비했을 것이다. 고기, 생선, 기름, 포도주는 주식을 보충하는 음식이었을 뿐이다. 1600년경 1퀸탈의 평균 가격이 5 혹은 4베네치아 두카트였다고 한다면,[337] 지중해의 곡물 소비액은 (그만큼의 양이 생산된다고 가정한다면) 매년 4억8,000만 혹은 6억 두카트에 이르렀으며, 이는 세비야에 평균적으로 도착하는 금 약 "600만 두카트"와는 비교할 수도 없는 수준이었다.[338] 밀은 농업 생산에서 다른 무엇보다도 압도적인 우위를 차지하는 작물이었다. 농업은 지중해 최고의 산업이었고, 당연히 곡물은 농가 수입의 큰 부분을 차지했다.

앞의 계산은 최소한의 수치일 뿐이다. 불확실하나마 문서에 나타나는 수치들은 대체로 이보다 높다. 예를 들면, 1600년경 베네치아는 풍년이건 흉년이건 50만 스타이오[staio : 1스타이오는 111리터]의 밀(그리고 쌀, 기장, 호밀)을 소비했다.[339] 당시 베네치아 인구는 14만 명이었고, 부속 지역들에 적어도 5만 명 정도의 인구가 거주했다면, 대체로 20만 명이 살았다고 볼 수 있다. 따라서 베네치아만 계산한다면 1인당 소비량은 4퀸탈이고, 부속 지역까지 모두 포함한다면 3.1퀸탈이었다. 베네치아의 식량 보급은 1인당 2퀸탈이라면 30만 명을 충분히 먹일 수 있는 양이었다. 물론 우리가 미처 파악하지 못한 소비자들이 더 있었을 수도 있다. 혹은 베네치아가 임금이 높은 도시였기 때문에 다른 곳보다 더 소비했을 수도 있다.

다른 지역의 경우도 계산해보자. 마드리드에서 보낸 베네치아인의 편지 (1621년 2월)[340]에는 물레방앗간에서 밀을 빻기 전에 밀 1파네가(fanega : 1 파네가는 1/2베네치아 스타이오)당 2레알(real)의 세금을 물릴 것이고, 이 세금으로부터 1년에 900만 금의 수입을 올릴 것이라는 뉴스가 있었다. 900 만 금, 즉 900만 두카트(1두카트＝350마라베디, 1레알＝35마라베디)라는 것은 전체 600만 명의 인구가 4,500만 파네가를 소비했다는 것이고, 이는 1인당 7.5파네가를 소비했다는 것이다. 인구수가 확실하지 않으므로 7파네 가 정도였다고 가정해보자. 1파네가가 55.5리터이므로 388리터라는 어마어 마한 수치가 나오게 된다. 이는 세입 총액을 낙관적으로 계산해서 나온 결 과이거나 1621년에 카스티야가 엄청난 양의 밀을 소비한 결과로 볼 수 있 다. 실제로 그해에 카스티야에서는 곡물이 외부로 수출되지 않았다.

카스티야의 또다른 예도 살펴보자. 1576년[341]에 톨레도 지역의 10개 마을 에는 2,975가구, 즉 12,000에서 13,000명이 거주하고 있었고, 대부분이 농 민들이었다. 신고된 곡물 생산량은 143,000파네가(64,000퀸탈)였다. 주민 1 인당 평균 약 5퀸탈을 생산한 셈이다. 따라서 도시에 판매할 수 있는 여분 의 곡물이 있었다. 이 마을들 가운데 (포도주를 생산하기 때문에) 가장 형편 이 나쁜 마을도 1인당 2퀸탈을 가져갈 수 있었다.

다음의 사실들도 검토해보면 결정적이라고까지는 할 수 없지만 매우 설 득력 있는 주장이 나올 수 있을 것 같다. 검토해볼 첫 사례는 1580년 1월 나폴리 왕국의 아드리아 해와 타란토 만에 면한 곡물 생산지역인 아브루치, 바리 지방, 카피타나타, 바실리카타이다. 두 번째 사례는 그 유명한 1799년 에스파냐의 영토와 산업자원 조사이다.[342] 여기서 나온 비율은 16세기를 살 필 수 있는 척도로 쓰일 수 있다.

『솜마리아 문서(Sommaria)』[나폴리 왕실 회계청 솜마리아의 문서]의 한 귀중한 문서 덕분에 연구가 가능해진 나폴리 지역(왕국의 핵심 지역)에서

1579-1580년 겨울에 거주하던 가구 수는 173,634호(왕국의 전체 가구 수는 475,727호)였고,[343] 4 혹은 4.5라는 계수를 적용하면 70만에서 76만 명의 주민이 살고 있었던 것으로 보인다. 공식적인 조사에 따르면, 밀 수확량은 10만 카로[carro : 1카로는 마차 1대 분] 이상이었다. 8,500카로의 밀에 대해서 수출 허가증이 발급된 것으로 보아, 주민들은 92,000카로, 즉 현재 단위로 120만 퀸탈을 소비할 수 있었고, 1인당 할당량은 2퀸탈 이하였을 것이 분명하다. 게다가 이 양에서 종자용 곡물을 제외해야 했기 때문에 실제 소비량은 더욱 적었을 것이다. 그러나『솜마리아 문서』에 따르면, 각 개인이 1년에 6토몰로(tomolo : 농지의 면적 단위), 즉 220킬로그램을 소비했다고 나와 있다. 앞뒤가 맞지 않는 듯하지만, 사실은 그렇지 않다. 실제 수확량이 모두 신고되지 않는 것이 보통이었고,『솜마리아 문서』는 바로 신고되지 않은 이 잉여량을 감안하여 필요한 식량 공급량을 계산했기 때문이다.[344]

분명히 1799년의 조사는 16세기보다 한참 뒤늦은 시기에 작성된 것이다. 하지만 이때 밝혀진 비율은 16세기의 비율과 대체로 유사할 것이다. 1799년 1,050만 명의 인구가 거주하던 에스파냐의 밀 생산량은 1,450만 퀸탈(대략적인 수치)이었다. 생산량과 소비량이 같다고 한다면, 각 개인에게 돌아가는 몫은 연간 1.4퀸탈에 조금 못 미친다. 여기에 다른 곡물들과 말린 채소를 포함시킨다면 처음에 나온 총량에 1,300만 퀸탈을 보태야 한다.[345] 이렇게 되면 총량은 2배가 된다. 부차적인 이 곡물들 전부가 사람들의 음식으로 소비되지 않는다고 해도 1인당 소비량은 2퀸탈에 이를 것이 확실하고 그보다 높을 수도 있다. 말린 채소들[콩 종류]의 양 역시 의심의 여지없이 상당했고(60만 퀸탈 이상),[346] 16세기에도 이미 그러했을 것이다. 베네치아 문서들은 여름의 폭우가 지나간 뒤에 폭풍이 멀리 날려 보내버린 잠두콩이나 렌틸콩 손실이 몇몇 마을에서 어떤 참극을 가져왔는지를 반복해서 말하고 있다.

불가능한 수치들에 대한 검증은 뒤로 미루도록 하자. 전체적인 수치가 거의 확실하기 때문에 그 결과에 대한 논의로 넘어가도록 하자.

1. 해로를 통해서 거래되는 밀의 양은 100만 퀸탈, 즉 전체 소비량의 0.8 퍼센트 정도로서, 이 정도의 거래량은 16세기의 규모를 생각할 때에는 상당한 양이지만, 전체적인 소비량과 비교하면 미미한 수준이다. 따라서 지노 루차토[347]가 곡물 무역을 낮게 평가했던 것도 옳았고, 내가 전에 이를 높게 평가한 것도 틀렸다고 할 수 없다.[348] 너무나 끔찍했던 1591년 위기 때—나중에 다시 다루게 될 것이다—에는 에스파냐와 이탈리아, 심지어 베네치아까지 10만에서 20만 퀸탈의 북유럽 밀을 운반해야 했다. 이는 무역량으로 보면 많은 양이지만, 일상적인 음식물 소비량으로 보면 아무것도 아니었다. 어쨌든 이것은 몇몇 도시 전체를 구하기에는 충분한 양이었다.

그러나 이러한 위기를 겪기 전이나 후나 지중해 세계는 근본적으로 자신이 생산한 농산물을 먹고 살았다. 암스테르담 같은 네덜란드 지역에서 보여준 패턴이나 훨씬 더 시간이 지난 후에 등장한 자유무역 국가인 영국에서와 같은 방식은 이곳에서 결코 나타나지 않았다. 도시들은 식량 공급의 문제를 외부 지역에 맡기지 않았다. "해외 수입 밀"은 언제나 임시방편으로 가난한 사람들의 생계를 위한 것이었고, 부유한 사람들은 인근 농촌에서 생산되는 양질의 밀을 선호했다. 리스본에서는 알렌테주의 밀[349]을, 마르세유에서는 프로방스 평야의 밀[350]을, 베네치아에서는 노스트랄레[nostrale : 우리나라의 것]라고 불리는 밀을 먹었다. 1601년 베네치아 제빵업자들에 따르면, "오늘 우리에게 주어진 것은 외국에서 온 밀이었다. 이것으로는 우리 밀과 같은 양질의 빵을 만들 수 없다." 우리 밀이란 파두아, 트레비소, 폴레세네, 프리울리의 밀을 말한다.[351] 포레스티에리[foresterie : 남의 것]라고 불리는 밀도 대체로 지중해에서 생산된 것이다.

2. 농업은 지중해인들에게 생계를 보장해주었을 뿐만 아니라, 사프란이나 쿠민 같은 종종 수량이 제한되어 있는 고가의 수출품도 마련해주었고, 코린트산 건포도, 포르토, 말라가, 마디라가 비약적으로 발전하기 전까지

계속 인기를 끌었던 맘지 같은 고급 포도주처럼 꽤 큰 규모의 수출품도 내놓았다. 여러 섬들에서 생산하는 포도주와 매년 수확기가 지나자마자 목마른 독일인들이 알프스 남쪽 기슭에서 수거해가던 일상적인 소비용 포도주가 있었다. 그밖에 기름, 오렌지, 레몬 같은 남부 지역의 과일들, 생사로 만든 견직물 외에 증류주[352]도 인기가 높았다. 이러한 잉여 생산품들이 제조업 상품들과 함께 대서양의 설탕, 건어물과 밀 구입비를 만회하기 위해서 수출되었다(북부 지역의 납, 구리, 주석도 있었다). 5현인 위원회에 따르면, 1607년에도 여전히 베네치아와 홀란드 사이의 무역은 베네치아가 흑자를 보는 구조였다.[353]

3. 따라서 지중해는 견고하게 구조화된 농민들과 지주들의 세계였다. 재배방식이나 곡물들의 재배분포가 거의 고정되어 있었고, 농업이 목축업이나 포도, 올리브 농장—포도와 올리브 농사는 안달루시아, 포르투갈, 카스티야 그리고 베네치아령 섬들에서 빠르게 성장했다—보다 높은 비중을 차지하고 있었다는 점도 거의 바뀌지 않았다. 변화는 외부로부터의 장기적인 압력이 있을 때에만 가능했다. 안달루시아에서 기름과 포도주 생산을 빠르게 성장시킨 것은 식민지 아메리카에서의 높은 수요였다. 바스크 지방과 모로코에서도 조금 이른 시기라고 할 수 있던 시기에 옥수수가 도입되면서 "내부적인" 혁명이 시작되었다.[354] 베네치아 농촌에서는 1600년 전에는 변화의 조짐이 나타나지 않았고[355] 티롤 북부 지역에서도 1615년부터나 매우 완만한 변화가 시작되었다.[356] 뽕나무가 가져온 혁명은 엄청난 변화를 가져오지는 못했어도 빠르게 정착했다.

4. 토지는 가장 탐나는 재산이었다. 지중해 안팎의 모든 농촌에서는 지대, 국세 조사, 채무, 소작료, 납부금 등이 복잡하게 뒤얽혀 있었고, 토지 소유에 대한 위임과 상속이 빈번히 이루어졌으며, 도시와 농촌 사이에 빌리고 갚는 돈이 끊임없이 오갔다. 도처에서 비슷한 유형의 단조로운 역사가 이어졌다. 이에 관해서 몇 가지 사실이 포착된 제네바 인근의 농촌을 예로

들면,[357] 15세기부터 매우 단기적인 돈의 이동이 있었음이 확인된다. "항시적인 정체 상태에 있는 폐쇄적인 경제"였지만, 그러한 자금의 흐름은 이미 확고하게 자리를 잡아가고 있었다. 그곳(프로테스탄트 국가)에서는 도시 거주민들이 고리대 이자를 지대나 납부금 형태로 위장할 필요가 없었다. 16세기 에스파냐 개혁가인 미겔 카하 데 레루엘라[358]도 도시 인근의 땅이나 포도농장에 투자되는 이 자연스러운 돈의 흐름에 관해서 다음과 같이 말했다. "2,000두카트가 1년에 200두카트를 벌어들이고 6년 후에는 원금을 회수할 수 있다는 것을 눈으로 확인한 이상, 그것은 모든 사람들에게 유리한 투자로 비칠 수밖에 없다." 사업가들이나 정부 관리가 대부업자에게 그 정도의 수익을 돌려주는 일은 드물었다. 따라서 토지는 안전하고 확실하고 경쟁력 있는 담보물이었다(만일 농부가 이자를 지불하지 못하거나 돈을 갚지 못하면, 토지는 몰수된다). 대부업자는 자신의 돈이 포도농장이나 주택에 투자되어 불어나는 것을 언제나 직접 확인할 수 있었다. 그러한 안전성은 엄청난 값어치가 있었다. 결국 농업이 지중해에서 가장 큰 수입원이었기 때문에, 막대한 양의 부가 이 부문으로 흘러갔다. 에스파냐에서 1억 두카트 이상이 지대로 제공되었다고 장담하던 1618년의 발레 데 라 세르다의 말은 사실이었다.[359]

5. 4억에서 6억 두카트 가치에 이르는 이 엄청난 양의 곡물들은 경우에 따라서는 너무 적게 보일 수도 너무 많게 보일 수도 있다. 18세기 프랑스[360]나 1799년 에스파냐[361]의 농업 생산물에 관한 최근 연구에서 밝혀진 비율을 16세기에 그대로 적용한다면, 곡물은 농업 "생산물"의 절반 정도를 차지했다. 따라서 전체 농업 생산량을 아주 개괄적으로 계산해보면, 8억에서 12억 두카트 정도였던 듯하다. 물론 이것은 총액을 매우 개략적으로 계산한 것이다. 우리의 출발점인 베네치아의 시장 가격이 높았기 때문에 부유한 도시 경제에 대해서만 유효할 것이기 때문이다. 게다가 소비되는 밀이 모두 시장 경제 속에 편입되지 않았다는 것은 중요한 사실이다. 따라서 우리의 추정치

는 극히 이론적인 수준에 머물 수밖에 없고, 그것은 당연하다. 1576년 카스티야의 마을들에 관해서 앞에서 언급했던 예로 다시 돌아가면, 그들은 직접 생산한 6만 퀸탈 가운데 2만6,000퀸탈, 즉 절반 정도만을 소비했음에 틀림없다. 그러나 나머지 절반이 반드시 시장에 흡수되지는 않았을 것이다. 일부는 10분의 1세 징수자나 도시 토지 소유자들의 창고로 직행했을 것이기 때문이다. 따라서 아마도 지중해에서 생산되는 총량의 60-70퍼센트는 화폐경제를 벗어나 있었을 것이고, 우리는 그 부분을 억지로 끌어들여 계산하는 실수를 저지르고 있다.

6. 농업의 광범위한 부분이 화폐경제 밖에 존재한다는 것, 즉 화폐경제가 제공하는 상대적인 유연성을 누리지 못한다는 것은 다른 곳에서와 마찬가지로 지중해에서도 농업 활동의 탄력성을 현저하게 떨어뜨렸다. 게다가 기술력과 생산성도 매우 낮았다. 프로방스에서는 18세기[362]에도 여전히 1개의 씨앗을 뿌려서 5개를 얻는 수준이었고, 아마도 이 비율을 16세기 평균 수율로 볼 수 있을 것이다. 매년 1억2,000만 퀸탈의 곡물을 얻기 위해서는 지중해에서 적어도 2,400만 헥타르의 경작지에 파종해야 했다. 매년 2,400만 헥타르라는 이 거대한 땅을 경작한다는 것은, 이포제(二圃制) 체제라면 적어도 4,800만 헥타르가 준비되어야 한다는 뜻이다. 윤작지 중 한 곳이 쉬는 동안 다른 한 곳에서 곡물 생산이 이루어져야 하기 때문이다. 1600년경 프랑스의 총 경작지가 3,200만 헥타르였다는 것을 생각해보자.[363]

이러한 계산은 매우 대략적이고, 제시된 수치는 너무 낮다. 왜냐하면 밀(그리고 다른 곡물들)이 이포제 체제로 경작되지 않는 곳이 많았기 때문이다. 어떤 땅은 3-4년, 심지어 10년마다 한 번 경작되기도 했다. 또한 사실 1 대 5보다 높은 수율을 보이는 곳도 있었다.

토지의 20분의 1만이 경작되는 키프로스에서 밀은 1 대 6, 보리는 1 대 8의 수율을 보여주었다.[364] 풀리아 지방에서는 종종 목초지로 쓰이던 곳에서 새로 경작이 이루어질 때에는 1 대 15 혹은 20의 수율이 나타나기도 했다. 그러나 이것은 예외적인 현상이었다.[365] 게다가 흉작이나 재해도 있었다. 생산을 지배하는 요소는 기후조건이었고, 아무리 노력해도 인간의 노동은 행운을 가져다줄 수 없었다. 따라서 농업은 비탄력적이었다. 우리가 알고 있는 농업 수출량은 생산량과 일정한 상관관계를 가지고 있어서, 만일 아주 긴 계열을 만들 수 있다면 대체로 지속적인 항상성을 보여줄 것이다. 에스파냐에서 이탈리아로 수출되는 양모나 시칠리아에서 외부 시장으로 수출되는 밀이나 견사가 그러하듯이 말이다.[366] 도식적으로 표현하면 가로 축에 평행한 선들을 만들 수 있을 것이다.

물론 여러 가지 기술의 발전이 가능했다. 기술적인 측면에서 카스티야에서 노새 대신 소가 쟁기를 끌기 시작하면서[367] 경작 속도가 빨라졌고, 쟁기질의 수에 따라 밀의 수확량이 좌우되었다. 그러나 기술의 교체는 불완전했다. 북부 지역의 중쟁기는 쟁기질을 자주 하지 않았던 랑그도크[368]에서는 16세기에 출현했고, 북부 이탈리아[369]에서도 비슷한 시기에 나타났다. 그러나 외바퀴 쟁기가 여전히 압도적이었고, 그 결과 흙을 충분히 뒤집어 공기를 주입시키는 일을 할 수 없었다.

우리는 앞에서 농지 개간과 토질 개선이 주축이 된 농업 개량에 관해서 설명한 바 있다.[370] 인구 부담이 없었던 15세기 지중해에서 농민들이 새로운 경작지를 찾는 것이 쉬웠을 것이라는 데에는 의심의 여지가 없다. 그러나 사실 이 시기에 일어난 비약적인 팽창은 과거 13세기에 이루어진 발전 수준을 회복하는 것이었다. 루지에로 로마노가 올바르게 지적했듯이, 농업 혁명은 16세기 다른 모든 분야에서의 팽창을 선도하고 지원했다. 그러나 결국 이러한 발전은 농업의 비탄력성 때문에 중단되었고, 13세기 말과 비슷한 상황이 재현되었다. 새로운 농지는 생산성이 낮은 경우가 많았고, 먹여 살려야 할 입은 생산량보다 빠르게 증가했다. 아직 그 주장이 나오기 전이었지만, 맬서스[1766-1834]가 옳았다.

아마도 1550년경, 보다 확실하게는 1580년경부터 16세기의 전반적인 기조가 바뀌기 시작했다. 화폐 유통이 가속화되는 바로 그 순간에(잠시만 이 것을 은 혁명이라고 부르지 말도록 하자), 잠재적인 위기가 시작되었다. 에 스파냐 역사가들은 이 시기부터 농업 투자자들이 어려움을 겪게 되었다고 서술했다. 농민들은 돈을 빌리는 것이 더 이상 쉽지 않았고, 돈을 갚지 못한 채무자들은 담보물을 빼앗겼다.[371] 대지주들조차 1575-1579년 금융 위기의 영향을 받았고,[372] 제노바인들은 채권자들에게 자신들이 입은 손해를 전가 했다. 이 모든 설명들과 랑그도크의 예를 통한 설명들[373]은 전적으로 믿을 만하고 유효하다. 그러나 근본적으로는 농업 생산의 비탄력성에 원인이 있 었음이 틀림없다. 농업은 한계에 도달했다. 이 극복할 수 없는 상황으로부 터 17세기의 "재봉건화(reféodalisation)"가 나타났다. 바로 농업혁명의 전도 현상이었다.

산업의 수지균형

존 U. 네프[374]는 17세기 초의 유럽의 인구 7,000만 명 가운데 장인(artisan) 은 200만-300만 명 정도였다고 추정했다. 6,000만-7,000만 명이 거주하는 우리의 지중해 세계에 대해서도 이론적으로는 마찬가지 추정이 가능하다. 그러나 도시 거주민들이 대략적으로 인구의 10퍼센트 정도를 차지하여 600 만-700만 명 정도였다고 하면, 도시 거주민의 1/2과 1/3 사이인 200만-300 만 명만이 장인이었을 것 같지는 않다. 베네치아라는 한 독특한 사례에서 우리는 비슷한 방식으로 인구수를 계산해볼 수 있다. 국영 조선소 노동자 3,000명,[375] 모직물업자 5,000명,[376] 견직물업자 5,000명,[377] 즉 장인 13,000 명, 게다가 그들의 가족까지 모두 합하면 도시 인구 14만 명 가운데 이미 5만 명을 헤아린다. 또한 우리가 그 이름과 활동을 알고 있는 다양한 민간 조선소들에서 일하는 장인들을 모두 세어보아야 하고,[378] 석공들도 감안해 야 한다. 도시가 끊임없이 건설되고 재건되고 있었고, 목재 대신 석재나 벽 돌이 사용되고 있었으며, 작은 강을 진흙으로 메우는 작업을 하고 있었기 때문이다. 베네치아 부근의 메스트레에서도 직물 축융공(縮絨工)들이 살고 있었다.[379] 좀더 멀리에는 베네치아를 위해서 곡물을 빻는 제분소와 종이 반죽에 필요한 넝마를 잘게 부수거나 널빤지나 두꺼운 판자를 톱질하는 제지소 노동자들이 일하고 있었다. 또한 주물 제조업자, 대장장이, 금은 세공업자, 제당업자, 무라노 유리공, 그리고 주데카의 가죽 노동자들도 계산에 넣어야 한다.[380] 다른 노동자들도 많았다. 가령 인쇄공들을 예로 들면, 16세기 베네치아는 유럽의 인쇄소들 가운데 많은 부분을 담당하고 있었다.[381]

그럼에도 불구하고, 현재로서는 200만-300만 명이었다는 존 U. 네프의 수치를 받아들일 수밖에 없다. 다만 장인으로 **생활하는** 사람들이란 실제로 활동하는 장인 인구뿐만 아니라, 고용주, 노동자, 여성, 아이들도 지칭한다는 것을 확실히 해두어야겠다. 베네치아에서도 그런 방식으로 계산한 것이 있다. 16세기 말경에 2만 명이 모직물 제조업의 다양한 공정에서 일하고 있었다고 전해진다.[382]

이 수치에 상당수의 농촌 장인들을 보태야만 한다. 아무리 작은 마을이라도 장인이나, 미약하나마 수공업 활동이 없는 마을은 없었기 때문이다. 그러나 이 분야는 역사가들의 관심에서 전적으로, 아니 거의 전적으로 벗어나 있다. 게다가 타성에 젖어 있는 역사가들의 경우 가난한 농촌의 이 모호하지만 결정적인 노동력을 무시하는 경향이 있다. 그러나 농촌으로서는 수공업만이 귀중한 화폐 순환에 접근할 수 있는 거의 유일한 기회였다. 지금까지의 역사 서술은 도시의 수공업에 대해서만 관심을 보여왔다. 그러나 농촌의 수공업은 아라곤, 피레네 산맥, 세고비아 주변부,[383] 카스티아[384]나 혹은 레옹의 불우한 마을들,[385] 발렌시아의 농촌 곳곳[386]에 항상 존재했다. 제노바 부근에서도 수공업의 존재를 확인할 수 있다.[387] 알레포 부근의 농촌에서도 견직물과 면직물을 만들었다.[388] 실제로 도시들 가운데 인근이나 그보다 멀리 떨어진 곳에 도시민들이 필요로 하는 산업 하나를 등장시키지 못하는 곳은 없었다. 장소가 부족하거나 원재료 혹은 동력원이 없어서 도시 구역에 합병시킬 수는 없어도 말이다. 대장간, 방앗간, 제지소가 제노바 뒤편의 산에 입지해 있는 것은 이런 식으로 설명된다. 다양한 광산, 대장간, 밀 방앗간이 나폴리 왕국 곳곳에 있었는데, 특히 칼라브리아의 스틸로 부근[389]에 집중되어 있었다. 베로나 성문 앞,[390] 아디제 강변에는 제재소가 있었는데, 이곳이 밀무역에 이상적인 장소였기 때문에 더욱 빈번하게 판자와 목재를 실어 나르는 선박들이 드나들었다. 가까운 도시민들을 먹여 살릴 밀을 빻는 제분소들(베네치아 근방에 80개가 넘었다), 탈라베라 데 라 레이나[391] 아래쪽으로 그리고 타호 강[에스파냐에서 가장 긴 강. 대서양으로 유입된다]을 따라 길게 늘어선 방앗간들, 지중해의 한쪽 끝에 있는 크레타 시에서만 볼 수 있는 30개의 풍차들[392]도 언급해야겠다. 랑그도크는 도시 산업을 가지고 있었고, 중앙 산괴(Massif Central)와 세벤 산맥에서는 다양한 제조업들이 발달한 마을들을 확인할 수 있다.[393] 마찬가지로 리옹 주위로도 넓게 수공업들이 발달해 있었다.[394] 덕분에 도시는 주변의 농촌들로부터 이 노동의 결과를 값싸게 향유할 수 있었다.

그러나 지중해 농촌 수공업은 영국(커지 직물 생산)이나 북유럽 수공업이 가졌던 힘을 갖추지 못했던 듯하다. 또한 18세기 프랑스에서와는 달리, 지중해에서는 멀리 도시 상인들의 통제하에 성장하고 군도(群島)를 형성할 정도로 광대한 농촌 마을들의 모습이 나타나지 않았다.[395] 나는 또한 16세기 리옹 주변에서 성장한 농촌 수공업과 같은 거대한 집단을 지중해에서는 보지 못했으며, 적어도 그런 증거를 찾을 수 없었다. 이러한 관찰이 옳다면, 그것은 다음의 두 가지 사실을 증명한다. 첫째, 지중해 농촌은 북유럽보다 그 자체로서 더 균형이 잡혀 있었다(포도농장과 올리브 밭은 종종 북부 지역의 농촌 산업과 같은 역할을 할 수 있었다.[396] 과수 재배는 농민들의 가계에 큰 도움을 주었다). 둘째, 큰 도시든 중간 도시든 간에 도시 수공업은 기본적으로 거대한 시장의 수요를 충족시키는 힘을 가지고 있었다. 그러나 16세기 말과 17세기 초에는 직업의 이동이 십중팔구 큰 도시보다는 중소

도시나 농촌 쪽에서 나타났다.[397] 이러한 이동은 농촌과 반(半)농촌 지역이 가진 실제적이고 잠재적인 힘을 강조하고 있으며, 그들이 가진 힘은 19세기 초에도 여전히 유지되고 있었다. 나폴리 왕국을 장악한 뒤라 원수는 (영국인들로부터 값비싼 붉은 모직물을 구입하는 대신에) 농민들이 직접 만들어 입던 검은 모직 옷을 자신의 병사들에게 입혔다.[398]

만일 우리가 앞에서 잠깐 살펴본 비율을 받아들인다고 하더라도, 16세기 농촌 수공업이 질적인 면이나 수입 총액이 아닌 **사람들의 수**에서 볼 때, 도시 노동과 동등한 위치를 차지했을 수도 있었다는 사실을 상정해보아야 한다. 이를 입증할 증거는 없지만, 반박할 증거도 마찬가지로 없다. 지중해 전체에서 최대 300만 명의 농민들과 300만 명의 가난한 도시 거주민들이 시장 경제와 연결된 직업을 가지고 있었다. 이 가운데 활동 인구는 150만 명 정도였을 것이다. 그들의 평균 임금이 베네치아가 아고르도[399]에 소유하고 있는 구리 광산 노동자들이 받는 임금, 즉 하루에 15솔도, 1년에 20두카트와 비슷했다고 가정해보자(축일은 공휴일이었지만, 임금을 받았다). 임금 총액은 금화 3,000만 두카트에 가깝다. 도시 노동자들이 받는 임금은 더 높았기 때문에 이 액수가 별 것 아닐 수도 있다(도시 수공업이 붕괴된 이유는 실제로 과도하게 높은 임금 때문인 경우가 많았다). 16세기 말 베네치아에서 모직물 조합의 장인들은 1년에 144두카트를 벌었고, 종종 임금 인상을 요구하곤 했다.[400] 따라서 우리의 수치를 4,000만에서 5,000만 정도로 상향 조정해야 하고, 그것이 사실일 가능성이 크다. 마지막으로—근거가 부족한 주장이기는 한데—산업 **생산**의 가치를 임금 총액의 3, 4배로 설정한다면, 우리는 총 생산 가치를 최대 2억 두카트 정도로 잡을 수 있다.[401] 이 액수가 아직도 더 커져야 한다고 해도, **이론적으로** 추정된 농산물의 생산 가치인 8억6,000만이나 12억보다는 훨씬 낮았을 것이다(유럽 공동 시장에 관한 논의에서 우리 시대처럼 극도로 산업화된 시대와 나라에서도 여전히 전문가들이 육류의 상업화가 오늘날 세계에서 가장 큰 사업이라고 평가하는 것은 흥미롭다).

16세기 산업 생산물들은 곡물이나 기름, 포도주보다 더 활발하게 시장 경제로 편입되었다. 물론 여기서도 역시 엄청난 규모의 자급자족의 존재를 고려해야 하지만 말이다. 그러나 이 부분은 점차 감소하는 경향을 보였다. 토마스 플라터[402]는 1597년 위제스라는 마을에 관해서 다음과 같이 기록했다. "가정마다 집에서 양모로 실을 잣고, 직물을 짜고, 용도에 맞게 사용하기 위해서 염색을 한다. 사람들은 내 고향(바젤)에서처럼 물레를 사용한다(토마스 플라터는 몽펠리에서 의학 공부를 하고 있었다). 그런데 이곳에서 실패는 보지 못했다. 대마로 실을 잣는 사람들은 가난한 자들뿐이기 때문이다. 직물은 상인들의 가게에서 구입할 수도 있는데, 집에서 제작한 것보다 더 저렴하게 팔렸다." 직물 산업과 직포 판매의 급성장은 분명히 인구 증가, 작업장의 집중, 자급자족의 후퇴와 연관되어 있었다.

"선대제"와 도시 산업의 성장

1520-1540년부터 지중해에서는 도시 산업이 크게 팽창하고 있었다. 이 시기에 지중해와 유럽 모두에서 자본주의가 두 번째로 순풍을 맞이했다. 존 U. 네프가 1540년 이후의 영국을 설명하기 위해서 사용한 용어인 첫 번째 "산업혁명(industrial revolution),"[403] 혹은 오래 전에 J. 하르퉁[404]이 1550년 이후 독일[405]에서 확인한 "산업 자본주의의 대규모 발전"에 비할 만한 팽창과 혁신이 여전히 불충분하기는 했지만, 유럽과 지중해 전체에서 확인된다. 문제는 16세기의 팽창이 얼마 지나지 않아 갑작스럽게 나타난 후퇴 국면을 만회할 수 있을 정도로 충분했는지가 될 것이다. 그런데 상업 자본주의의 전성기가 지나가고 난 뒤에 산업 자본주의가 그 뒤를 잇게 되었고, 산업 자본주의는 16세기 "귀금속 화폐"의 2차 등귀가 시작되면서부터 충분한 역량을 발휘하게 되었다. 결국 산업이 경제 후퇴를 만회했다는 뜻이다.

(관찰이 가능한) 거의 모든 곳에서 산업은 독일 역사가들이 흔히 선대제 (先貸制, Verlagssystem)[406]라고 부르는 도식에 맞게 자본주의적인 양상을 띠었다. 이것은 출자자, 혹은 선대업자(Verleger)라고 부를 수 있는 상인이 수공업자에게 먼저 일감과 임금을 주는 체제이다. 이 방식은 16세기에 처음 나타난 것이 아니었다. 그러나 이 시기에는 카스티야처럼 이 제도가 잘 알려지지 않은 곳으로까지, 그리고 베네치아처럼 잘 시행되지 않았던 곳으로까지 확산되었다. 어느 곳에서든 선대제는 이탈리아와 에스파냐의 동업 조합인 아르테(Arte)나 그레미오스(gremios) 같은 수공업자 단체를 뒤흔들었다. 어느 곳에서든 선대제는 느린 생산 과정에 자금을 대고, 판매와 수출에서 이윤을 남기는 상인들에게 유리했다. 일을 시키는 상인들의 역할은 보다 오래된 모직물 제작에서보다 (상대적으로 늦은 시기에 시작된) 견직물 생산 과정에서 더 결정적이었다. 자연히 견직물 베틀의 집중 현상이 넓은 작업장들에서 눈에 띄게 나타났다. 제노바를 예로 들면, 이곳에서는 이러한 집중을 막으려는 시도가 전혀 없었다.[407] 베네치아에서는 이에 반대하는 시위가 벌어졌고 이를 막기 위해서 국가가 개입하기도 했다. 1497년 12월 12일의 법은 어떤 견직물업자도 6대 이상의 직기를 가지는 것을 금지했다.[408] "20대 혹은 25대의 직기를 가지고 있으면서 명백한 피해를 야기하는 몇몇 사람들의 탐욕"에 이목이 집중되자,[409] 1559년 이 문제가 다시 한번 제기되었다.

상인이 원재료를 공급하고, 임금을 선지급하고, 상품의 상업화를 담당하는 이 체제를 당대인의 의미 있는 자세한 설명에 근거하여 재구성해보자. 1530년 겨울 베네치아에서의 일이다. 카를 5세의 대사인 로드리고 니노[410]는 왕으로부터 견직물, 즉 녹색, 청색, 홍색과 심홍색의 다마스크풍의 직물 그리고 심홍색 벨벳을 구입하라는 임무를 받았다. 그는 견본을 보내고 가격을 흥정했지만, 주문할 때에 1,000두카트를 선금으로 내야 했다. 나머지 잔금은 일이 끝난 뒤에 치를 것이었다. 왜냐하면 직조공은 상인으로부터 생견을 구입해야만 했고, 상인은 투르크에서 견사 실타래를 실어와서 자신의 부담으로 가공해야 했기 때문이다. 여기서는 상인 대신 구매자가 금전의 형태로 원재료를 투자하는 사람이 된다. 1559년 8월, 카타로에서 일어난 작은 사고는 당시 상황을 더욱 분명하게 보여준다.[411] 지중해의 이 후미진 곳에서 일하는 방적공들은 직접 구입한 생사로 작업하는 것이 관례였다. 그러나 이것은 방적공들에게 자신의 돈으로 작업하는 것을 금했던 1547년 법을 위반하는 것이었다. 원로원에서는 질서가 세워져야 한다고 결정했다. 이제부터 방적공들은 상인으로부터 구입한 생사로 실을 자아야 했다. 이는 상인들이 독립적으로 일하는 방적공들에게서 저렴한 값으로 만든 실을 구입하지 못하도록 하기 위해서였다. 이는 당시 사정을 매우 선명하게 보여주는 사건이다. 또다른 예는 1582년 제노바의 한 수공업자가 다른 수공업자에 대해서 증언한 내용이다.[412] "네, 그는 자기가 무슨 얘기를 하고 있는지 알고 있습니다. 왜냐하면 그는 아고스티노 코스타라는 방적공의 동료 노동자였고, 아고스티노의 작업장에서 바티스타 몬토리오(상인)를 여러 번 만났기 때문입니다. 이 사람은 그에게 생사를 공급했고, 가공된 비단을 가져갔습니다." 그보다 10년이 앞선 1570년, 에스파냐의 세고비아에서는 안나 왕비(펠리페 2세의 마지막 왕비)의 도착에 맞추어 장인들의 행진을 조직했다. 17세기 역사가들에 따르면, 화폐 주조공이 앞장을 섰고, 그 뒤를 양모 상인들, 마지막으로, "사람들이 상인이라고 잘못 부르고 있는 모직물 제조업자들"이 행렬을 이루었다고 한다. "이 사람들은 자신의 가문 안팎으로 많은 사람들(어떤 사람들은 200여 명, 다른 사람들은 300여 명까지)에게 생계를 보장해주는 진정한 가장들이다. 그들은 수많은 사람들의 노동으로 다양한 고급 모직물을 생산하게 한다."[413]

선대제의 발달

우리는 상인, 즉 사업가의 지배적인 역할뿐만 아니라, 이 제도의 경제적 성공은 물론이고 상황이 좋지 않을 때에 나타나는 저항에 관해서도 살펴보아야 한다. 이 제도는 산업의 집중과 팽창, 보다 합리적인 분업, 생산력의 증가 등을 가능하게 했다. 세고비아, 코르도바, 톨레도, 베네치아 그리고 제노바처럼 서로 꽤 멀리 떨어져 있는 장소에서 증명된 바에 따르면 그러하다. 16세기 말에 이 도시들의 활기는 피렌체 같은 옛 산업 중심지와 크게 대조된다. 이곳에서는 사치스러운 모직물과 견직물을 만드는 옛 조합은 정체 상태를 보이고 있었고, 게다가 옹졸하기까지 했다. 구조적인 문제였을까? 만일 그렇다면, 그것은 우리에게 엄청나게 흥미로운 사실을 말해 줄 수 있을 것이라고 한 저명한 역사가[414]가 주장한 바 있다. 우리가 바로 떠올릴 수 있는 것처럼, 피렌체는 아마도 높은 생활비의 희생양이었던 것 같다. 다른 어떤 도시보다도(제노바는 제외하고) 피렌체는 귀금속 유입의 영향을 받았고, 그로 인해서 물가가 크게 상승했다. 가뜩이나 전쟁 때문에 에스파냐를 제외하면 고급 사치품 시장을 찾기 어려웠던 조합[arte]은 은행, 토지와도 경쟁해야 했다. 어쨌든 1580년부터 피렌체의 산업 활동은 쇠퇴하기 시작했다.

반대로 다른 도시들, 특히 베네치아는 다음 세기까지 계속될 질주를 시작했다. 여기에는 여러 가지 이유들이 있었는데, 우선 풍부한 노동력과 새로운 기술이 기여했다. 베네치아 모직물은 질이 낮은 에스파냐 양모를 써서 주요 고객인 레반트 지역의 취향에 맞게 가공된 중급 제품이었다. 세고비아의 모직물과 톨레도와 코르도바의 견직물이 에스파냐와 아메리카 시장을 겨냥했던 것과 같다. 이런 이유에 더해 이러한 기업을 이끄는 "새로운 사람들"의 자질을 보아야 한다. 적어도 베네치아에서 이 사업가들은 대개 외국인들이었고, 15-20년 정도 충직하게 봉사한 뒤에는 자신들이 그동안 수백만 혹은 수천만 필의 모직물을 생산해온 공적이 있다고 주장하며 정부에 베네치아 시민권을 요청했다.[415] 간단히 말하면, 새로운 것이 많았다. 사업가로서나 장인으로 일할 새로운 사람들이 투입되었고, 새로운 기술도 도입되었다. 산업 노동력보다 더 유동적인 요소는 없었기 때문이다.

이동하는 노동자들

16세기 장인들의 세계는 출신 지역이 다양했고, 그 지역 출신인 경우가 드물었다. 14세기 피렌체 동업조합은 플랑드르와 브라반트의 노동자들을 고용했다.[416] 16세기에 피렌체의 모직물 조합의 도제(apprentis)는 앞에서 이미 말했듯이 토스카나에서 꽤 떨어진 곳에서 채용되었다.[417] 베네치아 정부로부터 검정 벨벳 생산을 허가받은 베로나에는 1561년에[418] 25명의 장인들이 있었는데, 이들 가운데 베네치아인은 한 명도 없었다(바로 이 점이 정부가 용인할 수 없었던 사실이다). 14명은 제노바에서, 3명은 만토바에서, 2명은 베로나에서, 2명은 브레시아에서, 1명은 비첸차에서, 1명은 페라라에서 왔다. 이들을 고용한 상인들은 모두 4명으로 베로나인 2명, 제노바인 2명이었다. 이러한 작은 예를 통해서 장인과 상인의 삶의 이동성을 살펴볼 수 있다.

브레시아에서도 비슷한 광경을 볼 수 있다. 갑주, 도검류, 화승총 등을 제작하는 일을 하던 무기 생산 조합(Arte della Ferrarezza)은 상황에 따라서 성장과 후퇴를 계속하며 노동자들을 이웃 도시들에게 넘겨주고 되찾기를 반복했다. 16세기 말에 프란체스코 몰리노[419]라는 새 시장의 종용을 받아 시는 많은 직공들을 이끌고 살루초로 떠났던 브레시아 장인들 중 한 명을 데려왔다. 피스토이아와 밀라노에서도 직공들을 데려왔다(밀라노에서만 31명). 이에 따라 장인들의 "작업장"이 23개로 늘어났다. 철 공급이 어려워지고 상인들의 수도 줄어들면서 다시 위기가 찾아왔다. 상인 한두 명이 더 필요해진 상황이었다.

산업은 상인, 즉 자본의 뒤를 좇았다. 토마소 콘타리니는 1610년 봄,[420] 베네치아 대사로 영국으로 가던 길에 베로나에 들렀고, 트렌토로 향하다가 로베레토를 지나가게 되었다. 그는 이 작은 도시에서 놀랍게도 수많은 방적공, 그리고 300 종류 이상의 복지 견본을 구비한 성업 중인 상점을 발견했다. 이곳의 직공들은 이제 막 베로나에서 온 사람들이었다. 4년 후인 1614년 5월에 베네치아 정부는 다음과 같은 기묘한 제안을 받아들였다.[421] 이름을 알 수 없는 한 사람에게 도시의 중요한 활동 분야, 특히 견직물 조합에서 일하던 직공이나 장인들 가운데 도시를 떠나려고 하는 사람을 법정에 고발하는 대가로, 수감되어 있는 도둑이나 범법자들을 석방시켜주는 권리를 준 것이었다. 마찬가지로 같은 시기에 베네치아는 도시를 떠나 다른 곳에서 일하려는 제당 장인이나 직공에게는 인신과 재산상의 제재를 가할 것이라고 위협했다.[422]

장인들의 여행이나 도주는 경제적 상황에 따라 이루어졌다. 결원의 보충과 대체는 꽤 넓은 지역 범위에서 진행되었다. 따라서 16세기 말에 대도시에서 중간 도시 혹은 소도시로의 이동이 일어났다. 15세기와 16세기 내내 견직물 산업의 이동은 훨씬 더 넓은 범위에서 이루어져 유럽 전역으로 확산되었다. 이에 따라 17세기 이탈리아 남부에서는 견직물 생산이 번창하여 새로운 산업 부흥을 경험하게 되었다. 그러나 1630년대에 번영이 갑자기 끝났고,[423] 북부 지역의 작은 도시들이 하나둘씩 견직물 제조업자로서 남부 도시들을 계승했다. 이러한 중심지 이동은 당연히 장인들의 이동에 따른 것이었다.

전체적인 추세와 지역적인 추세

이렇게 빠르게 성장하던 산업들이 모두 똑같이 일반적인 패턴을 따를 것이라고 가정할 이유는 없다. 다만 예외와 상쇄를 인정한다면 그런 추론이 가능할 수는 있겠다. 하여튼 우리에게는 이러한 활동 전체를 파악할 만한 자료가 없다. 건축업과 함께 (단독은 아니다) 혹은 그 다음으로 중요한 산업인 직물업의 경우 분야 전체와 관련된 답을 도출할 수도 있을 듯하다. 왜냐하면 에스파냐와 교황령에서 채굴되는 명반의 수출량과 직물 염색에 꼭 필요한, 적어도 이 염색을 준비하기 위해서 사용된 명반의 총량을 알고 있기 때문이다. 이것은 매우 유효한 "지표"로서, 분명한 해답을 기대할 수 있다. 직물업은 전반적인 경제 상황에 따라서 상승하고 하강했으며, 1590년부터 1602년까지의 시기에 최고조에 달했다.[424]

이제 모든 산업이 이 일반적인 리듬을 따랐는가를 분명히 하는 일만 남았다. 이것이 가능하고 또 실제로 그랬던 것 같기 때문이다. 이는 산업 활동과 상인 사이의 관계를 강조하고 싶어하는 역사가들이 반복해서 하는 말이다.[425] 상인들은 연출가들이다. 그러나 단기적으로든 장기적으로든 예외가 있을 수 있다는 것을 받아들여야 한다. 왜냐하면 산업에서는 언제나 상쇄와 대체가 가능하기 때문이다. "건축업"은 **때때로** 전체적인 추세와 반대로 움직일 수 있다.[426] 개별적인 혹은 지역적인 추세가 있을 수 있다는 사실을 우리는 직접적인 증거를 통해서 알아가기 시작했다. 왜냐하면 직물 생산의 몇몇 곡선들이 이미 알려져 있기 때문이다. 흥미로운 것은 이 곡선들이 지시하는 날짜가 언제이건 간에 곡선이 이상할 정도로 유사하다는 사실이다. 산업 분야에서의 도약은 매우 빠르게 이루어졌다가 다시 급격하게 쇠퇴하기 시작했다. 옹드슈트[427]에서의 무명과 비단의 혼방직 생산은 로켓처럼 상승했다가 하강했다. 레이덴의 직물 생산도 유사한 곡선을 그렸다. 베네치아 직물업의 곡선(피에르 사르텔라[428]와 도메니코 셀라[429]에 따르면) 역시 전형적인 포물선 형태를 보여주었다. 피렌체에서도 불충분하게나마 모은 수치들이 유사한 곡선을 그리고 있다.[430] 만토바[431]에서 찾은 작은 예도 규칙에 부합했고, 브레시아와 카모니카 계곡[432]의 모직물 산업도 비슷했을 것이다. 세고비아, 코르도바, 톨레도,[433] 쿠엥카에서도 분명했다. 그렇다면 이것이 일반적인 패턴이었을까?

어쨌든 이 패턴은 작은 규모의 산업에도 적용 가능했던 듯하다. 예를 들면, 베네치아는 아드리아 해 동부 연안에서 선박업이든 제조업이든 무역이든 모든 경쟁을 배제하려고 노력했지만, 늘 성공했던 것 같지는 않았다. 베네치아에서 출발한 갤리 선단과 다른 배들은 이스트라의 폴라라는 작은 항구에 선원과 노꾼을 채용하고 식량을 구하기 위해서 입항하곤 했다. 폴라는 기존 선원이나 이제 막 합류한 선원들에게 섬들에서 생산된 저급한 양모로 만든 모직물을 구할 수 있는 가장 좋은 시장이었다. 우리가 이미 살펴보았던 라시와 그리지[434]는 바로 이스트리아와 달마치아의 후배지에서 생산되는 직물이었다. 1512년경 이 직물들은 소토벤토, 시니갈리아, 레카나티, 란치아노 정기시로 수송되었고, 이곳에서 큰 인기를 끌자 정작 폴라에서는 시장에서 구할 수 없는 지경이 되었다. 이런 상황이 1525년경 베네치아 정부가 질서 회복을 결정할 때까지 10-15년 정도 계속되었다. 그 사이에 가파른 상승기와 하강기가 나타났다.

오스만 투르크 제국에서도 비슷한 움직임이 있었던 듯하다. 그곳에서 산업은 자주 이주자들, 즉 기독교 포로들이 담당했다. 이들은 콘스탄티노플을 비롯한 여러 곳에서 대개 장인이 되어[435] 다양한 고급 직물들을 제작했다.[436] 유대인 장인들은 더욱 많았다. 이들은 콘스탄티노플과 살로니카에 모직물 산업을 도입했다.[437] 살로니카와 관련하여 우리는 1564년부터 모직물 생산이 쇠퇴하기 시작했고, 유대인 공동체의 지도자인 랍비들이 이러한 추락을 막기 위해서 다양한 조치들(모직물의 자유로운 구매 금지, 거주지에서 생산된 의복 착용 의무화)을 취했음을 알고 있다. 이러한 정보들 덕분에 1564년경 직물 생산이 정점을 찍었음을 알 수 있다. [이스라엘의] 티베리아스 호수 주변 갈릴리 지방의 중심지인 사페드[제파트]라는 작은 도시를 통해서도 이를 확인할 수 있다. 사페드는 1520년대부터 1560년대-1580년대까지 유대인 이민자들과 그들의 수공업 조합 덕분에 모직물 산업을 빠르게 성장시킬 수 있었다.[438] 1535년 한 여행자가 다음과 같이 기록하고 있다. "직물업이 날로 성장하고 있다. 올해에만 15,000필 이상의 커지 직물이 사페드에서 제작되었다. 더 두툼한 직물 생산에 피해도 주지 않았다. 몇몇 직물은 베네치아산만큼이나 질이 좋았다. 남자든 여자든 모직물과 관련된 직업을 가진 사람은 누구

112

든지 충분한 수입을 얻을 수 있다.……나는 커지를 비롯한 여러 직물들을 판매 목적으로 구입했고, 상당한 수익을 얻었다." 투르크의 징세 기록도 이 작은 도시의 발전을 증언하고 있다. 1525-1526년 염색업자들이 납부한 세금은 300악체(akçe)였다. 1533년경에는 1,000악체, 1555-1556년에는 (오직 4곳의 염색업소가 납부한 액수가) 2,236악체였다. 이 시기를 즈음해서 성장이 멈추었다. 다시 말하면 사페드에서의 쇠퇴와 살로니카의 위기가 대체로 비슷한 시기에 발생했다. 1584년 유대인들은 사페드를 떠났고 쇠퇴가 가속화되었다(1587년에는 10년 전에 세워진 인쇄소가 문을 닫았다). 1602년에는 더 이상 직물이 제작되지 않았다.

이는 근동 지역 유대인 공동체들의 빈곤화를 증명하는 자료일 뿐만 아니라, 16세기 중반 이후 오스만 투르크 제국의 전반적인 상태를 판단하는 증거이기도 하다. 이러한 쇠퇴를 유발시킨 요인을 알기 위해서는 양모의 조달이 어려워진 사정과 1580년대부터 영국 선박이 자국산 직물을 레반트로 직접 수송하기 시작한 사실을 살펴보아야 한다. 또한 이탈리아 산업의 성장을 고려해야 하고, 이에 덧붙여 오스만 투르크 제국을 인플레이션이라는 어려움의 악순환 속으로 빠뜨린 경제 위기와 화폐 위기도 염두에 두어야 한다.[439]

어쨌든 산업 곡선의 "정점"은 그 자체로서 흥미롭다.

1. 1520년경-1540년경 거의 모든 곳에서 전반적인 성장이 시작되었다는 것을 인정할 필요가 있다.

2. 곡선의 정점은 1564년경, 1580년경, 1600년경이다.

3. 물론 산업은 아직까지 무소불위의 힘을 가지지는 못했다. 그러한 힘은 18세기에나 출현하여 19세기에야 자리를 잡게 될 것이다. 그러나 이미 산업은 엄청난 활력을 가지고 있었다. 산업 분야의 성공은 빠르게 이루어졌다.

4. 쇠퇴 역시 극적으로 이루어졌고 성장 현상만큼이나 시기 추정이 비교적 쉽다. 예를 들면, 베네치아에서는 양모 산업의 첫 승리가 1458년경에

있었고,[440] 적어도 테라 페르마(육지 영토)에서는 1506년경 침체의 징후[441]가 분명히 나타났다. 1520년부터 장기적인 경기 회복이 시작되었다.[442] 그리고 1600년경-1610년경에 이 엄청난 성장의 동력이 줄어들기 시작했다.[443] 프로테스탄트 저지대 국가들에서 모직물 산업의 전반적인 성장이 두드러지게 나타나기 시작한 것은 바로 이 무렵인 1604년경이다.[444]

따라서 종종 서로 아주 멀리 떨어져 있는 곳들에서 산업의 확장과 쇠퇴가 밀접한 연관성을 보이며 나타났다. 산업—더 정확히 말하자면 전(前)산업—은 끊임없는 균형 운동이 이루어지고 지속적인 새로운 거래가 이루어지는 영역이었다. 카드가 모두 돌아가면, 게임이 다시 시작된다. 패자는 다시 기회를 얻을 수 있었다. 베네치아가 그것을 증명해 보일 것이다. 그러나 참여자들 가운데 가장 마지막에 도착한 사람이 언제나 가장 큰 혜택을 보았다. 16세기 이탈리아와 에스파냐의 신흥 도시들의 승리가 이것을 잘 보여준다. 17세기 북유럽의 승리는, 비록 저지대 국가들에서 오래 전부터 직물업이 있었지만, 젊은 경쟁자의 승리였다고 할 수 있다.

역사가들이 산업이 존재했으리라고는 전혀 생각한 적이 없었던 가장 평범한 도시들에서도, 가령 나폴리처럼 태양이 작열하고 사람들이 늘 빈둥거리기만 하는 듯한 도시들에서까지도, 어느 곳에서든지 산업이 성장했다.[445] 그것은 마치 마른 풀들이 가득한 아주 넓은 들판에 동시에 켜진 천 개의 미약한 불처럼 보였다.[446] 이 불은 확대될 수도, 꺼질 수도 있었지만, 조금 떨어진 곳에서 다시 살아났다. 이쪽이나 저쪽에서 바람이 부는 것만으로도 여태껏 지켜져왔던 풀에 불이 붙은 것이다. 1966년 오늘날에도 여전히 산업은 그런 식으로 확대된다.[447]

상거래의 규모

상업은 원래 다각화된 활동이기 때문에 쉽게 가늠이 되지 않는다. 농부의 아내가 시장에 과일을 팔러 나오는 것도, 부유한 상인의 창고 앞에서 가난한 사람이 포도주 한 잔을 사서 마시는 것도(부자들도 종종 이런 종류의 소매업을 벌인다), 베네치아의 갤리 상선이나 세비야의 서인도 통상원(Casa de la Contratación)의 거래도 모두 상거래이다. 그 범위는 너무 넓다. 게다가 16세기에는 모든 것이 상업화되어 있지는 않았다. 어림도 없는 이야기였다. 시장경제는 경제적 삶의 일부일 뿐이었다. 물물교환, 자가소비 같은 원시적인 형태들이 도처에서 성행했다. 상업이 산업의 마무리 과정이라는, 즉 유통 과정에서 상품의 가치가 상승한다는 도식[448]을 받아들인다고 해도, 이러한 가치 상승, 특히 이윤이 얼마였는지 언뜻 보기에 잘 알려진 예에 대해서조차 계산하기가 어려웠다. 1560년대 무렵에 약 2만 퀸탈의 후추가 인도와 동인도 제도에서 유럽으로 수송되었다. 콜카타에서는 1경량(輕量) 퀸탈[약 50킬로그램]당 5크루자두(crusado)의 값을 치렀는데, 리스본에서는 64크루자두에 팔았다. 무려 12배 이상을 남긴 것이다. 물론 산 사람과 판 사람이 같지는 않았다. 수송 경비, 세금, 위험수당도 엄청났고 다양했기 때문에, 판매 대금 약 130만 크루자두 가운데 어느 정도의 이익이 상인에게 돌아갔는지 알 수 없다.

게다가 상인들의 장부나 엄청나게 많이 남아 있는 파산 결산표 같은 사료들을 보면, 상품거래는 16세기 "상인"의 여러 사업들 가운데 하나였을 뿐이라는 것을 알 수 있다. 토지와 가옥의 구매, 수공업 투자, 은행, 해상보험, 복권,[449] 도시의 채권, 농민의 면역지대[免役地代 : 부역 대신 내는 납부금], 목축업, 몬테 데 피에타(Monte de Pietà)의 선불금, 외환 투기 등 모든 거래와 투자가 뒤섞여 있었다. 상품거래를 포함한 현물거래와 화폐시장에서의 가상 거래가 혼재했다. 16세기 말 상대적으로 경제가 번창하고 기술이 비교적 정교해지면서 금융거래가 점차 중요해졌고, 상인들의 거래 규모가 클수록 그 비중은 더 높아졌다. 이제 정기시에서 상거래가 **기적적으로** 정산되는 것이 점점 더 익숙하게 되어갔다. 1550년에 드 뤼비는 리옹 정기시들에 관해서 "때로는 현금 1솔(sol)도 지불하지 않고도 반나절 만에 100만 리브

르가 거래된다"고 감탄했다.[450] 50년 후, 리알토 은행의 환거래 장부를 책임
졌던 조반니 바티스타 페레티는 베네치아 정부에 보내는 보고서에서 피아
첸차 정기시가 설 때마다 300만, 400만 에퀴가 거래되지만, 대부분의 경우
현금은 단 한푼도 볼 수가 없다고 적었다.[451] 환어음과 역(逆)환어음[452]은
일찍이 15세기 제노바에서 사용되기 시작하여,[453] 16세기 말에는 거의 대부
분의 지역으로 확산되었으나,[454] 17세기에는 항상 합법적으로 이루어진 것
은 아니었다. 1589년 1월에는[455] 리옹에서도 두 명의 이탈리아인들이 랑그
르의 주교와 그의 두 형제에게 선금을 주기로 약속했는데, 제3의 이탈리아
인, 곧 "귀치아르디니라고 하는 신사"가 발행한 "환어음과 역환어음"으로
약속된 자금을 지급했다.

한번 계산해보자. 그 결과에는 분명히 오류가 있을 수밖에 없겠지만, 그
자체로서 배우는 바가 있을 것이다.

첫 번째 단서는 카스티야 조세 문서로부터 얻을 수 있다. 이 문서의 불완
전함에 대해서는 더 말할 나위가 없다. 그러나 보조세에 해당하는 소비세인
알카발라(alcabala)는 경기에 따라서 변동했기 때문에, 완전히 무시할 수 있
는 "지표"는 아니다. 알카발라는 또한 도시나 지역에 따라 달라지는 활동,
부, 수입의 차이를 뚜렷하게 보여준다. 1576년 바야돌리드에서[456] 징수액이
2,200만 마라베디(알카발라는 원칙적으로 판매 대금의 1/10이다)였다는 것
은 대략적인 거래 규모가 2억2,000만 마라베디 정도였다는 뜻이고, 도시
주민 4만 명이 각자 5,500마라베디, 즉 15두카트를 거래했다는 뜻이 된다.
물론 각각의 주민들이 실제 이루어진 거래에서 이 정도의 수익을 거두었다
는 것은 아니다. 조세 문서가 보여주는 것은 주민들의 손에 의해서 이루어
진 거래의 이론상의 전체 규모이다. 그리고 누구든 이러한 상업 활동 중에
서 특히 내부 거래에서 광범위한 상쇄, 조작, 투기적인 거래들이 있었을 것
이라고 추정할 수 있다. 따라서 2억2,000만이라는 수치는 너무 낮은 수치일
가능성이 크다. 왜냐하면 도시들은 세액을 미리 약정하여 계약 금액을 납부

하고 나중에 이 금액을 종종 이자를 붙여 회수했기 때문이다. 그러나 1580년대 이후 도시들은 더 이상 고정된 세율대로 세금을 물지 않았고, 전과 같은 수익을 내지 못하게 된 알카발라의 징수를 중앙 정부가 직접 맡았다.[457] 어쨌든 1576년에 2억2,000만 마라베디와 1인당 15두카트라는 수치는 상대적으로 높은 수준이었다. 1597년, 세비야의 총 거래 규모는 더 높았다.[458] 왜냐하면 이곳은 바야돌리드보다 훨씬 부유한 도시였고, 1576년부터 1598년까지 인플레이션이 일어났기 때문이다. 그 결과 (알카발라 1억5,900만 마라베디를 인구 10만 명이 나누어 낸다고 생각하면) 세비야인 한 사람당 거래액은 15,900마라베디, 즉 1576년의 바야돌리드 거래액의 3배에 달했다.

그러나 카스티야의 부를 지리적으로 보여주는 지역적인 수치는 이제 그만 보도록 하자.[459] 지금으로서는 거래 총액을 측정하는 것이 더 중요하기 때문이다. 1598년에 카스티야 전체에서 징수된 알카발라 규모(안타깝게도 테르시아스[tercias]가 포함되어 있다)는 10억 마라베디에 달했다(테르시아스는 교회에 내는 십일조의 2/3를 말한다. 우리 계산에서 이 부분을 제외하는 것이 당연하다). 이를 통해서 카스티야 지역의 거래 총액의 규모가 100억 마라베디에 이르렀음을 짐작할 수 있다. 주민 한 사람당 거래액을 계산하면, 1인당 1,500마라베디, 즉 정확하게 4두카트가 나온다. 바야돌리드(1576)나 세비야(1598)보다 낮은 수치가 나왔다는 것은 놀랄 만한 일이 아니다. 왜냐하면 언제나 도시 경제가 가장 역동적이기 때문이다.

국외 교역에 대해서는 (확실하지는 않지만) 관세 장부에 기초한 계산이 가능하다. 관세와 실제 교역액에 1 대 10이라는 자의적인 기준을 적용하여 국외 교역액(수입 총액)을 계산하면, 36억3,000만 마라베디라는 수치를 얻는다. 수출입이 불균형하게 이루어져서 에스파냐가 적자를 보았다고 할지라도, 수출액을 36억3,000만 마라베디로 가정하는 것이 전적으로 잘못된 것은 아닌 듯하다. 마지막으로 귀금속의 반입량을 7억으로 계산하고 (알카발라를 통해서 계산된) 100억과 국외 교역량 79억6,000만 마라베디를 합하면 약 180억 마라베디가 나오고, 어느 정도의 오류가 있을 수 있다고 가정하면 1인당 교역량이 9두카트였다는 결론이 나온다(카스티야 인구는 500만 명이었다). 국외 교역(수입량)과 국내 교역 사이의 비율은 대체로 1 대 3인 듯하다.

두 번째 단서는 1551-1556년 프랑스 사료이다. 사료에서 제시한 유일하게 확실한 수치는 3,600만 리브르 투르누아라는 프랑스의 수입 총액이고,[460] 문서 작성자에 따르면, 이 액수 가운데 1,400만에서 1,500만 리브르 정도는 사치품, 즉 불필요한 "나쁜 상품들"이 차지하고 있다. 3,600만 리브르(1에퀴는 2리브르 3솔이다)는 1,570만 에퀴이다. 수입과 수출의 총 규모를 알기 위해서는 이 수치에 2를 곱하면 되고(3,140만 에퀴), 국내 거래 규모를 알기 위해서는 여기에 3을 곱하면 된다(4,710만 에퀴). 그러면 전체 총액은 7,850만 에퀴가 된다. 프랑스 인구가 1,600만 명이라면(역사가들이 대체로 동의하는 수치이지만, 증명된 것은 아니다), 1인당 거래액은 거의 5에퀴가 될 것이다. 에스파냐 두카트로 표현하면, 약 5.6두카트에 달한다. 1551-1556년에 대해서만 유효한 이 수치는 세기 말 에스파냐의 수치보다 당연히 낮을 수밖에 없다. 카스티야가 프랑스보다 더 부유했고, 게다가 1598년 에스파냐의 수치는 인플레이션으로 부풀려졌으며, 총액을 나누는 수치인 프랑스의 인구수 1,600만에 관해서도 확신할 수 없기 때문이다. 이처럼 여러 가지가 불확실한 상황이지만, 이 두 "지표들"을 비교해볼 수 있다는 것만으로도 충분히 만족할 만하다.

더 낮은 쪽 수치를 지중해 전체에 적용 가능한 지수로 활용할 수 있을까? 그럴 수도, 아닐 수도 있다. 프랑스 지수를 전체에 적용시켜보자. 아무런 확실한 증거는 없지만, 인구 6,000만 명의 지중해 세계에서 이루어지는 거래의 총액은 대략 "금화" 3억 두카트로 추정할 수 있다.

이 수치는 분명히 확실하지는 않다. 어떠한 경제학자도 이것을 받아들이

지 않을 것이다. 그러나 다음과 같은 사실들을 말할 수는 있다. 1) 거래 액수가 거래 이익, 즉 상인들의 수입보다 훨씬 더 높았다. 상인들의 수입은 거래 규모의 10, 20 혹은 30퍼센트 정도였을 것이다. 2) 거래될 수 있는 상품의 양은, 우리의 수치가 정확하다면, 생산량의 3분의 1 정도에 불과했을 것이다. 3) 이처럼 불완전하게나마 상업 자본주의의 핵심인 장거리 교역을 규명하는 일은 중요하다. 물론 이 문제는 몇 가지 설명을 요구한다.

장거리 교역의 중요성과 한계

장거리 교역이란 낮은 값에 구매가 이루어지는 지역과 높은 값에 판매가 이루어지는 지역들을 잇는 것이다. 그것은 쉽게 이루어지기도 하지만, 그렇지 않은 경우도 있다. 잘 알려진 예를 몇 가지 들어보자. 예를 들면, 영국 코츠월드에서 커지 직물을 구입하거나 생산하게 하고 알레포나 페르시아에서 팔 수 있었다. 보헤미아에서 구입한 아마포를 브라질에서 다시 판다든가, 콜카타에서 후추를 사다가 리스본이나 베네치아, 뤼베크에서 판매할 수 있었다. 장거리 교역은 상당한 가격 차이를, 16세기 초에만도 정말로 엄청난 차이를 전제로 한 것이었다. 상인들의 이익이 따뜻한 온실 속 식물들처럼 쑥쑥 자라던 리스본에서는 특히 더욱 그러했다. B. 포르슈네프[461]가 17세기 발트 해에 대해서 중요한 것은 무역량이 아니라 최종 이윤율이라고 지적했는데, 이는 맞는 말이다. 민첩성을 갖춘 자본주의(당시는 자본주의가 가장 근대적이고 가장 활기찬 힘을 가진 시기였기 때문이다)는 높은 이익을 달성하고 빠른 이익 "축적"을 가능하게 하는 영역으로 움직인다. 그러나 장기적으로 가격 격차는 결국 메워질 수밖에 없다. 특히 경제적 호황기에는 더욱 그러하다. 따라서 장거리 교역은 계속 다른 선택을 해야만 한다. 시기에 따라 더 번창하기도, 덜 번창하기도 한다. 16세기 초반에는 크게 번창했지만,[462] 후반기로 접어들면서 이익이 줄었다가 17세기에 들어서면서 회복세가 두드러졌다. 16세기 후반에 수많은 사업가들이 정부에 자금을 빌려주고 환거래에 돈을 투자하면서 일종의 금융자본주의에 투신하게 되었던 것도 이러한 상업의 상대적인 침체 현상 때문이었다. 확실히 해둘 것이 하나 있다. 여기서 말하고자 하는 것은 거래량의 침체가 아니다. 거래는 증가하고 있었기 때문이다. 문제가 되었던 것은 대상인들의 이윤이었다.

자크 에르스[463]라는 한 역사가는 향신료와 약재 교역을 과장함으로써 16세기에 이 상품들이 다른 모든 제품들을 크게 압도한 것처럼 보이게 만드는 것을 경계했다. "명반의 역사[464]뿐만 아니라 포도주, 밀, 소금, 면화, 설탕, 견직물의 역사가 함께 쓰일 때에 지중해 세계의 또다른 경제사가 출현할 것이고, 그 속에서 후추와 약재의 거래 비중이 14세기부터 이미 줄어들기 시작했음이 드러날 것이다." 모든 것이 관점에 따라서 달라진다. 경제지리학적 관점에서 보면, 자크 에르스가 옳다. 그러나 자본주의의 성장과 이윤 연구의 관점에서 보면, 그는 틀렸다. 이런 점에서 우리는 B. 포르슈네프의 연구에 주의를 기울일 필요가 있다. 여기서는 이윤율과 이윤 획득의 용이함, 자본 축적만이 중요하다. 물론 후추보다 곡물이 사업 규모가 더 컸다. 그러나 시몬 루이스는 밀 구매에 적극적으로 나서지 않았다. 상인들에게 밀은 환멸만을 안겨줄 가능성이 있었기 때문이다. 밀은 후추나 코치닐 [cochineal : 붉은색 염료]같이 상대적으로 안전한 "완전 상품"이 아니었다. 수송업자의 까다로운 요구 사항을 들어주어야 하고 도시나 국가의 감시를 받아야 했다. 1521년[465]이나 1583년[466]처럼 막대한 자금이 투입되었을 때나 1590-1591년처럼 대량 구입이 이루어졌을 때를 제외하면 대규모 자본주의는 곡물 거래에 지속적으로 참여하지는 않았다.[467] 적어도 16세기 후반기에는 그랬다. 또한 지나치게 감시가 심한 소금 거래에 자본주의가 언제나 참여한 것도 아니었다.

따라서 장거리 교역은 매우 정교한 손익 계산을 거친 후에 진행되었다. 제노바인들이 장악하고 있었던 카스티야 지방의 경제 메커니즘을 분석한 펠리페 루이스 마르틴의 연구 결과[468]는 장거리 교역의 패턴을 보여주는 명확한 증거로 제시될 수 있다. 제노바인들이 안달루시아의 명반, 모직물, 올리브유, 포도주를 구입했을 때는 아메리카의 은을 마음대로 에스파냐에서 반출하지 못할 때였다. 이런 상품들을 판매해야만 그들은 네덜란드나 이탈리아에서 필요로 하는 현금을 확보할 수 있었다. 베네치아에서 모직물이 마지막으로 유행했을 때도 이런 식의 거래가 이루어졌던 것 같다.[469] 나폴리 왕국에서 사프란, 견사, 올리브유, 풀리아산 밀의 구입이 진행된 과정에도 역시 상층부가 조종하는 마찬가지의 방식이 작동했으리라고 나는 확신한다. 밀라노, 피렌체, 제노바와 베네치아(특히 베르가모 출신) 상인들은 나폴리 왕국의 여러 도시들에 포진하여 막대한 양의 올리브유와 곡물을 비축하는 중요한 일을 수행하고 있기는 하지만, 사실 이들은 대부분이 소상인들일 뿐이었다. 그들은 오랫동안 현지에서 거주하며 확보한 이권과 특혜를 사업주나 감독관이 누리게 하기 위해서 그곳에 있을 뿐이었다. 그들은 명령에 따라서만 움직였다. 또한 알레포와 알렉산드리아에서 엄청난 현금을 뿌리며[470] 물건을 사들인 마르세유인들은 리옹 상인의 명령을 수행하고 있을 뿐이었고, 시장의 동향에 따라서 이 긴 끈을 잡아당기고 있는 사람들은 바로 리옹 상인들이었다. 마찬가지로 에스파냐 상인들 역시 외국의 거대 상인들의 일을 대행했다.[471]

따라서 상업자본주의의 상층에서는 주의 깊은 선택이 이루어졌다. 막대한 수입이 확실하게 예상될 때에만 작동하는 감시와 통제 체계라고도 말할 수 있겠다. 가격차와 위험성 모두를 고려하여 이쪽저쪽에 개입할 때에는 하나의 온전한 "전략"이 얼핏 혹은 적나라하게 모습을 드러낸다. 환어음에 투자할 때보다 실물 상품에 투자하는 것이 종종 벌이가 나을 수도 있었지만, 그만큼 더 위험할 수도 있었다. 조반니 도메니코 페리의 믿을 만한 정보에 따르면, "1만 에퀴를 가지고 환어음에 투자하는 것보다 1,000에퀴를 가지고 상품에 투자해서 돈을 벌 수 있는 기회가 더 많았다."[472] 그러나 우리가 알기로는 환거래를 할 때 사업가들은 자신의 돈보다는 다른 사람들의 돈을 더 많이 투자했다. 이 거대한 돈의 움직임은 몇몇 사람들의 수중에 집중되어 있었다. 마찬가지로 16세기 말에 500만 에퀴 정도였던 지중해 해상 밀 교역에서 얻을 수 있는 이익이 유럽에 도착한 아시아산 후추 100만 에퀴에서 얻을 수 있는 이익보다 많을 수 있었다. 그러나 전자는 문자 그대로 수천 명의 사람들이 참여한 경우였고, 후자는 몇몇 유력한 회사들이 시장을 지배하는 경우였다. 결국 자본을 축적한 사람들은 후자였다. 1627년 제노바 은행가들을 축출한 포르투갈의 마라노[Marrano : 가톨릭으로 개종한 유대인]는 원래 향신료와 후추 상인들이었다.

　마찬가지로 매우 유력한 제노바 은행가들과 금융가들은 최고 전성기에도 에스파냐 제국의 경제에서 그리 중요하지 않은 단 한 분야만을 장악하고 있었다. 그런데 그들은 엄청난 이익을 얻었다. 그들이 극소수였기 때문이다. 당대인들 역시 이런 상대적인 중요성을 알고 있었던 듯하다. 1598년 6월, 제노바 "재정가들"은 메디나 델 캄포 정기시들의 기간을 연기하려고 했다. 그렇게 되면 그들은 투자자들이 맡긴 돈을 조금 더 오래 가지고 있을 수 있기 때문이었다. 그러나 전에는 제노바 상인들의 가신이었으나, 이제는 철전지원수가 된 부르고스 상인들이 이들에게 협조하지 않았다. 그들은 정기시에서 체결되는 전체 거래에서 국왕에게 돈을 빌려준 아센티스타[asentista : 아시엔토 계약자]의 거래량은 일반 상인의 거래량보다 그냥 적은 정도가 아니라 비교할 수조차 없이 적었다고 설명했다. 탄원서에는 다음과 같이 쓰여 있었다. "전하께 맹세 드리건대, 사실 법령과 관련 없는 사람들이 정기시에서 지불하는 거래액이 이 명령과 관련된 상인들이 치러야 할 액수보다 월등하게 많습니다."[473] 해당 명령은 1596년 11월 29일에 발표된 것이다. 따라서 우리의 사료는 다음과 같이 짧게 인용했다. "일반 상인들이 정기시에서 훨씬 더 많은 액수를 거래합니다." 분명히 옳은 말이지만, 그렇다고 해서 달라질 것은 없다. 중요한 것은 일부 분야들에서는 사업의 집중이 정립되었다는 점이다.

자본주의적인 집중

이러한 기업 집중은 16세기에 매우 자주 일어났다. 그러나 상황에 따라서 갑자기 빨라지기도 늦춰지기도 했다. 모든 분야에서 급속하게 팽창이 이루어지던 16세기 초반에는 푸거, 벨저, 호흐슈태터, 아파이타티 가문 같은[474] 거대 규모의 가족 사업체들이 번성했다. 세기 중반을 넘어가며 경기가 후퇴하고 상황이 바뀌자 회사 수가 전보다 많아지는 대신에 규모는 작아졌다. 빌프리 브륄레[475]가 플랑드르인들에 관한 연구에서 강조했듯이, 정보의 전파와 투기의 가능성이 늘어났다. 광대한 세계에서 이런 소규모의 사업체들이 활동하기 위해서는 수송이 독립적인 영역으로 거듭나야 했고, 위탁 사업이 일반화되어야 했으며, 점차 늘어나는 중개인의 역할이 자리잡아야 했고, 돈을 빌리는 것이 더 쉬워져야 했다. 그것은 동시에 위험부담도 더 커졌다는 뜻이다. 실제로 1550년 이후의 혼란 시기마다 연쇄 파산이 이어졌다.

지중해 자본주의의 상층부는 선명하게 드러나지 않는다. 제노바 문서보관소의 침묵이 우리의 설명을 불완전하게 만들기 때문이다. 그러나 상업, 재정, 금융권에서의 상층부가 중간 규모의 상인들과 수많은 순진한 투자자들로 이루어진 하층부에 어느 정도까지 의존했는지를 알아보는 것은 매우 흥미로운 일이 될 것이다. 은행은 일상적인 소소한 거래들이 없으면 유지될 수 없었다. 그것은 나폴리에서건 어디에서건 마찬가지였다. 개개인이 맡기는 화물이 없었다면, 신세계로 정기선단이 떠나는 데에도 상당한 어려움이 있었을 것이다. 에스파냐인과 이탈리아인들이 처음으로 동원하기 시작한 일반 저축이 없었다면, 펠리페 2세의 채권자들은 대규모 금융 거래를 시작할 수 없었을 것이다.

지중해에서는 경제의 하층이든 상층이든 간에 가족 경영이 일반적이었다. 그렇지 않은 경우에 제휴는 단기간에 그쳤고, 계약이 갱신되는 경우도 드물었다. 밀접한 유대관계, 이혼, 재혼이 특정 단계에서는 효과적일 수도 있었다. 예를 들면, 에스파냐 국왕에게 돈을 빌려준 제노바인들의 사업체는 상설 조직이었다. 그렇다고 해서 이들이 법적으로 혹은 공식적으로 조직되어 있었다는 뜻은 아니다. 1597년 일반 협정(medio general : 메디오 헤네랄) 이전까지는 그런 조직이 없었다. 그들은 어려울 때나 유리할 때나 둘씩, 셋씩, 때로는 다 함께 활동했다. 계급적 연대감이 이들 소수의 사람들을 공고하게 묶어주었다. 흔히 사람들은 그들을 콘트라타시온(contratación)이라고 불렀는데, 이는 필요한 경우 그들이 하나의 집단을 형성하고 있었다는 증거이다. 이런 식의 필요에 의해서 서로 묶여 있지 않는 회사의 경우에는 친목 역시 유익하다. 헤르만 켈렌벤츠는 공증인 문서에 바탕을 둔 계보학적 연구를 통해서 결혼, 친척관계, 우정, 결탁이 암스테르담으로부터 리스본, 베네치아, 포르투갈령 인도에 이르기까지 중요한 역할을 했음을 밝혀냈다. 16세기로부터 17세기로의 이행기에 나타난 세계적인 부의 지리적 대전환을 준비하고, 그 흐름을 따라간 것은 바로 이러한 관계였다.[476]

바로 이러한 인적 네트워크를 이용할 수 있었다는 것이 지중해가 북유럽과 달리 곧 출현하게 될 주식회사와 같은 대규모 회사가 필요하지 않았던 이유가 될 것이다.

지중해 선박들의 총 톤수[477]

우리가 가지고 있는 수치들은 지중해 선박의 총 톤수를 확인시켜주기에는 신뢰성 측면에서 많이 부족하다. 1580년대 즈음 영국, 프랑스, 독립전쟁 중인 네덜란드, 에스파냐는 각각 20만 톤의 선박들을 가지고 있었다. 네덜란드[478]는 이보다는 좀더 많았던 것이 분명하고(1570년경에 약 22만 5,000톤), 나머지 세 국가는 적었던 듯하다. 에스파냐가 17만5,000톤 정도였고(1588년의 추정치),[479] 프랑스와 영국이 그보다 훨씬 적었을 텐데, 정확히 얼마인지는 모르겠다. 생-구아르가 프랑스 선박의 수로 제시한(그는 4,000-5,000척이라고 말했다) 총 4,000척이라는 수치를 받아들이고,[480] 1척당 40-50톤이었다고 한다면, 그 결과는 최소한 16만 톤 정도가 된다. 1588년,[481] 영국의 선박 수를 2,000척이라고 한다면, 총 톤수는 최대 10만 톤 정도였을 것이다. 1629년[482]에는 영국 해운업의 도약이 이어졌으므로, 같은 기준을 적용하여 20만 톤으로 올려 잡는 것이 맞을 듯하다. 따라서 다른 북유럽 국가의 선박들을 포함시키지 않는 대신, 프랑스나 에스파냐의 지중해 항구로 향하는 선박들을 따로 제외하지 않는 선에서 대서양을 오가는 선박은 총 60만에서 70만 톤이었다고 결론지을 수 있다. 그렇다고 해도 큰 문제가 될 일은 아니다. 대서양과 관련된 이 수치는 우리의 주요 관심사가 아니기 때문이다.

이제 16세기의 마지막 30년 동안 지중해 선박의 총 톤수를 계산해보면, 먼저 에스파냐 선단의 1/3, 즉 6만 톤을 지중해 선박으로 포함시키자. 1605년[483] 베네치아의 선박 수는 상당히 믿을 만한 자료에 따르면, 큰 배만 19,100톤 정도였고, 작은 배들까지 모두 합하면 3만-4만 톤 정도였다. 라구사, 제노바, 마르세유 각각의 선박 보유고 역시 4만 톤 정도로 보고, 나폴리, 시칠리아 선박에 대해서도 같은 수치를 적용할 수 있을 듯하다. 투르크 제국의 선박 보유고는 이보다 두 배 정도 되었다고 가정하면, 지중해 국가들이 보유한 총 톤수는 최대 28만 톤이 된다. 여기에 에스파냐의 6만 톤을 보태면 지중해의 총 톤수는 35만 톤에서 조금 못 미친다. 한쪽에 30만-35만 톤, 다른 쪽에 60만-70만 톤이라면 지중해와 대서양 사이의 불균형이 약 1 대 2 정도라는 이야기인데, 이는 그리 터무니없어 보이지는 않는다. 한쪽은 지중해, 다른 한쪽은 대서양과 7개의 바다들에 포진해 있었기 때문이다. 더구나 지중해 항해는 여정이 긴 대서양 항해보다 더 빈번했던 것이 확실하다. 라구사 선박은 1년에 두세 번 정도 출항하는 일도 거뜬히 해냈기 때문이다.

여기에 1570년대-1580년대 이후 지중해에 자주 출몰하기 시작한 북유럽의 배들을 포함시켜야 한다. 만일 1척당 100톤에서 200톤인 배가 100여

척 정도였다고 하면, 총 1만-2만 톤 정도 되지 않았을까? 어쨌든 북유럽 선박과 지중해 선박 사이의 비율은 1 대 15 혹은 1 대 35 정도였다. 비율이 더 벌어지지는 않았을 것이다. 더군다나 우리는 17세기 초에 100여 척 정도로 총 1만여 톤에 이르렀던 바르바리 해적단의 라운드쉽을 아직 계산에 넣지도 않았다.

30만-35만 톤이라는 수치가 정확하지는 않더라도 이러한 계산으로부터 몇 가지 사실들을 도출할 수 있다. 1) 지중해는 압도적으로 지중해 선박과 선원들의 바다였다. 2) 북쪽 배들은 어쩌다 한 번 나타났다. 그들의 출현이 우리의 계산이 보여주는 바와 같은 지중해의 두터운 구조를 바꿀 수 없었다. 3) 적어도 절반가량의 북쪽 배들은 지중해의 도시와 경제에 도움을 주었다. 이들은 지중해를 돌며 이 항구, 저 항구에 들러 물건을 선적하고 지브롤터 해협을 통해서 떠났다가, 얼마 후 같은 방식으로 지중해를 다시 찾았다. 따라서 이러한 이방인들의 역할을 과장해서도, 과소평가해서도 안 된다. 이들은 사실 너무 부유해서 모든 것을 자체 충족할 필요가 없는 도시들을 위해서 봉사하고 있었기 때문이다.

한 역사가의 엄밀한 연구 덕분에 우리는 라구사 선단의 톤수를 정확하게 알 수 있게 되었다.[484] 1570년경 총 톤수는 5만5,000톤, 1600년경 3만2,000톤이었고, 선원 수는 3,000에서 5,000명 정도였다. 선박의 총 가치는 1540년경 20만 두카트, 1570년경 70만 두카트, 1600년경 65만 두카트였고, 연간 수입은 18만에서 27만 두카트 정도였다. 철저한 사료 작업을 통해서 도출한 이 수치를 지중해 전체에 적용할 수 있을까? 그렇다면, 지중해 선박의 총 화폐 가치는 약 600만 두카트, 수입은 200만 두카트, 선원은 3만 명 정도될 것이다. 라구사의 경우처럼 운항 수입의 절반이 선원에게 돌아가고 그 나머지가 "지분 소유자"에게 돌아간다면 선원의 연간 수입은 30두카트 정도로 보잘것없는 액수였다. 그러나 중요한 것은 이것이 선박 소유자들의 이익을 잠식했다는 점이다. 소유자들은 수리가 필요한 배를 유지해야 하는 사람들이다. 단순히 물통이나 작은 배 1척 정도일 수도 있지만, 어느 때는 키, 어느 때는 (구하기도 쉽지 않은) 돛대가 말썽을 부릴 수 있었다. 항해사들이나 선원들이 먹을 식량도 조달해야 했다. 선체와 화물에 대한 보험도 자본의 5퍼센트 이상을 차지했다. 선원과 항해사들의 몫이 커지면, 단위 톤당 건조(혹은 판매) 비용도 인상되었다. 리스본[485]과 베네치아[486]에서도 그랬다. 따라서 "자본가" 상인들은 이런 수익성 없는 분야의 활동에 등을 돌리기가 쉬웠다. 200만-300만 두카트의 수입은 분명히 많은 것이었지만 1만 척의 배로 나누어보면, 배 한 척당 수입은 상대적으로 얼마 되지 않았다. 우리의 계산이 정확하다면, 베네치아의 배들은 18만에서 20만 두카트의 수입을 올렸다. 큰 빵 한입 거리에 불과했다.

이것은 모두 불확실한 추측에 불과할 수도 있다. 그러나 우리가 이용할 수 있는 선박 장부는 극히 적다. 베네치아 국립 문서보관소에 한두 쪽짜리 불완전한 문서가 하나 있는데,[487] 그나마 베네치아 대형 갈리온 선인 산타 마리아 토레 디 마르 호[488]에 관해서 1638년도에 작성된 보고서이다. 이런 문서들은 분명히 존재하겠지만, 운이 좋아야만 만날 수 있다. 마지막으로 우리의 계산은 일상적인 연안 무역보다는 장거리 항해에 맞는 것일 수 있다. 그 자체로서 이것은 중대한 오류이다. 그러나 한 가지 분명한 것이 있다. 16세기 말까지도 해상 무역은 (부유한 사람들도 몇몇 있었지만 대체로) 소규모의 가난한 사업가들이 맡았던 사업이었다. 갈리온 선이 나폴리에서 출항을 준비하고 있다면, 필요한 선원들을 모집하기 위해서 풀리아 항구로 몇몇 모집관들을 보내는 것으로 충분했다.[489] 배 1척이 20년 동안 소임을 다한 뒤 자리를 떠나면, 그보다 더 빈약하고 더 작은 배가 그 자리를 차지하는 경우가 허다했다.

육상 수송

우리는 이미 에스파냐의 예를 통해서 육상 수송과 해상 수송 사이의 비율이 약 1 대 3 정도 될 것임을 살펴본 바 있다.[490] 해상 수송량이 300만 두카트라면 지중해에서의 육상 수송량은 100만 두카트 정도가 될 것이다. 나는 이 비율을 일반화할 수 있으리라고는 조금도 생각하지 않는다. 그러나 해상 수송과 육상 수송을 똑같다고 가정하여 전체 무역량을 600만 두카트라고 계산한다고 해도 그 수치가 여전히 터무니없을 정도로 낮은 것이 사실이다. 우리는 지중해 육상 교통로를 따라 바쁘게 움직이던 상품의 흐름이 이런 낮은 수준이었다는 사실을 확인하는 것이 중요하다. 무엇보다도 바로 이것이 지중해의 중요한 특징들 중의 하나이기 때문이다.

우리의 계산에는 오류가 있을 수밖에 없다. 그러나 수송업자가 가난하고 고된 삶을 살았다는 데에는 의심의 여지가 없다. 그들은 한편으로는 선원, 다른 한편으로는 농민으로 살면서 자신의 시간을 나누어 수송, 농경, 수공업에 종사했다. 16세기 말에 레온 왕국의 아스토르가 부근의 마라가테리아의 마부들에 관한 상세한 정보를 통해서 이런 사실을 확인할 수 있다.[491] 마라가테리아인들은 가난에 찌들어 있었고, 시간이 흘러 18, 19세기에 이르러 사정이 나아졌을 때에도 가난한 모습 그대로였다. 펠리페 2세 통치 말기에 그들의 일은 칸타브리아 항구에서 정어리 같은 생선들을 싣고 카스티야로 갔다가, 돌아올 때는 밀과 포도주를 실어오는 것이었다. 이런 일은 오늘날에는 트럭 운전사들이 한다. 카스티야의 마을들에 생선을 배달하는 일은 16세기에도 이미 엄청난 것이었다.[492] 그들이 어떻게 살았는지는 1561년과 1597년의 인구조사를 자세히 살펴보고, 수송업자들이 목축, 농업, 수공업, 상업에 종사하고 있었다는 것을 확인하면 알 수 있다. 예를 들면, 생선을 운반하는 후안 니에토라는 젊은이처럼 "자기 사업으로 돈을 버는 것이 아니라 일꾼으로 고용되어" 수송업만 하는 사람은 가난하게 살았다. 생선의 구입, 수송, 판매를 직접 담당하는 수송업자들은 부유한 편이었다.

항상 극빈의 가장자리에 있었던 수송업자는 수송을 담당했을 뿐만 아니라 농민이었고 장인이었다. 지중해의 전역에서 그러했고, 유럽 전역에서도 마찬가지였다. 16세기가 지난 뒤에도 사정은 달라지지 않았다. 17세기에 소금은 페카이스 습지에서 론 강을 통해서 배로 스위스의 여러 지방들로 운반되었다. 세셀 인근에서 제네바까지는 마차가 이용되었다. 그러나 수송은 파종기인지 수확기인지에 따라 다르게 움직였다. 왜냐하면 농민들은 농사일이 없을 때에만 마차를 끌었기 때문이다.[493] 따라서 수송업은 직접 노동력을 제공하는 농민 공동체, 나아가 이 일에서 상당한 수입을 얻는 작은 도시들과 불가분의 관계에 있었다. 예를 들면, 카르타헤나는 펠리페 2세 지배 초기에 마차 수송을 전문으로 하는 도시였던 것 같다.[494]

간단히 말하면, 상품의 순환은 여러 가지 방법으로 이루어졌다. 육로 수송이든, 해로 수송이든 보수가 적었지만, 꾸준한 일거리라는 장점 때문에 돈벌이를 하는 선원이나 노새꾼들만이 관심을 가졌다. 종종 원시경제에 속해 있던 운반꾼들은 이런 일을 통해서 화폐경제와 접촉했다. 중간업자라는 그의 위치 덕분에 자신의 마을로 돌아가서 사업을 하게 되었을 때 유리한 자리를 차지했다. 그럼에도 불구하고 전체적인 맥락에서 보았을 때, 16세기의 수송은 저가에 이루어졌고, 이러한 상대적으로 낮은 수송비는 시간이 갈수록 더욱 두드러졌다. 수송업자들은 가격이 상승하는 만큼 운임을 높여 받는 데에 실패했기 때문이다.[495] 의심의 여지없이 이러한 상황은 교역에 자극제가 되었다.

영토국가, 16세기 최대의 사업가

16세기에 영토국가는 부의 거대한 흡수자이자 재분배자로서 점점 더 자리를 굳혀가고 있었다. 세금, 관직 매매, 공채, 재산 몰수 조치를 통해서 "국내 생산"의 거대한 몫을 거두어갔다. 이러한 다양한 형식의 수취는 효과적이었던 것으로 보인다. 국가 예산 전반이 경기에 따라서, 가격 등귀의 흐름을 타고 변동했기 때문이다.[496] 따라서 영토국가의 전면적인 부상은 경제발전의 결과였다. 요제프 A. 슘페터가 조금 성급하게 생각했던 것처럼 국가는 우연의 산물도 아니었고, 시기상조의 권력도 아니었다.[497] 원했건 원하지 않았건 간에, 국가는 16세기 최대 사업가였다. 끊임없이 전쟁 비용의 인상과 병력 증강을 요구하는 근대적인 전쟁을 치를 수 있었던 것도 국가 덕분이었다. 거대 규모의 경제적인 시도도 마찬가지였다. 세비아를 모항으로 하는 인디아스 항로(Carrera de Indias), 즉 리스본-동인도 제도의 항로는 인도 통상원(Casa da India), 즉 포르투갈 국왕이 책임을 졌다.

인도 항로는, 달리 표현하면 베네치아 갤리 상선 시스템과 거의 비슷한 원리로 작동했다. 이것이 국가 자본주의의 첫 번째 시도가 아니었다는 뜻이다. 게다가 지중해에서 국가 자본주의는 매우 활발하게 움직였다. 베네치아 국영 조선소[498]와 이것을 모방한 갈라타의 두 배 규모의 조선소는 당시로서는 세계적인 수준의 대규모 공장이었다. 기독교와 이슬람 세계에서 운영되는 조폐국들[499]도 국가에 속해 있었다. 기독교 세계에서 조폐국은 종종 국가의 직접적인 통제를 받았고, 투르크 제국이나 [투르크 데이 통치의] 알제의 섭정시대(Régence d'Alger)에는 청부제(請負制)로 운영되기는 했으나 국가의 엄격한 통제를 받았다. 세기 말에 본격적으로 등장하게 될 공공은행들도 국가에 귀속되어 있었다. 여기에 관해서는 다시 검토할 기회가 있을 것이다. 그러나 이 분야에서 첫걸음을 뗀 것은 도시국가들 혹은 도시적인 성격이 지배적인 국가들이었다. 영토국가들에서 은행이 출현하려면 아직 오래 기다려야 했고, 최초의 은행은 사실 영국은행(1694)이었다.[500] 1583년 플랑드르인인 페터 반 아우데헤르스테가 국립은행의 설립을 건의했으나,[501] 펠리페 2세는 그 의견을 묵살해버렸다.

국립은행이 없었다고 해서 "공공" 사업이 많지 않았다는 것은 아니다. 어떤 역사가가 말했듯이, 톨파와 알뤼미에르에서 명반 광산을 개발하기 위해서 교황청이 설립한 대규모 시설들은 진정한 "복합 산업단지(industrial complex)"의 모습을 갖추고 있었다.[502] 그 어느 나라보다 국가 통제가 엄격했던 투르크 정부도 국가 주도하에 다양한 시도를 했다. 광대한 부지에 술레이마니에 모스크가 단기간[1550-1557]에 건설된 것[503]이 그 좋은 예이다. 이에 관해서는 최근 훌륭한 연구 성과가 나왔다. 국가 자본주의의 범위를 서양에서 나타난 자본주의와 공공성이 혼합된 시도—예를 들면, 뛰어난 기술이 적용된 에스코리알 궁전의 건설[504]—로까지 확장시킨다면, 공적 성격의 공사 목록은 더욱 길어질 것이다. 이 모든 활동들을 통해서 국가는 국고로 들어온 돈을 다시 시중에 유통시켰고, 전시에는 수입보다 더 많은 돈을 지출했다. 전쟁, 건설, 국영 사업은 우리가 생각하는 것보다 더 경제적인 자극제가 되었다. 재앙은 금고에 돈이 쌓여 있을 때, 즉 식스투스 5세가 산탄젤로 성에 만들어놓은 수장고에서,[505] 베네치아 조폐국의 금고에서, 국영 조선소의 술리의 금고에서 돈이 움직이지 않을 때 일어났다.

이러한 사실들을 살펴보았으니 이제 국가의 부가 얼마나 되는지를 계산해보자. 이는 그리 어려운 일이 아니다. 우리는 각국의 예산에 관해서 많은 것을 알고 있고, 어렵지 않게 그보다 더 많은 것을 알아낼 수도 있다. 16세기 말 국가의 예산 규모로 알려진 수치는 다음과 같다. 카스티야는 900만 두카트,[506] 앙리 4세 치하의 프랑스는 500만 두카트,[507] 베네치아와 그 제국은 390만 두카트,[508] 투르크 제국은 600만 두카트[509]였는데, 총 2,400만 두카트를 3,000만 명의 신민들로부터 거둬들였다. 만약 우리가 지중해 거주민 6,000만 명에 맞추어 이 수치에 2를 곱한다면, 예산 수준은 4,800만 두카트에 달하게 된다. 이 계산대로라면, 매년 한 사람이 자신의 지배자에게 1두카트도 내지 않았다는 이야기가 된다(아마도 영주에게는 1두카트 이상을 바쳤을 것이다).

지금까지 제시된 수치들이 이보다 더 컸기 때문에, 이 수치가 너무 작아 보일 수도 있다. 역사의 모든 장면을 휘젓고 다니며 모든 사람들을 성가시게 굴던 국가가 이 정도밖에 되지 않았다니 말이다. 그런데 이 수치는 아마도 우리가 계산한 수치들 가운데 가장 정확할 것이다. 국가들은, 심지어 투르크 제국조차 원시경제에서 완전히 벗어나 있었다는 사실에 주목해야 한다. 해마다 이루어지는 국가의 세금 징수는 혈관 속에 흐르는 혈액처럼 빠르게 순환하고 있는 현금을 뽑아내는 것이었다. 반면 지금껏 우리가 도출한 다른 모든 수치들은 상당 부분이 시장경제를 벗어나 있던 거래를 화폐적으로 표현한 것이었다. 따라서 국가는 근대 경제의 민첩성을 가지고 있었다. 근대 국가는 이제 막 태어났다. 충분히 무장을 갖추고 있다고도, 그렇지 않다고도 할 수 있다. 아직 그의 임무를 충분히 수행할 만큼 성장하지 않았기 때문이다. 전쟁을 수행하고, 세금을 징수하고, 사업을 진행하고, 사법권을 행사하기 위해서 국가는 사회적 신분상승을 노리는 사업가와 부르주아에게 의지해야 했다. 그러나 신분상승 그 자체가 이들의 새로운 힘의 표지이다. 이러한 상황이 뚜렷하게 확인되는 카스티야에서 상인들, 대귀족들, 법률가들 모두가 국가사업에 뛰어들었다. 명예와 이윤을 두고 경쟁이 벌어졌고, 노동을 위한 경쟁도 시작되었다. 국가재정자문위원회와 국가재정평의회의 최하급 서기들이 제출한 보고서와 서신들 속에는 그들 자신의 이해관계가 엿보이는 요구나 비난과 더불어 국왕과 공공선에 대한 헌신의 증표들 역시 나타난다.

이러한 국가의 성장이 유익한 것이었는지의 여부는 논쟁거리로 남아 있다. 어쨌건 간에 국가는 대상인들의 민첩한 자본주의처럼 불가피한 것이었다. 전례 없는 수단의 집중이 군주를 위해서 일어났다. 4,000만-5,000만 두카트(잠정적인 추정치가 아니라 실제 액수)가 그가 쥐고 있는 예외적인 힘의 원천이었다.

귀금속과 화폐경제

다른 학문 분야들에서처럼 역사에서도 고전적인 설명 역시 시간이 흐르면 힘을 잃는다. 우리는 과거 프랑수아 시미앙의 시대[510]처럼 16세기를 더 이상 귀금속과 물가가 거세게 요동치던 시대로 보지 않는다. 프랑크 스푸너와 나[511]는 아메리카 대륙을 발견하기 전의 유럽과 지중해에서 유통되던 화폐의 총량을 계산하려고 시도했다. 간단하지만 확실하지는 않은 등식에 근거하여 얻은 수치는 대략 금 5,000톤과 은 6만 톤 정도였다. 얼 J. 해밀턴이 계산한 바에 따르면,[512] 1500년부터 1650년까지 한 세기 반 동안 아메리카에서 도착한 귀금속은 은 16,000톤, 금 180톤이었다. 이 모든 수치들이 확실하지는 않지만 대체로 정확하다고 가정해보자. 이것은 어떤 문제들은 달라지게 만들고, 또 어떤 문제들은 확인시켜준다.

1. 우리는 1500년 이전 그러니까 15세기의 상황에 관해서 보다 낙관적인 그림을 그리게 된다. 이런 견해를 가진 사람들이 역사가들 가운데도 여럿이 있다.[513] 따라서 이 시기에 서양에서 화폐경제가 이미 크게 성장하고 있었다는 것을 인정하자. 1500년 이전에 군주에게 돌아가야 할 세금의 전 영역과 귀족과 교회에 지불해야 할 납부금의 일부 영역에 화폐경제가 침투해 있었다.

2. 프랑수아 시미앙은 아메리카의 은이 모든 것을 결정했다고 보았다. 화폐 보유고가 1500년부터 1520년까지 두 배가 되었고, 1520년부터 1550년까지 다시 두 배, 1550년부터 1600년까지 또다시 두 배 이상이 되었다는 것이다. 그에 따르면, "16세기에 화폐 보유고가 15배 이상이 되었다. 반면에 17세기에는 18세기와 19세기 초반에 그러했듯이, 100여 년 동안 화폐 보유고가 겨우 두 배 늘어났을 뿐이다."[514] 우리는 더 이상 이러한 설명을 받아들일 수 없다. 16세기는 역사상 전례 없이 난폭하게 시작되지 않았다. 인구의 증가, 화폐 가치의 저하, 경제의 부상, 현금과 지불수단 유통의 가속화 역시 16세기의 성장과 혁명(혹은 유사 혁명)을 설명할 수 있다.[515] 이 문제는 나중에 다시 검토하도록 하자.

3. 어쨌든 16세기 지중해는 신용경제의 팽창에도 불구하고, 매년 6,000만 명에 이르는 사람들의 거래 수익과 급료를 모두 계산해줄 만한 정화와 어음을 단 한순간도 가지지 못했다. 이러한 결핍은 만성적이었다. 1603년 베네치아에서는—도시의 금고는 가득 채워져 있었지만—노동자들의 급료

를 지불하기 위한 금전이 부족했다.[516] 그러므로 거의 자급자족에 가까운 경제적 후진지역에서의 화폐 부족에 대해서는 더 이상 말할 필요도 없다. 이곳에서는 현물 지불이 항상 화폐 부족분을 메우고 있었다. 게다가 물물교환이 어느 정도의 유동성을 갖추고 시장경제로의 길을 예비하고 있었다. 그러나 현금 지불만이 시장경제에 활기를 불어넣고 촉진할 수 있다. 발트해 연안에서는 한자 동맹의 상인들과 서유럽 상인들이 투자한 얼마 되지 않는 돈이 여전히 초보적인 경제를 활성화시키고 있었다. 물론 16세기 말에 접어들면서 환어음이 좀더 많이 사용되었고 이것이 17세기 20년대와 30년대에 들어 나타난 아메리카로부터의 귀금속 유입의 지체를 (정말 그랬다면[517]) 보완했다. 1604년[518] 한 베네치아인은 피아첸차 정기시에서 매년 체결되는 거래량이 1,200만에서 1,600만 에퀴라고 말했는데, 1630년경의 거래량은 도메니코 페리에 따르면 3,000만 에퀴였다.[519] 그러나 이 수치들은 확실하지 않다. 더군다나 이러한 거래가 활성화시킨 것은 화폐경제의 정점에서의 순환뿐이었다.

4. 화폐경제가 발전하고 있었음이 분명하다. 투르크 제국에서 이러한 발전은 통화 가치의 하락이 끊임없이 이어지면서 혁명적인 면모를 띠었다. 역사가들이 모든 실생활 속에서 그 증거들을 찾아내고 있다. 모든 가격이 올랐다. 과거의 모든 사회적 관계들이 끊어졌고, 서양의 비극이 이곳에서도 자체적으로 길게 이어졌다. 같은 원인이 같은 결과를 낳은 것이다.[520]

5. 그러나 중요한 결론은 예상한 대로 다음과 같다. 화폐 순환(가장 낮은 단위를 포함한 모든 화폐를 말한다)은 인간 삶의 일부 영역만을 관통한다. 중력의 영향으로 강물의 활발한 흐름이 낮은 지대를 향하는 것과는 달리, 화폐의 순환은 경제생활의 높은 단계로 간다. 순환은 끊임없는 불평등을 낳는다. 역동적인 지역—도시—과 농촌처럼 화폐가 없는 지역 사이에, 근대적인 지역과 전통적인 지역 사이에, 개발 지역과 저개발 지역 사이에(이러한 두 부류가 이미 존재했다. 선진지역은 계속 앞서갔고, 투르크 제국 같

은 후진지역은 발전하고는 있었지만 결코 선두 집단을 따라잡지 못했다)
불평등이 존재했다. 경제 활동 분야들 사이에도 불평등이 존재했다. 왜냐하
면 수송, 산업, 무엇보다도 상업과 징세가 화폐 흐름에 가까이 접근할 수
있는 길이었기 때문이다. 소수의 부자들(아마도 5퍼센트)과 다수의 빈자들
과 극빈자들 사이의 간극은 점점 더 압도적으로 벌어졌다. 만일 사회혁명의
명백한 시도가 실패했거나 그 모습조차 드러내지 않았다면, 그것은 인구의
절대 다수가 상대적인 빈곤 상태에 있었기 때문일 것이다.

인구의 1/5이 빈곤 상태였을까?

말라가[521](이곳은 형편이 나쁜 편이 아니었다)를 예로 들어보자. 교구 신
부들이 작성한 명부를 통해서 확인한 바에 따르면, 1559년에 이곳에는
3,096가구가 살고 있었다. 한 가구당 4명씩 살았다고 가정하면, 12,000명이
조금 넘는 사람들이 살고 있었다는 뜻이다. 이들은 수입에 따라 세 계층,
즉 안정층(razonables), 저소득층(pequeños), 빈민층(pobres)으로 구분되었다.
빈민층에는 700명 이상의 과부와 300명의 노동자들이 속해 있었다. (과부들
은 절반 가구로, 노동자는 완전 가구로 셈해보면) 모두 2,600명의 빈민들이
있었고, 이는 전체 인구의 20퍼센트가 넘는 수였다. 안정층(부유했다는 뜻
은 아니다)은 300가구 정도가 되었으므로, 약 1,200명가량(10퍼센트) 되었
다. 저소득층이 70퍼센트라는 대다수를 차지했고 약 8,500명이 여기에 속했
다. 이러한 비율은 매우 정확하다고는 할 수 없을 것이다. 빈민층이 20퍼센
트나 되었다는 것은 많아 보이기는 하지만, 지중해 세계에서나 그 바깥에서
나 있을 법한 수준이다.[522] 관찰자들이 가장 부유한 도시 한가운데에서도
끔찍한 가난이 존재했음을 전하고 있기 때문이다. 제노바에서는 겨울마다
빈민 문제가 심각했고,[523] 부유했지만 사회적으로는 매우 불평등했던 라구
사에서도 1595년 "가난한 사람들이 너무나 많다"는 증언이 있었다.[524] 물론
말라가에서의 조사가 이보다 더 크거나 덜 발전한 도시들에도 적용될 수

있다고는 말할 수 없다. 특히 화폐로 표시된 수입이 보잘것없었고, 도시생활보다는 거칠었지만 좀더 평등했던 농촌에 같은 지표를 적용할 수 있다는 증거는 없다. 그러나 일단 이 비율을 지중해에 적용해보면, 1,200만에서 1,400만 명의 빈곤층이 지중해에 살고 있었던 셈이다. 이 엄청난 숫자가 가지고 있는 실제 가능성을 확인해보아야 한다.[525]

사실 우리가 다루는 세계는 완전 고용이 이루어진 경제가 아니었다. 노동시장에서 불완전 고용 상태에 있던 노동자들과 유랑민들이나 반쯤은 유랑민 신세였던 사람들이 큰 비중을 차지하고 있었으며, 이러한 상황은 적어도 12세기 이후 유럽과 지중해의 일상적인 구조들 가운데 하나로 자리잡았다.[526] 농민들의 생활수준에 관해서도 우리는 거의 아무것도 모른다. 따라서 어떤 일반적인 가치도 없었다는 것이 분명한 조사 결과라고 할지라도 우리는 그것에 기댈 수밖에 없다.

브레시아 지방에 있는 한 마을이 1555년 5월 8일 큰 화재로 파괴되었다.[527] 알프스 산지의 콜리오 데 발노피아라는 코뮌에 속해 있던 티조라는 이 작은 촌락에는 둘레가 반 마일 정도밖에 되지 않는 곳에 260채의 가옥이 있었다. 그러나 모든 가옥이 전소되어, 조사자에 따르면, 벽만 남아 있었다. 이 마을은 베네치아 정부에 연간 200두카트의 세금을 내고 있었다. 260채에 274가구가 거주하고 있었고, 모두 2,000명이 살고 있었다(이 수치가 정확하다면, 1가구당 7명 이상이 살았다고 생각할 수밖에 없다). 가옥의 가격을 포함하지 않은 피해액은 6만 두카트, 즉 1인당 30두카트였다. 같은 해인 1555년 7월에 일어난 또 한 건의 화재가 평야 지대에 있는 트레비사노의 농촌 가옥 두 채를 불태웠다. 한 채는 250두카트, 다른 한 채는 150두카트의 손해를 본 것으로 조사되었다. 한 집에서는 가구, 건초, 밀이 200두카트로 계산되었고, 또다른 집에서는 건초와 곡물의 가치가 약 90두카트였던 것으로 평가되었다. 가구 피해는 없었다고 한다(가구는 모두 꺼냈던 것일까?). 청원서에서 두 피해자들은 자신들을 가난한 자라고 하고, 지금은 아무 것도 가진 것이 없다고 썼다. 아마도 지원금을 요청하는 청원자의 입장에서는 당연한 표현일 테지만, 그래도 어쨌든 이런 표현이 분명히 재산의 공식적인 평가와 크게 어긋나지는 않았을 것이다. 이 수치를 척도로 삼고 티조에서의 피해 보고서를 완성해보자. 가옥 1채의 가치를 200두카트로 계산해보자. 이렇게 계산된 52,000두카트를 피해 산정액에 합하면, 112,000두카트가 나온다. 그러면 주민 한 사람이 축적한 자본은 30두카트가 아니라 56두카트가 된다. 가족당 수확량을 트레비사노의 두 피해자들 가운데 가난한 쪽 사람이 가진 것, 즉 약 100두카트라고 가정한다면, 마을의 연간 총 수입은 27,400두카트, 1인당 13.7두카트가 된다. 이런 식의 계산이 "빈자," 더 정확히 말하자면 극빈자라고 칭해질 수 있는 사람들의 경계선으로 우리를 데려갈 수 있을 것이다. 그러나 이 경계선이 어디에 있었는지를 정확히 알 수는 없다.

이용하기에는 너무 늦었지만, 나폴리의 솜마리아, 곧 왕실 회계청에 있는 놀라울 정도로 풍부한 문서들도 살펴보자. 세금 문서들은 여러 가지 경로를 따라 우리를 극빈자들의 영역으로 안내한다. 아드리아 해안에 있는 페스카라[528]는 200-250가구, 즉 대략 1,000명이 거주하는 가난한 작은 마을이었다. 이곳 주민들은 모두 외국인들로서 로마냐인, 페라라인, 코모인, 만토바인, 밀라노인, 슬라브인이 많았다. 이 1,000여 명의 이민자들 가운데 "50가구(200명)만이 자신의 집과 포도밭을 가지고 수공업에도 종사했다. 다른 사람들은 오두막 혹은 짚더미 외에는 가혹할 정도로 아무것도 가지고 있지 않았다. 이들은 염전에서 일하거나 땅을 뒤적거리면서 하루하루 근근이 살아갔다." 운이 좋은 농부들만이 경작을 위해서 황소를 구입할 수 있었다고 문서에는 나와 있지만, 이는 그런 사람들이 없었다는 증거였다. 극도의 가난이 이곳을 지배했다. 그러나 도시는 항구와 가게를 가지고 있었고, 매년 3월이 되면 수태고지를 기리는 정기시를 열었다.

『솜마리아 문서』에는 상속이 이루어질 때에 영주 지대가 구매자에게 판매 혹은 재판매되는 해당 마을들에 대한 자세한 기록도 들어 있다. 대체로 거주민 한 사람이 다양한 명목으로 영주에게 1두카트씩을 바쳤다. 이러한 영주의 수입은 "5-10퍼센트," 즉 1두카트 수입에 대해서 10 혹은 20두카트 에 팔렸다. 내가 너무 서둘러서 도출한 듯한 1인당 1두카트의 규칙은 그 나름의 가치를 가진다. 또다른 규칙은 농민 1인당 수입이 10두카트 정도였 다는 것이다. 그런데 여기 특별한 예가 하나 있다. 오트란토의 수페르티노[529] 라는 마을에는 1549년 5월에 395가구가 살고 있었다. 따라서 이 마을은 꽤 큰 마을이었고 거의 작은 도시 수준이었으며, 페스카라보다 인구가 많았다. 이 마을의 수입은 올리브 나무에서 나왔다. 영주의 수입이 1인당 1두카트라 는 규칙이 이곳에서는 잘 적용되지 않는다. 약 1,600명 정도의 주민이 있었 고, 영주는 900두카트를 받았기 때문이다. 그런데 1549년의 경우에는 10분 의 1세를 현물로 받은 명세서가 남아 있기 때문에 주민들의 총생산량과 현 금 수입을 계산해볼 수 있다. 포도주 3,000통, 밀 11,000토몰로[tomolo : 약 56리터], 보리 4,000토몰로, 귀리 1,000토몰로, 잠두콩 1,250토몰로, 이집트 콩과 렌틸콩 50토몰로, 린넨 550갈라트리, 올리브유 2,500스타이오였고, 현 금으로는 8,400두카트의 가치가 있었다. 수입 명세서가 완전하고 영주세가 10분의 1세였다면, 수입은 주민 1인당 5두카트를 조금 넘는다.

그러나 1575년과 1578년의 인구조사를 분석한 『지세(地勢) 보고서 (*Relaciones topográficas*)』에 따르면,[530] 카스티야의 마을들에 대해서 조사 된 수치는 이보다 높았던 듯하다. 선택된 사례 하나를 계산해본 결과,[531] 수입 수준은 가구당 15,522마라베디, 즉 44두카트였다. 가구당 4인 기준으 로 계산해보면, 1인당 수입이 11두카트였다는 뜻이다.

물론 다른 계산도 할 수 있을 것이다. 많은 자료들이 있는 길드 문서보관 소에 대한 제대로 된 조사가 아직 이루어지지 않았다. 조세 기록이 있으므 로, 우리는 광범위한 수준에서 코르푸, 크레타, 키프로스 같은 베네치아 소 유의 각 섬의 "총생산"을 조사해볼 수도 있다. 시망카스와 팔레르모에 있는 시칠리아 문서들도 매우 훌륭하다. 또한, 어려움이 따르겠지만, 베네치아와 토스카나의 총생산을 계산해볼 수도 있다.

나는 한때 노예나 갤리 선 노꾼들의 가격, 자원한 노꾼들이나 군인들의 임금, 또는 하인들의 보수를 임금의 최저수준으로 보면 이 문제가 해결될 수 있을 것이라고 생각했던 적이 있다. 그러나 지금은 이 사람들에게 매겨진 가격이 정말로 한계치인지 확신할 수가 없다. 16세기 초반에 시칠리아나 나폴리의 노예는 30두카트 정도로 거래되었는데,[532] 1550년 이후에는 가격이 두 배가 되었다.[533] 따라서 이러한 수치로부터는 아무것도 끌어낼 수가 없을 것 같다. 왜냐하면 노예시장이 너무 작았기 때문이다. 과잉공급이 이루어지면 가격은 폭락할 것이었다. 1587년 6월 갤리 선으로 약탈 원정을 다녀오면서 피에트로 디 톨레도(그 유명한 나폴리 부왕의 아들)는 그가 잡아온 노예들을 1명당 30두카트에 넘겼다.[534] 때로는 거의 공짜로 노예 노동력을 얻을 수 있었다는 이야기도 덧붙여야겠다. 16세기 말에 12년 동안 사슬에 묶인 채로 일해온 서지중해인(ponentini)의 갤리 선의 노꾼들이 해방되었을 때, 이들이 케팔로니아 섬의 감독관(provéditeur)에 의해서 아무런 공식적인 절차도 없이 갤리 선단으로 보내져서 이 배 저 배를 전전했다는 것을 우리는 알게 되었다.[535] 포로의 몸값 문제도 실망스럽기는 마찬가지였다.[536] 부자나 특권층에 대한 기록만 남아 있기 때문이다. 몸값은 노동력의 시세가 아니라 노획자가 포로에게서 기대하는 수입에 달려 있었다. 지롱 선장[537]의 이야기를 들어보면, 갤리 선에서 먹고 자고 급료를 받는 자원한 노꾼들의 경우도 그리 특별할 것이 없는 것 같다. 소위 "자원한 노꾼"(전적으로 자원하지 않은 경우도 있다)은 죄수로서 형벌을 다 받은 뒤에도 갤리 선에 계속 남아 있는 불쌍한 사람들이었다. 지롱에 따르면, 그런 이유로 사람들은 이들에게 한 달에 1두카트를 주고 이탈리아에서는 그 두 배를 주었다. 더 기막힌 일은 급료가 이런 수준인데도 에스파냐에서는 그런 사람들을 구하기가 쉬웠다는 것이다. 군인들은 항상 급료가 높았고 수당도 받았다.

1487년에 이미 이들은 한 달에 3두카트를 받았다.[538] 간단히 말하면 자원한 노꾼들, 노예들, 군인들, 하인들(예를 들면, 라구사에서 일하는[539])은 형편이 가장 나쁜 사람들이 아니었다. 사회의 돌봄을 받으며 식량을 받는 사람들과 그렇지 못한 사람들로 사람들을 나눈다면, 이들은 패자 쪽이 아니었다. 분할선은 이 불쌍한 사람들의 밑으로 그어져 있었고 그 선은 점점 더 아래쪽으로 내려가기만 할 뿐이었다.

잠정적인 분류

이미 나와 있거나 앞으로 도출해야 할 계산 결과와 측정치가 얼마나 정확한지는 모르겠으나, 활동 인구에 대해서 다음의 비율을 적용한다면 과거의 가치들을 평가하는 데에 큰 오류는 없을 것이다. 연수입이 20두카트 밑이면 "빈민층"이고, 20-40두카트면 "저소득층"이고, 40-150두카트면 "안정층"이다. 이것은 생활비의 지역적 편차도, 인플레이션 시기에는 그 차이가 심해지는 연도별 격차도 고려하지 않은 값이다. 말하자면 아주 대략적인 "분류"[540] 기준일 뿐이다.

따라서 우리는 파도바 대학 교수가 600플로린의 연봉을 받았다는 것을 들으면, 그가 부유한 편에 속했다는 것을 곧 알게 된다. 코라도 델 부스키오처럼 민법 강좌의 수석 정교수의 경우라는 사실을 몰라도, 그리고 1506년 여름에 조사된 고액 연봉의 일반적인 수준이 얼마인지를 몰라도 알 수 있는 일이다.[541] 우리는 문서에 언급된 많은 임금들 가운데 어떤 것이든 기본적인 기준에 맞춰 분류할 수 있다는 이점을 가지게 되었다. 베네치아 조폐국의 임금 스펙트럼은 낮게는 경계 근무를 맡고 있는 소년들처럼 가장 초라한 임금을 받는 사람들(1554년 연 20두카트[542])부터 높게는 60두카트의 급료를 받고 금과 은을 분리하는 일을 맡은 파르티도르[543](1557)에 이르기까지 다양했고, 출납원쯤 되어서야 180두카트라는 꽤 괜찮은 급료를 받았다[544](1590년 임금 인상이 이루어지면서[545] 정말 그랬다). 국영 조선소에서 일하

는 노동자가 1534년에 받은 임금은 3월 1일부터 8월 31일까지 하루에 24솔
도, 9월 1일부터 2월 마지막 날까지 20솔도를 받은 것으로 보아 보잘것없는
수준이었고,[546] 숙련공인 선박의 널빤지 수리공은 같은 해에 여름에는 40솔
도, 겨울에는 30솔도를 받았다. 베네치아의 유력 기관이었던 국영 조선소
와 조폐국은 낮은 수준의 임금을 받고 일하는 노동력으로 가동되고 있었
다.[547] 10인 위원회가 고용한 서기관들의 연봉은 평균 100두카트에 불과했
다.[548] 반면에 후안 히에로니모 데 산 미켈이라는 정부 소속의 "정보원"은
1556년 3월에 한 달 급료를 20에서 25두카트로 인상해달라고 요구했다. 그
는 이미 다른 사람들의 부러움을 샀을 법한 급료를 받고 있었을 듯한데,
보통의 노동자가 1년에 버는 돈을 한 달에 벌었기 때문이다.[549]

간단히 말하면, 많은 사람들이 가난하거나 너무 가난했다. 어려운 여건
에도 불구하고 역사가들은 이 광범위한 프롤레타리아에 관해서 조금씩 밝
혀내고 있다. 프롤레타리아는 16세기의 전 영역에서 압도적인 부분을 차지
했으며 시간이 갈수록 그 비중이 더 커져갔다. 이들이 끊임없는 강도 행위
의 자양분을 제공했다. 강도 행위는 성공은 거두지 못했지만, 계속 일어나
는 일종의 사회혁명이었다. 비참한 가난이 사회에 만연하면서 갈등을 고착
화시켰고, 모든 것을 박탈당한 가난한 사람들을 삶의 밑바닥으로 가차 없이
내동댕이쳤다. 17세기 에스파냐에서는 계속되는 부의 집중과 두드러진 인
구 감소가 프롤레타리아라는 기묘한 사회적 범주를 양산하는 데에 기여했
다. 로마 제국의 평민층과 유사한 이들은 진짜로 가난했다. 악당 소설에 나
오는 도시의 탕아, 노상강도, 진짜건 가짜건 간에 걸인, 불량배, 게으름뱅이
등 극빈자들은 노동을 거부했지만, 어쩌면 노동과 일거리가 먼저 그들을
거부한 것일 수도 있다. 그들은 과거 차르 시대의 모스크바 빈자들처럼 가
난에 찌든 게으름뱅이들로 자리 잡았다. 수도원 문 앞에서 스프를 나누어주
지 않았다면, 그들이 살아남을 수 있었을까? 누더기를 입고 길모퉁이에서
카드 놀이나 주사위 놀이를 하는 이 사람들이 있었기 때문에 부유한 집에서

부리는 엄청난 수의 하인들도 존재할 수 있었다. 올리바레스 백작이 어린 시절에 살라망카에서 학생 신분이었을 때, 그에게는 1명의 가정교사와 21명의 하인들이 있었고, 숙소에서 대학까지 책을 옮겨주는 노새도 한 마리 있었다.[550]

이런 일은 에스파냐에서뿐만 아니라, 종교전쟁 시기의 프랑스, 식스투스 5세 시절의 이탈리아, 16세기 말의 투르크에서도 벌어졌다. 가난의 무게가 너무나 커지면서 그것만으로도 경제 상황의 갑작스러운 변화를 예상할 수 있었다. 그러나 지중해 어디서든 그러한 변화로부터 가난한 자들이 얻는 것은 없었다.

빈곤의 기준으로서의 음식 : 공식적인 배급은 늘 괜찮아 보였다

이 문제와 관련해서는 계산과 조사를 전부 다시 해야 할 것 같다. 그러면 크게 향상된 결과를 얻을 수 있을 것이다. 그러나 음식과 관련된 조사에 지나친 환상을 품지 말아야 한다.[551] 자료가 부족한 것은 아니다. 자료는 너무나 쉽게 찾아볼 수 있다. 그러나 하층민의 생활수준에 대한 증언들은 대단히 의심스러워 보인다. 왜냐하면 이를 그대로 믿자니 모든 것이 너무나 훌륭해 보이기 때문이다. 스피놀라[1569-1630 : 에스파냐의 장군] 가문의 식탁이 얼마나 다양하고 풍성했는지는 놀랄 일도 아니다. 가난한 사람들의 식단이 주로 빵이나 비스킷 등의 저렴한 음식으로 구성되어 있었다는 것도 너무나 당연하다. 때로는 치즈, 고기, 생선을 먹을 수도 있다. 전 유럽 지역과 아마도 지중해에서 고기 소비의 감소가 시작되었던 것 같기는 했지만, 아직 크게 진척되지는 않았다. 그러나 식사에 대한 조사에서 놀라운 사실은 군인, 선원, 갤리 선 노꾼들, 구빈원의 가난한 사람들에게 할당된 식단의 칼로리가 매우 높았다는 것이다. 하루에 4,000칼로리 정도나 되었다.

배급 메뉴는 예외 없이 늘 **공식적으로** 좋았다는 사실을 우리가 알지 못했다면, 이들의 음식이 제법 괜찮았다고 생각했을 수도 있을 것이다. 관계 당

* 펠리페 2세의 리스본 주재 대사가 보낸 편지 파일의 복사본. 발신과 수신 날짜가 적혀 있다. 27쪽 주 50 참조.

국에 전달되었거나 공시된 메뉴는 괜찮아 보이고, 심지어는 아주 좋아 보이기도 한다. 그러나 갤리 선 위에서 벌어진 음식의 배분과 관련된 몇 건의 다툼을 굳이 살펴보지 않아도 이런 것은 의구심을 불러일으킨다. 그러나 수치 증거들과, 몇 년째 나폴리 갤리 선들의 보급을 담당했던 검사관의 기록들과 그가 솜마리아 조사관들 앞에서 자유롭게 했던 이야기들이 남아 있다.[552] 투르크의 갤리 선 급식에서도 비스킷은 넉넉하게 할당하도록 되어 있었다.[553] 따라서 갤리 선 노꾼들과 군인들은 매우 중요한 사람들이기 때문에 그들의 건강을 지켜야 했고, 이를 위해서 균형 잡힌 식단을 마련했다고 주장하고 확인시켜주는 문서들을 있는 그대로 받아들일 수밖에 없을 듯하다. 그러나 이 식단은 특혜를 받은 사람들의 식단이었다는 것을 강조해서 말해야 할 것 같다. 이것은 반드시 먼저 지적되어야 할 사실이다. 스프, 염장 쇠고기, 비스킷, 포도주, 식초를 규칙적으로 배급 받았던 사람들은 자기 몫을 지키려고 했다. 디에고 수아레스라는 젊은이가 에스코리알 궁전의 공사장에서 일한 적이 있었는데, 그는 그곳에서 배급된 식사에 만족스러워했다. 그러나 진짜 가난한 사람들은 호전적이든 동정적이든 간에 그런 배급을 받아본 적이 없었다. 그들의 수는 군단 급이었다. 그들은 16세기의 극적인 한 사건에서 폭력적인 이미지로 잠깐 모습을 드러냈다. 1597년 5월 27일

엑상-프로방스에서 "성령 교회의 사제들과 회계 담당자들이 가난한 사람들에게 빵을 배급하자, 가난한 사람들이 몰려들면서 6, 7명이 사망했다. 아이들과 소녀들 그리고 성인 여성 한 명이었다. 이들은 쓰러졌고 밟힌 뒤에 질식사했다. 1,200명이 넘는 가난한 사람들이 몰려들었기 때문이다."[554]

계산은 검증될 수 있을까?

확인된 다양한 수입들 전부를 더해보면(임시 수입일 수도 있고, 수입의 일부만을 나타내는 값일 수도 있지만), 지중해 세계의 총생산은 120억에서 150억 두카트 사이였던 것 같다. 그것은 인구 1인당 생산량이 20에서 25두카트가 될 것이다. 이 수치는 불확실하고 분명히 너무 높게 나온 것이 확실하다. 평균 생산량이 이렇게 높을 수가 없기 때문이다. 우리가 너무 자의적으로 모든 것을 화폐로 표시하려고 했다는 데에 오류가 있었던 듯하다. 달리 어쩔 수가 없었기 때문이지만 말이다. 모든 것이 시장경제 체제로 들어간다면 평균값이 그렇게 나올 수도 있었겠지만, 실제는 그렇지 않았다는 것이 문제이다. 그럼에도 불구하고 이론상의 수치는 터무니없어 보이지도, 쓸모없어 보이지도 않는다. 우리의 목표는 지중해라는 접근할 수 없는 거대한 총체를 파악하기 위해서 필요한 하나의 밑그림을 그려보는 것이었다. 이제 다른 작업으로 넘어가자. 모든 유효한 통계가 우리의 눈앞에서 숨어버리는 한, 이 실망스럽기 그지없는 계량 작업을 접도록 하자. 10년 후 여기에 제시된 길을 다시 밟으며 세밀히 탐구하여 성과를 거두게 된다면, 이 장은 처음부터 끝까지 다시 쓰여야 할 것이다.

제2장

경제 : 귀금속, 화폐, 물가

16세기만큼 귀금속의 역할이 중요했던 시대는 결코 없었던 것 같다. 동시대인들은 주저 없이 귀금속을 최고로 가치 있는 것으로 꼽았고, 다음 세기의 전문가들도 16세기 귀금속의 비중을 매우 강조했다. 어떤 사람은 귀금속을 "삶의 핵심"으로,[1] 또다른 어떤 사람은 "우리의 삶이 상품 거래 못지않게 금과 은에 더욱 의존하고 있다"고 생각했다. 어느 베네치아 연설가는 금화든 은화든 귀금속은 "모든 정부의 신경이다. 그것은 정부에게 맥박, 운동, 정신을 주고, 정부의 존재와 생명 그 자체이다.…… 귀금속은 모든 것의 주인이자 후원자이기 때문에 모든 불가능을 극복한다. 귀금속은 모든 필요한 것들을 가져다준다. 귀금속이 없으면 모든 것은 허약해지고 움직임을 멈추게 된다"라고까지 이야기했을 정도였다.[2]

모든 것의 후원자. 그러나 이것은 논란의 여지가 있는 말이다. 화폐는 우리가 흔히 이야기하듯이, 보편적인 동력원이 아니다. 귀금속의 역할은 이전 시대의 축적량, 그러니까 과거에 일어난 일뿐만 아니라 이에 못지않게 화폐의 순환 속도, 국제관계, 경제적 경쟁, 국가와 상인 단체의 신중한 정책, 그리고 때로는 "대중의 여론"에 따라서도 달라진다.[3] 그리고 경제학자들이 이야기하는 것처럼 화폐는 종종 재화나 용역 그리고 교환이라는 현실을 숨기는 스크린에 지나지 않는다. 결국 금화와 은화— 동화도 이야기해야겠지만— 는 단순하게 서로 합해져서 동일한 귀금속의 총량을 구성하지 않는

다. 귀금속 화폐들은 서로 충돌하고 경쟁한다.[4]

그래서 (은화와 비교해서) 금화의 가격이 폭등할 때마다 금화에 대한 수요가 늘었다. 그러면 금화는 곧 임의로 평가 절상된 **악화** 역할을 하게 되고 경쟁관계에 있는 양화인 은화를 시장에서 쫓아내게 된다. 매번 이러한 게임은 결코 우연히 일어나지 않았다. 만약 그런 일이 베네치아에서 끈질기게 반복해서 일어났다면, 그것은 베네치아 공화국과 레반트 사이의 무역을 활성화시키는 은의 대량 유출을 용이하게 하려는 목적에서였을 것이다. 비록 한계가 있었고 그에 따른 부수적인 결과들이 수반되었지만, 거기에는 시장을 조정하려는 강한 의도가 배어 있었다.[5] 가령 금화의 가격이 올라가면 자동적으로 상품 거래 가격이 높아지고 생활비가 비싸졌다. 게다가 1603년에는 오스만 제국으로부터 25만 체키노 금화가 예측하지 못한 상태에서 베네치아로 유입되었다.[6] 같은 시기에 토스카나 대공은 다른 사람의 명의로 20만 에퀴 금화를 베네치아 조폐국에 팔았고, "우리가 무지했던 결과로" 큰 위험 부담 없이 1만2,000에퀴의 차액을 챙겼다고 한 베네치아인이 이야기했다. 그는 밀가루 가격이 밀 가격과 연동되어 있는 것처럼 자신의 도시에서 금화가 영구적으로 은화와 정확한 비율로 교환되기를 희망했다.[7] 그 다음 일어날 일을 예상하는 것은 쉽다. 상대적인 은화 부족은 가장자리가 잘리고 가벼우며 귀금속 함량이 적은 은화에 보통 때보다 훨씬 더 활짝 문을 열어주게 된다. 이렇게 되면 이후 베네치아는 이 저품질의 은화의 유통을 막아야 하는데, 그것이 그렇게 쉬운 일이 아니었다.[8] 이 모든 문제들이 적어도 부분적으로는 레반트 지역으로 은을 수출할 필요성 때문에 발생한 것이었을까?

이러한 해석은 당대인들에게서 나온 것은 아니지만 시칠리아에서 발생한 이상한 상황에 대해서는 설득력을 가진다. 적어도 1513년 이후 줄곧 시칠리아에서 금화는 은화의 15배로 평가 절상되었다. 이러한 불균형으로 인하여 은화는 계속해서 시칠리아로부터 빠져나갔고, 나폴리 조폐국이 자신

들의 이익을 위해서 자주 했던 것처럼 금화로 은화를 구입해서 이를 녹이면 이익을 남길 수 있었다.[9]

다른 곳에서는 은화와 금화의 교환비를 둘러싼 게임이 좀더 다양했다.[10] 그러나 사람들이 여러 화폐의 성질과 상호적인 움직임, 즉 양화 대 악화, 강한 화폐 대 약한 화폐, 금화 대 은화, 때로는 금화 대 "검은 화폐"(합금 동화와 순수한 동화), 나중에는 금속 화폐 대 지폐 등의 문제에 관심을 가지게 되면서 이 교환비는 관찰의 대상이 되었다. "금"은 재산이나 부라는 일반적인 의미에서 보면, 결코 단일하고 동일한 성질의 것이 아니었다.

1. 수단의 금과 지중해

동쪽으로 빠져나가는 귀금속

언뜻 보기에 지중해에서의 귀금속 유통보다 더 단순해 보이는 것은 없을 것 같다. 몇 세기 동안 지중해에서는 아무런 변화가 일어나지 않았다. 귀금속은 옛 세르비아, 알프스, 사르데냐의 은광, 북아프리카와 이집트 너머에 있는 수단, 에티오피아, 심지어는 소팔래[노바소팔래]에서 채굴되는 사금, 또는 인 계곡 기슭에 위치한 슈바츠, 헝가리의 노이솔, 작센의 만스펠트, 프라하 근처의 구텐베르크 은광이나 에르츠게비르게의 광산으로부터 왔다.[11] 16세기 초부터는 신세계의 광산으로부터 귀금속이 들어왔다. 원산지가 어디든 지중해라는 생활공간에 들어온 귀금속은 항구적으로 동쪽으로 흘러나갔다. 흑해, 시리아, 이집트와의 지중해 무역은 항상 적자 상태에 있었다. 지중해의 귀금속 양을 고갈시키는 동쪽으로의 금화와 은화 유출 덕분에 지중해 무역은 극동과 연결될 수 있었다. 논란의 여지가 여전히 남아 있지만, 이러한 귀금속 유출이 로마 제국을 해체시켰다고 주장할 수 있을 것이다. 심지어 실론에서도 율리우스-클라우디우스 시대[27B.C.-68A.D.]의 화폐를 발견할 수 있다.[12]

그러나 지중해는 계속해서 이러한 파멸적인 유출을 제한하려고 노력했다. 로마 제국 시대의 알렉산드리아는 극동에서 구매한 상품 대금을 부분적으로 유리 제품으로 결제했다.[13] 중세 서유럽은 금과 은 대신에 노예를 수출했다. 비잔틴 제국은 유스티니아누스 황제 시대에 양잠업을 도입하여 오리엔트로의 화폐 유출을 줄이는 데에 성공했다.[14] 그러나 이러한 노력들은 지중해로 많은 상품을 수출하고 상대적으로 적은 양만 수입하는 극동 지역에 오랫동안 화폐로 지불해야만 했던 상황, 결국에는 지중해를 피폐시키는 상황을 두드러져 보이게 할 뿐이었다.

그래서 16세기와 그 다음 세기에는 베네치아, 제노바와 피렌체에서 주조된 금화와 특히 은화 그리고 이후에는 유명한 에스파냐의 8레알 은화가 향신료와 약재, 비단을 생산하는 넓은 아시아 지역에서 유통되었다. 귀금속을 지중해로 들여오기 위해서 자주 많은 노력이 필요했는데, 이 귀금속은 지중해의 유통망을 벗어나 동방으로 빠져나갔다. 넓게 보면 지중해는 귀금속을 모으는 기계 같았지만, 결코 이 귀금속을 충분하게 보유하지는 못했다.[15] 지중해는 귀금속을 비축했으나 결국에는 인도, 중국과 말레이 반도로 보내야 했다. 신대륙의 발견은 기존의 교역로와 가격체계를 뒤흔들 수 있었지만, 이 근본적인 현실을 바꾸지는 못했다. 왜냐하면 동방의 귀중한 상품들, 특히 베네치아 사람의 말을 빌리면, "모든 다른 향신료들과 함께 들어오는" 후추를 확보하는 것이 유럽인들에게는 여전히 더 중요했기 때문이다. 또한 과거처럼 16세기에도 귀금속의 구매력은 동방으로 가면 기독교 세계보다 훨씬 높았기 때문이다. 안토니오 세라[1613년경에 활동한 경제학자]에 따르면, 비록 베네치아는 귀금속 보유량을 유지하기 위해서 모직물, 유리 세공품, 거울, 금속 가공품과 구리를 레반트로 수출했지만, 1613년 무렵에도 여전히 매년 정화로 500만 두카트 이상을 레반트 지역으로 보내고 있었다.[16] 베네치아 상인들이 시리아에서 페르시아 만에 이르는 레반트[17]의 "항구 지역"에 파견한 대리인과 현지 주재원들의 역할은 정보를 수집하고, "조언을 듣고,"[18] 좋은 사업 기회를 찾는 것뿐만 아니라 상품을 사고파는, 즉 화폐를 사용하지 않고 물건을 팔고 사는 물물교환을 일상적으로 해야 하는 것이었다. 그러나 이런 우회거래를 줄이고 이윤이 남는다면 현금으로 지불하고 싶은 유혹이 크지 않았던 것은 아니었다. 1603년에 리알토 은행의 한 전문가는 다음과 같이 쓸 수 있었다.[19] "레반트로 보낸 현금은 항상 상품이 되어서 돌아온다." 1650년경 타베르니에는 "레반트로 가져간 현금을 다시 가져오는 것은 바람직하지 않으며 차라리 이윤을 남길 수 있는 좋은 상품에 투자하는 편이 낫다"고 지적했다.[20] 1668년 한 베네치아 사람의 이야기는 여전히 이집트로 에스파냐의 8레알 은화[21]를 가져가면 30퍼센트나 되는 이윤을 얻을 수 있었음을 명확히 보여준다.

이러한 상업 관행이 전체적으로 16세기와 17세기에도 비슷했던 것을 보면, 이 일방적인 상업 구조의 압력이 너무나 커서 모든 신용이 불가능할 정도였다는 것을 알 수 있다. 기독교 세계 전체에 유통되는 환어음은 예외적으로만 이슬람 세계로 유입되었으며, 그것 또한 너무 예외적이어서 거의 존재하지 않았다고 결론지을 수 있다.[22] 대금 결제의 압박에 항상 시달리던 기독교 상인들은 레반트 시장에서 40퍼센트, 때로는 그 이상의 이자를 지불하지 않으면 현금을 빌리기가 어려웠다. 1573년 라구사에서 작성된 문서는 이집트에서 포르투갈 출신의 유대인 상인이 이 비율로 자금을 빌려준 사례들을 보여준다.[23] 1596년에 베네치아 상인들은 시리아에서 어떤 대가를 치르더라도 물건을 구입하려고 했고, 결국에는 "투르크인"에게 30-40퍼센트의 이자를 지불하고 돈을 빌렸다. 그 결과 공화국 전체에 불명예를 가져올 정도의 파산이 여러 차례 벌어졌다.[24] 게다가 서유럽 도시들에서는 처음부터 귀금속 밀거래 시장이 존재했다. 베네치아에서는 10인 위원회의 간헐적이지만 엄격한 규제조치에도 불구하고,[25] 작은 은행들이 문과 창문을 닫은 채로 은밀하게 돈 거래를 했다.[26]

16세기 마지막 사분기에 프랑스, 영국과 플랑드르(정확하게는 네덜란드)

의 상인들은 레반트 무역에서 현금으로 모든 것을 구입했기 때문에 주도적인 위치를 확보할 수 있었다. 그들은 전통적인 사업 관행을 뒤집었고 오래된 베네치아 상업 가문들을 어려움에 빠뜨렸으며 가격을 천정부지로 올려놓았다. 신참들의 풋내기 같은 행동이다! 이후에도 프랑스 상인들은 현금 장사를 고수했지만,[27] 영국과 네덜란드 상인들은 재빨리 자신들의 상품인 모직물, 납, 구리와 주석으로 결제하는 데에 성공했다. 1583년에 영국 상인들은 구매의 4분의 1만을 현금으로 결제했다.[28]

그래도 이 돈만은 여전히 확보해야 했다. 지중해에서는 제노바, 리보르노, 베네치아, 안코나와 때로는 나폴리와 같은 큰 상업 중심지들이 상품이나 서비스의 대금을 일정 부분 비싼 귀금속 화폐로 결제했다. 그러나 사실 이곳들은 2차 공급원들이었을 뿐이다. 왜냐하면 은은 에스파냐의 세비야로부터 직접 이들 상업 중심지로 흘러들어왔기 때문이다. 그리고 영국 상인들이 세비야보다는 이탈리아의 항구도시들을 선호한 것은 1586년부터 1604년까지 에스파냐가 영국 상인들을 환영하지 않았기 때문이다.

세비아를 통해서 처음에는 금이 그리고 다음에는 은이 풍부해진 에스파냐 덕분에 지중해 전역과 세계 무역이 활성화될 수 있었다. 에스파냐는 이 귀금속들을 지키고 싶어했지만, 귀금속은 그들의 손에서 빠져나갔다. 그렇지만 이러한 귀금속 수급은 새롭고 혁명적인 현상이었다. 시기적으로 지리상의 대발견의 시대보다는 더 늦은 시기에 발생했지만 말이다.

수단의 금: 초기 역사

16세기 이전, 즉 아메리카의 금과 은이 들어오기 이전에 지중해 세계는 때때로 가까운 주변에서, 그리고 더 자주 멀리 떨어진 지역에서 교역에 필요한 귀금속을 확보했다. 그 역사는 매우 길며 전체적으로 잘 알려져 있다. 다만 16세기 중반에 종결된 그리고 우리가 줄여서 수단 금의 시대라고 부르는 이 긴 역사의 마지막 단계는 최근까지도 덜 자세히 알려져 있는 듯

하다.[29]

대담한 역사가들은 사하라 교역의 시작을 10세기로 잡는다. 그러나 모든 정황을 볼 때 시작점이 좀더 과거로 거슬러올라가야 하며, 사하라 교역이 사막에 낙타가 도입되기 이전인 기원후 2세기에 시작되었을 수도 있다. 왜 냐하면 그 전에는 "가라만테스 산맥의 말과 소가 리비아 사막의 짐수레를 끌었기 때문이다."[30] 수단의 사금은 10세기 이전에 북아프리카로 들어와서 10세기 이후에는[31] 아프리카 남부의 니제르 강의 만곡부에 결속력이 있고 괄목할 만한 국가를 출현하게 만들었으며 북부의 마그레브 지방에 오랑과 알제 같은 새로운 도시들이 세워지는 데에 일조했던 것 같다. 이베리아 반 도의 이슬람 세력은 금화인 디르함(dirham)을 주조하는 데에 필요한 원료를 북아프리카에서 확보했다. 그들의 지배자들이 이미 10세기에 세우타[32]라는 중요한 거점에 자리잡고 있었던 덕분이었다.

그러나 수단의 금은 서지중해 이슬람권인 북아프리카와 이베리아 반도 가 번성하는 데에 기반을 제공했을 뿐만 아니라 그 이상의 역할을 했다. 12세기까지만 해도 서지중해 이슬람 세계는 주요 교역 노선으로부터 소외 되어 자급자족하며 살아야 했다. 그런데 수단의 금이 이 지역을 지중해의 거대한 역사와 연결시켰다. 수단의 금은 14세기부터, 아마도 말리의 국왕 만사 무사가 메카로 떠들썩한 순례를 한 1324년 이후부터 지중해에서 광범 위하게 유통되기 시작했던 듯하다.[33] 금화 공급자인 북아프리카는 점차 모 든 지중해 세계의 동력원이 되어갔다. 15세기에는 기독교 상인들이 북아프 리카로 진출했고,[34] 세우타, 탕헤르, 페스, 오랑, 틀렘센,[35] 부지, 콩스탕틴[36] 과 튀니스에 큰 어려움 없이 기반을 확립했다. 다음 세기에는 모험 군인들 이 들어왔고, 1354년에 필립포 도리아가 "금이 풍부한 도시" 트리폴리[37]를 약탈한 것처럼 해적들의 습격이 있었다. 그리고 아라곤과 카스티야의 원대 한 북아프리카 정복 계획도 있었다.[38] 15세기는 상인의 차례였다. 이제부터 역사는 상업 계약, 특권, 구입과 거래만을 언급하기 시작했다. 기독교 상인들은 동지중해에서 투르크의 팽창으로 어려움을 겪자, 북아프리카에서 만회를 꾀했다.[39] 마그레브 지역은 카탈루냐 상인들뿐만 아니라 마르세유와 프로방스 상인들,[40] 라구사 상인들,[41] 시칠리아 상인들,[42] 베네치아 상인들에게도 개방되어 있있다는 장점이 있었다. 베네치아 정기 선단은 북아프리카의 트리폴리, 튀니스, 알제, 본[안나바], 오랑에 취항하고 있었다. 마그레브 시장은 제노바 상인들에게도 열려 있었다. 1573년 [레판토 해전에서] 승리한 에스파냐인들은 튀니스에서 제노바 상인들의 상관뿐만 아니라 오래된 저수조를 발견했다. "성실한 상인들의 도시" 틀렘센에는 모든 기독교 세계의 "국민"이 진출해 있었다. 경주용 말 구입업자였던 곤차 가문[이탈리아 만토바를 1328-1627년에 지배한 가문]의 대리인들은 제노바와 베네치아에서처럼 튀니스와 오랑에서도 자유롭게 사업 활동을 했다. 그들은 (바르바리에서 확립한) 기독교 상인의 신용을 기반으로 발행된 환어음을 이용해서 말을 구입했고, 이 성가신 동행자인 말을 베네치아 갤리 선에 태워 귀향하곤 했다.[43] 1438년 아라곤의 관대왕 알폰소는 기근이 강타한 트리폴리와 튀니스에 시칠리아의 곡물을 공급하고 대금으로 받은 금으로 2만4,000베네치아 두카트를 주조해서 나폴리와의 전쟁 비용으로 충당했다.[44]

금과 노예무역 덕분에 상인들은 멀리 남쪽으로 투아트 지역과 니제르 강까지 더 신속하게 진출할 수 있었다.[45] 기독교 세계가 북아프리카 시장에 공급한 직물, 커지, 철제 제품들, 잡화류는 사하라 사막 너머로도 수출되었다. 마그레브 지역은 정치적 결속력이 약했기 때문에 이런 방식의 상품 침투와 통과가 용이했다. 역사적으로 볼 때 마그레브는 지리적, 문화적 그리고 정치적으로 세 지역, 즉 마리니드 왕조의 모로코 지역, 자이얀 왕조의 틀렘센 지역, 하프시드 왕조의 이프리키아 지역(튀니지 지역)으로 나뉘어 있었다. 그러나 각각의 지역은 또다시 고립 지역, 반대파 지역, 반항적인 산악 거주민 지역, 독립적인 도시들로 나뉘어 있었다. 오랑과 세우타는 진정한 도시 공화국이었다. 가장 정보가 많은 사람들조차 북아프리카를 농촌 지역으로만 간주하는 실수를 저지른다. 14-15세기 북아프리카에서는 도시가 때로는 주변 농촌 지역과 함께 비약적으로 발전했다. 이들 도시들은 지중해뿐만 아니라 아프리카 남부, 즉 흑아프리카 나라들과도 접촉하면서 생존했다. 비토리노 고디뇨가 쓴 것처럼, 사하라 사막 끝에서 기니 만을 연결하는 이 노선은 "지리적, 경제적으로 주어진 조건에 따라서" **구조화된** 오래된 시스템을 형성하고 있었다.[46]

사금(티바르[47]), 흑인 노예, 주석, 소금, 직물, 이 다섯 가지 상품이 무역을 지배했다. 흑인들은 앞의 두 상품을 보유하고 있었다. 북아프리카의 낙타 대상들과 남아프리카의 짐꾼들이나 카누 대상들은 경계 지역에서 서로의 상품을 거래했다. 전체적으로는 북쪽, 즉 이슬람과 그 너머의 유럽 상인들이 이익을 차지했다. 1450년 말리에서는 소금이 금과 같은 무게로 거래되었다는 이야기도 있다.[48] 어쨌든 레오 아프리카누스에 따르면, 1515년에 베네치아 직물이 통북투에서 엄청나게 비싼 가격으로 팔려서 그곳의 귀족들이 레반트나 마그레브 상인들에게 많은 빚을 지고 있었다고 한다.[49] 이 시기의 전반적인 경제적 상황은 이러했다. 그러나 지역경제 역시 일정한 역할을 하고 있었다. 요컨대 금의 경우 모든 상황은 실제로 잘 알려진 세 곳의 사금 생산지, 즉 세네갈 북부, 니제르 북부, 기니 만 해안 지역의 생산 유연성에 달려 있었다.[50]

기니의 포르투갈인들 : 금은 항상 지중해로 들어온다

포르투갈인이 아프리카 서해안으로 진출한 것은 매우 중요한 사건이었다. 블랑 곶에서 서유럽의 탐험가들과 바르바리 지방의 무어인들 간의 교류가 진행된 이후부터 적은 양이지만 사금이 대서양 지역으로 유입되기 시작했다. 포르투갈인은 1440년경 기니 만에 도착했고 강 하구 지역들이나 지역 정기시들에서 아프리카의 노예, 금과 상아가 색깔은 화려하지만 보통 품질이 낮은 직물, 반지, 팔찌, 구리 대야, 거친 모직물뿐만 아니라 밀이나 말과도 물물교환되었다. 1444년, 흑인 노예를 실은 첫 번째 선단이 포르투갈의 라고스 항에 입항했다. 그리고 1447년에는 포르투갈의 첫 금화 크루자두(cruzado)가 만들어졌다. 1460년에 항해 왕자 엔리케가 사망했을 무렵 기니 만 연안 지역에는 거의 모든 것들이 들어와 있었다. 포르투갈은 본국에서 들어온 재료, 특히 사전에 재단한 석재로 불과 몇 주일 만에 갑자기 상 호르헤 다 미나 성을 건설함으로써 1482년 1월, 그 지역에 대한 정복을 완수했다.

곧바로 포르투갈이 (금, 노예, 상아, 후추 대용품인 말라게타 교역으로) 큰 이익을 얻었던 것은 분명하다. 금 채굴 사업은 왕과 개인업자의 이름으로 이루어졌다. 1500-1520년 사이 연간 700킬로그램 정도의 금이 수출되었다.[51] 1520년 이후 금 수출이 눈에 띌 정도로 줄었고, 1550년 무렵에 시작된 장기적 위기는 1580년대까지 더 늦게는 1600년대에 접어들 때까지 계속되었다. 네덜란드의 금 채굴 사업은 1605년부터 시작되었다. 따라서 아프리카 금 교역을 세 시기, 즉 1440년부터 1520-1550년까지의 뚜렷한 성장기, 이후 1550-1600년의 장기간의 침체기, 마지막으로 새로운 세기의 회복기로 나눌 수 있다.[52]

가장 문제가 되는 것은 1520년부터 1600년에 이르는 장기간의 후퇴였다. 이 사태의 원인은 다음 세 가지였다. 첫째, 포르투갈은 이 쇠퇴기 동안 영국, 프랑스, 에스파냐와 경쟁해야 했다(이에 대한 증거는 많다). 둘째, 포르투갈의 함대와 주둔부대를 유지하기 위한 채굴 사업비용이 증가하여 금이 지나칠 정도로 비싸졌다. 이러한 이유들은 수긍할 만하다. 마지막으로 아메리카산 금과 경쟁해야만 했다. 신세계의 첫 수출품은 금이었는데, 1551년부터 1560년까지 **공식적으로 43톤의 금**, 즉 매년 4톤 이상의 금이 세비야로 들어왔다. 이에 비해서 대서양에 면한 아프리카 해안으로부터는 최대 700킬로그램의 정도의 금이 들어왔다.

그러나 중요한 것은 1440년부터 1520년까지 대서양을 통한 금 개발 사업이 아프리카 금이 사하라 사막을 통해서 북아프리카와 그 너머의 지중해에까지 유입되는 것을 막지는 못했다는 것이다. 시칠리아에서 금화를 주조한 것과 시칠리아 섬으로부터 금화나 금괴를 재수출한 사례들이 그 증거이다. 1455년처럼 1489년에도[53] 막대한 양(7만5,000퀸탈)의 시칠리아산 곡물이 아프리카로 수출되었고 반대급부로 약 반 톤의 금이 시칠리아로 들어왔다. 또다른 증거는 베네치아 상인의 활동이다. 사실 베네치아의 북서 아프리카 행 갤리 선단은 계속해서 마그레브 지방으로 운항했고 그곳에서 금을 선적했기 때문이다. 1484년 12월, 2척의 베네치아 갤리 선이 가톨릭 공동국왕의 함대에 의해서 나포당했다. 베네치아는 그중 1척에 엄청난 양의 금이 실려 있었다고 소송 과정에서 말했다.[54] 1505년과 1506년 베네치아 상인 미키엘 다 레제는 북서아프리카행 갤리 선단에 탑승한 자신의 대리인에게 사업 지침을 전달했다.[55] 레제는 두 번의 여행 모두에서 자신의 대리인에게 은화와 직물을 맡겼다. 첫 번째 여행에서는 은화, 즉 조폐국의 화폐 2,000두카트와 진홍색 모직물을, 두 번째 여행에서는 조폐국의 금화 3,000두카트와 알레포산 캠릿과 영국산 모직물 커지를 맡겼다. 대리인은 이 물건들을 판매하고 그 대금으로 양질의 금을 최대한 확보해야 했다. 물론 이것이 사금 형태로 들어왔기 때문에 대리인은 갤리 선단이 에스파냐에 정박할 때 발렌시아 조폐국에서 사금을 금화로 주조하여 가능하면 모직물을 구입하는 데에 이용해야 했다.

　10여 년 후에도 이 무역은 계속 유지되었다. 1519년 7월 15일 베네치아 정부는 3척의 소형 갤리 선에 코르푸 섬을 떠나 튀니스로 가서 북서 아프리카행 갤리 선단에 실려 있는 금과 다른 비싼 상품들을 자라[자다리]로 수송하라는 명령을 내렸다.[56] 1521년 6월에도 비슷한 지시가 있었다. 상인들은 튀니스에 남아 있는 상품을 베네치아로 수송할 것을 주문했다.[57] 문서보관소에는 이러한 교역을 증명하는 다른 많은 사료들이 보관되어 있다.[58] 이것이 단지 교역이 쇠퇴하면서 남긴 잔향에 불과했을까? 그러나 대서양 노선

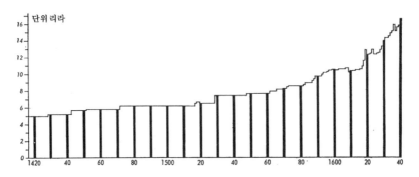

도표 38. 베네치아 금화 체키노의 가치 변동

이 포르투갈의 교역을 위해서 열린 것은 거의 75년 전의 일이었다. 프랑스도 거의 비슷했다. 몽펠리에 조폐국에서 1518년에 작성한 보고서는 "바르바리 지방과의 교역이 거의 중단되었다"고 설명하면서, "그곳의 사금이 이곳 조폐국이 아니라 다른 곳으로 수송되고 있다"는 말을 덧붙였다. 또다른 증언에 따르면, "전쟁 때문에 바르바리 지방으로부터 더 이상 금이 들어오지 않는다"고도 했다. 그러나 이 증언은 1526년 10월 10일의 것이었다.[59] 1525년에는 마지막 북서 아프리카행 갤리 선단이 출항했다. 따라서 이후에 있었던 10인 위원회의 결정[60]을 정확히 분석해보면, 베네치아로 유입되는 금이나 재주조할 금화의 양이 줄어들기 시작한 것은 대략 1524년 무렵이었던 것 같다. 하지만 1524년부터 1531년까지[61] 여전히 29,617마르크, 즉 연간 4,231두카트가 주조되었고, 이는 북서 유럽으로 운반되는 수단산 금의 3배에 해당했다. 베네치아로 들어오는 금이 북아프리카 시장에서만 온 것은 아니었다는 뜻이다.

그러나 명확한 기록이 없기 때문에 두카트의 운명을 변화시킨 배후 요인이 무엇이었는지에 대해서는 확실하지 않다. 두카트는 1517년부터 실제 금화로 발행되지 않았고, 6리라 4솔도라는 변하지 않은 교환가치를 가진 계산화폐가 되었다. 계산화폐를 오늘날의 은행권과 유사하다고(때로는 이렇게 이해하는 것도 매우 좋은 방법이다), 1517년의 상황을 우리 시대에 자주 발생하는 인플레이션들과 유사하다고 가정하면서 베네치아 화폐가 금 본위에서 이탈했다고 결론짓지는 말자. 살아 있는 화폐였던 두카트는 가상의 화폐 단위인 솔도와 리라와 같은 범주의 계산화폐가 되었고, 나중에는 최상위의 계산화폐 단위가 되었다. 1517년에 실질화폐인 체키노의 가치는 6리라 10솔도로 두카트보다는 6솔도 높았다. 10년 후인 1526년 체키노의 가치는 7리라 10솔도였다.[62] 이것이 단지 금을 끌어모으기 위해서 이루어진 과다 지불이었을까?

콩종튀르의 원인들

금 교역의 번영과 위기는 서로 연결되어 있었다. 기니의 금은 리스본에 도착하자마자 거대한 시장의 흐름 속으로 빨려들어갔다. 안트베르펜에서는 독일 광산에서 채굴한 은과 만났고,[63] 지중해에서는 무역수지 균형을 맞추는 역할을 했다. 마찬가지로 아메리카의 금은 처음에 세비야에 들어오자마자 이러한 강제적인 흐름 속에 빨려들었고 지중해도 그 흐름에서 자기 몫을 가지고 있었다. 제노바 상인들은 신대륙 발견 이전부터 세비야에서 아프리카의 은을 구입하고 있었다. 아마 두 해상 지역인 대서양과 지중해 연안에서 있었던 1520년대 수단산 금의 위기는 아메리카 대륙의 금이 유입되어 초래된 결과였던 듯하다. 당시 밤부크의 금은 일부 해외 고객을 잃게 되었고 북아프리카 지역에만 공급되게 되었다. 밤부크의 금이 16세기 내내 북아프리카(광의의 의미에서)에서 거래되었다는 것은 확실하다.

그러나 한 권은 출판되고[64] 다른 한 권은 아직 출판되지 않은[65] 훌륭한 두 연구 덕분에 이전보다 더 잘 알게 된 것이지만, 아메리카에서의 사금 채취는 오랫동안 최고 생산량을 유지하지 못했고 세기 중엽 아마도 1530-1534년부터는 중단되었다. 예상할 수 있듯이, 그 여파로 1537년에 카스티야에서 평가절하가 발생했고, 그래서 만들어진 에스쿠도(escudo, 코로나[corona] 또는 피스톨레테[pistolete])가 그라나다의 엑셀렌테(excellente)를

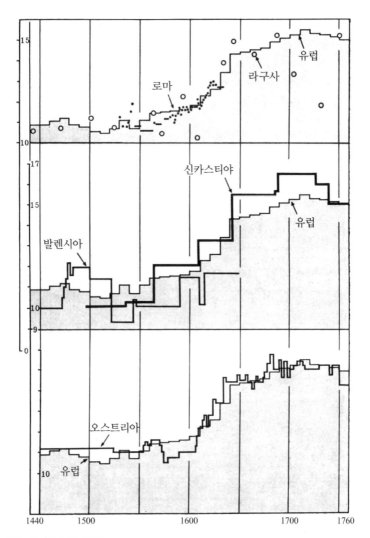

도표 39. 금-은 교환 비율

이 그래프는 케임브리지 경제사 제4권에 수록되었다(브로델과 스푸너도 저술에 참여한 이 책은 1967년 출간되었으며 프랑스어 번역본 *Ecrits sur l'histoire*는 1990에 출간되었다). 그래프의 회색 부분이 정확히 보여주는 것처럼 유럽에서 귀금속 평균 교환 비율(금-은 교환 비율)은 대체로 18세기 초까지 계속해서 악화되었다. 첫 번째 그래프에서 로마와 라구사에서의 시세(남아 있는 정보가 단편적이다)가 유럽 전체의 평균선과 비교하여 얼마나 차이가 있는지를 확인할 수 있다. 두 번째 그래프는 발렌시아와 신(新)카스티야와의 차이를, 세 번째 그래프는 오스트리아와의 차이를 보여준다. 자생적으로 발생했든 인위적으로 초래되었든 이러한 차이들은 투기를 야기했고 때로는 금 또는 은의 이동을 초래했다. 17세기에는 금의 상대적 가치가 크게 상승했음을 지적해야 할 것이다.

너의 주장을 빌리면,[68] 당시까지 경제는 **상대적인** 금 인플레이션에 의해서 좌우되었다. 금이 풍부해지면 그 여파로 은광과 구리광의 개발이 활발해졌다. 왜냐하면 금에 비해 은과 구리의 가치가 올라갔기 때문이다. 이것은 사회와 경제의 최상층에 있는 부자, 특권층, 권력자들에게만 혜택이 돌아가는 이상한 인플레이션이었는데, 역사가라면 위험을 무릅쓰고라도 이런 종류의 인플레이션을 유형화시켜볼 수 있을 것이다. 그러나 1530-1540년대부터 1560년대까지의 어려운 시절에는 상대적으로 풍부했던 금을 둘러싼 게임도 끝이 났다. 그후 긴 경기 변동의 국면들이 있었고, 결국에는 사전에 그 혼란을 예측할 수 있었던 엄청난 은 인플레이션이 도래했다. 우리가 그런 표현을 쓸 수 있다면, "은의 콩종튀르"는 "금의 콩종튀르"[69]를 대체했고, 1680년대[70] 브라질의 금이 처음으로 등장하는 시기까지 지속되었다.[71]

수단 금의 북아프리카 유입

중요한 시기였던 1520년대-1540년대에 북아프리카에서 정확히 무슨 일이 발생했는지, 유럽과 바르바리 지방 사이의 교역 위기를 초래한 정확한 원인이 무엇인지에 관해서는 알려진 바가 거의 없다. 에스파냐의 팽창,[72] 즉 1509년 오랑 점령, 1510년 트리폴리 점령, 1518년 틀렘센 점령[73]이 일정 정도의 위기를 초래했을 가능성이 있고, 더욱 중요하게는 투르크와 이집트의 이슬람 세력의 재정복의 "파도"가 교역 위기를 초래했을 수도 있다. 이슬람의 재정복은 마그레브 지역이 "유럽 시장으로" 편입될 수 있는 가능성을 차단해버렸다.[74] 어쨌든 서지중해로의 금 수출이 사실상 중단되었을지라도[75] 수단 금은, 특히 북아프리카에서 투르크인들과 샤리프들이 확고한 지배체제를 재확립한 이후에도 계속해서 북아프리카 도시들로 유입되었다. 16세기 말 아에도가 이야기하는 루비아스, 지아나스, 도블라스, 솔타니아스 (즉 체키노) 같은 화폐를 주조하는 데에 사용된 금이 바로 사하라의 금이었다.[76] 솔타니아스는 알제에서 순도가 높은 금으로 주조되었던 반면 나머지

화폐들은 틀렘센에서 품질이 매우 낮은 금으로 만들어졌다고 한 영국인이 지적했다.[77] 이 품질이 낮은 금은 알제리 여성들을 위한 팔찌를 만드는 데도 사용되었다.[78] 틀렘센의 금화는 동으로 튀니스까지, 남으로 흑인 왕국들에까지 유통되었고, 카빌리아 산악지대로도 침투했으며 오랑 지역에서도 통용되었다. 16세기 말에 디에고 수아레스는 이 지역의 금화는 투르크인들이 이 왕국을 점령한 이후보다 이전 시기에 순도가 더 높았다고 기록했다.[79] 1580년 무렵 여러 화폐들이 유통되었던 알제의 화폐시장에서 두각을 나타낸 모로코의 모티칼(motical) 금화를 주조하는 데에도 수단 금이 사용되었다.[80] 1573년 10월에 돈 후안은 튀니스를 점령했다. 그는 그곳에 머무르기로 결정하고 나서 마드리드로 장문의 보고서를 보냈는데, 그 보고서에서 튀니스의 하프시드 왕조 군주들의 모든 재정 수입을 아주 세세하게 열거했다. 그는 관세, 세금과 통행세 이외에도 티바르의 금에 대해서도 언급했다. 티바르의 사금(or de Tivar)이라는 표현이 중복어법이라는 것을 중요하게 생각할 필요는 없다[Tivar는 사금이라는 뜻이다]. 튀니스를 이러한 모든 장점들로 가득한 곳으로 소개하고 싶었던 돈 후안의 주장을 문자 그대로 받아들일 필요가 있을까? 그러나 모든 세부적인 이야기들이 완전히 꾸며낸 것일 가능성은 낮은 것 같다.[81] 어쨌든 사하라 교역을 통해서 흑인 노예가 지속적으로 북아프리카의 트리폴리로 유입되었고(그에 관해서 1568년의 증거 자료를 가지고 있다),[82] 노예와 함께 사금도 트리폴리로 들어왔음이 확실하다.[83] 어떤 기록도 17세기에 금이 지중해의 상하이[84]이자 교역에서 큰 이익을 얻었던 도시 트리폴리로 들어오지 않았다고 말하지 않는다. 만약 그 반대 현상이 벌어졌다면, 그것이 더 놀라운 일이었을 것이다.

마지막 증거를 살펴보자. 흑인 지역으로부터 오는 금과 노예라는 유혹을 고려하지 않으면 1543년, 1583년과 1591년[85] 샤리프들의 원정(1591년의 마지막 원정은 통북투 정복으로 마무리되었다)도 1552년 살라흐 레이스[1488-1568, 오스만 투르크의 제독이자 해적 두령]의 우아르글라에 대한 진출 시도[86]도 거의 이해할 수 없을 것이다. 모로코의 "쇼르파(chorfa)"의 발전을 금 교역 재개와 연결시켜서 설명하는 고디뇨의 주장은 설득력이 있다. 16세기가 끝날 즈음에 수단 금은 마그레브 지방뿐 아니라 대서양 지역에도 다시 나타났다.[87] 아마 이 교역에서 마그레브는 기독교 국가들과의 교역을 확대하고 싶은 추가적인 욕구를 느꼈을 것이다. 이 모든 증거들이 틀리지 않다면, 마그레브는 당시 다시 경제적 부흥기를 맞았다.[88]

2. 아메리카 대륙의 은

지중해로 금을 공급했던 아프리카의 금 산지들의 역할을 대신하게 된 아메리카는 그후 좀더 광범위한 수준으로 독일의 은광들을 대체했다.

아메리카와 에스파냐의 보물

아메리카산 귀금속의 에스파냐 유입에 관한 수치 자료와 공식 문서들을 통해서 우리가 알 수 있는 모든 것은 얼 J. 해밀턴의 연구에서 나왔다. 초기에 양은 얼마 되지 않았지만, 16세기에 아메리카로부터 첫 귀금속이 유럽으로 들어오기 시작했다. 1550년대까지는 금과 은이 함께 들어왔다. 금이 상대적으로 덜 중요해진 것은 16세기 후반에 들어서였다. 이후 갤리온 선들은 은만 세비야로 들여왔는데, 그 양이 엄청났다. 아메리카에서 수은으로 은을 처리하는 신기술을 사용하기 시작했기 때문이다. 1557년에 에스파냐인 바르톨로메 데 메디나가 에스파냐령 신대륙에 도입해서 포토시[89] 광산에 적용한 이 혁명적인 아말감 기술은 1571년 이후 수출량을 10배로 증가시켰다. 1580-1620년의 은의 수출량은 최고치에 다다랐으며, 이 시기는 에스파냐 제국의 위대한 번영기와 일치한다.[90] 1580년 1월, 돈 후안 데 아디아케스는 그랑벨 추기경에게 보낸 편지에서 이렇게 썼다. "국왕께서 황제도 자신만큼 필요한 업무 자금을 가지고 있지는 못할 것이라고 말씀하시는

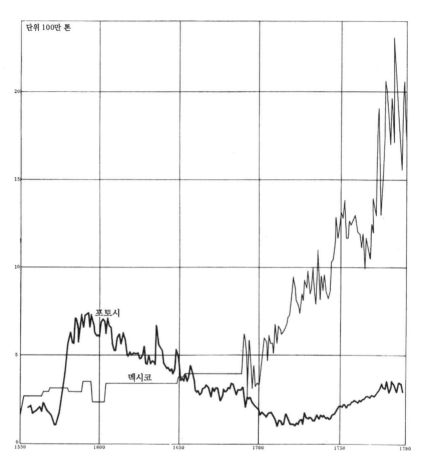

단위 100만 톤

포토시

멕시코

1550   1600   1650   1700   1750   1790

도표 40.

포토시의 그래프, M. Moreya Paz-Soland, "Calculo de los impuestos del Quinto y del Ensyamiento en la Mineria Colonial", in Historia, IX, 1945.

멕시코에서의 화폐 주조량 그래프, W. Howe, the mining of New Spain, 1770-1821, 1949, p.453 ff에 의거한 것이다. 아메리카 은의 첫 번째 대규모 붐을 일으켰던 것은 포토시였다. 18세기 말에 비약적인 발전을 보인 멕시코 광산만이 그 기록을 깰 수 있었다.

것은 당연합니다……."[91] 몽크레티앙에 따르면,[92] 인디아[유럽인들은 아메리카를 인디아라고 생각했다]는 자신의 부를 "토해내기" 시작했다.

이 은이 흘러들어간 곳은 사방에 관세 장벽을 치고 보호주의를 고수하던 에스파냐였다. 귀금속의 수입과 수출을 엄격히 통제하려고 했던 이 의심

많은 정부의 승인 없이는 어떤 것도 에스파냐로 들어오고 나갈 수 없었다. 따라서 원칙적으로 아메리카의 막대한 부가 에스파냐로 들어가면 흘러나올 수 없게 되었다. 그러나 완벽하게 갇히는 것은 아니었다. 만약 완벽하게 갇혔다면, 에스파냐 의회가 그렇게 자주, 즉 1527년, 1548년, 1552년, 1559년 그리고 다시 1563년[93] 귀금속이 유출되어 계속해서 국가를 가난하게 만든다고 불평하지는 않았을 것이다. 그래서 그렇게도 자주 에스파냐 왕국은 "다른 외국 왕들의 인디아"였다고 이야기되었던 것이 아니었을까?[94]

사실상, 귀금속은 계속해서 에스파냐의 금고를 빠져나가 세계를 돌아다녔다. 빠져나가자마자 곧바로 귀금속의 가치가 높아졌기 때문에 더욱 그러했다.[95] 몇몇 공급자들이 거래의 주도권을 쥐게 되었다. 에스파냐가 값비싼 마직 돛을 구입하려면 프랑스에 의존해야 한다고 생각한 몽크레티앙은 17세기에도 계속해서 "그들이 배를 가졌다면, 우리는 그들의 날개를 쥐고 있다"라고 주장할 수 있었다.[96] 마직 돛이나 밀은 현금을 지불하지 않고는 구할 수 없는 상품들이었다. 그러나 지중해와 다른 지역 상인들도 화폐를 확보하는 일이 절박했기 때문에 당연히 귀금속 밀수가 헤아릴 수 없을 정도로 많이 저질러졌다. 어느 날 생 말로의 르 크루아상이라는 이름의 프랑스 선박이 은을 불법적으로 거래하다가 안달루시아에서 나포되었다.[97] 마르세유의 두 소형 선박이 리옹 만에서 나포되었는데, 이 선박들에는 에스파냐 화폐가 실려 있었다.[98] 프란세스 데 알라바는 1567년에 프랑스로 많은 돈이 유출되고 있다고 지적했다.[99] 알라바는 "리옹에서 나에게 편지를 보내왔습니다. 이 도시의 세관 보고서에 따르면, 어떤 사람이 에스파냐에서 리옹으로 90만 두카트 이상(그중 40만 두카트는 금화)을 들여오는 것을 확인했습니다.……이 돈은 가죽 가방 속에 숨겨져 아라곤 지역으로부터 유출된 것이라고 합니다.……그리고 모든 돈은 칸프랑 지역을 경유하는데, 또한 국왕 전하의 허가 없이 상당한 양의 돈이 파리와 루앙으로도 흘러가고 있습니다"라고 설명했다. 1556년 베네치아 사람 소란초는 매년 550만 에퀴 금화

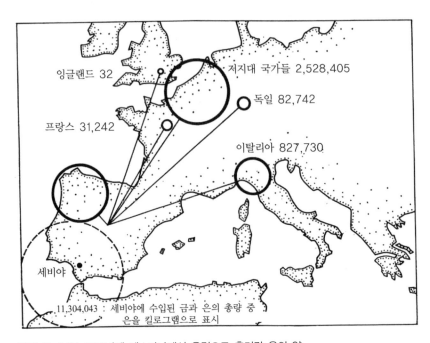

도표 41. 1580-1626년에 에스파냐에서 유럽으로 흘러간 은의 양

이것은 상인들과 체결한 아시엔토 계약을 통해서 살핀 가톨릭 왕이 사용한 지출비용이다. 이 그림을 보면 가장 많은 돈이 네덜란드에서 지출되었다는 사실을 알 수 있다. 상대적으로 덜 알려진 것인데, 에스파냐 왕실과 국방을 위해서 지출한 돈이 순서상 그 다음이다(1580년은 대서양을 차지하기 위한 전쟁이 시작된 해이다. 해안으로부터 침략을 받은 이베리아 반도를 방어해야 했다). 그 다음 상대적으로 적은 돈이 이탈리아에서 지출되었다. 그리고 프랑스와 관련된 지출은 거의 없었다. 프랑스는 에스파냐에 팔 만한 것이 없었고, 내부적인 혼란에 빠져 있었다. 당연히 이 지출들은 에스파냐 정부의 지출이었고, 에스파냐에서 유럽으로 흘러간 귀금속의 총량은 아니었다. F. C. Spooner의 그림, Alvaro Castillo Pintado의 수치와 계산에 의거한 것이다.

에 해당하는 돈이 프랑스로 들어온다고 주장했다.[100] 에스파냐에 터를 잡은 외국 상인들은 주조된 화폐를 계속해서 자국으로 송금했다.[101] 1554년[102] 포르투갈 대사는 펠리페 왕자의 비밀 명령을 받은 돈 후안 데 멘도사가 카탈루냐에서 이탈리아로 가는 갤리 선에 승선한 승객들을 수색한 결과, 7만 두카트를 몰수했고, 그중 대부분은 제노바 상인들의 소유였다고 보고했다. 요컨대 에스파냐는 귀금속을 그렇게 잘 지키지 못했다. 그리고 역사가들이 대개 이용할 수 있는 증거 자료인 공적인 감시 기록은 우리가 알고 싶어하는 모든 것들을 이야기해주지 않는다.

밀반출 이외에 합법적인 유출도 있었다.[103] 그래서 에스파냐에 곡물을 공급하는 모든 공급자들은 자유롭게 반출할 수 있는 화폐로 지불받을 명시적인 권한을 가지고 있었다. 그러나 가장 많은 양의 은을 유출시킨 원인은 에스파냐 국왕 자신과 전반적인 정책 기조였다. 푸거 가문이 그들의 슈바츠 광산에서 채굴한 은을 아우크스부르크에서 사용하여 수익을 올린 것과는 달리 에스파냐의 합스부르크 가문은 은을 국내 투자에 사용하여 다양한 투자 이익을 창출하는 대신에 국외로 유출시키게 되었다. 해외 유출량은 카를 5세 시절에 이미 상당했고, 펠리페 2세 시대에는 방대한 양이 되었다. 종종 이것이 분별없는 정책이었다고 이야기된다. 제국이 그만큼의 가치가 있었는지, 제국 유지 그리고 좀더 자주는 단순한 제국 방어를 위해서 그렇게 큰 희생을 감수해야 했는지 의문스럽다는 것이다. 역사가 카를로스 페레이라는 전부는 아니지만 적어도 아메리카 귀금속의 상당 부분을 집어삼켰던 네덜란드 문제에 대한 에스파냐의 어리석은 행동에 주목했다. 그러나 에스파냐는 네덜란드를 포기할 수 없었다. 만일 포기했다면, 본국에서 더 가까운 곳에서 전쟁이 일어났을 것이다.

어쨌든 귀금속이 넘쳐났던 이베리아 반도는 원했든 원하지 않았든 간에 귀금속의 저장고 역할을 했다. 귀금속이 신세계로부터 에스파냐로 어떻게 들어왔는지를 안다고 주장하는 역사가들이 풀어야 할 문제는 귀금속이 에스파냐에서 어떻게 다시 빠져나갔는지를 확인하는 것이다.

아메리카 대륙의 귀금속이 안트베르펜으로 들어오다

16세기 전반기에 에스파냐의 귀금속은 진정한 대서양의 중심지인 안트베르펜으로 유출되고 있었다. 당시 안트베르펜은 리스본과 세비야보다 더 중요하지는 않았을지라도 그에 못지않게 중요했다. 안트베르펜 문서들은 스헬데 강의 마을들과 멀리 떨어져 있는 대서양 연안 지역들, 즉 아프리카

서부, 신생 브라질과의 교류를 보여준다. 셰츠 가문은 상 비센테 섬[브라질 남동부] 근처에서 설탕 정제소(engheno)를 보유하고 있었다. 1531년에는 안트베르펜에 증권거래소가 설립되었다. 이 시기 이후 에스파냐의 은은 비스카야 지역의 대형 사브라 선(zabra)에 의해서 안트베르펜과 브뤼헤로 수송되었다. 1544년에도[104] 여전히 비스카야 지역의 선박들이 이 업무를 맡았고, 그해에는 추가로 에스파냐 보병들을 수송하기도 했다.[105] 1546-1548년,[106] 1550-1552년[107]에도 마찬가지로 비스카야 선박들이 수송을 담당했다.

이것은 잘 알려진 사실이었다. 1551년 봄, 베네치아 대사들은 페루에서 온 80만 두카트 어치의 은이 네덜란드에서 주조되어 15퍼센트의 이익을 남겼다고 본국 정부에 보고했다. 네덜란드는 은 대금으로 에스파냐에 대포와 화약을 제공하기로 했다.[108] [앙리 2세에 의한] 인스부르크 기습이 있었던 1552년에 카를 5세의 비극적 상황은 에스파냐의 보호 장벽을 활짝 개방하도록 만들었다.[109] 그 결과 개인의 귀금속 수출은 줄었지만, 국고로부터의 수출은 대폭 증가했다. 이것이 에스파냐에서 기반을 잡고 활동했던 외국 상사들이 에스파냐 정부의 귀금속 수출 대리인이었다는 점을 이용하여 계속해서 본국으로 귀금속을 송금하는 일을 가능하게 했다. 외국 상사들에게 귀금속 송금은 생사가 걸린 문제였기 때문이다.[110] 1553년에 푸거 가문을 위한 은이 안트베르펜에 공식적인 경로를 통해서 들어왔다.[111]

우연한 기회에 영국도 자신의 몫을 챙겼다. 1554년 미래의 펠리페 2세가 여행을 하면서 섬나라 영국에 엄청난 돈을 가지고 왔다. 이 덕분에 영국은 1550년에 최저점에 있었던 화폐 주조를 재개할 수 있었다.[112] 1554년부터 1559년 에스파냐로 돌아올 때까지 펠리페 2세는 영국과 네덜란드에 차례로 체류하는 동안 항상 대서양 노선을 통해서 은을 받았다.[113] 1557년부터 1558년까지 지속된 참혹한 전쟁 기간에 귀금속을 실은 선박이 안트베르펜 항구에 입항하는 것은 중요한 사건이었다. 한 보고서에 따르면, "1558년 3

월 20일, 4척의 에스파냐 선박이 열흘 간의 항해를 마치고 안트베르펜 항구에 도착했다." 선박은 20만 에퀴에 해당하는 은화와 30만 에퀴 어치의 환어음을 싣고 왔다.[114] 에라소는 6월 13일[115] "지난번 은화는 페로 메넨데스의 사브라 선에 실려 지정된 날짜에 에스파냐에서 네덜란드에 도착했습니다. 이 돈은 우리가 모집 중인 독일 출신의 보병과 기병의 임금을 지불하는 데에 사용될 수 있었습니다"라고 카를 5세에게 편지를 썼다.

은의 유통을 증명해주는 기록들은 무수히 많다. 이 가운데 의심의 여지 없이 가장 중요한 자료는 카를 5세와 펠리페 2세가 대부업자들과 맺은, 16세기 프랑스 사람들이 파르티(parti)라고 했던 아시엔토(asiento) 계약이었다. 인스부르크 위기 이후 푸거 가문, 그 뒤로는 제노바 은행가들은 대부 계약을 할 때 반드시 리센시아스 데 사카(licencias de saca : 반출 허가증), 즉 대부한 금액에 상응하는 정화를 에스파냐에서 송출할 수 있는 허가증을 요구했다. 예를 들면, 1558년 5월[116] 제노바 은행가 니콜로 그리말디와 니콜로 젠틸레와 체결한 두 건의 아시엔토 계약은 조건 중의 하나로 라레도[아메리카 남부]에서 플랑드르 지방으로 은을 이송할 것을 약정했다.

적국인 프랑스로부터 멀리 떨어진 바닷길을 이용한 귀금속과 금괴의 유통은 16세기 발루아 가문과 오스트리아의 합스부르크 가문 사이의 마지막 대립을 연구하는 역사가의 큰 관심을 끌었다. 이러한 귀금속 유통은 네덜란드가 카를 5세의 제국군 집결지였을 뿐만 아니라 아메리카의 은이 독일, 북유럽, 영국제도로 재분배되는 장소였음을 보여준다. 이러한 재분배는 내부 자원만으로는 결코 자립할 수 없었던 유럽 경제에 절대적으로 중요했다. 상품 거래, 귀금속 유통과 은행 이용으로 이루어진 시스템은 스헬데 강의 항구에서 시작하여 북독일, 영국으로 확산되었고, 수년간 북유럽의 대시장과 교류했던 리옹에까지 도달했다.

안트베르펜이 귀금속 유통의 중심지로서 얼마만큼 중요한 역할을 했는지를 보다 명확히 이해하려면 귀금속 수급 현황을 좀더 자세하게 살펴볼 필요가 있다. 귀금속 수급은 중요한 문제였지만, 항상 제시간에 이루어지지는 않았다. 1554년 무렵[117] 심각한 공급 부족으로 이베리아 반도 내에서도 귀금속이 부족했다. 전쟁만이 그 원인은 아니었다. 영국 왕실의 재정을 담당했던 막후 실세 토머스 그레셤[1519-1569. 그레셤의 법칙을 만든 재정가]은 1554년에 귀금속을 구하기 위해서 에스파냐로 기이한 여행을 떠났다. 이 "작전"은 이미 타격을 입은 신용을 더욱 악화시키는 결과를 초래했다. 세비야의 은행들은 사실상 지불을 중단했다. 그레셤은 "그들의 파산이 전적으로 내 책임인 것 같아 두렵습니다"라고 편지를 보냈다.[118] 그러나 그레셤보다는 당시의 전반적인 경제 상황이 이러한 어려움의 원인이었다.

하여간 영국과 네덜란드 경제에 절대적으로 필요했던 이러한 귀금속 유통은 에스파냐와 북유럽 국가들 사이의 관계가 왜 그리도 오랫동안 비정상적일 정도로 평화로웠는지를 완벽하지는 않지만 설명해준다. 펠리페 2세와 엘리자베스 여왕 사이의 우호적인 관계는 여왕과 영국 상인들이 안트베르펜 시장에서 돈을 빌려 아메리카의 귀금속에 투자하는 동안에는 유지가 가능했다.[119] 그러나 이 모든 질서와 균형은 1566년의 위기와 1567년 알바 공작이 위협적으로 네덜란드에 도착한 사건으로 인해서 무너졌다. 1568년에 "여왕의 상인" 그레셤은 자신의 평시의 거주지였던 안트베르펜을 떠났다. 이제 대서양의 상황은 완전히 변했다. 그 전까지만 해도 영국 해적들이 자주 에스파냐 선박과 에스파냐 영토를 공격했지만, 그것은 진짜 해적질보다는 타협적인 해적질, 즉 불법적인 교역에 만족하는 경우가 많았다. 종종 해적 호킨스[120]는 에스파냐 지방 정부와 타협했다. 그러나 1568년 이후로는 무자비한 해적질의 시대가 열렸다.[121] 영국 선박들은 알바 공작에게 공급할 은을 실은 비스카야 지역의 사브라 선을 약탈했다.[122] 물론 이날 이후 엘리자베스 여왕은 안트베르펜 시장에서 자금을 빌리는 것을 포기해야 했다. 안트베르펜에서 여왕의 신용은 무너져내렸고, 여왕은 자국 상인들의 도움으로[123] 새로운 재정기구를 도입했다. 이러한 민족주의적 정책[124]이 일정 정도 의도했던 것인지, 특히 그레셤이 원했던 것인지, 아니면 당시의 상황 때문이었는지를 알기는 어렵다.[125]

비스카야 선박의 나포가 전쟁으로 이어지지는 않았다. 영국은 약탈한 귀금속을 보유했고 이를 이용해서 새로운 화폐를 주조했다.[126] 영국은 모직물을 선적했다고 속이고 은을 불법적으로 유출시켰던 에스파냐 상인들의 부정행위도 이용했다. 이 모든 "검은" 거래는 섬나라 영국에게는 추가적인 행운이었다.[127] 큰 반향을 불러일으켰던 이 사건을 자세하게 살펴볼 수도 있겠지만, 우리의 관심을 끄는 것은 윌리엄 세실[1520-1598, 1572년 재무장관]의 책임론도 아니고, 이런 별로 소득이 없는 비난이나 길고 지루한 논의도 아니며,[128] 알바 공작이 신중하지 않았다면, 1570년 한때 전쟁을 유발할 수도 있었던 펠리페 2세의 결정도 아니다.[129] 외교적인 위협이 이 싸움의 경제적인 측면을 간과하게 만들어서는 안 된다.

네덜란드의 반란과 더불어 이미 1566년[130] 이후 큰 타격을 입은 것 같은 에스파냐와 북유럽 간의 귀금속 교역은 1568-1569년 이후 사실상 중단되었다. 그렇다고 이 오래된 루트를 통해서 귀금속이 조금도 유통되지 않았다는 의미는 아니다. 그러나 귀금속 수송은 이전만큼 용이하지도 않고 중요하지도 않게 되었다. 이제 귀금속 수송은 1572년에 메디나 셀리 공작이 이끌었던 수송 선단처럼 특별히 조직한 선단에 의해서만 이루어졌다. 실질적으로 해상 봉쇄를 뚫는 것이었다. 바다를 통한 거래는 위험해졌다. 안트베르펜 주재 제노바 영사 라자로 스피놀라와 그의 보좌관 그레고리오 디 프란키와 니콜로 로멜리노는 1572년 7월에 제노바 공화국에 보낼 편지를 썼다.[131] "우리 공화국은 빚을 지고 있는데 이를 어떻게 갚아야 할지를 모릅니다. 어려운 시기에 이러한 전쟁들이 상품 거래에 미칠 영향에 주의를 해야 합니다. 전쟁(특히 프랑스와의 갈등) 때문에 에스파냐 시장이 닫혀 있어서 수송을 할 수가 없으며, 이탈리아로 가는 길도 매우 어렵습니다."

1572년의 메디나 셀리의 선단은 규모가 작았다. 1573-1574년에는 비스카야 지방에서는 좀더 큰 선단을 조직하려고 했다. 그 선단을 첫 번째 무적함대라고 칭하는 것이 그렇게 과장은 아닐 것이다. 선단 지휘를 맡았던 유명한 지휘관 페로 메넨데스는 1574년 사망했다. 그후 운영 자금이 부족해졌고, 전염병까지 겹치면서 함대는 항구를 떠나지도 못하고 주저앉았다.[132] 그래서 이 1574년은 비스케이 만[가스코뉴 만]에서부터 저 멀리 네덜란드에 이르기까지 에스파냐 왕국의 활력이 크게 타격을 입은 해였다. 그후 이베리아 반도와 스헬데 강 사이에 선박의 운항이 간헐적이나마 재개되었다. 1575년 레칼데가 지휘하는 작은 선단이 산탄데르에서 출발해서 됭케르크에 11월 26일에 도착했다. 선단은 도중에 와이트 섬에 들렀는데, 이것은 여전히 영국과 좋은 관계를 유지할 방법이 있었음을 보여준다. 그럼에도 불구하고 레칼데의 선단이 은을 수송했음을 보여주는 증거는 없다.[133]

그러나 선단은 임무를 완성하지 못했던 것 같다. 이제 대서양을 통해서 은을 수송하는 것이 일반적인 일이 아니었음을 확인하기는 쉽다. 펠리페 2세는 1575년에 파산을 선언한 직후에도 수백만 에퀴의 현금을 보유하고 있었다. 따라서 네덜란드에서의 전쟁에 필요했던 현금을 보내는 가장 간단한 방법은 라레도나 산탄데르에서 은을 선적해서 북쪽으로 수송하는 것이었다. 그러나 어떤 상인도 이 일을 맡으려고 하지 않았다. 결국 푸거 가문에게 리스본으로 7만 에퀴를 송금해줄 것을 부탁해야 했다. 이 돈은 세관에서 압수당하지 않도록 왕의 인장으로 봉인한 상자에 넣어 보내졌다. 이에 대한 대가로 푸거 가문은 리스본의 현지 상인들로부터 안트베르펜에서 지불받을 수 있는 환어음을 받았다. 리스본의 현지 상인들은 포르투갈이 진출한 동인도 지역과 거래하기 위해서 푸거 가문의 돈이 필요했기 때문이다. 그렇게 많은 돈은 아니었지만 푸거 가문의 에스파냐 주재원인 토마스 뮐러는 포르투갈 우회 노선을 이용하기를 원했다. 왜냐하면 포르투갈 상인들이 북유럽 문제에서 반은 중립을 유지했기 때문이다. 이러한 교묘한 술책 덕분에 돈은 실제로 이베리아 반도를 떠나지 않고도 네덜란드로 이체될 수 있었다.[134]

경우에 따라서는 돈이 실제로 빠져나가기도 했다. 1588년 가을, 발타사르 노멜리니와 아고스티노 스피놀라는 플랑드르에서 파르마 공작에게 돈을 지불하기 위해서 무장한 3척의 사브라 선에 돈을 실어 보내려고 시도했다.[135] 1년 후인 1589년에는 부르고스 출신의 에스파냐 상인 가문인 말벤다 가문[136]이 갤리어스 선[전투용 대형 갤리 선]에 실어 보낸 2만 에퀴가 르아브르 항구에 도착했다고 장부에 기록되어 있다.[137] 같은 해에 마찬가지로 바다를 통해서 아고스티노 스피놀라는 자비로 무장한 2척의 소형 갤리어스 선을 보냄으로써 1년 전의 모험을 다시 감행했다. 이 선박들은 스피놀라의 돈을 네덜란드까지 수송했다.[138] 그러나 이러한 예외는 규칙을 확인시켜줄 뿐이다. 사실 1586년 베네치아의 한 소식지가 증명하듯이, 바닷길은 극도로 위험해졌고[139] 거의 활용되지 않았다. 그러나 에스파냐에게는 이 바닷길이 절실했다.

프랑스 경유

라레도나 산탄데르에서 안트베르펜으로 가는 길을 더 이상 이용할 수 없게 되자, 이 길을 대체할 노선을 찾아야 했다. 펠리페 2세는 프랑스를 경유하는 노선을 이용하게 되었다. 거리는 짧지만, 프랑스 내부의 문제 때문에 언제든 차단될 수 있는 이 노선을 이용해서 수송할 경우 긴 수송단과 호송 병력이 필요했다. 예를 들면, 16세기 말 10만 에퀴를 피렌체에서 파리로 수송할 경우[140] 기병 5개 중대와 보병 200명의 호송을 받는 17대의 짐마차가 필요했다. 무게를 줄이기 위해서 금만 수송할 수도 있었다. 그래서 1576년 무렵 에스파냐 국왕을 위해서 일하는 몇몇 믿을 만한 사람들이 각자 옷 속에 5,000에퀴까지 넣어 꿰매서 이를 제노바에서 네덜란드로 여러 차례 운반했다.[141] 그러나 이러한 운반 방법은 예외적이고 다른 선택안이 없는 경우에만 사용하는 매우 위험한 해결책이었다.[142]

에스파냐 왕의 귀금속이 처음으로 대량으로 프랑스를 통해서 수송된 것은 바로톨로메오 대학살 이후인 1572년 말에나 가서였다.[143] 네덜란드에 도착하자마자 자금이 부족하게 된 알바 공작은 절망적인 상황에 처했다. 1569년 초 알바 공작이 이미 500만 에퀴어치의 돈을 써버렸다는 소문이 돌았다.[144] 2년 후인 1571년 문서에도 알바 공작의 "자금 부족"에 관한 기록이 계속되었다. 상인들이 더 이상 알바 공작과의 거래를 원하지 않을 정도였다.[145] 현금이 없어서 신용이 추락하자, 알바 공작에게는 환어음을 동원할 수 있는 가능성도 줄어들었다. 그것은 고객이 은행의 자금 상황을 의심할 때가 은행이 지불 준비금을 가장 필요로 하는 때인 것 같다. 1572년에는 상황이 더욱 심각해져서[146] 공작은 4월에 토스카나 대공[코시모 1세]에게 신용 대출을 받기로 결정했다. 대부 진행은 성공적이었지만, 토스카나 대공과 사이가 좋지 않았던 에스파냐 정부는 대공이 프랑스 안팎에서 에스파냐를 상대로 음모를 꾸미고 있다고 의심했기 때문에, 알바 공작은 신임을 잃었고 이미 승인을 받은 신용도 활용할 수 없게 되었다.[147]

그러나 그 사이에 펠리페 2세는 프랑스를 경유하여 현금 50만 두카트를 보냈다. 펠리페 2세는 디에고 데 수니가 대사에게 보낸 편지[148]에서 "나는 알바 공작에게 금화와 은화로 50만 두카트를 보내고 싶소"라고 이야기했다. "현재 항로가 사실상 막혀 있기 때문에 큰 위험을 무릅쓰지 않고는 바다를 통해서 돈을 보낼 수 없소. 따라서 가장 편리하고 좋은 해결책은 프랑스 왕국을 경유하여 보내는 것이오. 나의 형제인 프랑스 국왕이 귀금속 통과를 허용하고 우리가 원하는 만큼 수송이 안전하게 이루어지도록 명령을 내려준다면 말이오." 프랑스 국왕은 이를 허용했고 송금이 여러 차례 성사되었다. 1572년 12월 25일, 사야스는 50만 에퀴의 수송을 허용하는 허가증을 근거로 니콜로 그리말디가 레알로(즉 은으로) 7만을, 로렌초 스피놀라가 카스티야 에퀴로(즉 금으로) 4만을 보낼 것이라는 사실을 프랑스 대사 생 구아르에게 알렸다.[149] 이것으로 송금이 중단된 것은 아니었다. 1574년 3월에 몽두세는 네덜란드에서 "이곳에서 널리 이야기되는 것을 믿는다면, 카스티야 금화가 프랑스를 통해 빠져나가는 바람에 모든 좋은 계획을 망치고 있다고 합니다"라는 편지를 썼다.[150] 게다가 프랑스 노선을 통과하는 돈이 정치적 목적의 자금만은 아니었다. 밀반출되는 자금은 말할 것도 없고, 상인이 돈을 보내는 경우도 있었다(대개 이 둘은 하나이자 같은 것이었다).

1576년에 펠리페 2세와 그의 관료들은 에스파냐 상인 안드레스 루이스가 "노르망디와 프랑스"를 경유하는 자금 수송 루트로 이용했던 낭트 노선의 활용 가능성을 조사했다. 이는 조사를 제안했던 디에고 데 수니가에게는 프랑스의 요구 사항과 특히 소위 이송 자금의 3분의 1을 "동결시킬" 위험성을 지적할 수 있는 좋은 기회였다. 또한 프랑스 주재 에스파냐 대사에게는 프랑스 내의 신용과 협정과 거래가 열악하다는 점을 신랄하게 비판할 수 있는 기회이기도 했다.[151] 이것은 확실히 정확한 지적이었다.

리하르트 에렌베르크에 따르면, 같은 시기에 은은 사라고사를 출발하여 리옹을 경유해서 플랑드르 지역까지 들어갔다.[152] 푸거 가문의 대리인이었던 토마스 뮐러는 피렌체와 리옹을 연결하는 노선을 이용했다. 1577년에 한 베네치아인의 편지[153]에는 20만 에퀴 금화가 파리를 경유하여 돈 후안데 아우스트리아에게 보내졌다는 이야기가 언급되어 있다. 같은 해에 부르고스의 말벤다 가문은 펠리페 2세에게 13만 에퀴를 대부해주었고, 이 돈의 일부는 밀라노로, 일부는 파리로 송금했다.[154] 같은 해인 1577년, 프랑스에서는 에스파냐의 금화와 은화(에스쿠도 금화, 도블론 금화, 그리고 레알 은화)가 엄청나게 밀려들어온다는 이야기가 떠돌았다. 이러한 유입은 프랑스 정부가 화폐 유입에서 이익을 얻기 위해서 이 외국 화폐의 가치를 더욱 높일 생각을 하게 할 정도였고,[155] 이는 에스파냐의 돈을 프랑스에 묶어둘 수 있는 방법이기도 했다.

프랑스를 경유한 화폐 이송은 다음 해에도 계속되었다. 1578년 7월, 프랑스 국왕 앙리 3세는 에스파냐 군대와 15만 두카트[156]의 자금이 프랑스를 경유할 수 있도록 허용했다. 그러나 에스파냐 대사 바르가스[157]는 알랑송 공작 휘하의 도적들이 이송로를 노리고 있는 상황에서 이러한 자금 수송이 신중한 선택인지에 대해서 의문을 제기했다. 이는 새로운 시대가 왔음을 보여주는 신호였다. 그는 가장 좋은 방법은 "상인들의 경비 조직"을 이용하는 것이라고 부언했다.[158]

1578년 이후에도 에스파냐의 화폐들은 계속해서 프랑스로 유입되었다. 이 돈은 에스파냐의 국왕이 프랑스인들, 즉 기즈 가문[159]과 여타 사람들에게 보낸 것이었다. 1582년의 한 문서[160]에는 펠리페 아도르노가 알렉산드로 파르네제가 사용할 수 있는 20만 에퀴의 자금을 리옹과 파리에 각각 10만 에퀴씩 보냈다는 이야기가 나온다. 1585년, 바르톨로메오 칼보와 바티스타 로멜리니는 리옹으로 20만 에퀴의 자금을 보냈다.[161] 그러나 송금이 현금으로 이루어졌는지, 리옹을 넘어 플랑드르까지 이송되었는지를 확인시켜주는 사료는 없다. 더 확실한 자료가 나오기 전에는, 1578년 이후에는 프랑스 노선을 거의 이용하지 않았으며, 프랑스라는 우회로는 부득이한 수단이었을 뿐이라고 보는 것이 타당할 것이다. 아마 1575년부터 1577년까지 펠리페 2세와 제노바 대부업자들 간에 발생한 어려운 문제들만 없었다면, 프랑스라는 우회로는 좀더 일찍 포기되었을 것이다. 1577년에 이들이 협정—메디오 헤네랄(일반 협정)—을 체결하면서, 이제 바르셀로나에서 제노바로 가는 해로가 우선적으로 사용되게 되었다.

바르셀로나에서 제노바로 가는 노선과 아메리카 귀금속의 두 번째 주기
이 노선이 정확히 언제부터 중요해졌는지는 알 수 없다. 아마도 지중해에서 오스만 제국과의 큰 전쟁이 시작된 1570년대 무렵이었을 것이다. 그 결과 에스파냐의 자금은 이탈리아로 방향을 바꾸게 되었다. 확실히 이러한 결과는 저절로 생긴 것이 아니었다. 이미 1570년 이전에 아메리카의 금과 은은 지중해 중심부로 유입되고 있었다. 그러나 안트베르펜으로 가는 큰 흐름에 비교될 정도로 대규모는 결코 아니었다. 1532년 10월, 40만 에퀴의 돈을 실은 갤리 선들이 에스파냐를 출발해서 모나코에 도착했고, 최종 목적지는 제노바였다.[162] 1546년에 카를 5세는 제노바인들에게서 15만 두카트의 돈을 차용했다.[163] 아마 이 대출로 인해서 귀금속이 제노바로 흘러들었던 것 같다. 한 포르투갈인의 서신[164]은 1551년에 제노바로 현금이 보내졌는데, 이 돈의 소유주는 교황이었다고 한다. R. 에렌베르크는 1552년에는 상당한 양의 은이 같은 시기에 제노바와 안트베르펜에 도착했다는 사실을 알려준다.[165] 1564년 1월, 발타사르 로멜리니는 에라소에게 보낸 편지에서 1년 전 11월에 펠리페 2세의 명으로 1만8,000두카트에 이르는 돈을 밀라노에 있는 자신의 장인인 니콜로 그리말디의 계좌로 송금했다고 말했다.[166] 1565년 피렌체 상인들은 40만 두카트의 자금을 플랑드르 지방에서 지불하는 형식으로 대부하는 데에 합의했다. 그 대신 피렌체로 귀금속을 보내달라고 요구했을까?[167] 1566년, 에스파냐 주재 프랑스 대사였던 푸르크보는 제노바 상인들이 두 번의 대부, 한 번은 15만 에퀴, 다른 한 번은 45만 에퀴를 대부했다는 사실을 본국에 보고했다.[168] 토스카나 공국의 대사 노빌리는 5월에 10만 에퀴의 돈이 이번에는 제노바로 송금되었다고 알렸다.[169] 1567년에 알바 공작은 에스파냐에서 제노바로 군대를 이동시키면서 정화도 가져갔다.[170] 시칠리아와 나폴리에 자금을 보내는 일이 빈번해지자, 주로 제노바나 피렌체에서 체결된 환어음 거래를 통해서 송금이 이루어졌다. 이러한 환어음 거래는 불가피하게 상당량의 아메리카 귀금속을 피렌체와 제노바로 흘러가게 했다.[171] 1566년 12월의 편지에서 푸르크보는 최근에 이탈리아로 보낼 돈을 18차례나 바르셀로나로 이송했다고 말했다.[172] 1567년 여름 토스카나 공국 대사 노빌리는 에스파냐 국왕 펠리페 2세를 위해서 일했던 피렌체 갤리 선단에게 지불할 은의 일부를 송금하는 데에 성공했다. 그런데 이 일이 녹록치 않았던 듯하다. 이 금액은 에스파냐 전역에 산재해 있는 교회에서 거둔 세수입에서 나오는 것이었기 때문이다.[173] 노빌리는 자신이 받은 돈 중에서 2만5,000에스쿠도를 5월에 송금하겠다고 제안했다.[174] 그는 6월에 28만 레알의 돈이 든 8상자를 보냈다고 알렸다.[175] 9월까지도 아무런 소식이 없자, 노빌리는 모든 돈이 갤리 선을 통해서 잘 전달되었기를 희망하는 편지를 썼다.[176]

모든 사례들을 합해도 귀금속 이동이 정기적이었다는 인상을 주지는 않는다. 여전히 현금이 제노바 대부업자들이 자주 이용했던 플랑드르 노선을 따라 흘러가는 한, 지중해로는 적은 양만이 들어올 뿐이었다. 이런 부정적인 증거들은 넘쳐난다.

라구사에서의 통화 유통을 예로 들어보자. 라구사에 있는 무역 상사들은 발칸 반도나 레반트에서 상품을 구매하려고 상사의 주재원들에게 보낸 자금 또는 채무를 갚거나 이런저런 회사를 설립하기 위해서 투자한 자본의 내역을 "상서국 잡록(Diversa di Cancellaria)"이라고 불렸던 공식 장부에 기록했다. 오랫동안 금화는 유일한 화폐는 아니었지만, 주요 통화의 역할을 했다. 베네치아, 헝가리, 로도스 섬, 키오스 섬, 알레포 등 어디에서 주조되었든 상관없었다. 이것이 결국 라구사와 레반트 사이의 금화로 인한 화폐의 교환비율이라는 문제를 야기했다.[177] 줄리아노 디 플로리오는 1551년 6월 5일, 650에퀴의 금화를 한 상선의 선장 안토니오 파라파뇨에게 맡겼다. 이 650에퀴는 투르크 금화 400술타니니와 베네치아 금화 250베네치아니로 이루어져 있었다.[178] 1558년 11월에 나폴리에서 알렉산드리아로, 다시 알렉산드리아에서 제노바로 항해할 예정이었던 라구사 출신의 선장 요하네스 데 스테파노에게 100에퀴의 금화가 위탁되었다.[179] 히에로니무스 요하네스 데 바발리스는 1559년 6월, 알렉산드리아로 가는 여행 경비로 500에퀴의 금화를 받았다.[180] 많은 경우에 이 금화는 투르크 금화였다. 은화가 나름의 제 역할을 한 경우는 1560년 8월, 안드레아 디 소르고의 동업자였던 조반니 디 밀로가 레반트로 여행을 떠날 때에 받은 소액 화폐 1,500악체[akce : 유럽에서는 아스프르(aspre)라고 했다]였다.[181] 특히 1564년 이후부터 일반적으로 통용되었던 화폐는 투르크나 헝가리의 은화 탈러(taler)였을 것이다.[182]

에스파냐의 레알 은화, 즉 8레알 은화(Real da otto)는 좀더 늦은 시기인 1565년부터 1570년 사이에 라구사로 들어왔기 때문이다.[183]

사실 지중해에서는 귀금속이 부족했다. 1561년, 바르셀로나에 체재 중이던 펠리페 2세는 3월 26일자 편지에서 카탈루냐 부왕 돈 가르시아 데 톨레도에게 10월과 다음 해 3월의 정기시에 맞춰 10만 두카트를 확보하라고 명했다.[184] 5월 5일 편지에서 부왕은 "이곳은 신용대출에 매우 인색하며 상인들도 가진 자금이 별로 없습니다!……전하께서 저를 믿어주시기를 간청합니다. 제가 우리 군대를 돕기 위해 이곳에서 8,000에서 1만 두카트의 자금을 구하려면 이 지역 상인들을 보증인으로 세워야 하며, 게다가 저의 은제품을 담보로 잡혀야 합니다. 이 모든 것을 해도 그들은 9-10퍼센트의 이자를 요구합니다"라고 말하면서 불가능하다고 대답했다.

1566년 4월에 제노바에서 체결되었고, 그해 말에 나폴리에서 검토를 마친 이탈리아 금화로 10만 두카트를 차용하는 계약으로부터 몇 가지 사실을 확인할 수 있다.[185] 이것은 일반적인 아시엔토 계약이었는데, 더욱 정확하게는 에스파냐 왕실이 은행가들과 체결한, 많은 조건이 달려 있는 계약이었다. 펠리페 2세는 제노바에서 10만 두카트를 빌린 후 다음 해에 상환하기 위한 담보로 나폴리의 증여(donativo)나 그것이 부족할 경우 나폴리에서 거두는 다른 세금에 대한 선취권을 제공했다. 나폴리가 상환 창구 역할을 했기 때문에 제노바에서 에스파냐 대사 피게로아의 주재로 체결된 대출 계약서는 나폴리 부왕의 날인을 받기 위해서 나폴리로 보내졌다. 나폴리 부왕은 자신의 재무관과 한 전문가로 하여금 계약 조건과 상환 방법을 검토하도록 했다. 모든 것을 검증한 후에 21.6퍼센트의 엄청난 이자를 물고 차용했다. 알칼라 공작은 "제가 보기에 이자가 지나치게 높지만 항복문서에 날인하지 않을 수 없었습니다"라고 썼다. 이것은 제노바에서 돈을 빌리기가 쉽지 않았다는 증거일 수 있다. 완전히 확신할 수는 없지만, 이런 내용들을 보면 에스파냐보다 제노바에서 현금이 부족했던 것 같다. 그래서 관련자들의 이야기에 따르면 제노바에서 지불이 이루어져야 하기 때문에 상인의 미익에서 2퍼센트를 제해야 하는데, 이런 높은 비용은 수송료와 보험료보다 약간 더 컸다.[186]

분명히 1566년에 제노바는 현금이 부족했다. 같은 시기에 나폴리의 상황은 더욱 좋지 않았다. 1566년 초에 나폴리의 증여에 대한 선취권을 담보로 40만 혹은 50만 두카트의 아시엔토 계약을 체결해야 하는 문제가 발생했고,[187] 내가 틀리지 않는다면 이 협상은 조금 앞에서 언급했던 10만 두카트의 환어음으로 행해졌다. 이에 관해서 알칼라 공작은 단 하나의 제안을 했다. 그것은 적어도 나폴리는 10만 두카트 수준의 대출을 할 능력이 되지 않았기 때문에 나폴리에서 환어음을 발행해서는 안 된다는 것이었다. 상인들이 서로 공모하여 더 많은 것을 요구할 것이기 때문이었다. 에스파냐나 제노바에서 거래를 하는 것이 더 나았다.

그러나 1570년대에 접어들면서 새로운 상황이 발생했다. 에스파냐의 재무부는 지중해에서의 방대한 군사비를 조달하기 위해서 과거와는 달리 환어음이나 현금을 보내는 새로운 루트를 찾아야 했다.[188] 잔 안드레아 도리아는 1572년 4월에 제노바 공화국 정부에 제노바 상인들이 돈을 육로를 이용하여 바르셀로나까지 수송하기보다는 카르타헤나에서 배에 선적하는 것을 선호하기 때문에 자신이 돈을 수령하러 카르타헤나로 갈 것이라고 알렸다. 왜냐하면 육로를 이용하는 길이 안전하지 않았기 때문이었다.[189] 송금은 1575년에 에스파냐 왕국의 두 번째 파산에도 불구하고 중단되지 않았다. 이 파산은 제노바 경제를 근원부터 흔들어놓았지만, 안트베르펜과 연결된 고리를 끊는 데에도 일조했다. 1576년 4월, 펠리페 2세는 현금으로 65만 두카트를 제노바로 송금하도록 지시했다.[190] 같은 해에 펠리페 2세는 "금으로" 1만 에퀴를 갤리 선을 이용해서 이탈리아까지 수송하여 푸거 가문에게 제공하도록 명했다.[191] 이 루트를 통해서 1575년부터 1578년까지 푸거 가문의 대리인은 200만 쿠론까지 네덜란드로 보냈다.[192] 1577년 7월, 펠리페 2세가 잔 안드레아 도리아[1539-1606. 안드레아 도리아 대공(1468-1560)의 후손]에게 바르셀로나로 오라는 명령을 내렸을 때, 그것은 바르셀로나에서 이탈리아로 보낼 돈을 선적하기 위해서였다. 선적을 마치자마자 선장은 이 배에 탑승할 예정이었던 카스티야 제독의 승선 여부와 상관없이 빨리 출발해야 했다. 이탈리아에서 돈이 긴박하게 필요했고, 갤리 선 1척에 모든 돈을 수송한다는 사실이 해적들에게 알려져서는 안 되었기 때문이다.[193] 좀더 정확히 이야기하면 새로운 루트는 이탈리아에서 끝나지 않았다. 제노바는 북유럽으로 가는 현금과 환어음의 흐름을 통제하는 중간 기착지가 되었다. 그렇지만 이렇게 되더라도 이탈리아가 이러한 돈의 흐름에서 자기 몫을 챙기는 것을 막지 못했다. 그 첫 번째 수혜자는 1576년 이후 에스파냐 왕실의 특혜를 다시 얻게 되었고, 1582년에는 펠리페 2세로부터 플랑드르로 보낼 40만 두카트의 돈을 빌려줄 것을 요구받았던 토스카나 대공[프란체스코 1세]이었다.[194]

1580년 이후 세비야로 들어오는 은의 양이 늘어나자 이러한 흐름도 확대되었다. 잘 알려진 엄청나게 많은 문서들[195] 속에서 길을 잃지 않기 위해서는, 1584-1586년에 에스파냐 주재 프랑스 서기관 롱글레가 보낸 당시 정황을 잘 보여주는 편지보다 이 흐름의 규모를 더욱 잘 보여주는 자료는 없다는 것을 알아야 할 것이다.

1584년 1월 18일 편지.[196] 제노바로 은을 수송하기 위해서 2척의 갤리 선이 바르셀로나 항구를 출항했다. 1월 12일 편지. 100만 두카트를 밀라노로 보냈는데, 이 돈의 최종 목적지는 플랑드르였다. 그 뒤로 100만 두카트를 더 송금해서 밀라노 성에 보관할 예정이었다.[197] 3월 22일 편지. 플랑드르 사건을 위해서 엄청난 양의 은화를 이탈리아로 보냈다.[198] 5월 26일 편지. 잔 안드레아 도리아는 6월 18일 아니면 20일에 바르셀로나 항구에서 20척의 갤리 선과 다른 몇몇 선박들과 함께 떠날 예정이었다. 이 선단에 에스파냐 국왕을 위해서 200만이 적재되었는데, 그중 100만은 "에스쿠스 피스톨레 화"와 다른 100만은 "레알 은화" 그리고 또다른 100만의 "푸크레

가문"[Foucres : 푸거 가문의 프랑스어 표기]과 제노바 상인의 환어음이 함께 선적될 예정이었다. 6월 1일 편지. 제노바 상인들은 앞으로 4-5개월 안에 "40만 에퀴를 추가로 이탈리아로 송금할 또다른 계약을" 맺었다.[199] 잔 안드레아 도리아는 250만 에퀴 이상 되는 에스파냐 왕의 자금과 약 100만 에퀴 정도의 개인 자금을 갤리 선을 이용해서 옮겼다. 개인 자금의 소유자 중에는 토스카나 대공도 있었다. 30만 에퀴가 넘는 잔 안드레아 도리아 소유의 돈, 30만-40만 에퀴에 이르는 다른 제노바 상인들의 돈도 있었다. "여기에 갤리 선을 타고 이탈리아로 갈 예정인 30-40명에 이르는 이탈리아 출신의 귀족과 도시민들이 가져갈 돈도 포함될 것이다. 에스파냐에서 빠져나간 은을 기록한 장부에서 본 바에 따르면, 이외에도 에스파냐 왕실 계좌에서 지출된 50만 에퀴의 푸크레 가문에 대한 돈도 포함되어 있다."[200] 6월 30일 이 돈이 실제로 푸거 가문 소유였다는 것을 알게 된다. "에스파냐 국왕은 그들에게 자신의 이름으로 대출을 해주었고 자금이 에스파냐를 빠져나갈 수 있도록 허락해주었다." 밀라노에 예치된 자금은 120만 에퀴에 달했다.[201] 8월 17일 편지. 코르바티를 포함한 이탈리아 은행가들이 J. B. 데 타시스 대사의 계좌로 8만 에퀴의 대출을 해주기로 약속했다.[202]

1585년 4월 4일 편지. 에스파냐 국왕의 계정으로 엄청난 돈이 밀라노와 제노바로 송금되었다.[203] 4월 25일 편지. 이탈리아로 보낼 40만 에퀴, 아니 그 이상의 돈이 바르셀로나 항구에서 선적되었다.[204] 5월 14일 편지. 제노바와 사부아의 갤리 선 19척, 나폴리의 갤리 선 8척, 에스파냐의 갤리 선 25척이 선원이 부족한 대로, 5,000명의 병사를 바르셀로나 항구에서 승선시켰다. 이 선박들은 120만 에퀴를 이탈리아로 수송할 예정이었다. 이외에도 76 상자의 은이 사라고사에서 바르셀로나로 수송되었다.[205] 6월 9일 편지. 갤리 선단에 사부아 공작의 50만 에퀴가 선적되었다.[206] 6월 15일 편지. 그 선단은 이탈리아로 수송할 183만3,000에퀴를 선적했고, 그중 100만 에퀴 이상이 세관에 기록되지 않았다.[207] 9월 20일 편지. 새로 40만 에퀴를 실은 갤리 선이 이탈리아를 향해 떠났다. 30만 에퀴가 당시 펠리페 2세가 머물고 있는 몽송에 도착했다.[208] 9월 18일 편지. "50만 에퀴를 독일에서 상환하는 것"에 대해서 푸거 가문과 협정을 체결했다.

1586년 3월 25일 편지. 플랑드르 사건을 위해서 쓰일 120만 에퀴를 이탈리아로 보냈다.[209] 5월 31일 편지. 7척의 갤리 선이 60만 에퀴를 이탈리아로 수송했다. 이번에도 플랑드르 사건에 관한 자금이었다.[210] 9월 29일 편지. 일주일 전 150만 에퀴는 프랑크푸르트에서, 25만 에퀴는 브장송에서, 25만 에퀴는 밀라노에서 지불하는 것에 대해서 푸크레 가문과 "계약"을 체결했다.[211] 10월 11일 편지. 70내지 80만 에퀴를 이탈리아에서 지불하는 문제에 대해서 또다른 "계약"이 협상 중이었다.[212]

그 다음 몇 해 동안 귀금속 유통량은 더욱 증가했다. 펠리페 2세가 통치한 마지막 12년 동안 아시엔토 계약이 얼마나 많이 체결되었는지를 확인하는 것으로 충분할 것이다. 의심의 여지없이 1586년 푸거 가문이 펠리페 2세에게 이탈리아와 독일에서 150만 에퀴를 대부했다.[213] 1587년에 아고스티노 스피놀라는 펠리페 2세에게 100만 스쿠도를 대부했다. 1589년에 피렌체인들은 60만 에퀴를 대부했다.[214] 같은 해에 제노바 상인들은 네덜란드에서 상환받기로 하고 200만 에퀴의 환어음 계약을 체결했다. 다음 해에 암브로시오 스피놀라는 네덜란드에서 250만 에퀴를 지불했다.[215] 1602년, 오타비오 켄투리오네는 900만 아니면 그 이상을 대부했다. 신중한 역사가들은 이 큰 금액에 대해서 의문을 제기하지만,[216] 그들이 틀린 것 같다.[217] 에렌베르크가 말한 것과는 달리 그 환어음은 이탈리아가 아니라 네덜란드에서 청산할 환어음으로 파르마 공작 앞으로 발행된 것이었다.[218]

세부적인 내용들은 중요하지 않다. 기억해야 할 사실은 에스파냐 제국의 은 유통로로 부상한 서지중해를 통한 귀금속 화폐와 신용거래가 엄청나게 증가했다는 것이다. 돈 상자를 실은 갤리 선들이 끊임없이 오갔다는 사실의 역사적 중요성에 대해서 반론을 제기할 사람은 없을 것이다. 우리가 아메리카의 금과 은에 대해서 이야기할 때, 서인도 선단에 투입된 유명한 갤리온 선뿐만 아니라 그에 못지않게 중요했던 비스카야의 사브라 선, "나베선" 그리고 다른 갤리 선들을 함께 기억하는 것이 중요하다. 지중해에 평화가 다시 찾아오자, 놀랍게도 이 갤리 선들은 병사들이 아니라 여행객들과 산더미 같은 은을 수송하는 데에 이용되었다.[219] 물론 사고도 있었다. 1582년 4월에는 바르셀로나와 제노바를 오가는 한 갤리 선이 악천후로 인해서 귀중한 화물 일부를 바다에 던져야 했다. 그래서 56개의 레알 화 상자가 바다 속에 던져졌고, 1개 이상의 에스쿠도 화 상자 그리고 몇 개의 금 덩어리가 바다로 던져졌다.[220] 그러나 이러한 사고는 드물었는데, 보험료가 1.5퍼센트밖에 되지 않았다는 사실이 이를 잘 보여준다. 육지에서의 사고도 그 이상으로 자주 일어나지는 않았다. 1614년 1월, 제노바인들 소유의 14만 에퀴가 바르셀로나에서 6리그 떨어진 곳에서 100여 명의 도적떼들에게 털렸다.[221]

에스파냐 화폐가 지중해를 침략하다

이러한 지중해의 번영은 대서양 무역의 쇠퇴 그리고 안트베르펜과 대서양의 중심지였던 이 도시에 의존한 그 너머의 모든 지역들의 활동이 위축된 것과는 정반대 현상이었다. 나는 안트베르펜과 네덜란드의 몰락 시점을 1584-1585년의 전환기—물론 이 시기의 중요성을 부정할 수는 없다—이전, 더 나아가서 1576년 안트베르펜 약탈 사건이나 1575년 에스파냐의 두 번째 파산 선고 이전으로 잡고 싶다. 나는 그 쇠퇴가 A. 고리스가 지적한 것처럼[222] 1567년 아니면 차라리 1569년에 시작되었다고 믿는다. 여전히 최고의 번영기를 구가하고 세계적으로 중요했던 모직물 중심지인 옹드슈트에서는 이 마지막 해인 1569년에 전반적인 생산 중단이 있었다.[223] 알바 공작이 도착했을 당시 직물 산업은 공작이 자신의 궁정 사람들에게 제공할 푸른색 옷감조차 충분히 확보할 수 없을 정도로 심각한 타격을 받았다.[224] 확실히 1576년 11월, 안트베르펜 약탈 사건이 최고 전성기를 구가하던 이 도시를 파괴한 결정적인 사건은 아니었다.[225] 1573년의 포르투갈의 보고서는 적어도 1572년 이후 플랑드르와의 모든 교역이 중단되었음을 보여준다.[226] 1571년 이후[227] 안트베르펜 시장으로 되돌아온 한 에스파냐 상인은 완전히 다른 도시에 온 것 같은 인상을 받았다. 거래소조차 "더 이상 활기가 없었다.……"

리옹의 쇠퇴도 대략 비슷한 시기였다. 리옹에 남아 있던 중요한 금융 기능은 70년대부터 80년대까지 파리로 옮겨갔다.[228] 1577년 한때 리옹의 광장이었던 환어음 시장에도 잡초가 자라기 시작했다.[229]

비슷한 시기에 메디나 델 캄포의 거대한 환어음 정기시도 종말을 맞았다. 그동안 역사가들은 관행적으로 이 종말이 에스파냐 왕국의 두 번째 파산 무렵(1575)과 비슷한 시기에 일어났다고 해석해왔다. 메디나의 북쪽에 위치한 부르고스와 빌바오 지방도 거의 비슷한 시기에 이중의 어려움을 겪었다는 사실은 덜 주목을 받았다. 그러나 실제로 당시 부르고스 영사관에서는 해상보험을 장부에 기록하는 중요한 업무가 중단되었다.[230] 이는 펠리페 2세 통치 초기에 에스파냐 제국의 상업노선 중의 하나였던 메디나와 빌바오 그리고 플랑드르를 연결하는 긴 중심축이 와해되었음을 뜻한다.

당시 지중해는 국제적인 화폐 유통의 큰 흐름을 북서 유럽으로부터 자신에게 끌어들이고 있었다. 새로운 시대를 대변하는 바르셀로나는 다시 경제적 번영을 누리면서 1592년에 환어음 정기시를 재조직했고, 세기 말에는 기존 상권의 경계에 있던 사르데냐, 나폴리와 시칠리아를 넘어 라구사와 이집트의 알렉산드리아에까지 선박을 파견했다.[231] 게다가 당시 이탈리아 전역은 귀금속으로 넘쳐났다. 오랫동안 프랑스를 대표했고 이탈리아와 레반트 사업을 잘 알고 있었던 뒤 페리에 대사는 1575년에 이탈리아 반도를 무겁게 누르고 있던 전쟁의 위험을 걱정했다.[232] 에스파냐는 제노바와 이탈리아 전체를 장악하기 위해서 제노바 분쟁을 이용하려고 했을까? 대사는 프랑스 국왕에게 보낸 편지에서 이탈리아가 그렇게 돈이 많았던 적이 없었음을 명확히 보고했다. 그가 그후의 이탈리아에 대해서 무슨 이야기를 할 수 있었을까? 페리아 공작만큼 정보에 밝은 사람이 1595년경에 작성한 긴 보고서에서 영국이 선택할 수 있는 최선의 길은 사실상 에스파냐와 타협하면서 "그 어느 때보다 발전하고 있었던 나폴리, 시칠리아와 밀라노의 사례를 따라" 에스파냐의 권위에 변함없이 따르는 것이라고 적었다.[233] 지중해는 16세기 초부터 쇠퇴했다고 성급히 말하는 사람들에게 위의 이야기들을 들려주고 싶다.

사실 에스파냐의 돈이 점점 더 지중해 전역으로 흘러들어오게 되었다. 에스파냐의 돈은 곧 지중해의 일상적인 삶의 일부가 되었다. 1580년 무렵 알제의 시장에서 일상적으로 유통되는 돈은 금화인 에스파냐 에스쿠도 화, 은화인 8, 6, 4 단위의 레알 화, 특히 8레알 은화였다. 이 모든 화폐들은 시장에서 선호하는 화폐였고, 투르크로 수출되는 중요한 상품들 중의 하나였다. 레알 화는 상자 단위로 투르크로 수송되었다.[234] 1579년까지 거슬러 올라가는 알제에 있는 프랑스 영사관 기록[235]과 1574년부터 작성된 튀니스에 있는 프랑스 영사관 기록[236]은 자주 에스파냐 화폐의 압도적인 우위를 언급했다. 일반적으로 몸값을 이야기할 때에도 에스파냐 화폐를 사용했다. 1577년 2월, 알제 선박에 탑승한 포로들이 테투안에서 반란을 일으키자, 투르크인들은 앞다투어 바다로 뛰어들었다. 그러나 불행히도 많은 사람들이 레알 은화와 금을 잔뜩 지니고 뛰어내리는 바람에 바다 깊숙이 그대로 가라앉았다.[237]

대규모의 공식적인 유입량 이외에도 제노바나 에스파냐로부터 리보르노로 곧바로 들어오는 작은 선박들이 싣고 오는 화물 속에도 레알 화 상자들이 있었다.[238] 세기 말인 1599년에 라구사 항의 화폐에 대한 기록이 2개 있는데, 각각의 최종 목적지는 로도스 섬과 알렉산드리아였다. 첫 번째에는 탈레르 화와 레알 화가 포함되어 있었고,[239] 두 번째에는 전체가 레알 화

특히 8레알 화만 있었다.[240] 1년 전에 라구사 선박 1척이 키테라 섬에 버려졌는데, 배를 포기한 선원들은 해적 치갈라[기독교도 치갈라의 아들]에게 잡히지 않으려고 작은 선박을 이용해서 육지로 피신했다.[241] 선장과 피신한 선원들은 17,000레알 화를 가지고 있었다. 또다른 예도 있다. 1604년 5월에 라구사에 있던 한 마르세유 사람이 피렌체 사람에게 263레알 화를 갚아야 한다고 인정했던 일이다.[242] 이처럼 당시 라구사로 엄청난 양의 에스파냐 화폐가 유입되고 있었다. 그런데 사실 에스파냐 화폐가 들어오지 않는 도시와 지역이 있었을까? 우리가 살펴보았듯이 레알 화는 루블린과 콘스탄티노플 사이를 오가는 큰 짐마차들에 의해서 폴란드에서 투르크 지방으로 들어갔다.[243] 레반트 지방의 경우는 언급할 필요조차 없을 것이다. 왜냐하면 이탈리아, 라구사, 마르세유, 영국 상인들이 남긴 수많은 상업용 편지들이 이런 예상되는 광경을 보여주기 때문이다.

많은 세부적인 사례들을 열거하기는 쉽지만 핵심을 놓쳐서는 안 된다. 1580년 이후 에스파냐만큼 아니면 그 이상으로 중요한 진정한 은화 분배 중심지가 이탈리아의 중요 상업도시들이었음을 인정한다면 핵심을 좀더 명확하게 이해할 수 있을 것이다. 이탈리아는 넘쳐나는 에스파냐 은화의 일부를 레반트 지역으로 유출시키는 역할을 통해서 큰 이익을 얻었다. 그것은 수월하게 이익을 남기는 일이었다. 또한 이탈리아는 은화와 환어음뿐만 아니라 금화(은화보다 확보하기가 힘들었다)까지도 네덜란드 구석구석에 공급하면서 이익을 얻었다. 에스파냐는 네덜란드에서 제국과 가톨릭의 운명을 지키려고 했고, 네덜란드로 유입되는 귀금속 화폐는 에스파냐에 충성하는 군대와 신민들뿐만 아니라 에스파냐에 맞서는 네덜란드 반란세력들도 먹여 살리고 있었다. 따라서 이탈리아는 상호 연결되어 있으면서도 명백한 불균형을 만들기도 하는 이 체제의 중심에 있었다.

이탈리아, 넘쳐나는 돈의 희생양이 되다

1580년 이후 갤리 선이 에스파냐에서 제노바로 수송한 귀금속의 양은 계속해서 증가했고 의심의 여지없이 1598년 6월에는 최고 기록을 달성했다.[244] 한번에 220만 에퀴(금화 20만 에퀴, 은괴 130만 에퀴, 레알 화 70만 에퀴)가 제노바 항구에 하역되었다. 1584년 6월 20일, 잔 안드레아 도리아가 이끄는 20척의 갤리 선이 약 300-400만 에퀴를 제노바로 수송했다는 기록이 있지만, 이 정보는 그리 확실하지 않다.[245] 어쨌든 수송량이 엄청나게 많았다는 사실을 상기하자. 1594년의 대감사원(Contaduria Mayor) 계산에 따르면, 매년 1,000만 에퀴의 금화가 에스파냐로 들어왔고, 그중 600만 에퀴가 수출되었는데 300만 에퀴는 국왕의 돈이었고, 나머지 300만 에퀴는 개인들의 돈이었다. 남은 400만 에퀴는 에스파냐에 남아 있든가 아니면 수송업자, 여행객 혹은 선원들에 의해서 밀수출되기도 했다. 한 역사가[246]는 16세기 말 매년 600만 에퀴의 금이 이탈리아로 유입되었고, 이탈리아로 유입된 돈은 다시 반도 내로 아니면 반도를 넘어 다른 지역으로 퍼져나갔다고 생각한다. 이 엄청난 양의 돈은 제노바(혹은 빌레프랑슈, 포르토피노, 사보나, 리보르노)에 도착하기도 전에 이미 그 나름의 역할을 했다. 인디아스 항로의 선단이 곧 도착할 것이라는 소식이 세비야나 마드리드 그리고 메디나 델 캄포 등지에서 파장을 일으켰던 것처럼, 귀금속을 실은 배가 이탈리아로 들어온다는 소식만으로도 이탈리아 시장이 크게 술렁였기 때문이다. 이 갤리 선들은 2차 인디아스 항로의 선단이었다. 곧 이탈리아 내에는 돈이 넘쳐났고 그것이 때로는 손실을 초래하기도 했다. 여기저기에 싼 돈이 풍부해지면서 많은 돈 거래가 혼란스럽게 이루어졌다. 싼 돈이 계속해서 넘쳐나면 신용 거래는 잘 작동하지 않는다. 신용 거래는 돈의 유입과 유출이 있어야 제대로 기능한다. 돈을 빌리려고 하는 사람은 환어음을 발행하겠지만, 다들 돈이 넘쳐나는데 누가 돈을 빌리겠는가? 이 단순한 구조를 잘 이해하자. 현금이 풍부하면, 즉 각자 어느 정도 자신의 돈을 가지고 있으면, 환어음의 발행자, 즉 돈을 빌리려고 하는 사람은 사라지거나 적어도 줄어들 것이다. 환어음은 희소해지고, 매우 비싸질 것이다. 반대 상황, 즉 돈이 부족해지면, 환어음은 여기저기서 발행되고, 대부업자는 환어음을 싼 가격에 인수할 수 있는 시장의 주인이 된다. 겉으로는 매우 풍족해 보이는 시기였음에도 불구하고, 시몬 루이스는 어려운 상황에 처해 있다고 생각하고 불만족스러워했다. 그는 큰 거래를 하는 중개상이라는 자신의 직업 이외에 메디나 델 캄포에서 대부업자이자 환어음 구매업자라는 직업도 가지고 있었다. 일반적으로 그에게 환어음을 발행했던 사람들은 선금을 받지 않으면 장사를 할 수 없었던 양모 상인들이었으며, 이들은 에스파냐에서 구입한 양모 대금을 몇 개월 후에 피렌체에서 결제했다. 시몬 루이스는 채권 증서를 싸게 사서 이를 피렌체에 있는 친구이자 동향인인 발타사르 수아레스—그는 후에 토스카나 대공의 처남이 되었다—에게 보냈다. 최종 결제지에 도착하면 환어음은 이익을 남기고 현금화되었다. 그러나 이 돈은 피렌체에서 구입한 새로운 환어음과 함께 메디나 델 캄포로 송금되어야 했다. 현장에 돈이 풍부하면 높은 가격에 환어음을 구입해야 했기 때문에 시몬 루이스는 두 번째 사업인 환거래에서 이익을 남길 수 없었을 것이다. 간단하게 말하면 은행가는 게임에서 진 것이며 좀더 정확하게 말하면 일반적으로 얻을 수 있는 6개월에 5퍼센트의 이익도 얻지 못하게 되었다. 이익을 얻지 못한다는 것은 손해를 보게 된다는 것으로, "자신의 회사 돈"을 잘못 투자한 것이 된다. 메디나 델 캄포에 있는 노쇠한 시몬 루이스의 불평이나 발타사르 수아레스의 설명과 변명보다 이 상황을 더 명확하게 보여주는 예는 없을 것이다.[247] 발타사르 수아레스는 "지금은 손에 돈을 가지고 있는 사람이 이 돈을 쓰겠다는 사람이 원하는 가격에 돈을 빌려줄 수밖에 없다"고 썼다.[248] 그는 또한 이 흐름을 역행하는 것보다 위험한 것은 없다고 부언했다. 그리고 1591년 9월 9일 "피렌체에서 혼란을 야기하려고 했던 사람들은 결코 그곳에서 이익을 얻을 수 없다"라고 기록했다.[249] 돈과 은괴가 넘쳐나는데 무엇을 할 수 있겠는가? 환전시장의 모든 작동 원칙에 교란이 일어났다. 따라서 다시 제대로 작동시키려면, 환율을 요동치게 함으로써 환차액을 통해서 이윤을 발생시켜야 했다.

이탈리아에서 "현금"이 흘러넘친 현상은 이탈리아 반도의 조폐국에서 주조된 화폐를 분석해보아도 간단히 확인할 수 있다. 당시 이탈리아에는 가동되지 않는 조폐국은 한군데도 없었다. 『솜마리아 문서』의 기록을 보면, 나폴리 왕실 조폐국이 얼마만큼의 귀금속을 구입했는지도 확인할 수 있다.[250] 나폴리 왕실 조폐국이 1599년부터 1628년까지[251] 총 1,300만 개의 화폐를 주조했다는 사실에 주목하자. 팔레르모와 메시나[252] 그리고 제노바[253]에서도 동일한 일이 있었다. 화폐는 발행되자마자 유통되었고, 특히 17세기에는 신속히 발행지를 벗어났다. 베네치아 조폐국[254]에서도 쉬지 않고 화폐를 주조했다. 거기에 베네치아의 부가 있었다. 매년 평균 100만 개의 금화와 100만 개의 은화가 주조되었다. 조폐국에 화폐나 귀금속을 공급하는 상인들을 통한 원료 수급이 대체로 충분하지 않았기 때문에 조폐국은 계약 구매를 진행했다. 이러한 계약 구매를 통해 확보한 귀금속은 종종 그 양이 엄청났다. 1584년 6월 2일, 카포니 가문과 50만 두카트의 구매 계약을, 베네치아 주재 푸거 가문의 대리인이었던 오트 가문과는 14만 마르크의 구매 계약을 맺었다. 1585년, 다시 오트 가문과 100만 두카트의 구매 계약을 맺었다. 1592년에는 아고스티노 세네스트라로, 마르칸토니오와 조반니 바티스타 주디치와 100만 두카트 구매 계약을 맺었다. 1595년 12월 올리비에로 마리니와 빈첸초 첸투리오네와 120만 두카트의 구매 계약을 체결했다. 1597년 3월 26일에는 100만 두카트를 공급하는 일을 히에로니모와 크리스토포로 오트에게 맡겼다. 이후 계약 구매는 상대적으로 줄어들었다. 하지만 1605년 3월에는 120만 두카트의 구매 계약을 조반니 파올로 마루포와 미켈안젤로와 조반니 스테파노 보를로티와 체결했다. 나의 의도는 베네치아 조폐국의 귀금속 원료 구매 목록을 작성하는 것이 아니라, 아메리카로부터 들어온 에스파냐의 은만이 충족시킬 수 있었던 이탈리아 조폐국들의 왕성한 식욕을 보여주는 것이다.

주조된 총화폐량을 근거로 머나먼 신세계의 생산량을 추정할 수 있을 것이라고 생각하지 말자. 게임은 그렇게 단순하지 않았다. 이곳에서 주조된 화폐는 다른 곳에서 다시 주조되었다. 몇 개월이나 몇 년이 지나고 나면 화폐는 다른 조폐국 창구에 가 있었다. 1548년부터 1587년 초까지 나폴리 조폐국은 1,500만 두카트를 주조했고, 주조가 마무리된 후의 "왕국 전역에는 70만 두카트도 남아 있지 않았다."[255] 그렇다고 해도 이탈리아에서는 화폐가 빨리 순환하는 만큼 더 많은 화폐가 유통되었다.

물론 이탈리아가 에스파냐의 은이 유통되는 제국의 교통로상에 위치해 있다는 단순한 사실 덕분에 이러한 이점을 가지게 된 것은 아니었다. 이런 우연의 일치가 이탈리아에게 유리하게 작용하기는 했지만, 그보다 더 중요한 것은 이탈리아의 활력이었다. 역사가들은 이 활력을 평가절하하려고 고집하지만, 경제적 활력은 16세기 마지막 10년에 충분히 강해서 독일, 동유럽, 네덜란드, 프랑스, 그리고 에스파냐와의 교역에서 흑자[256](피렌체가 카스티야 모직물을 구입해서 적자를 보고 있었던 점을 고려하지 않는다면)를 내게 만들었다. 이러한 흑자는 이탈리아로 하여금 자본을 축적해서, 우리가 이야기했던 레반트와 투르크와의 오랜 무역 적자를 메울 수 있도록 해주었다. 이탈리아는 이러한 교역에서 발생하는 이윤에 의해서 이탈리아 반도의 모든 상업과 산업 활동을 다시 활성화시켰다. 따라서 이탈리아 반도는 귀금속과 환어음 거래의 중심지이자 모든 것이 거래되는 유통로를 장악한 지배자로 남게 되었다. 은이 풍부해지자 좀더 안전한 가치를 보장해주는 금이 축재의 대상이자 국제 거래에서 결제의 수단이 되었다. 환어음 계약서에 은으로 결제하도록 명시하지 않았다면, 환어음은 금으로 결제될 수 있었다. 플랑드르 군인들 또한 전부든 일부분이든 자신들의 급여를 금으로 지불해줄 것을 요구했다. 우리가 이미 언급했듯이, 금은 우편으로 보낼 수 있는 유일한 화폐였다. 그래서 이탈리아가 에스파냐를 필요로 했던 것처럼 에스파냐는 북유럽에서의 결제를 위해서 이탈리아를 필요로 했다. 에스파냐는 매우 자주 제노바를 이용하여 플랑드르 지방에서 금으로 결제를 했다. 금화와 환어음을 제공할 수 있었던 것은 이탈리아 반도뿐이었다. 이 금화와 환어음은 안트베르펜으로 유입되어 최종적으로 에스파냐 군대의 급료를 지불하는 출납관의 수중에 들어갔다.

이처럼 이탈리아는 한편으로는 에스파냐의 정책과 제노바의 아시엔토 계약 덕분에 유지되었던 남북 축과 다른 한편으로 레반트와 그 너머의 극동으로 연결되는 축의 교차점에 위치해 있었다. 또한 이탈리아는 제노바에서 안트베르펜으로 가는 금의 유통로와 먼 중국에까지 흔적을 남긴 은의 유통로가 만나는 지점에 자리해 있었다.

동쪽으로 가는 은의 유통에 관해서는 놀랄 것이 없다. 동방에서 은은 선호되는 화폐였고, 레반트 지역에서부터 그 가치가 높아졌다. 그러나 투르크 지역은 이집트와 아프리카로부터 금을 공급받는 금 지역이었다. 은은 페르시아와 인도를 거쳐 동쪽으로 갈수록 가치가 높아졌고, 대개 필리핀 제도나 중국으로 흘러들었다. 중국에서 금은 2마르크의 금화 대 8마르크의 은화라는 비율, 즉 4 대 1의 비율로 거래되었던 반면 유럽에서의 교환비는 적어도 12 대 1이었다. 아메리카에서 시작해서 지중해를 경유하거나 희망봉을 경유하여 세상을 일주하는 이 이탈리아-중국 축은 하나의 항구적인 구조였으며, 20세기 초에 가서야 사라지는 세계경제의 중요한 특징이었다. 반대로 제노바-안트베르펜 축은 단지 장기적인 콩종튀르에 의해서 형성된 것일 뿐이다. 이 콩종튀르는 에스파냐가 네덜란드를 지배하는 동안, 즉 1714년까지만, 그리고 에스파냐가 관리하는 은이 풍부하게 들어오는 동안, 즉 1680년까지만 유지되고 있었다.[257] 그래서 이탈리아는 17세기 내내 이 두 축의 교차점에 위치해 있었다. 영국, 네덜란드, 생말로 그리고 때로는 제노바의 범선들은 "군선"이건 아니건 상관없이 카디스 항구로부터 당시 일반적으로 피아스트르(piastre)라고 부르던 에스파냐 8레알 은화를 제노바와 리보르노 항구로 수송했다.[258] 이 모든 교역은 "알렉산드리아, 카이로, 스미르나[이즈미르], 알레포와 다른 레반트 시장"에까지 연결되어 있었다. 1706년에도 여전히 자신의 책이 출판되었던 (그 유명한 데이비드 리카도의 할아버지인) 새뮤얼 리카도는 피아스트르에 대한 수요는 "위에서 언급한 시장들뿐만 아니라 페르시아에서도……매우 높다"고 기록했다.[259] 그것은 금화가 아니라 은화였다. 물론 좀더 이전의 베네치아 기록(1688)[260]은 이집트에서 "실제로 아무 손해도 보지 않고" [헝가리의 금화] 웅가리 화(ungari)나 체키노 화(zechino)를 사용할 수 있지만, "그래도 그런 거래에 대해서는 주의할 필요가 있습니다"라고 이야기한다. 8레알 은화를 포함한 은화를 거래할 경우 30퍼센트까지 이익을 얻을 수 있었다. 남-북 축은 변함없이 그대로였다. 의심의 여지없이 제노바의 우위는 1627년 이후에 약해졌지만,[261] 1650년에도 여전히 제노바의 은행가들은 에스파냐를 위해서 네덜란드로 송금을 하고 있었던 것이다.[262]

제노바인의 세기[263]

이러한 예비적 설명은 제노바 은행가들의 전성시기를 정확히 추정하는데에 도움을 줄 것이다. 이들의 전성시대는 짧은 푸거 가문의 전성시대와 암스테르담의 혼합 자본주의 발전 시기 사이에 해당하는 1557년부터 1627년까지의 자본주의 시대에 속한다. 나는 1627년이 아니라 1640년이나 1650년이라고[264] 말하고 싶다는 것을 고백한다. 그러나 이것이 왜 그렇게 중요하겠는가! 제노바의 부는 이해할 수 없는 에스파냐의 파산 직후인 1557년의 요술 막대기 한 방으로 만들어진 것도 아니었고, 올리바레스 백공작(伯公爵 : Count Duke)이 포르투갈의 마라노들을 카스티야 에퀴 금화의 중요한 대부업자로 만들었던 1627년, 카스티야의 다섯 번째나 여섯 번째 파산을 계기로 제노바의 부가 모두 사라진 것도 아니었다. 제노바는 여전히 오랫동안 국제 금융의 중심 축의 하나로 기능했다.

　오랫동안 축적된 제노바의 부와 1528년의 정책 변화가 이미 이러한 성공을 예비했고, 마찬가지로 그 덕분에 제노바는 안달루시아와 세비야에 일찍부터 진출할 수 있었으며,[265] 앙드레 세유의 저작이 나온 이후 잘 알려지게 된 에스파냐와 서인도 제도 간의 교역뿐만 아니라 서로를 먹여 살렸던 세비야와 네덜란드 사이의 교역에도 참여할 수 있었다. 나는 리하르트 에렌베르크[266]의 주장에 근거해서, 제노바 상인들이 1555년 이전에는 안트베르펜 시장을 장악하지는 못했지만, 16세기 초부터 스헬데 강 지역에서 매우 활발하게 상업 활동을 했으며 1488년부터 1514년까지 모든 이탈리아 상인들 중에서 가장 중요한 상인들이었다는 사실에 주목하고자 한다.[267] 그리고 그들이 북유럽과 남쪽의 지중해를 연결하는 교역에 자금을 제공했으며 이것은 적어도 1566년까지는 계속되었던 것 같다.

　어쨌든 그들에게 이렇게 큰 기회가 오게 된 것은 16세기 중반의 심각한 경기 후퇴로 큰 타격을 입었고 아시엔토 계약이라는 위험한 사업에서 발을 빼려고 했던(1575년과 1595년에 짧게나마 다시 아시엔토 계약 사업에 참여했다) 푸거 가문과 그들의 고용인들의 허약함과 무기력 덕분이었다.

　아시엔토 계약은 카스티야 정부와 상인들 사이에 체결된 다수의 조항으로 이루어진 계약이었다. 이 계약은 짧은 기간의 자금 대부였고, 아메리카의 귀금속이 세비야에 들어오면 이 귀금속으로 무엇보다도 우선적으로 대부금을 상환했다. 귀금속 유입이 불규칙했기 때문에, 플랑드르에 있는 에스파냐 군대의 봉급과 기타 비용을 매달 **대개는 금으로** 지불해야 했던 국왕은 이를 대신할 정기적인 재정 수입을 필요로 했다. 에스파냐 국왕에게 막대한 자금을 대부하기 위해서 제노바 상인들은 1557년부터는 카스티야와 카스티야 밖에 있는 수입원에만 의존하지 않았다. 그들은 에스파냐, 심지어는 이탈리아에서 일반인들의 예금을 동원하는 뛰어난 수완을 발휘했다. 왜냐하면 왕은 (1561년부터 1575년까지) 빌리기로 한 대부금에 대한 담보로 제노바 상인들에게 세수입을 담보로 한 사실상의 공채[268]를 제공했기 때문이었다. 아시엔토 계약자는 이러한 공채를 마음대로 이용할 수 있었다. 제노바 상인들은 이 공채를 친구들과 지인들뿐만 아니라 이 공채를 사려고 몰려드는 응모자들에게도 팔았다. 물론 제노바 상인들은 왕에게 이를 되돌려주기 위해서는 공채를 다시 매입해야 했지만, 이것은 왕이 대부금을 반환하는 경우에 한해서였다. 제노바 상인들의 두 번째 수완. 카스티야의 재정을 복구하고자 했던 시기인 1559년부터 1566년까지 모든 정화의 수출은 금지되었고, 이전의 모든 채무는 서인도 통상원(Casa de la Contratación)에 이전되었다.[269] 카사는 이전된 공채를 지불하기 위해서 자신의 재원을 사용함으로써 제노바의 산 조르조 은행(Casa di San Giorgio)[270]과 유사해졌다. 그것은 역사가들이 추가적 파산으로 간주하는 1560년 11월[271] 톨레도의 대청산의 시작이었다. 1557년 첫 번째 파산의 경우처럼 이 추가적 파산도 사업가들의 암묵적인 동의하에 이루어졌다. 사업가들은 이전 채무의 상당 부분을 공채로 받았지만 자신들의 채권자들에게는 이 돈으로 채무를 변제할 수 있었다. 대청산에서 제노바 상인들은 푸거 가문보다 피해를 덜 입었다. 제노바 상인들이 자신의 이익금을 더 이상 정화 형태로 가져갈 수 없었지만, 이 이익금은 쉽게 명반, 양모, 기름, 비단 등의 에스파냐 상품들을 구입하는 데에 투자될 수 있었고, 이 상품들은 이탈리아나 네덜란드로 수출되어 제노바 상인들이 먼 이국에서 필요로 했던 유동자산을 제공할 수 있었다. 플랑드르의 소요 사태 덕분에 제노바 상인들이 다시 은화와 은괴를 일정 정도 마음대로 수출할 수 있는 권리를 확보한 1566년 이후[272] 분명히 모든 것이 이전보다 더욱 편리해졌다.

그러나 여전히 결정적인 문제는 네덜란드로 금을 수송하고 금으로 지불하는 문제였다. 이 문제를 해결하기 위해서 에스파냐 왕은 16세기 중엽 이전에는 남부 독일 상인들, 1575년 이후에는 제노바 상인들과 같은 국제적인 자본가들의 도움을 받아야 했다. 펠리페 2세는 카를 5세보다 더 많이 이러한 도움에 의존할 수밖에 없었다. 펠리페 2세는 국제적인 은 시장의 주인이었지만, 구리, 환어음과 금 시장의 주인은 아니었다. 구리는 단역 배우에 지나지 않았지만, 이베리아 반도는 이 저렴한 금속조차도 17세기 이전에는 독일로부터, 이후에는 스웨덴과 일본으로부터 얻어야 했다. 에스파냐는 대가를 지불하고 쉽게 구리를 얻었지만, 동인도 지역에서 구리 수요가 많았기 때문에 1550년까지 믿기 어려울 정도로 구리 가격이 높았던 포르투갈에서는 상황이 매우 어려웠다.[273] 1640년 마누엘 왕의 시대에 포르투갈에서는 구리가 금보다 더 인기가 있었다.[274] 환어음의 경우에는 대표적인 신용 거래의 수단으로 활용되었던 환어음과 상거래 수지를 맞추기 위한 환어음을 구별해야 한다. 아메리카로부터 들어오는 부로 압사될 지경이었던 에스파냐는 다른 한편으로는 무역 적자를 보고 있었다. 무역 흑자를 본 나라는 네덜란드와 이탈리아였다. 네덜란드는 어느 시기까지만 흑자국이었고, 이탈리아는 이후에도 계속 흑자국이었다. 그래서 구매해야만 하는 것은 바로 이탈리아의 환어음이었다. 왜냐하면 원칙상 금으로 지불할 수 있는 환어음이 복잡한 금 유통을 지배하고 있었기 때문이다. 금은 신대륙으로부터 유럽으로 그렇게 많이 들어오지 않았기 때문에, 유럽은 오랫동안 보유하고 있었던 기존의 금에 의존해서 살아야 했다.

이처럼 제노바의 자본주의는 빠르게 파급되어 전방위로 우위를 확보했지만, 이탈리아 반도 전체의 도움 없이는 그것이 가능하지 않았으리라는 점을 분명히 명심하자. 이 도움이 제노바 상인들의 사업 성공을 가능하게 했다. 은 판매자였던 제노바 상인들은 본국 제노바에서 그리고 이탈리아에서도 금과 환어음을 확보했다. 1607년[275] 5현인 위원회는 그것이 당연한 일이었기 때문에 이 상황을 간략하게만 보고했다. 리스본에서 (설탕과 후추를 구입할 때처럼) 은과 환어음으로 결제했던 제노바 상인들은 자신들이 원하는 만큼의 금을 리스본으로부터 가지고 나갈 안전한 방법을 알고 있었다. 자신들이 원하는 만큼의 금을 베네치아로부터 확실히 가져갈 수 있었다. 또한 독일과 네덜란드의 환어음의 경우도 원하는 만큼 통제할 수 있었다. 암브로시오 스피놀라와 조반니 자코모 그리말디는 1596년의 국가 파산 직후 상황을 보고하면서, 자신들이 네덜란드에서 제공하기로 약속했던 돈을 마련하기가 어려워졌음을 제노바 공화국에 설명했다. 제노바 상인들은 펠리페 2세의 요구에 따라서, 종종 조합이라고도 불리던 콘트라타시온(contratación)의 다른 제노바 상인의 이름으로 이를 약속한 바 있었다. 그들은 그 어려움이 "통상적으로······ 전복될 지경이 되었다"고 이야기했다.[276] 이 시장들이 없으면 레알 화와 은괴를 정기적으로 구매할 고객도, 금과 환어음의 공급자도 확보할 수 없었기 때문이다. 특히 북유럽이 필요로 하는 금과 환어음을 확보하지 못할 경우, 지나치게 많은 양의 은화가 북유럽으로 유출됨으로써 시장이 혼란에 빠질 수 있었다. 금이 절대적으로 필요했다는 사실을 다시 한번 상기하자. 플랑드르에 주둔 중인 병사들은 항상 자신들의 급여의 상당 부분을 금으로 지급받기를 원했고, 이렇게 하는 것이 자신들에게 유리하고 편리하다고 생각했다. 금화는 인기가 높았고, 부피가 작으므로 쉽게 송금할 수 있었다. 그래서 금화와 은화는 계속해서 교환되었다. 그러나 상인들은 병사들의 급여 일부를 은화로 지불하거나 가능하면 직물로 지급함으로써 이러한 어려운 업무에서 벗어나려고 노력했음이 분명하다. 이 문제에 관해서는 느린 진전이 있었다. 은화는 펠리페 3세의 통치기 이전까지는 병사들의 급여를 지불하는 수단으로 거의 사용되지 못했다. 펠리페 2세 통치 초기에 저질 화폐가 남발되었고, 느리지만 에스파냐 레알 화가 모든 사람들이 받아들이는 국제적인 화폐로 부상하기 전까지는 그러했다. 16세기 말과 17세기 초에 평화가 찾아오면서 병사들의 교섭력이 감소하고 그들이 효과적인 위협수단을 상실하기 전까지는 은화로 급여를 지불하는 것은 특히 어려웠다.

그러나 당시까지 병사들은 금화로 급여를 받기를 요구했다. 그 요구가 너무나 강력하여 그것은 16세기 거대한 화폐 순환의 중요한 특징이자, 펠리페 루이스 마르틴이 처음으로 지적한 것처럼, 16세기의 구조적인 특징이 되었다.[277] 이를 증명해줄 사건들이 종종 일어났다. 예를 들면, 1569년 2월 알바 공작은 가톨릭교도들을 돕기 위해서 만스펠트가 이끄는 군대를 프랑스로 파견했다.[278] 파견군에 배속된 급여 지불 담당관이었던 디에고 데 게이네스는 세 마리 말이 끄는 수레에 싣고 갈 금화를 확보하기 위해서 루앙, 파리, 리옹 출신 상인들의 도움을 받아 약간의 비용을 지불하고 그들로부터 받은 은화를 금화인 에퀴 화로 환전했다. 이 사소한 사건은 일상적인 현실을 감지하고 좀더 넓은 맥락을 이해할 수 있게 해준다. 1579년에 피아첸차 정기시의 탄생으로 만들어진 제노바 은행가들이 주도하는 포괄적인 시스템은 16세기 말 이후에도 지속되었고, 네덜란드의 입장에서 보면 엄청난 양의 금을 유출시키는 계기가 되었다. 이러한 금 유출은 상품, 은, 환어음, 즉 한마디로 서유럽의 모든 부를 유통시켰던 기존의 순환체계에 기반하고 있었다. 이것은 승리할 수 있는 게임이었지만, 몇 가지 절대적인 규칙들을 지켜야 했다.

피아첸차 정기시

제노바 상인들이 이른바 브장송 정기시에서 피아첸차로 이동했던 1579년 11월 21일에 이르면,[279] 제노바 상인들의 승리는 명백해졌다. 피아첸차 정기시는 시장이 열리지 않았던 몇몇 짧은 시기들을 제외하고는 1621년까지[280] 제노바 상인들의 통제하에 있었다. 브장송 정기시의 기원은 대략 1534년까지 거슬러올라간다.[281] 제노바 상인들은 1528년의 배신을 용서하지 않았던 프랑스 국왕 때문에 리옹에서 이러저런 어려움을 겪었고, 샹베리로 피난해서는 사부아 공작 때문에 어려움을 겪었다. 사부아 공작은 프랑스 국왕의 압력으로 자신의 공국에서 제노바 상인들을 쫓아냈다. 따라서 제노바 상인들은 투자자들과 주재원들이 만날 수 있는 또다른 장소를 물색해야 했는데, 1535년 초의 예수공현절 정기시로는 우선 론스-르-소니에로, 그 다음에는 부활절 정기시가 열리는 브장송으로 옮겨갔다. 이것은 일련의 정기시 중에서 최초의 것이었다. 이러한 이동을 기획한 것은 카를 5세가 아니라 제노바 공화국 자체였다. 프랑스가 1536년에 사부아와 피에몬테 지방을 점령했고, 롬바르디아, 스위스의 주들, 프랑슈 콩테 지방에서는 브장송으로 바로 갈 수 있었기 때문에 제노바 공화국은 더욱더 이 새로운 장소인 브장송 정기시에 집착했다. 이 새로운 장소는 별로 편리하지도 않고 성가셨지만 리옹에서 가깝고, 정기시로 인해서 리옹으로 유입되는 자금과 상품을 모을 수 있다는 장점을 가지고 있었다. 브장송 정기시는 오랫동안 정확히 리옹 정기시의 주기에 맞춰져 있었다.[282] 지중해와 안트베르펜 중간 지점에 위치한 리옹은 여전히 세상의 부가 모이는 진정한 경제 수도였다. 제노바 상인들은 우리가 잘 알지 못하는 어려운 상황을 브장송에서 겪게 되자 아마도 1568년[283]에는 폴리니 정기시로, 그 다음에는 샹베리로 옮겨가면서 남진했지만 여전히 리옹 정기시 권역 안에 있었다. 리옹에서 출발해서 사부아로 가는 길에 만나는 중요한 첫 마을인 몽뤼엘에서 이루어진 많은 결제 사례들이 이를 증명하듯이, 지리적 근접성은 매우 중요했다.[284]

따라서 파르마 공작의 영토에 위치한 피아첸차로 정기시가 옮겨간 것은 중대한 변화였다. 그것은 알프스 산맥이 새로운 장소와 리옹을 가로막고 있었기 때문에 리옹과의 단절을 의미했다. 또한 피아첸차로 옮겨온 것은 이전의 4년 동안 지속된 긴 위기를 벗어나기 위한 최종 결정이었다. 오늘날 역사가들은 이 위기의 진정한 원인을 밝히려는 노력을 시작했다.[285] 바로 이 문제가 제노바 상인들의 성공의 역사에서 중요한 사건이었기 때문이다.

도표 60(이 책 제II부)이 이를 증명하듯이, 담보 공채와 연결되어 있는 아시엔토 계약 제도는 대서양 봉쇄에도 불구하고, 1566년 이후 플랑드르 사태와 화폐 수출 허가증(licencias de saca)[286] 발행의 증가로 크게 발전했다. 새로운 수도 마드리드에 확실하게 자리를 잡은 제노바 상인들이 벌어들인 큰 부는 에스파냐 여론의 격심한 반감을 불러일으키지 않을 수 없었고, 그

러한 반감은 펠리페 2세의 측근들에게서 더욱 심각했다. 새로운 수도 마드리드에서 중요한 거래가 이루어졌으며 제노바 상인들은 알칼라 데 에나레스와 연합해서 마드리드에 환거래를 도입했다. 1573년부터 1575년까지 열렸던 신분의회(Cortes)에서는 이 외국인들에 대해서 강하게 문제제기를 했다.[287] 그렇지만 제노바 상인들을 공격하는 것과 이들을 대체하는 것은 다른 문제였다. 펠리페 2세의 자문관들과 왕 자신이 에스파냐와 다른 외국의 상인들에게 도움을 받을 수 있다고 너무 빨리 믿어버렸다. 그래서 1575년 9월 1일 법령은 제노바 상인들의 모든 재산을 일제히 문제삼았다. 1560년 11월 14일 이후에 체결된 모든 아시엔토 계약은 "위법" 또는 불법 계약으로 간주되어 취소되었다. 비록 1575년 9월 1일자로 되어 있지만 12월에 반포된 법령에 일방적으로 명시된 원칙에 따라서 모든 계약은 수정되어야 했다. 이는 제노바 상인들에게 큰 손실을 의미했다. 제노바 상인들은 이 문제를 토의하고 카스티야의 왕실 법정에 청원했다. 특히 제노바 상인들은 플랑드르로 가는 금 지불 시스템을 효과적으로 봉쇄했다. 아마도 그들은 당시 네덜란드의 프로테스탄트 반란도 지원했을 것이다. 하지만 파란만장했던 그해 12월 제노바는 반란세력의 봉기로 매우 첨예한 정치적, 사회적 혁명에 휘말렸다 (불행히도 이 혁명의 근본적인 원인에 대해서는 잘 알려져 있지 않다). 이 혁명에서 은 교역을 거의 독점하고 있었던 구귀족들과 보통의 상인들로 길드의 지지를 받고 있었던 산 피에트로의 신귀족들은 상호 대립했다. 반란세력이 승리해서 지배권을 장악하고 임금을 올렸다. 은행가들은 도시 근교로 피신을 했고, "그중 일부는 밀라노로 가는 길에 위치한 노비와 가까운 세라발레 주변의 바티스타 스피놀라의 영지"[288]나 사부아로 피신했다. 그러나 승리한 세력은 실제로 도시를 운영할 수도 없었고, 펠리페 2세의 9월 법령으로 타격을 입은 거대한 재정기구를 재가동시킬 능력도 없었다. 그래서 리옹에 있는 부온비시 가문 사람들은 1575년 10월에 "브장송 부활절 정기시가 열릴 수 있는지, 열리면 어디서 열리는지"에 대해서 걱정하고 있었다.[289] 1575년 말까지도 아무것도 해결되지 않은 것 같았다. 제노바에서의 싸움, 에스파냐 국내에서의 싸움 그리고 유럽 전역의 시장에서 제노바 상인들과 다른 상인들 간의 경쟁은 하나의 거대한 싸움의 일부분이었다.

제노바 은행가들은 2년 후인 1577년 12월 5일 에스파냐 국왕과 일반 협정이라는 타협적인 협정을 체결함으로서 승리하게 되었다. 이 협정은 1575년의 가혹한 조치들을 폐지시켰다. 이 싸움에 참가했던 카스티야 상인들과 합스부르크 왕실의 "절대적인 하인"이었던 푸거 가문을 포함한 모든 상인들의 무능함과 경험 미숙 덕분에 제노바 은행가들은 이러한 승리를 얻을 수 있었다. 그들이 내놓은 자본은 충분하지 않았고 너무 빨리 상환해야 했으며 자금 이동이 지나칠 정도로 느렸다. 게다가 제노바 은행가들은 환어음과 금 공급을 효과적으로 봉쇄했다. 제노바 은행가들은 수많은 수단을 확보하고 있었기 때문에 그들의 적들이 대응하기가 쉽지 않았다. 리스본, 피렌체, 리옹 게다가 파리와 프랑스 노선에서도 원하는 만큼 신속하게 모든 일이 진행되지 않았던 것이다. 그 결과 급여를 받지 못한 에스파냐 병사들은 폭동을 일으켰고 일련의 우여곡절 끝에 1576년 11월 안트베르펜을 장악하고 끔찍하게 약탈했다.[290] 에스파냐가 1575년 제노바에서 일어난 반란에 책임이 없다고 생각하는 것이 신중하지 못한 것처럼 제노바 사업가들이 이 일에 전혀 관여하지 않았다고 생각하는 것 또한 신중하지 못하다. 이 극적인 사건으로 에스파냐 국왕은 타협할 수밖에 없었다. 제노바의 소식통이 전하는 것처럼[291] 당시까지 에스파냐 국왕은 "명령의 엄격한 조항을 완화시킬 뜻을 전혀" 내비추지 않았다. 그러나 아무리 마음속으로 집착한다고 한들, 어떻게 에스파냐 국왕이 이 엄격한 조치를 더 이상 고수할 수 있었겠는가? 1577년 3월 이후 진지한 교섭이 진행되었다. 교섭은 1577년 12월 5일이 되어서야 타결되었고, 제노바 사업가들은 곧바로 에스파냐 국왕에게 500만 에퀴의 금화를 제노바, 밀라노, 경우에 따라서는 나폴리나 시칠리아에서 융자하기로 했다.

어쨌든 제노바에서 모든 것이 제자리를 다시 잡았고, 밀라노와 토스카나 출신의 상인-은행가들의 지원 덕분에 새로운 해결책이 구체화되기 시작했다. 예컨대 파르마 공작의 영토에 속하는 피아첸차에서 정기시를 개설하는 해결책이 있었다. (리옹에서 가까운 몽뤼엘에서 열린 1580년 부활절 정기시와 같은) 몇 번의 중단 사태를 제외하면, 피아첸차 정기시와 그것이 만든 체계는 제노바 은행가들의 통제 하에 1621년까지 계속되었다. 지중해는 제노바를 통해서 오랫동안 세계의 부를 관리했다.

피아첸차에서는[292] 이러한 성공이 겉으로 보기에는 그렇게 두드러져 보이지 않았다. 그것은 소란스러웠던 리옹의 정기시도 아니었고 프랑크푸르트나 라이프치히의 인기 있는 정기시도 아니었다. 피아첸차 정기시의 모토는 신중함이었다.

1년에 4번의 정기시, 즉 (2월 1일의) 수태고지 정기시, (5월 2일의) 부활절 정기시, (8월 1일의) 8월 정기시와 (11월 2일의) 만성절(萬聖節) 정기시가 있었고, 60명 정도의 사업가들이 정기시에 참여했다. 그들은 저명한 은행가들이었고, 그중 일부는 제노바, 밀라노, 피렌체 출신이었으며 이들 모두는 일종의 클럽을 구성했다. 이 조직에 가입하려면 현지에 있는 회원들의 투표와 막대한 보증금(4,000에퀴)이 필요했다. 정기시 세 번째 날에 그 중요성을 이야기할 필요조차 없는 공식적인 환율을 결정하는 사람들이 바로 이들이었다. 환율을 결정하는 이들 은행가들 옆에는 우리가 자주 캄비아토레(cambiatore)라고 부르는 환어음 거래상들이 있었고 이들은 2,000에퀴의 보증금을 내고 정기시에 참여해서 끝날 무렵 거래를 청산하는 대차대조표를 제시했다. 세 번째 그룹은 상사의 대표나 상사의 대리인들이었다. 모두 합해서 최대 200명 정도의 사람들이 정기시에서 활동했고, 엄격한 규율의 통제를 받았고, 분쟁 발생 시에 최종 판결을 내릴 수 있는 최고 결정권은 막강한 힘을 가진 제노바 원로원에 있었다.

이 정기시는 사비리에 따르면,[293] "어음 교환(virement) 또는 모임(rencontre)"이라고 불리고 이탈리아어로는 리스콘트로(riscontro)라고 불리는 어음 교환소 기능을 했다. 개별 상인들은 정기시에 철을 한 장부를 제시했고, 그 장부에는 지불해야 하거나 지불받아야 하는 모든 환어음이 기록되어 있었다. 첫 번째 해야 할 일은 장부를 정리하여 승인을 받고 그 다음에는 정기시에서 이루어졌던 모든 거래를 대조하고 거래 취소와 청산과정을 거치게 된다. 최종적으로는 당초 장부상으로 지불해야 했던 엄청난 금액과는 전혀 다른 채무와 자산만이 남게 된다. 모든 것이 태양 앞의 눈[雪]처럼 녹아버렸다. 정기시의 관행에 따라서 차액은 금으로 지불해야 했지만, 차액을 청산하는 데에는 약간의 현금이면 충분했다. 그리고 종종 채권자는 다른 장소나 정기시에서 상환받는 것을 허용했다. 그래서 채무자에게 도움이 되는 신용 거래가 이루어질 수 있었다. 이러한 거래의 세부 내용들은 1638년에 제노바에서 출간된,[294] 제노바 출신의 도메니코 페리의 고전적인 저서『상인(Il Negociante)』에서 참조할 수 있는 것보다 훨씬 더 복잡했다. 환율이 사전에 정해졌음에도 불구하고 실제 거래에서 심각한 어려움이 없었던 것은 아님을 알 수 있다. 소송이 넘쳐났다. 일반적인 규칙을 잘 몰랐던 정기시 참가자들을 위해서 정기시 책임자들은 다섯 번째 날에 빈칸을 채우기만 하면 되는 표준 환어음을 배포했다.

짧은 정기시 기간 동안 엄청난 액수의 채무와 채권의 청산이 이루어졌다. 다반차티의 연구에 따르면,[295] 1588년 이후 정기시에서 3,700만 에퀴 이상이 거래되었고, 도메니코 페리의 말에 따르면,[296] 몇 년 후에는 거래액이 4,800만 에퀴에 이르렀다. 우리는 우리가 가지고 있는 상인들의 편지 덕분에 환어음 거래 지수를 확인할 수 있다. 그러나 우리가 적어도 제노바 상인의 회계장부와 서신을 이용하지 못했다면, 정기시의 상황을 밖에서 바라볼 수밖에 없었을 것이다. 사실 제노바 은행가들의 부는 매우 섬세하고 은밀하게 작동하는 메커니즘에 기반하고 있었다. 1577년에 제노바 상인들이 "현금보다 종이를 더 많이 가지고 있다"고 그들을 비난했던 에스파냐 주재 푸거 상사의 대리인이 비아냥거리며 한 이야기처럼, 제노바 은행가들의 지배는 종이, 곧 환어음을 통한 지배였다.[297]

환어음의 세기

환어음의 시대는 피아첸차 정기시 초기였던 1579년에는 아직 시작되지 않았다. 16세기 전 기간은 환어음 시대를 준비한 시기였다. 그러나 1566년 이후, 더욱 확실하게는 1579년 이후 사업에 어느 정도 발을 담그고 있었던 사람들이라면, 모두 그 변화를 감지할 수 있을 정도로 환어음은 꽤 중요한 역할을 하기 시작했다. 상업 활동이 분화되면서 은행가, 더 정확하게는 "재정가"라는 직업이 상업 활동으로부터 구별되기 시작했다. 왜냐하면 은행업은 처음에는 군주들의 돈과 관련이 있었기 때문이다. 당시 사람들이 이에 관해서 느꼈던 놀라움을 이해하려면, 그것이 상대적으로 매우 이상한 직업이었다는 것을 분명히 할 필요가 있다. 현명하거나 정직한 사람은 돈이 상품을 따라간다고 생각했다. 이들은 이런 상품 거래만이 "실제 거래"라고 생각했기 때문에, 돈이 상품에서 분리되어 독립적으로 거래된다는 사실을 쉽게 받아들이지 못했다. 따라서 피아첸차에서 종종 모든 거래가 한 번의 장부 정리로 해결되었던 것을 쉽게 이해하기 힘들었을 것이다. 펠리페 2세 자신도 환어음에 관해서는 아무 것도 이해하지 못했다고 고백했다.[298] 그가 제노바 은행가들에게 적대적이었던 이유들 중에 하나는 아마 이러한 이해 부족 때문이었을 것이다.

과거의 관행에 반쯤 젖어 있었던 베네치아에서 환어음은 조심스러운 방문자처럼 행동했다. 1575년[299] 베네치아 정부는 투르크와의 전쟁 시기에 빌린 전체 전비 대부금이 550만 두카트 이상이었다고 추산했다. 그중 어음 발행인이 청산하기로 약속하고 발행한 환어음은 모두 21만6,821두카트, 전체의 4퍼센트에 약간 못 미쳤다. 이 조사만으로 명백한 결론을 도출할 수는 없다. 왜냐하면 대부금 모집이 현장에서 이루어졌기 때문에 이를 금괴

(57,772)나 은괴(1,872,342) 아니면 현금(3,198,420)으로 지불했다고 생각하는 것이 논리적이기 때문이다. 베네치아인들은 합법적이든 그렇지 않든 환어음의 증가와 유통에 대해서 필요하다면 언제든 반대했다는 점을 기억하자. 다음과 같이 말하는 마드리드 주재 베네치아 대사처럼 베네치아인들은 환어음에 대해서 완고했다. 1573년[300] 베네치아 대사는 마드리드에서 베네치아 정부에 보낸 서신에서 제노바 출신의 아시엔토 계약자들이 성실하고 정직한 상품 거래를 도외시하고 환어음만을 거래하고 있으며, 상품을 취급하는 것을 "맨발의 가난뱅이와 최하층 사람들의 일"이라고 생각한다고 말했다. 이러한 비난은 1573년에는 납득할 수 있는 감정이었다. 그러나 30년 후의 베네치아에서 환어음으로 이루어지는 새로운 결제 방식을 여전히 놀랍게 생각한다면, 이는 이해가 부족한 일일 것이다. 30년 후의 베네치아는 짧은 계몽의 세기를 경험했다. 이 계몽의 세기는 한순간 모습을 드러냈다가 너무 빨리 사라졌지만, 레오나르도 도나처럼 수많은 사상가들이 경제적 문제에 관심을 가졌고, 상업, 정치와 돈에 관한 훌륭한 논의들이 만개하지는 않았지만 명확하게 전개된 시대였다. 외국 은행가들인 피렌체와 제노바 은행가들의 주도로 베네치아에 도입되었고 반복해서 급등했던 역(逆)환어음은 베네치아인들의 눈에는 상인들 사이에서만 유통되는 해로운 거래로 비쳐졌다. 또한 수많은 상인들 중에서도 특히 은행가들이 주로 할 수 있는 거래로 인식되었다.[301] 그래서 베네치아 상인과 그들의 부가 브장송 정기시라는 이 기묘한 세계로 흘러들어간 것은 맞지만, 강제로 흘러들어간 것이었다.

그러나 이 세계는 "합리적"이었다. 이를 전혀 이해하지 못하는 사람들의 비난에도 불구하고 이 게임은 매우 지적인 게임이었고, 바로 이 세계에 미래를 푸는 열쇠가 있었다. 사실 환어음의 도입과 발전은 새로운 경제구조의 시작을 알렸고, 이러한 구조가 장차 새로운 차원의 경제구조를 형성했다. 제노바인들은 이 과정에서 선구자 역할을 했고, 아주 일찍부터 가장 선진적인 상업 기술에 예비된 이점을 누렸다. 그들의 실수는 이 우위를 지나치게 믿었고, 금융에만 몰입함으로써 1566년에 자신들이 꽤 중요한 역할을 했던 대서양 상품 교역에서 손을 뗀 것이었다. 제노바 상인들이 반쯤 버려두었던[302] 이 대서양 세계는 발전하고 성장했으며 이 지역의 상인들을 성장시켰고 곧이어 자체 은행가들을 배출했다. 제노바 상인들의 실패는 우리가 너무 빨리 속단하는 것처럼 금융업이나 환어음 거래의 파산이나 전통적인 교역에 충실했던 상인들의 승리 때문이 아니라 또다른 자본주의의 성장 때문이었다. 이 자본주의는 지리상의 혁명에 힘입어 아메리카 대륙의 발견 이후부터 나타나서 완성되는 데에 한 세기 이상이 소요되었다. 최종적으로 이것은 새로운 금융업자들, 1627년의 마드리드 사태에 개입한 포르투갈 대부업자들 그리고 그들 뒤에 있던 북유럽 대형 대부업자들의 승리였다. 그것은 네덜란드 자본주의가 발전하는 한 과정이었다. 네덜란드 자본주의는 적어도 1609년부터 당시 가장 근대적인 신용체계를 포함해서 자체 상부구조를 가지고 있었고, 이후 지중해 자본주의를 대체했다. 그러나 오랜 시간에 걸쳐 끈기 있게 형성된 지중해 자본주의가 네덜란드 자본주의에 대해서 모델이 되었던 것은 분명하다.

펠리페 2세의 마지막 국가 파산에서 1607년 펠리페 3세의 첫 파산까지

1596년 펠리페 2세의 마지막 파산[세 번째 파산]과 1607년 펠리페 3세의 첫 파산은 지나칠 정도로 방대하지만 매우 중요한 문제들로 우리를 인도한다. 우리는 이를 위해서 사건의 피상적인 측면을 보여주기보다는 그 사건의 내부적 동기와 항구적인 법칙을 이해하도록 노력해야 할 것이다. 그래야만 최근의 연구 덕분에 크게 개선된 우리의 설명 틀이 맞는지를 확인할 수 있기 때문이다.

이 문제들을 정확하게 이해하려면 지나치게 가까이에서 일상적으로 관찰한 극적인 역사에 현혹되어서는 안 된다. 모든 정치, 경제, 사회, 문화에

대한 지배는 그 시작과 전성기 그리고 쇠퇴기가 있으며, 단절과 변화를 겪게 되는 자본주의의 발전 과정 또한 다른 분야에서의 단절과 변화를 따르고 있음을 기억해야 한다. 푸거 가문의 시대처럼 제노바 은행가들의 시대 그리고 나중에 암스테르담의 시대는 기껏해야 2~3세대 정도밖에는 지속되지 않았다.

이 문제는 이미 언급했으므로, 우리의 주제를 좀더 깊이 있게 살펴보려면 그 핵심을 바로 이야기하는 것이 좋을 듯하다.

1) 카스티야 왕국과 은행가들 간의 분쟁은 항상 갈등과 타협이라는 연속된 두 단계를 거쳤다는 것이다. 실제로 그들은 1596-1597년 겨울 오랫동안 싸움을 계속하다가(긴박함은 없었다), 여름에 국가적으로 긴급한 문제가 발생하자 서둘러 타협했다. 당시 이 타협은 일반 협정으로 불렸다. 1577년과 1597년에는 한 번의 타협이, 1607년에는 두 번의 타협이, 1627년에 다시 한 번의 타협이 있었다. 이 싸움, 차라리 파산이라고 하는 편이 나을 것 같은 이 분쟁은 줄곧 포고령으로 불렸다.

2) 카스티야 왕국은 이 싸움에서 매번 패했는데, 그것은 카스티야 왕실이 수세기 동안 대부업자인 은행가들의 적수가 되지 못했기 때문이다. 제노바 은행가들에 대한 펠리페 2세의 분노는 그의 명석함이 아니라 고집과 의기소침을 말해줄 뿐이다. 만약 펠리페 2세가 명석했다면, 1582년 국립은행 설립을 제안 받았을 때에 이를 설립했을 것이고, 1596년에 이탈리아 방식의 자선 금융기관인 몬테(monte)를 제안받았을 때에도 이를 도입했을 것이다. 또한 만약 펠리페 2세는 관리할 능력이 있었다면, 인플레이션 정책을 실시했을 것이다. 마지막으로 내가 보기에 펠리페 2세는 풍부한 농산물과 광물자원을 가지고 있었고 플랜테이션도 많았지만, 그에 상응하는 국제적인 규모의 금융 능력은 갖추지 못했던 19세기의 남아메리카 정부들과 비슷한 상황에 주기적으로 직면했다. 방금 말한 남아메리카 정부들은 불만을 표출하고 공격적인 행동을 취할 수도 있었겠지만, 결국에는 항복하고 자신

의 자원과 지배권을 내주고 "수용적인" 자세를 취할 수밖에 없었다.

3) 파산, 요컨대 빚을 갚지 않고 강제로 계약을 취소할 때마다 이 거대한 게임에 참가했던 선수들 중에 실패를 하고 함정에 빠지거나 슬그머니 장막 뒤로 물러나는 사람들이 있었다. 1557년에는 고지대 독일의 상인들이, 1575년에는 제노바 상인을 제외한 이탈리아 상인들이, 1596년과 1607년에는 에스파냐 상인들이, 1627년에는 제노바 상인들이 그러했다. 그러나 제노바 상인들은 1577년의 푸거 가문처럼 완전히 무대를 떠나지는 않았다. 그런데 이 규칙은 지금도 여전히 유효하다.

4) 매번 세금 부담에 심하게 짓눌려 있었던 카스티야의 납세자들과 에스파냐와 이탈리아 예금자들과 소자본가들이 피해를 입었다. 은행가들이 존재하는 한, 필연적으로 "[혁명 전의] 러시아 증권을 가지고 있는" 사람들이 있게 마련이다.

1590년 무렵부터, 1593년과 1595년에는 더욱더 모든 상황이 카스티야 왕국의 다음 파산을 예고하고 있었다. 지출이 끝없이 늘었고, 수입은 세수입이 눈에 띄게 감소하면서 하락했다. 경제적인 어려움으로 파산과 채무로 인한 투옥이 증가했다. 이러한 어려운 상황 속에서 유일하게 증가한 것은 아메리카로부터 들어오는 은이었고, 그 덕분에 제노바와 베네치아에서처럼 세비아와 바르셀로나에서도 그리고 네덜란드로 귀금속을 수송하는 라인 강을 통해서도 귀금속의 유통은 순조롭게 이루어질 수 있었다. 이러한 풍요로움은 에스파냐가 대부분의 유럽 국가를 상대로 벌였던 그토록 많은 전쟁에도 불구하고, 그리고 사업가들의 일상적인 신중함과 1589년부터 시작된 또한 번의 은 수출 금지령이 초래한 어려움에도 불구하고 일종의 환상, 신중한 사업가들에게조차도 일종의 안정감을 심어줄 수 있었고, 실제로도 그러했다. 가장 불안한 징표는 의심의 여지없이 카스티야에서 격화되었던 재정을 둘러싼 갈등이었다. 대귀족들, 고위 귀족과 교회들, 도시 그리고 사업가를 제외한 상인들을 포함한 모든 납세자들이 고통을 겪었고, 엄청난 양의 공채가 상대적으로 여전히 구매 욕구가 있는 시장에 쏟아졌다. 사건을 추적하면서 사실관계를 파악하고 있는 역사가들의 눈에는 그 위험성이 보이지만, 당시 큰돈을 빌려주던 대부업자들에게는 그렇지 않았던 것 같다. 그리고 대부업자들을 충격에 빠뜨리는 사건이 발생했다. 11월 중순 포고령이 발효된 것이다.[303] 이 포고령을 통해 펠리페 2세는 상환을 중단했고 일격에 재정을 회복하고 사업가들의 수중에 있는 현금을 빼앗았다.[304] 대서양을 횡단한 서인도 제도 선단이 그 어느 때보다 빨리 도착했기 때문에 11월 말 리옹에서조차[305] 그것은 전혀 예상하지 못했던 결정이었다.[306] 예상했건 예상하지 못했건 간에 이 조치는 에스파냐를 시작으로 즉시 모든 곳에 영향을 미쳤다. 그리고 두려움과 잘못된 판단이 상황을 더욱 복잡하게 만들었다. 베네치아 주재 펠리페 2세의 대사인 돈 이니고 데 멘도사[307]는 "상환 중단으로 전하께서는 칼을 뽑지 않으시고도 전하께서 왕국 밖으로 송금할 수밖에 없었던 은으로 잘 사는 모든 적들을 정복하실 수 있을 것입니다.…… 우리가 경험을 통해 알고 있듯이 투르크, 프랑스와 다른 모든 국가들이 이용하는 것이 바로 이 은입니다.……"라고 말했다. 그러나 에스파냐 국왕이 선제공격을 한 후의 상황은 국왕에게 유리하지도 않았을 뿐만 아니라 상황 자체가 그렇게 간단하지도 않았음이 분명했다. 국왕은 자신이 활용할 수 있는 수단들을 통해서 엄청난 액수의 정화(아마 400~500만 두카트 정도[308])를 이탈리아로 송금했지만, 수송 과정에서 큰 어려움과 돌발 사태들이 발생했다. 돌발 사태는 종종 전혀 예측 불가했지만 엄연한 현실이었다. 예를 들면, 발렌시아 당국은 국왕의 허가증을 받지 못했다는 이유로 국왕의 자금 100만 두카트를 이탈리아행 갤리 선에 선적하는 것을 거부함으로써, 서둘러 허가증을 보내야 했다.[309] 불만이 폭발하기 직전 상태였던 네덜란드에서 지불체계가 정지되지 않도록 하려면 신속함이 생명이었다. 따라서 국왕은 진퇴양난에 빠졌다. 평소 못마땅했던 사업가들을 계속 탄압하는 완고함을 보여주기는 했지만, 국왕은 이 어려움에서 벗어나지 못했고 벗어날 수도 없었기 때문이다. 그것은 사업가들에게도 역시 골치 아픈 문제였다. 이 포고령은 사업가들에게 1575년의 명령과 그 후속 조치들이 제노바에 초래했던 심각한 타격을 다시 기억나게 만들었다. 당시 "구귀족들은 은 식기, 금, 진주와 아내의 보석까지" 모두 팔아야 했다.[310] 1596년 말에 아시엔토 계약자들은 최근 20년 동안 벌여온 사업이 위험에 처할지도 모른다는 두려움을 가지게 되었고, 지불해야 하거나 받아야 할 돈 문제로 인해서 걱정이 끊이지 않았다. 지불을 몇 주일 연기하거나 메디나 델 캄포 등 여러 정기시들의 기간 "연장"은 임시방편에 지나지 않았고, 그나마도 재연장을 거듭해야 했다. 더 이상 빌릴 수 있는 레알 화가 없었다.[311]

여러 방면에서 접촉이나 압박 때로는 대화 요청이 있었음에도 불구하고, 초기 단계에는 펠리페 2세 정부는 어떤 약속도 하지 않으려고 했다. 한 피렌체 사람은 "어떤 약속도 없었으며 모든 것은 중단되었고 매우 혼란스러웠다"고 기록했다.[312] 마드리드 주재 제노바 대사는 "지금까지 (상호 접촉은 있었지만) 아직 좋은 소식은 없다"고 기록했다.[313] 그러나 국왕과 그의 자문관들이 아시엔토 계약 제도와 당시 사람들이 일반적으로 콘트라타시온 (contratación)이라고 불렀던 막강한 사업가들로 구성된 일종의 조합을 폐기하고 싶어하지는 않았음이 분명하다.[314] 그들이 원했던 것은 포고령 이전부터 알려져 있었듯이, 사업가들의 요구사항들을 제한하고 아시엔토 계약자들의 수익을 축소시키고, 계약 기간을 적어도 3년 정도로 길게 설정하고, 서인도 선단이 무사하게 귀환하지 않는 경우에도 유효한 큰 액수의 대부를 받는 것이었다.[315] 분명히 그것은 너무나 지나친 요구였다. 왜냐하면 환어음과 현금의 유통에는 신세계의 귀금속이 꼭 필요했기 때문이다. 또한 이러한 유통을 가속화시키고 촉진시키고 이를 위해서 선수금을 투자한 사람들은 은행가였고, 이 모든 노력에는 매우 많은 비용이 들었기 때문이다. 장부(에스파냐어로는 tanteo)를 검토한 왕실의 감사관들은 암브로시오 스피놀라와 체결한, 플랑드르 지방으로 40만 에퀴를 보낸다는 아시엔토 계약이 왕에게 35퍼센트의 비용을 부담하게 만들었음을 확인했다.[316] 장부의 숫자들에 대해서 반론을 제기한 아시엔토 계약자들 역시 이 모든 거래에 비용이 많이 들어갔다는 점은 인정했지만, 국왕이 손해를 본 만큼 상인들이 이익을 얻었다는 사실은 부인했다. 이 점에 관해서 우리는 사업가들의 이야기를 어느 정도는 믿어야 할 것이다.

따라서 푸거 가문이 개입하지만 않았다면, 진정한 관계 회복은 아니었겠지만, 양자는 곧바로 예전의 모습을 되찾았을 것이다(실제로 국왕과 국왕에게 돈을 빌려준 대부업자들 사이의 관계가 달라질 수 있으리라고는 상상할 수 없을 것이다). 우리가 알고 있는 날짜가 정확하다면, 당시 푸거 가문은 포르투갈 상인들의 뒤를 따랐거나 적어도 그들과 함께 행동했다. 이 기독교로 개종한 포르투갈 유대인들은 자신들의 상품 자산을 이용하여 네덜란드에서 펠리페 2세에게 25만 에퀴[317]를 대부해주었다. 당시 사람들의 이야기에 따르면, 푸거 가문은 추가로 400만 에퀴를 제안했지만, 협상이 성사되지는 못했던 듯하다. 이유는 다음의 둘 중 하나이다. 푸거 가문이 실제로 그만큼의 자금을 동원할 수 없었거나(아직 푸거 가문의 전성시대가 아니었다), 그들의 요구가 너무 지나쳤을 것이다.[318] 12월 초에 푸거 가문은 탈출구를 확보했다. 좀더 정확히 말하면 탈출구를 확보한 사람은 푸거 가문을 위해서 에스파냐에서 활동하던 3명의 대리인 중 1명인 토마스 카르크였다. 그는 나머지 두 대리인과 아무런 상의도 없이 에스파냐 국왕에게 12개월 동안 총 30만 에퀴의 돈을 대부하기로 합의했다. 대부는 네덜란드의 "현지 대리점을 통해서" 이루어질 것이고, 전체 액수의 반은 현금이나 그에 상응하는 것으로 내놓는 대신[319] 왕실로부터 엄청난 액수의 채무 미수금을 청산하겠다는 약속을 받아냈다. 제노바인들은 처음에는 이 협상이 성공할 것이라고 믿지 않았다. 제노바인들은 이를 "책략," 즉 "근거가 없는" 아시엔토 계약일 것이라고 생각했다.[320] 게다가 제노바인들은 왕에게 좀더 긴 계약 기간과 더 나은 조건을 제시한 상태였다.[321] 2월 무렵 제노바인들은 이 계약이 진지하게 진행되고 있으며 일이 성사되기까지 남은 절차는 아우크스부르크의 푸거 가문의 승인뿐임을 알게 되었다.[322] 이 거대한 은행 가문 내에서 벌어진 내부 세력 다툼과 불화는 1597년 4월에 안톤 푸거의 파란 만장한 마드리드 여행이 그러하듯이 흥미로운 이야깃거리가 될 것이다.[323] 그러나 우리의 관심을 끄는 문제는 푸거 가문의 개입이 펠리페 2세 정부에게 1년의 유예 기간을 제공했다는 것이다. 그동안 아시엔토 계약자들은 무익한 협상을 계속하거나 때로는 계획에 그치고 때로는 실행에 옮겨지기도 했던 배신과 음모를 이어나갔다. 그중에는 바티스타 세라의 경우처럼 성공을 거둔 다른 음모들도 있었다.[324] 그러나 1597년 말이 되면 푸거 가문의 막간극은 끝이 났고, 합의는 상대적으로 신속하게 이루어졌다. 카스티야 정부는 더 이상 협상을 미룰 여력이 없었다.

1597년 11월 13일, 펠리페 2세의 두 "장관들"과 4명의 금융인 대표들 사이에 이루어진 합의는 같은 달 29일의 일반 협정 체결로 이어졌다. 이 협정에 따라서 1596년 포고령의 희생자들은 1598년 1월 말부터 1599년 6월 말까지 왕에게 매달 한 번씩 18개월 동안 총 450만 에퀴를 플랑드르에서 그리고 250만 에퀴는 에스파냐에서 대부했다. 그 대신 왕은 그들에게 계속해서 상당한 특혜를 부여했고, 특히 700만 두카트 이상에 해당하는 엄청난 공채를 할당했다. 이 공채가 정확히 종신 공채 혹은 영구 공채였는지, 그리고 그 이자율이 얼마였는지에 대해서 치열한 논란이 있었다. 왜냐하면 사업가들이 이 채권과 다른 종류의 환어음을 에스파냐 사람들에게 좀더 높은 가격을 받고 다시 팔기 위해서 공채의 이자율을 높이고 싶어했을 것이기 때문이다. 어쨌든 이렇게 해서 사업가들은 이 복잡한 공채 투기에 조금 더 깊이 얽혀들었다. 공채 거래의 세부적인 내용은 잘 알려져 있지 않지만, 일반적으로 통용되는 규칙 하나는 분명하다. 낮은 가격에 사서 비싼 가격에 되파는 것이 말처럼 쉬운 일이 아니라는 것이다. 상대적으로 안정된 시세가 대규모 거래를 가능하게 했다.[325] 이자율이 재조정된 채권의 경우 할인율이

14퍼센트 정도였던 것으로 알려져 있었다. 제노바 사람들과 제노바 사업가들은 당연하게도 자신들의 채권자들에게 채권으로 상환했다. 물론 채권자들은 현금으로 돈을 빌려주었기 때문에 현금으로 돌려받기를 원했지만, 처음부터 은행가들은 국왕이 그들에게 제공한 것과는 다른 화폐로 지불하는 것을 거절했다.[326] 독자들은 이런 위기가 당시로서는 흔한 것이었고, 1575년의 격심한 충격에 비할 만하지 않다고 생각할지도 모르겠다. 그러나 이 끔찍하게도 어려웠던 해(거의 매일매일)가 아무런 영향도 주지 않았다고 생각하는 것은 옳지 않다. 왜냐하면 이 해는 사업가의 집단, 1596년 포고령으로 피해를 입은, 오늘날로 말하면 "조합"에 속한 사업가들의 입지가 축소되면서 끝났기 때문이다. 진정한 조합이라고 할 만한 이 모임은 여러 해 동안 4명의 상인, 즉 3명의 제노바 상인(에토레 피카밀료, 암브로시오 스피놀라, 잔 자코모 데 그리말디)과 1명의 에스파냐 상인 프란시스코 데 말벤다의 지도 체제 하에 있었다. 이로 인해서 이들 1596년의 포고령의 희생자들과 그들 중에서도 좀더 재력이 있는 사람들에게 사업이 집중된 것은 의심의 여지가 없다. 1596년 포고령의 대상이 된 채권의 소유주와 지분은 다음과 같았다. 100만 마라베디 단위로 제노바인들이 2,050, 피렌체인들이 94, 독일인들이 4.5, 에스파냐인들이 2,523을 가지고 있었다. 따라서 가장 큰 몫은 에스파냐인들이 가지고 있었다. 환어음 거래에서 쉽게 돈을 벌 수 있다는 생각에 이끌린 베네치아인들에게 특히 손해를 입힌 제노바인들과는 달리 에스파냐인들은 다른 사람들에게 자신의 피해를 전가하여 손해를 만회하는 데에 성공하지 못했을 뿐만 아니라 다른 세력들보다도 더 많은 피해를 입었다. 일반 협정 이후 이루어진 소유주와 지분 구조는 다음과 같다. 제노바인들이 (에스쿠도 혹은 두카트로) 558만1,000, 피렌체인들이 25만6,000, 독일인들이 1만3,000, 에스파냐인들이 220만을 투자했다. 이러한 지분 구조는 조합 지도부의 구성을 완벽하게 반영하고 있다. 즉 3명의 제노바인과 1명의 에스파냐인이 지도부를 구성하고 있었다. 제노바인들이 가장 큰 몫

을 차지하고 있었다.[327]

　그런데 약 10년 후에도 똑같은 일이 다시 벌어졌다. 마치 이러한 시스템이 어느 정도 긴 주기를 두고 반복되는 파산을 구조적으로 필요로 하고 있었던 듯이 말이다. 여기에서 1607년 11월 9일의 포고령과 1608년 5월 14일의 일반 협정을 또다시 자세하게 다룰 필요는 없다고 생각한다. 또한 레르마 공작의 평화 정책에도 불구하고 펠리페 2세의 마지막 파산이 있은 지 10년 후에 어떻게 에스파냐가 또다시 새로운 위기를 겪게 되었는지를 보여주는 것도 의미가 없는 것 같다. 그러나 이 위기가 새로운 집권세력의 사치, 공금 횡령과 1595년 이후의 전반적인 경기 후퇴의 결과였다는 사실은 말해 두어야 할 듯하다. 1608년의 협정은 사업가들의 수중에 남아 있던 일시적인 채무를 청산하는 복잡하지만 확실한 체계를 만들었고, 여기서 이익을 본 사람들은 제노바인들뿐이었다. 사업가들은 1608년 일반 협정 대표위원회라는 이름의 새로운 조합을 결성했다. 중요한 것은 파산이 일어날 때마다 자본 집중이 계속 심화되었다는 것이다. 큰 타격을 준 수차례의 파산 이후 에스파냐 상인들은 대표위원회에서 사라졌다. 1601년[328] 아길라르와 시몬 루이스의 조카이자 후계자인 코스메 루이스 엠비토가 파산했고,[329] 1607년에는 페드로 데 말벤다가 파산했다.[330] 유일하게 남은 것은 제노바인들이었는데, 그만큼 그들은 경멸을 당하고 비난을 받았다. 그리고 바로 이런 이유에서 제노바인들은 1627년에 올리바레스 백공작이 주도한 포르투갈 사업가들의 집중적인 공격을 받게 되었다. 그는 이미 1596년에 포르투갈 사업가들에게 의사를 타진하고, 1607년에는 그들을 설득한 다음, 1627년에는 제노바인들과 경쟁에 나서게 했다. 이 시기에 이르면 이들 포르투갈 사업가들은 카스티야의 여러 도시들에서(특히 세비야에서) 중요한 상업 거점들을 차지하고 있었다. 이 승리는 그들이 일궈낸 성공의 대관식이자, 국제 자본주의 역사의 전환점이기도 했으며, 끔찍하고 완고한 종교재판과 함께 조만간에 그들이 겪을 헤아릴 수 없는 고난의 전조이기도 했다.[331]

3. 가격 상승

16세기의 전반적인 가격 상승은 지중해 국가들에게 큰 타격을 입혔고, 1570년대 이후에는 더욱 그러했다. 가격 상승은 지중해에 여러 익숙한 결과들을 초래했다. 17세기까지도 지속된 이 가격"혁명"의 폭력적인 성격과 지속 기간은 필연적으로 당시 사람들의 관심을 끌었다. 그리고 복잡한 화폐 문제, 돈이라는 새롭고 혁명적인 권력, 그리고 개인과 국가의 집단적인 운명에 대해서 재고할 계기를 제공했다. 역사가들 역시 이 문제의 원인들을 찾으려고 했고 종종 그 답을 찾았다고 생각했다. 그러나 매일 새로운 사실들이 늘어났고─왜 그것을 인정하지 않는지 모르겠지만─경제학이 점점 더 전문적인 학문이 되어가면서 문제는 더욱 복잡해졌다.

많은 비판에도 불구하고[332] 나는 "가격혁명(révolution des prix)"이라는 단어를 계속해서 사용할 것이다. 가격 상승의 원인, 가격 상승을 초래한 진정한 동인, 가격 상승의 정도에 대해서는 서로 다른 의견을 가질 수 있지만, 가격 상승이 잔인할 만큼 새로운 유형이었다는 데에는 이견이 없을 것이다. 한 역사가[333]는 20세기 사람들이 겪은 가격혁명이 더욱 심각했다고 주장했다. 그러나 이것은 문제에 대한 올바른 접근법이 아니다. 중요한 것은 이 가격 상승의 세기를 살았던 당대인들 대부분이 경악했다는 점이다. 1500년 훨씬 이전에 시작된 가격 상승은 멈추지 않고 계속되었다. 당대인들은 전례가 없었던 일을 경험하고 있다고 느꼈다. 아무 노력 없이도 모든 것이 잘 돌아갔던 좋은 시절이 끝나고 생활비가 계속 상승하는 비인간적인 시대가 찾아왔던 것이다. 그러나 이미 오래 전부터 화폐경제의 기반을 가지고 있었던 이탈리아에 가격혁명이라는 단어를 적용할 수 있을지는 의문스럽다. 그러나 계속된 혼란에 직면한 발칸 반도, 아나톨리아 반도, 오스만 투르크 제국 전역에서 "가격혁명"이라는 단어를 말하지 않을 수 있겠는가? 극적인 상황은 극적인 단어를 사용해서 묘사할 필요가 있다.

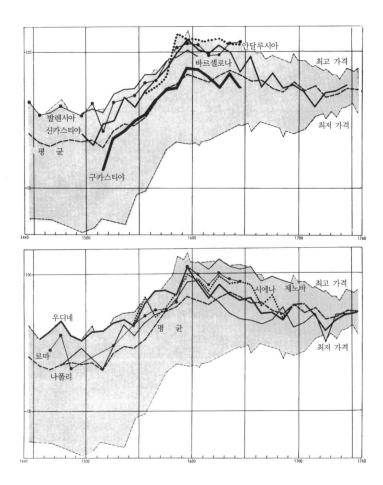

도표 42. 지중해와 유럽의 밀 가격

F. Braudel et F. C. Spooner, 『케임브리지 경제사』 4권에 의거한 것이다.

은으로 계산한 헥토리터당 밀 가격 그래프 50개를 이용하여 유럽 전체의 곡물 가격 변동(채색된 공간의 끝에 있는 최고 가격선과 최저 가격선)과 모든 곡물의 평균 가격(점선)을 추적할 수 있다. 물론 16세기에 가격은 전반적으로 상승했다. 선명하게 알아볼 수 있도록 두 개의 그래프로 나누어서 지중해의 여러 가격 곡선들을 겹쳐놓았다. 유럽 전체의 산술 평균과 구(舊)카스티야의 가격 곡선이 일치한다는 사실을 확인할 수 있다. 다른 지중해 지역의 모든 가격 곡선들은 적어도 1620년까지는 평균보다 매우 낮았고, 때로는 훨씬 나중에까지도 그러했다.

지중해, 적어도 기독교 지중해는 (왜냐하면 확실히 가격이 더 낮았던 지중해 동쪽에 관해서는 일련의 자료를 가지고 있지 않기 때문에) 당시 빵 값이 가장 비싼 지역이었다. 17세기 중엽 이후 가격들은 평균에 훨씬 가까워지게 되었다. 그러나 채색 공간의 축소가 분명하게 보여주듯이 16세기 당시에 유럽 내의 가격들이 전반적으로 수렴하는 경향이었음을 지적할 필요가 있다. 18세기에는 최고 가격과 최저 가격의 차이가 더 줄어들었다.

도표 43. 1489년에서 1633년 사이 부르사에서의 가격 동향

나는 이 몇몇 투르크 가격 자료들을 오메르 루프티 바르칸에게서 얻었는데, 이 자료들은 16세기 터키에도 물가 상승이 있었음을 증명한다. 이마레트는 가난한 사람과 학생들에게 음식을 나누어주는 종교 기관이었다. 가격은 악체로 표시되어 있다. 투르크 문서보관소에서 지중해 전체의 가격 흐름을 파악하는 데에 결정적인 역할을 할 수 있는 일련의 가격 기록을 찾을 수 있는 희망이 모두 사라진 것은 아니다. 이러한 계산 가격은 악체의 평가절하 사실을 반영하고 있지 않다.

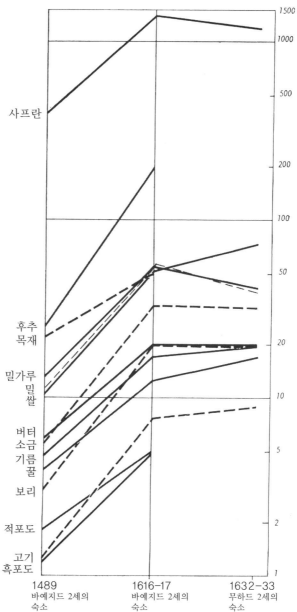

사프란

후추
목재

밀가루
밀
쌀

버터
소금
기름
꿀

보리

적포도

고기
흑포도

1489
바예지드 2세의
숙소

1616-17
바예지드 2세의
숙소

1632-33
무하드 2세의
숙소

1500
1000

500

200

100

50

20

10

5

2

1

당대인들의 탄식

가격 상승에 대한 증거는 수없이 많다. 그 많은 증거들을 연결시켜주는 공통점은 증인들이 경악했다는 점, 또 그들이 늘 지역적인 한계 내에서 볼 수밖에 없으므로 이 현상의 원인을 이해할 수 없었다는 점이다. 더구나 15세기 말은 임금도 높았고 16세기의 첫 삼분의 일 시기는 생활비가 폴란드[334]에 서조차도 상대적으로 저렴했던 행복한 시기였기 때문에, 가격 상승의 시대는 좋았던 지난 시절과 더욱 대조적이 되었다. 샤를 9세 치하의 한 프랑스인은 1560년 다음과 같이 썼다. "우리 아버지 시대에는 매일 고기를 먹었고 음식도 풍족했으며 포도주를 마치 물처럼 마셨습니다."[335] 에스파냐 출신의 농학자 G. 알론소 데 에레라라는 수다쟁이도 똑같이 이야기했다. "요즘에는 (1513) 양 1파운드가 이전의 양 한 마리 가격이 되었고, 빵 한 개가 밀 1파네개[55.5리테]의 가격이 되었으며, 밀랍과 기름 1파운드의 가격이 이전의 1아로브[10-16리테]의 가격과 같습니다. 이런 상황은 계속될 것 같습니다."[336]

카스티야 신분의회의 불만은 16세기 내내 반복되었다. 그러나 이런 큰 목소리는 흥미롭기는 하지만 지역적인 한계가 있기 때문에 일반적인 모습을 보여주는 경우는 드물다. 이런 목소리는 계속해서 밀 가격의 앙등, 재앙적인 금 유출, 송아지와 어린 양의 무분별한 도축 등을 가격 급등의 원인으로 비판했다. 신발 가격을 상승시킨 외국으로의 가죽 수출도 비난을 받았다. 외국 투기상들에게도 비난이 쏟아졌다. 외국인 투기상들이 육류, 말, 양모, 모직물, 비단 등의 가격을 올려놓았다는 것이다.[337] 1548년에 신분의회는 아메리카의 상품 수요에 두려움을 느끼고 식민지에 산업을 육성해달라고, 이베리아 반도에서 신세계로의 수출을 재앙으로 판단하고 이를 금지시켜달라고 황제[338]에게 제안하기까지 했다. 1586년에 바야돌리드에서 열린 신분의회는 국왕에게 "더 이상 양초, 유리 세공품, 보석, 여러 종류의 칼 같은 물건들을 해외로부터 수입하는 것을 더 이상 용인하지 말라고 요구했다. 왜냐하면 이런 상품들은 일상생활에 크게 쓸모가 없음에도 불구하고,

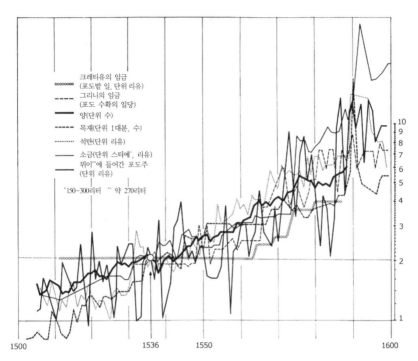

도표 44 구빈원 문서보관소 자료에 의거한 파리의 물가 변동
물가 변동과 임금 사이의 시간 차이에 주목해야 한다. 소금 가격이 급격하게 상승했다. 양의
가격은 전체물가의 평균에 해당한다. 구빈원 문서보관소 자료에 의거한 것이다. 이것은 미셸린
보란의 출판되지 않은 연구물에 나오는 수치들이다.

구입하려면 금으로 지불해야 했기 때문이다. 마치 에스파냐인들이 인디언
이 된 것처럼……."[339] 이성적인 사람들은 그렇게 이야기했고, 그들의 이야
기가 항상 틀렸던 것만은 아니었다.[340]

1580년에 한 베네치아인은 나폴리에서 물가가 3분의 2 이상이나 올랐다
고 지적하면서, 그 원인으로 곧바로 관리들의 부당 징세와 에스파냐 왕의
포르투갈 정복 준비를 위한 전쟁 물자의 대규모 구입을 거론했다.[341] 1588
년의 한 공식적인 기록에는 다음과 같은 보고도 있었다. 비스카야 지방에서
물가가 상승했는데, 그것은 "저지대(tierra llana) 사람들이 절제 없이 술집
에서 먹고 마셨으며, 더 이상 밭을 갈지도 않고 과수원의 과일을 수확하지

도 않으면서 게으름이라는 악덕에 젖어 일어났다. 그런데도 과일주가 귀해져서 터무니없이 비싸게 팔린다고 놀라워한다! 이곳에서 물가가 오른 것은 가난한 사람들의 잘못이다."[342]

죄트베어[1818-1892. 독일의 통계학자]는 오래 전에 쓴 자신의 저서[343]에서 전반적인 가격 상승을 다양한 방식으로 이해하고 다양한 견해를 제시했던 1600년 이전의 저자 33명과 1600년과 1621년 사이의 저자 31명을 인용했다. 이 저자들 모두는 가격 상승의 목격자이자 희생자들이었다. 그들을 모두 인용하는 것은 지루한 일이 될지도 모르겠다. 그러나 어렵지는 않기 때문에 인용할 만한 저자의 수를 늘리는 것은 물가 문제에 대해서 폭넓은 관심과 공감이 있었음을 보여줄 수 있는 장점이 있다.

아메리카의 귀금속이 이 문제의 원인이었을까?

내가 아는 한, 16세기의 전반기까지는 포괄적인 설명이 제시되지는 않았다. 초기 화폐 수량설(théorie quantitative)에 입각한 두 가지 해석이 1556년과 1558년에 나왔지만, 당대인들에게는 거의 알려지지 않았다. 살라망카 대학 교수이자 비토리아의 제자인 마르틴 데 아스필쿠에타의 저작들은 저자가 로마에서 사망하고 4년이 지난 1590년에 가서야 출판되었다.[344] 카를 5세의 사료 편찬관이었던 프란시스코 로페스 데 고마라도 1558년에 비슷한 운명을 겪게 되었다. 그 역시 가격 상승과 아메리카 귀금속의 유입 사이의 관련성을 주목했다.[345] 그러나 그의 책은 한참을 기다린 끝에 1912년에야 출판되었다!

이 문제는 1566년부터 1568년까지 장 보댕과 M. 드 말레스트루아가 벌인 논쟁을 통해서야 공개적으로 제기되기에 이르렀다.[346] 당대인들은 보댕의 논적(論敵)이 관심을 보였던 계산화폐의 평가절하 현상을 지나치게 성급하게 간과하고 장 보댕의 손을 들어주었다. 곧바로 수요와 공급이라는 수량적 해석이 일반화되었다. 1585년에 노엘 뒤 파유는 자신의 저서 『유트라펠의 이야기와 논쟁(*Contes et Discours d'Eutrapel*)』[347]에서 이를 다음과 같이 간략하게 설명했다. "⋯⋯그리고 그 문제는 새로 발견한 땅과 그곳의 금광과 은광 때문이다. 에스파냐인과 포르투갈인은 아메리카로부터 금과 은을 들여왔고 결국 프랑스의 옛 광산은 무시하게 되었지만, 프랑스의 밀과 상품은 결코 포기할 수 없었다." 마르크 레스카르보는 자신의 저서『새 프랑스의 역사(*Histoire de la Nouvelle France*)』(1612)에서 좀더 구체적으로 표현했다.[348] "페루 여행 이전에는 많은 부를 얼마 안 되는 공간에 보관할 수 있었지만, 요즘에는 금과 은이 넘쳐나서 값이 싸졌기 때문에 이전에 작은 금고에 넣어두었던 것을 큰 상자에 옮겨놓을 필요가 있게 되었다. 이전에는 소매 밑에 작은 주머니만 가지고도 먼 길을 갈 수 있었지만, 이제는 가방과 말이 필요해졌다." 영국 출신의 상인이자 무역 전문가인 제라드 말리네스(1586-1641)는 1601년[349] 자신의 입장에서 다음과 같이 말했다. 전반적인 가격 상승은 서인도에서 들어오는 "엄청난 은"으로 인한 것이다. "그 은이 화폐의 가치를 떨어뜨렸고, 결국 화폐량을 늘림으로써 균형이 취해지게 되었다."

최종적으로 수량 이론은 큰 변화 없이 우리에게까지 전해져 내려왔다. 얼 J. 해밀턴의 훌륭한 연구 성과는 수량 이론을 새롭게 했고, 그는 이 이론이 매우 확고한 기반을 가지고 있다고 계속해서 주장했다. 보다 최근에는 알렉상드르 샤베르[350]가 이 이론을 옹호했다. 그는 오늘날의 저개발 국가들의 화폐 현상이 과거의 경제 패턴과 유사하다고 보고, 수량 이론이 저개발 국가들의 문제를 설명할 수 있다고 판단했다. 그에 따르면, 가장 중요한 논란거리는 세비야로 유입된 귀금속과 에스파냐 안팎에서의 가격 상승 현상과의 관련성이었다. 귀금속의 수입에 관해서 프랑수아 시미앙[351]이 5년간의 평균이 아니라 매년 축적된 양의 누적 곡선을 제시한 것은 이론적으로 옳았다. 그것은 그 현상에 대한 특별한 시각을 의미한다. 그러나 가격과 5년간의 평균이 일치한다는 점은 이러한 귀금속 유입이 화폐 이동을 가속화시키면서 화폐의 대량 유통을 계속해서 촉진시키는 자극제 역할을 했음을 증명한다. 화폐 유통속도가 빨라지는 현상은 화폐 유통량이 너무 많아지고, 자극자게 가격 상승을 떠받칠 수 있을 정도로 충분하지 않을 때까지 지속되었다. 아메리카의 은은 들어오자마자 거의 폭발하듯이 사방으로 빠르게 확산되었다.

아메리카 귀금속이 문제의 원인이었다는 주장에 대한 찬성과 반대

루이지 에이나우디 대통령[1874-1961. 이탈리아 공화국의 초대 대통령. 경제학자]은[352] M. 드 말레스트루아에게 헌정한 책에서 1471년부터 1598년까지 프랑스에서 있었던 627퍼센트의 물가 상승률 중에서 299.4퍼센트는 귀금속 유입의 결과였다고 주장했다. 이 계산이 정확한지를 가릴 수 있는 사람은 아무도 없을 것이다. 그러나 귀금속의 증가 현상은 분명했다. 다만 우리는 다음 사항들에 유의해야 한다.

1. 아메리카의 귀금속 생산이 인플레이션을 필연적으로 일으킬 만한 제1의 동인은 아니었다. 귀금속 생산 자체가 문제가 된 것은 아니었다. 유럽의 번영과 그에 따른 수요 증가가 아메리카에서 사금 채취업자와 원주민들이 은광을 개발하도록 원격 조정했던 것이다. 금, 특히 은의 대량 유입에 관련해서 신세계의 막대한 부를 증언하는 18세기 후반의 문서를 다시 한번 인용해보자. "만약 (유럽인들의) 무역이 아메리카인들에게 상품을 판매하고 그들에게 땅속에 있는 귀금속을 채굴하게 하지 못했다면, 아메리카의 열매는 땅에 묻힌 채로 남아 있었을 것이다."[353] 이렇게 되면 우리는 유럽의 경제 상황이 멀리서 모든 것을 원격 조정했다는 결론을 지지하게 될 것이다.

2. 우리는 과거에 제시되었던 것보다 더 많은 화폐 보유량이 1500년 이전에도 존재했음을 인정해야 할 필요가 있다. 15세기에도 근대 국가, 상비군, 유급 관료, 세금의 현금 징수가 존재했고, 일부 특권적인 지역(무엇보다도 해양 국가들, 유럽 대륙의 가장자리에 위치해서 활발한 경제활동을 펼

쳤던 이탈리아, 에스파냐, 포르투갈, 잉글랜드, 네덜란드)에서 화폐경제가 만개했다는 이 모든 사실은 화폐 유통이 중요했음을 시사한다. 나는 그다지 신뢰할 만하지는 않지만, 5,000톤의 금과 6만 톤의 은이라는 수치를 제시한다. 이 수치는 금과 은의 잠정적인 평균 보유량 비율 그리고 금과 은의 교환비율이 1500년부터 1650년까지 12에서 15 사이를 오갔다는 사실[354]에 근거하고 있다. 만약 1600년 무렵에 알려져 있었거나 추정되었던 화폐 유통량을 기준으로 해서 이전 세기로부터 물려받은 귀금속의 양을 계산해보면 그 양이 엄청났음을 알 수 있을 것이고,[355] 수량 이론을 수용해야 할 것이다. 공짜나 다름없었던 아메리카의 귀금속은 가격 상승과 동일한 리듬으로 화폐 순환을 활성화시켰다. 이 귀금속이 가격 상승을 초래하는 역할을 했다.[356]

3. 그러나 다른 설명을 위한 여지는 여전히 남아 있다. 계산화폐의 평가절하도 가격 상승에 일정 정도 역할을 했다. 독자들은 이 책의 도표 48을 참조할 수 있다. 또다른 증거는 장 푸라스티에와 그의 제자들이 제시한 것이다.[357] 형편이 나았던 이탈리아, 이베리아 반도, 영국보다 좀더 이른 1470년대부터 독일에서 가격 상승이 시작되었고, 프랑스의 여러 지역에서의 가격 상승은 15세기 말부터 시작되었다. 명목상의 가격 곡선만을 기준으로 하면 이 점에 관해서는 의심의 여지가 없다. 다른 지역 특히 지중해 지역보다 가난한 지역에서 인구 증가가 두드러졌다. 유럽 중심부에서의 가격 상승은 콜럼버스 이전에 시작되었다. 지중해에서 가격 상승이 시작된 것은 1520년대부터였고, 1550년 무렵이 되면 확연해졌다.

4. 세비야로 유입되는 은의 양을 보여주는 곡선은 전형적인 산업 생산 곡선의 형태를 띠고 있으며, 파스와 솔단의 수치에 따르면, 포토시의 은 생산 곡선과 유사하다. 그 곡선은 갑자기 상승했다가 갑자기 하락했고, 1601-1610년에 정점에 이르렀다. 그 순간 세계의 운명은 바뀌었고 지중해의 운명도 예외가 아니었다.

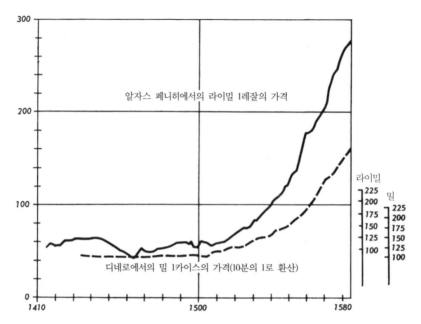

도표 45. 스트라스부르가 발렌시아를 앞서다

René Grandamy, in J. Fourastié, Prix de vente et prix de revient, 13 série, p.26에 의거한 것이다. 스트라스부르에서의 호밀 가격 곡선은 실선으로, 발렌시아에서의 밀 가격 곡선은 점선으로 표시되어 있다. 도표의 오른쪽은 백분율이다. 보시다시피 스트라스부르의 곡선은 발렌시아의 곡선보다 더 빨리 상승했다. 아메리카의 은의 대량 유입이 가격 상승의 유일한 원인이었다면, 반대의 결과가 나왔을 것이다.

임금

모든 곳에서 감지할 수 있었던 인플레이션은 예상할 수 있는 결과를 초래했다.

급속한 가격 상승의 뒤를 임금이라는 가장 느린 수레가 따라가고 있었으며, 이 수레는 종종 전진을 멈추곤 했다. 가난한 사람들은 어렵게 살고 있었으며, 나는 이미 이에 관한 증거를 제시했다. 가격 상승과 함께 명목임금도 어느 정도 빠르게 상승했고 불경기에는 일시적으로 고점에서 유지되었다. 그러나 실질임금을 기준으로 하면 모든 수치들은 한 목소리로 가난한 사람들의 곤궁함을 들려준다. 에스파냐에서 1571-1580년의 실질임금을 100으

222

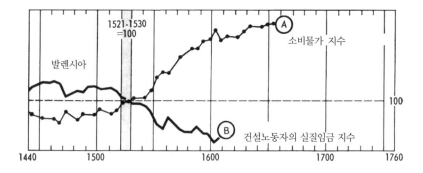

도표 46. 발렌시아에서의 물가와 실질임금
E. H. Phelps Brown et Sheila Hopkins의 실험 사례들 : 장바구니 물가의 상승과 그에 따른 실질임금 감소

로 잡고 계산하면, 1510년의 실질임금은 127.84였고, 1530년에는 91.35로 하락했다. 실질임금은 오르락내리락 하면서 1550년에는 97.61, 1560년에는 110.75, 1570년에는 105.66, 1580년에는 102.86, 1590년에는 105.85, 1600년에는 91.31이었다. 1600년 위기와 이베리아 반도의 인구를 감소시켰던 대규모 전염병 위기 이후에야 실질임금은 1610년에 125.49로, 1611년에는 130.56으로 수직 상승했다. 비록 가격혁명이 프랑스, 영국, 독일이나 폴란드의 장인들에게보다는 에스파냐 임금노동자들에게 유리했지만,[358] 그렇다고 에스파냐 임금노동자들을 결코 부유하게 만들어주지는 못했다.[359] 가격 상승기 동안 실질임금이 크게 낮아졌던 피렌체에서도 상황은 좋지 않았다.[360]

이를 가시적으로 보여주는 화폐들은 따로 있었다. 왜냐하면 가난한 사람들은 임금, 지출, 일상적인 생활비를 이야기할 때 결코 금화로 계산하지 않았고, 은화로도 거의 계산하지 않았으며, 가장 일반적으로 동화로 계산했기 때문이다. 피렌체에서는 이것을 흰색 은화와 대비하여 검은색 화폐라고 불렀다. 다반차티는 가난한 사람들과 관련이 있는 돈이 바로 동화라고 설명했고, 중농주의자인 안토니오 에레라는 이를 다음과 같이 간단한 방식으로 명확히 설명했다. "이런 저급 화폐로 우리는 한 나라의 풍요와 경제적 번영

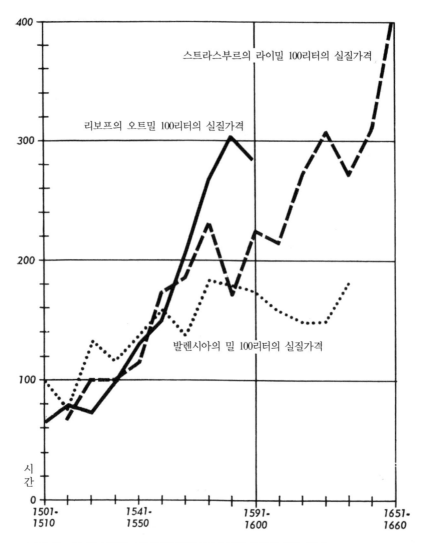

도표 47. 스트라스부르, 리보프와 발렌시아에서의 곡물의 실제 가격

René Grandamy, in J. Fourastié, Prix de vente et prix de revient, 13 série, p.31에 의거한 것이다. 가격은 석공의 시간당 임금을 기준으로 계산한 것이다. 발렌시아에서 생활수준의 하락은 본토의 다른 두 도시들보다 덜 심각했다.

을 더 잘 판단할 수 있다. 왜냐하면 이러한 화폐들은 일상생활에 필요하고, 매일매일 소매로 물건을 살 때 사용되기 때문이다."[361] 저급 화폐에 관한 그의 이론을 따라가면 우리의 주제에서 너무 멀어질 것 같다.

사실, 이야기해야 하는 것은 두 가지 금속 사용이 아니라 세 가지 금속 사용이다. 정부는 동화의 순도를 끊임없이 재조정하려고 했고, 이 화폐를 유통과정에서 회수하여 조폐국으로 되가져올 것을 명했다. 화폐는 조폐국에서 다시 주조되었고 그 과정에서 점점 더 가벼워져서 다시 유통되었다. 이런 식의 동화의 평가절하는 화폐들 간의 필요한 균형을 훨씬 넘어서는 수준이었다. 매번 국가는 이 과정에서 이익을 얻었고, 일반인들 특히 가난한 사람들은 손해를 보았다. 이러한 조작은 에스파냐와 1563년과 1568년 이후 피촐로 화(picciolo)를 다시 녹여 주조했던 시칠리아에서 일찍부터 행해지고 있었다.[362]

토지 수입

인플레이션은 가난한 사람들뿐만 아니라 부자들에게도 타격을 주었지만, 모든 부자들이 타격을 입은 것은 아니었다. 인플레이션은 사업가, 상인, 금융업자(반쯤은 시대착오적인 이 편리한 단어들을 사용하는 것을 이해해주기 바란다)에게 타격을 주었다. 인플레이션은 직간접적으로 위험한 돈 거래에 관여하고 있던 사람들에게 타격을 입혔다. 인플레이션은 토지를 소유한 영주들에게는 피해를 덜 입혔다. 에스파냐 지배 하의 도시와 성의 재정을 다룬 카를로 M. 치폴라의 정확한 연구[363]가 이를 증명한다. 그 연구는 16세기 말과 17세기 초에 파비아의 주교의 오래된 봉토였던 알렉산드리아 근처의 테지올로 성을 다루고 있다. 이 특수한 사례에서 우리는 현물지대와 봉건부역이 항상 현금으로 지불되지 않았음을 확인할 수 있다. 현금으로 지불할 경우 납부액을 산정하는 일은 항상 영주나 영주의 대리인의 권리였다. 그 성주는 얼마 되지 않는 봉건적 성격의 수입 이외에 토지 임대 수입에 해당하는 다른 근대적인 형태의 수입이 있었다. 농민에게서 지대로 받는 밀, 귀리, 잠두콩, 포도주, 건초 등의 현물 수입이 있었다. 이러한 현물 수입이 성주 재정의 주요 항목들이었다.

다음의 예들에서도 상황은 모두 비슷했다. 자신이 부재 중에는 여동생이 해마다 여름에는 밀을 팔면서 영지를 관리하던 에스파냐 대사 베르나르디노 데 멘도사의 경우가 그러했고,[364] 1559년 왕령지의 1,500명의 봉신들로부터 영지를 구입한 바 있는 나폴리 부왕 알칼라 공작이 그러했다.[365] 아라곤의 영주들, 소규모 왕국의 주인들이나 영토, 군대, 밀밭을 소유한 카스티야의 대영주들 또는 곡물, 포도주, 비단을 판매하는 시칠리아의 영주들을 보더라도 비슷한 인상을 받게 된다. 즉 토지는 서로 다른 이들 영주들에게 정기적인 수입을 제공했다. 인플레이션이 진행 중이던 불안정한 시기에 토지는 그 심연으로부터 이들을 보호해주었다. 이들 영주 계급들이 17세기 초에도 유럽을 지배하고 있었는데, 이는 기반을 상실한 영주들이 우리가 일반적으로 말하는 것보다 훨씬 더 적었음을 보여준다. 결국 그렇게 많은 상인들과 도시의 부자들이 토지, 즉 영지를 구입하려고 했던 것은 어리석은 짓이 아니었다. 토스카나 부자들과 제노바 최고의 부자들이 나폴리에서 영지와 영주권을 구입하려고 노력했던 것은 허영의 표시일 수도 있지만 동시에 가장으로서의 배려, 합리적 계산과 현명함이기도 했다.

그들보다 조금 덜 부유했던 사람들조차도 이런 확실한 가치가 있는 토지에 매료되었다. 벤베누토 첼리니는 노년에 접어들면서(그는 1570년에 사망했다), 1560년 3월에 다소 정직해 보이는 농민들로부터 연금으로 생각하고 구매한 피렌체 근처의 작은 땅의 주인이 되었다. 농민들이 그를 독살하려고 했는지 아닌지 우리는 결코 알 수가 없는데, 왜냐하면 첼리니는 즉흥적인 상상력과 어느 정도 과장하는 경향이 있었기 때문이다. 그러나 우리의 관심을 끄는 것은 그가 토지를 통해서 노년의 평화를 확보하려고 했다는 점이다.[366]

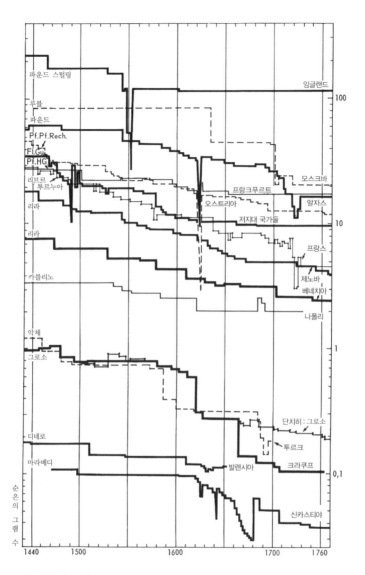

도표 48. 계산화폐의 평가절하

이 그래프는 브로델과 스푸너의 『케임브리지 경제사』 4권에 나온다(도표 39의 범례).
서로 다른 화폐들은 1그램의 은 단위로 계산한 실제 가치에 따라 분류되어 있다. 무거운 화폐도
있고 가벼운 화폐도 있었다. 스털링 파운드처럼 어떤 화폐들은 상대적으로 가격이 안정되어
있었다. 폴란드의 그로소, 투르크의 악체와 리브르 투르누아처럼 매우 불안정한 다른 화폐들도
있었다. 루브르 화와 악체 화의 수치는 대략적인 가격이다.
Pf. Pf. Rech = 파운드 페니 레겐 굴덴; Fl. Gu = 플로린, 1579년부터는 길더; Pf. HG = 파운드
헬레 굴덴.

은행과 인플레이션

토지를 제외하면 모든 "사업" 분야, 특히 은행업이 피해를 입었다.[367] 모든 은행 업무가 실질화폐가 아니라 계산화폐로 이루어졌기 때문에 인플레이션의 위험에 노출되어 있었다. 왜냐하면 베네치아나 제노바의 리라(lira), 시칠리아의 온치(oncie)나 타리(tari), 에스파냐의 마라베디와 두카트, 프랑스의 리브르 투르누아(livre tournois)와 같은 명목상의 통화는 본연의 가치를 끊임없이 잃어버렸기 때문이다. 1546년에 여전히 91.09이탈리아 리라에 해당했던 시칠리아의 온치는 1572-1573년에는 20.40리라밖에는 되지 않았다. 마찬가지로 리브르 투르누아는 프랑 제르미날로 표시하면, 1515년 4프랑에서 1521년에는 3.65프랑으로 하락했다(이러한 평가절하는 외국 화폐, 특히 카스티야의 금화를 프랑스로 유인하는 방법이었다). 리브르 투르누아는 1561년에는 3.19프랑, 1573년에는 2.94프랑, 1575년에는 2.64프랑, 1602년에는 2.46프랑으로 하락했다.[368] 이처럼 실질화폐와 계산화폐 간의 관계는 계속해서 조정되었고 둘 중에서는 전자가 항상 승리했다. 누가 이 손실을 부담했는지를 밝혀야 할 것이다. 만약 계산화폐로 기록된 은행 예치금을 몇 년 후에 이전 예치금 기준으로 상환한다면, 예금주는 손해를 볼 것이다. 만약 은행가가 이러한 조건으로 빌려준 돈을 상환받는다면, 손해는 은행가의 몫이 될 것이다. 시간이 지날수록 장부에 기록된 화폐는 활용되지 못한 채로 손해를 보게 될 것이다.

마리오 시리는 그래서 16세기에는 모든 은행 거래와 상거래에 항상 이자가 있었다고 생각했다. 이론적으로 그가 옳다. 이쪽에서 발생했든, 다른 쪽에서 발생했든 손해는 모두 동일한 분야, 즉 상거래와 금융 분야에서 발생했다. 개인의 입장에서 손해와 이익은 상쇄되었을까? 이것은 또다른 질문이다. 어쨌든 환거래의 순환주기(3개월마다 옮겨다니는 정기시에서 이루어지는 환거래를 가정해보자), 금리와 끊임없이 상승하는 인플레이션을 고려할 때, 이런 내부의 손실을 매일매일 추정할 수 있는 길은 없다. 어떤 상인의 장부도 이에 관해서 이야기하지 않는데, 그것이 이 느린 변화의 영향이 오랫동안 나타나지 않았음을 뜻하는 것은 아니다. 일반적으로 상인과 은행의 파산은 짧은 기간의 경기 변동에 기인한 것이었다. 은행은 숫적으로 많았으며 때때로 겉으로 보기에는 빛이 날 정도로 상태가 건전한 것처럼 보였다. 피사니-티에폴로 은행은 파산하기 1년 전인 1583년 3월[369] 한번에 20만 에스파냐 레알 은화를 베네치아로 송금할 정도였다. 그러나 모든 은행들이 돈을 빌려주었고 게다가 예치금의 일부를 청산이 느린 사업에 투자하는 실수를 범했다. 1584년처럼 짧은 기간의 경기 후퇴가 발생하면 대출금은 들어오지 않고 예치금은 빠져나가면서 위기는 치유할 수 없는 지경에 이르게 된다. 그래서 피사니-티에폴로 은행은 1584년 3월 17일 파산했다.[370] 좀더 확실한 답을 찾으려면 나폴리 문서보관소에 보관된 옛날 은행가들이 남긴 엄청난 양의 회계장부를 분석하고, A. 실베스트리의 중요한 연구 성과[371]를 확장시키고 이를 분석해야 할 것이다. 그 일은 어마어마한 일이 될 것이다.

어쨌든 은행 파산은 1550-1570년 이후에 늘어났고 인플레이션 대순환 주기이기도 했던 "화폐의 대순환 주기"에 따라서 상황은 더욱 악화되었다. 위기가 너무 심각했고 해결책은 국영은행들로부터 나왔다. 바로 이 시기에 국영은행들이 연이어 설립되었다. 이러한 공적 기관들 중에서 팔레르모 은행만이 원로원의 후원과 보증으로 다른 은행들보다 이른 1551년에 만들어졌다.[372] 팔레르모 은행은 라 로지아라는 장소에 세워졌다.[373] 의심의 여지 없이 팔레르모 은행의 기원은 15세기 말까지 거슬러올라가는 트라파니 시립은행 또는 총독은행과 관련이 있었다.[374] 그것은 팔레르모 은행이 설립 날짜뿐만 아니라 그 성격에서도 예외적이었음을 설명해준다. 종종 이탈리아 남부의 공립은행의 모델이기도 했던 팔레르모 은행은 조세, 공적 자금 관리와 공공 지불을 전담했다. 펠리페 3세의 통치기에 팔레르모 은행은 시칠리아 통화 안정을 위한 별로 이익이 남지 않는 일을 떠맡게 되면서 이런 정치적, 행정적 부담에 짓눌려 와해되고 말았다.

공립은행이 대거 설립되기 시작한 것은 팔레르모 은행의 설립 이후 30년이 지나고 나서였다. 제노바의 산 조르조 은행은 한 세기도 훨씬 전인 1444년에 금 위기가 발생했을 때 중단했었던 은행 업무를 1586년에 재개했다. 1587년 9월 23일, 메시나 시립은행이 설립되었다. 시립은행의 정관은 1596년 7월 1일에 이르러서야 펠리페 2세에 의해서 승인되었다. 시립은행의 설립을 통해서 계속되는 파산과 재정가들에 의한 공금 횡령의 종식을 기대할 수 있었다. 이러한 기대가 근거가 없는 것은 아니었다. 새 은행은 당연히 공적 행정 자금을 예치할 수 있는 권한을 보유했다. 시립은행은 메시나 시의 보증과 감독 하에 있었다.[375] 1587년[376] 유명한 리알토 광장 은행이 베네치아에 세워졌고, 1619년에는 그 못지않게 유명했던 지로 은행(Banco Giro, 移替銀行)을 합병했다. 1593년에 밀라노에 설립된 산 암브로조 은행은 지로 은행처럼 독립적인 운영 기구를 가지고 있었다. 같은 시기에 나폴리에서는 몬테 데 피에타(Monte de Pietà)와 수태고지 병원에 부속된 은행들이 설립되었다. 로마에서는 성령 병원에 부속된 은행이 설립되었다. 이렇게 많은 은행들이 특정 시기에 꽤 광범위한 지역에서 설립된 것은 그 자체로 하나의 증거로서의 가치를 가진다.

그러나 이것은 결코 단순한 증거가 아니다. 특히 북유럽에서 국립은행의 기능은 곧바로 공공 재정이라는 엄밀하게 제한된 영역을 넘어서서 확대되었다. 예컨대 리알토 광장 은행은 설립되자마자 금지되어 있었음에도 불구하고 고객의 예치금을 이용해서 무담보 대출을 해주기 시작했다. 리알토 광장 은행은 은행권을 대량 유포시켰고, 이 은행권은 금속 화폐보다 수요가 많았다. 은행들은 이렇게 함으로써 혁신을 하지 않고 이전의 사립은행들의 관행을 모방했다. 그들의 독창성은 당시까지는 행해지지 않았던 대규모 대출을 시작했다는 것이다. 그러나 공립은행들이 이렇게 갑작스럽게 많이 생긴 것은 사립은행들의 파산, 불완전성과 불확실성 때문이었다. 우리가 앞의 문단들에서 많은 것을 참조했던 지노 루자토는 다음과 같은 결론을 내렸다.

"이런 공공 은행들이 어떤 새로운 것을 만들지는 못했을지라도 적어도 은행을 찾는 수많은 고객들에게, 대개의 사립은행들이 주지 못했던 평온함과 안전은 보장해주었다."[377] 사실 1552년 프리울리 은행의 파산을 시작으로 1584년 피사니 은행의 2차 파산[378]에 이르는 베네치아 은행들의 연이은 파산이나 제노바 출신의 라바스케스의 파산(사실 절반의 파산)으로부터 은행 수효를 (11개의 은행을 4개로) 축소하자는 제안을 이끌어냈던 나폴리의 재정 파탄 행렬을 생각해보면 이를 이해할 수 있을 것이다. 1580년 나폴리에서 은행 수효를 줄이자는 논의는 오랫동안 지속되었지만, 결코 실현되지는 않았다.[379]

의심의 여지없이 베네치아에서도, 나폴리에서도 이러한 은행들의 파산은 대개 공공기관들의 시의적절하지 않은 간섭 때문에 발생했다. 1552년[380] 나폴리에서 부왕은 라바스케스 은행의 금을 몰수해서 그것을 새로 주조한, 가치가 떨어지는 새 화폐와 맞바꾸게 했다. 베네치아에서는 정부가 항상 애국심을 무기로 은행들로부터 반 강제로 돈을 빌렸다. 그러나 두 경우 모두에서 은밀한 악당은 명백히 인플레이션이었다. 모든 곳에서 인플레이션은 필연적으로 국가의 개입을 가져왔다. 산 조르조 은행의 새로운 은행 업무 조직화의 세부적인 내용은 우리에게 생각할 계기를 제공한다. 너무 많이 나아간 것은 아닌가 아니면 결정적인 계기를 잡은 것인가? 그것은 1586년에 예금주에게 금 계좌를 개설하고, 1606년에는 은 계좌를, 최종적으로 1625년에는 에스파냐 8레알 은화에 관한 아마도 가장 의문스러운 계좌를 개설했다. 이것은 무엇을 의미하는 것인가? 그것은 예금주들이 예치했던 화폐로 예금을 보유하고 필요하다면 동일한 화폐로 대출을 상환받는 것이며, 그 덕분에 화폐 가치의 평가절하로 인해서 손해를 보지 않고 금이나 은으로 상환을 보장받는 것이 아닌가?[381] 예금주들과 동시에 은행 자체도 금속 화폐의 우월적인 위상에 의지해서 계산화폐의 위험으로부터 안전할 수 있었다.

"제조업자들"

가격 상승의 또다른 피해자는 제조업자들이었다. 주세페 파렌티의 저서 덕분에 그들에 관한 우리의 무지는 약간이나마 해소되었다. 그가 피렌체에 대해서 한 이야기와 이를 16세기 말과 17세기 초의 이탈리아로 확대 적용한 연구는 하나의 실험이지만 명백한 가치가 있다. 피렌체와 이탈리아 산업 도시들에서 가격 상승은 장인들의 명목임금을 부풀렸다. 피렌체에서 1520-1529년 사이의 명목임금을 100으로 계산할 때, 1550-1559년에는 99.43으로, 1590-1599년에는 162.63으로, 1610-1619년에는 178.95에 이르렀다. 이러한 명목임금 상승은 1520-1529년을 100으로 한 명목임금이 1610-1619년에 309.45로 증가한 에스파냐의 임금 상승에 비교하면 덜한 것이었다. 그러나 프랑스의 명목임금 상승(1550-1559년 100에서 1610-1619년 107.4로)이나 영국의 명목임금 상승(1520-1529년 100에서 1610-1619년 144로) 그리고 의심의 여지없이 네덜란드의 임금 상승에 비하면 훨씬 높은 것이었다. 그러나 피렌체에서 이러한 상승으로 노동자들이 더 행복한 생활을 할 수 있었던 것은 아니었으며, 제조업자의 이익은 줄어들었다. 일반적인 가격 상승의 상황에서 제조업자의 이익은 왜 정체되어 있었을까?[382] 피렌체 제조업자의 이익이 끔찍할 정도로 낮았던 에스파냐의 제조업자의 이익보다 더 낮았다면, 그것은 같은 시기의 프랑스나 영국의 제조업자의 이익과 비교할 수도 없을 것이다. 그래서 가격 상승은 이탈리아 제조업을 취약하게 만들었다. 그것이 17세기 초 이탈리아 제조업이 네덜란드의 당당한 경쟁력과 나중에는 네덜란드만큼 위협적이었던 프랑스의 경쟁력에 미치지 못하게 된 이유였을까?

국가와 가격 상승

국가는 상대적으로 어려움을 덜 겪었다. 국가 재정은 세 가지 부문, 즉 재정 수입, 지출, 부채로 구성되어 있었다. 세 번째이자 결코 덜 중요하지 않았던 부채는 가격 상승의 여파로 자동적으로 완화되었다. 그러나 지출과 수입은 동일한 리듬으로 증가했다. 모든 국가는 수입을 증대시키는 데에는 성공했지만, 가격 상승의 영향 아래에 있었다. 확실히 국가는 불가능할 정도로 막대한 지출을 하고 있었지만, 동시에 16세기에 서서히 확대된 엄청난 수입을 확보하고 있었다.

오래 전에 리하르트 에렌베르크는 역사가들에게 대사들이 제공하는 추정 예산액을 신뢰하지 말라고 충고했다. 나는 기꺼이 다른 것들도 신뢰하지 말라고 덧붙인다. 현실을 정확히 반영해야 하는 예산이라는 단어는 16세기 현실과는 부합하지 않는다. 그러나 부정확한 수치들도 규모를 보여줄 수는 있다. 이 부정확한 수치들도 국가 예산의 전반적인 상승을 충분히 보여준다. 4분의 1세기의 간격을 두고 시칠리아의 두 예산액은 다음과 같다. 1546년 재정 수입은 34만 스쿠도였고, 지출은 16만6,000스쿠도였다. 이는 재정 흑자를 뜻하는 것이지만, 갚아야 할 이전의 부채가 있었다. 1573년 재정 수입은 75만194스쿠도였고, 지출은 21만1,032스쿠도였다. 이러한 재정 흑자에서 일련의 특별 비용들을 제하고 나면, 최종적으로 시칠리아의 에스파냐인 장관들은 지출과 수입의 균형을 맞추기 위해서 14에서 16퍼센트의 이자를 주고 대출을 받아야 했다.[383] 나폴리에서도 비슷한 상황이 전개되었다.[384] 에스파냐에서 카를 5세의 재정 수입은 그의 통치 기간에 세 배로 증가했고,[385] 펠리페 2세의 재정 수입은 1556년에서 1573년 사이에 두 배로 증가했다.[386] 1586년 에스파냐 왕실의 재정 수입은 10,943,000두카트였고,[387] 1577년에는 13,048,000두카트였다.[388] 반세기를 건너뛰어 1619년 무렵이 되면 펠리페 3세의 재정 수입은 2,600만 두카트가 되었다.[389]

펠리페 2세의 전체 예산에서는 엄청나게 증가한 부채를 공제해야 했으며, 부채가 장기공채로 되어 있든 그렇지 않든 간에 이를 전체 예산에서 공제하고 계산해야 했다. 맹목적으로 신뢰할 수는 없지만, 1562년의 예산[390] 중에 다음과 같은 항목을 확인할 수 있다. 카스티야 공채 소유자들에게 대한 이자 50만 두카트, 플랑드르 30만 두카트, 아라곤 5만 두카트, 시칠리아 15만 두카트, 밀라노 20만 두카트, 대서양 섬들 3만 두카트로, 총 123만 두카트의 이자가 지불되었고, 이는 이자율이 10에서 5퍼센트였다고 계산하면 1,200만에서 2,400만 두카트 정도의 자금에 해당한다.[391] 이 자금을 약 2,000만 두카트 정도로 생각하자. 1571-1573년 부채는 5,000만 두카트에 이르게 될 것이었다.[392] 그중 서로 다른 항목을 구분할 수는 없다. 1581년[393] 한 베네치아인은 부채가 8,000만 두카트라고 했다. 20년도 채 되지 않는 기간에 펠리페 2세의 부채는 4배가 되었던 것이다.

좀더 정확하고 좀더 많은 수치들을 시망카스의 풍부한 사료에서 찾을 수 있을 것이다. 이러한 자료들을 한데 모으면 왕실 재정의 대차대조표와 함께 수입, 지출, 부채와 부채에 따른 이자를 계산할 수 있을 것이다. 가능하다면, 실제 예산의 변화를 보여주는 그래프를 그릴 수도 있을 것이다. 임금의 경우와 마찬가지로 여기에서도 부풀려진 수치가 착각을 불러일으킬 여지가 남아 있다. 마리오 시리는 시칠리아의 예산을 연구하면서 여러 재정 수치들을 가치가 안정된 귀금속 화폐로 환산함으로써 실제 예산이 증가하지 않았고 오히려 한 예산에 대한 다른 예산의 공제가 있었음을 보여주었다.

예산의 수치를 액면 그대로 받아들이는 연구들은 중요한 문제들을 간과하게 되는데, 그 중요한 문제들은 모두 가격 상승의 정도를 측정할 것을 요구한다. 대체로 국가는 왕실 운영비가 증가하자 군비를 점차 축소했다. 그런 이유로 국가는 악착스럽게 재원을 만들고 가격 상승을 극복하기 의해서 노력했던 것이다. 16세기 국가 재정의 역사에서 가장 분명한 부분은 재정난을 해결하려는 싸움이었다. 네덜란드 전쟁은 신앙의 자유를 위한 싸움 그리고 자유를 사랑하는 사람들을 지키기 위한 싸움이었을 뿐만 아니라 동시에 에스파냐 국가가 거대한 상업 교역에서 경제적 부를 얻으려고 했던 시도이기도 했다. 그러나 그 시도는 실패했다.

유럽 내에 위치한 펠리페 2세의 제국 영토들이 차례로 제국에 재정 수입

흑자를 제공하는 역할을 하지 못하게 되었다는 것은 사실이다. 프랑스에서는 "임시 수입(revenant bons)"이라고 했던 재정 수입이 네덜란드, 밀라노, 나폴리와 시칠리아에서는 점점 더 현지의 필요에 충당되었다. 남은 것은 에스파냐 아니 카스티야뿐이었다. 펠리페 2세가 이베리아 반도에 상주한다는 사실은 1569년까지 왕국 내부의 평화가 유지되는 한에서 카스티야의 대영주들을 포함한 납세자들로 하여금 왕실의 명을 따르도록 만들었다. 1561년 리모주의 주교[394]는 "가톨릭 국왕 전하가 미래를 대비하고 재정과 영토에 관한 명을 내리기 위해서 점점 더 절약하고 있습니다. 나는 가톨릭 국왕의 이런 신중함이 정도가 심해서 전하가 인색하다는 비난을 받을 수도 있다고 생각합니다"라고 기록했다. 이것이 국왕이 더 이상 전문가들의 조언을 받지 않았음을 뜻하는 것은 아니다. 펠리페 2세의 긴 통치 기간 그들의 조언은 부족하지 않았는데, 재정 분야에서는 특히 두드러졌다. 나는 톨레도에서 소집된 대회의와 1560년 11월 14일의 대회의의 결정들을 언급한 바 있다.[395] 이러한 사실로 인해서 카스티야의 세금 목록은 끊임없이 증가했고 새로운 항목들이 추가되었으며, 기존의 세금을 내부적으로 조정하면서 변형되었다. 알카발라(alcabala)라는 소비세는 원칙적으로 모든 판매 가격의 10분의 1을 징수하는 것이었다. 도시는 사전에 정해진 소비세를 부담했다. 여기에 100분의 1세를 4번 추가했고, 그래서 소비세 총액은 판매 가격의 14퍼센트로 증가했다. 1561년 소비세 총액은 120만 두카트로 증가했고, 1574년에는 370만 두카트에 달했다.[396] 1577년에는 100만 두카트 정도의 소비세를 줄여야 할 필요가 있었다.

물론 납세자들은 불평을 했다. 1563년[397] 카디스는 1560년 이후부터 상업에 부과되었던 세금으로 인해 교역이 큰 피해를 입었다고 선언했다. 신분의회에서는 이에 대한 불만이 수없이 제기되었다. 그러나 그들은 걱정스러운 가격 상승에 직면해서도 아메리카의 귀금속을 문제 삼지 않았고, 그들 눈앞에 있는 문제, 즉 괴물처럼 커져가는 왕실 재정에서 문제의 원인을 찾았다. 1571년[398] 신분의회에서는 "이 모든 것이 이러저러한 세금에서 나왔고, 인간의 생존에 필요한 모든 필수품들의 가격이 지나치게 높아져서 어려움 없이 살 수 있는 사람은 거의 없다"고 했다.

부당하게 배분된 이 엄청난 세금은 당시의 이용 가능한 모든 수단들을 통해서 징수되었다. 다른 말로 하면, 세금 중 일부만이 왕실 금고로 들어갔다는 것이다. 카스티야는 확실히 제국에 가장 좋은 납세자였다. 때로는 자발적으로 세금을 내기도 했다. 카스티야 신분의회에서 애국주의적인 태도는 넘쳐났다. 또한 국왕이 너무 가까운 곳에 있어서 명령을 거부하기가 힘들었다는 이유도 있었다. 카스티야의 경제가 피해를 입었는지, 카스티야의 산업이 불리한 위치에 있었는지, 실제 생활비가 증가했는지는[399] 궁금하지 않다. 오히려 그 반대의 경우가 있었다면, 놀라울 뿐이다. 이러한 귀족들의 노력과 희생 그리고 일상적인 고통의 결과는 무엇이었을까? 간혹 있었던 확실하지 않았던 잉여는 제국의 전체적인 재정 적자 속에 소멸되었다. 게다가 이러한 잉여는 과거의 일이 되어버렸다. 펠리페 2세의 통치를 받는 나머지 유럽 지역에서처럼 카스티야에서도 적자는 관행이 되었다.[400]

따라서 모든 국가의 재정이 어려움을 겪고 있었다. 우리가 기꺼이 재정의 모범으로 간주하는 국가인 피렌체에서도 1582년에 재정 부담이 너무 커져 동시대인들의 이야기에 따르면, 많은 인구가 빠져나갔다.[401] 필리핀을 정복하기 직전의 포르투갈에서는 20퍼센트의 판매세와 50퍼센트의 어업세를 징수했다.[402] 프랑스의 왕실 정부는 1587년 초에 매우 단순하게 파리의 세금을 두 배로 올리려는 생각을 하고 있었다. 그 다음 당시 왕국을 피폐하게 만들었던 끔찍한 기근에도 불구하고 이러한 조치를 왕국의 모든 도시들로 확대하려고 했다.[403] 이러한 조치는 투르크와 페르시아의 팽창과도 관련이 있었다.

어려운 세기에 직면한 국가들은 다른 선택안이 거의 없었다. 에스파냐 문제로 다시 돌아가면 정부는 적어도 세 번, 1563년, 1608년과 1621년에[404]

정부에 유리하게 공채의 이자율을 조정했다. 정부는 채무 지불 기한을 끊임없이 연장했고, 네덜란드에서 이야기하는 것처럼 "정기시의 기간을 늘렸다."[405] 1566년에 정부는 금의 가치를 재조정했다. 1537년에 카를 5세가 도입했던 에스쿠도 금화의 가치는 이제 350에서 400마라베디로 조정되었다.[406] 1609년에는 400에서 440마라베디로 조정되었다.[407] 결국 에스파냐 정부는 1557-1560년, 1575년, 1596년, 1607년, 1627년, 1647년에 단기 부채에 대해서 일련의 지불 정지를 선고했다. 정부는 끊임없이 도시, 대귀족들, 교회로부터 돈을 끌어냈으며 어떤 부당한 징세도 거리끼지 않았다.

우리가 그 시기의 영국의 지출과 재정 수입에 관해서 알고 있는 것과 비교할 만한, 16세기 국가 예산에 대한 포괄적인 연구가 이루어진다면 중요한 질문에 대한 해답을 얻을 수 있을 것이다. 이러한 가격 상승의 광풍 속에서 지중해 국가들이나 지중해와 가까운 곳에 위치한 국가들이 상대적으로 다른 국가들에 비해서 더 많은 피해를 입었을까? 에스파냐의 경우가 그런 것 같다. 특히 지나치게 거대한 제국을 유지하기 위한 전쟁에 들어가는 엄청난 지출을 생각한다면 그런 것 같다. 1597년 프랑스의 한 팸플릿 작가[408]는 "전쟁 때문에 그(펠리페 2세)는 엄청난 비용을 부담했는데, 그 비용은 다른 어떤 군주들보다 더 많았으며, 예를 들면, 해군의 경우에 그러했다. 그는 자국에서 멀리 떨어진 해외 영토에서 (선원들의) 대부분을 차출해야만 했다. 해군은 그의 재정의 대부분을 소비했다. 가장 중요한 해외 영토인 저지대 국가들에서 벌어진 전쟁처럼 육지에서 벌어지는 전쟁은 적들보다 6배나 많은 전비를 필요로 했다. 왜냐하면 당시 펠리페 2세가 에스파냐에서 한 명의 병사를 징집해서 아르투아[프랑스 북부] 국경으로 이동시켜 프랑스 군인과의 전투에 참여시키는 데에 100두카트를 지불해야 했다면, 프랑스 국왕은 한 명의 병사에게 10두카트만 지불하면 되었기 때문이다"라고 기록했다.

마찬가지로 에스파냐는 대서양과 지중해에서 벌어지는 전쟁에 동시에 대비하여 해상 병력을 유지해야 했기 때문에 유리한 입장이 아니었다. 여기에서도 전쟁비용은 끊임없이 상승했다. 토메 카노는 자신의 저서 『항해 기술(*Arte de Navegar*)』[409]에서 카를 5세 당시 4,000두카트였던 500톤급 선박이 1612년 무렵에는 15,000두카트가 되었다고 설명했다. 옛날에는 2.5두카트밖에 하지 않았던 플랑드르산 돛 1퀸탈이 8두카트에 거래되었다. 이전에는 톤당 14두카트에 상품을 인도에서 카르타헤나로 운반해왔다. 그런데 이제는 52두카트나 요구했다. "이 모든 비용을 지불하고 나면 선박은 이전에 얻었던 수익조차 얻을 수가 없습니다"라고 부언했다. 이 모든 가격 상승 속에서 임금뿐만 아니라 투자 수익도 많은 경우에 격감했다. 이것은 적어도 부분적으로는 16세기 말 에스파냐의 대서양 함대가 겪었던 어려움을 설명해준다. 대서양의 대형 범선에 적용되는 것은 지중해의 소형 갤리 선에도 마찬가지로 적용될 수 있었다. 1538년[410] 에스파냐에서는 무장 비용을 제외하고 갤리 선 1척에 필요한 장비와 인력을 갖추는 데에 2,253두카트가 들었다. 갤리 선 자체는 1,000두카트였다. 1582년, 잔 안드레아 도리아가 자신의 갤리 선들을 각각 1만5,000에퀴를 받고 팔았다는 것은 믿기 어려워 보인다. 명백히 이 수치는 현실성이 없는 것 같다. 이 수치가 선원과 무기를 모두 갖춘 갤리 선 전체의 비용을 의미하는지는 알 수가 없지만, 가격 차이는 지나치게 커 보인다.

아메리카 "귀금속"의 가치 하락

아메리카 "귀금속"의 유입량은 17세기의 첫 10년 이후 줄어들었고, 두 번째 10년대 이후에는 더욱 그러했다. 징후나 원인이나 결과가 무엇이든 아메리카 귀금속의 유입 중단은 세계사의 전환점을 의미했다. 마치 아메리카가 이 "사건"의 가장 중요한 원인인 것처럼, 이 사건에서 아메리카가 유일한 원인이라고 설명하는 것은 옳지 못하다. 수익 체감의 법칙에 따라서 광산 개발 비용이 증가하게 되었다. 아메리카는 밀수와 자체의 화폐 수요 때문에 생산량 중에서 더 많은 양을 남겨두었다.[411] 투기로 인해서 귀금속의 일부는 마닐라의 갤리온 선에 실려 에스파냐령 신세계로부터 극동과 중국으로 유출되었다.[412] 항상 아메리카에서 재앙적인 인구 감소는 은 채굴에 절대적으로 필요한 원주민 노동자의 모집을 어렵게 만들고 지연시켰다.[413]

이 모든 설명들은 나름의 진실성이 있지만, 아마 세비야의 문서보관소뿐만 아니라 시망카스 그리고 더욱 중요하게는 아메리카 대륙의 문서보관소에서 수행될 수 있는 추가 연구를 기대할 수 있을 것이다. 인구가 감소함에 따라서 광산업과 같은 특수하고 혜택을 받는 분야가 유지될 수 없었다는 것은 선험적으로는 증명되지 않았다. 라 플라타 지방을 통한 활발한 밀수는 1623년 무렵의 광산 활동이 전반적으로 침체를 겪게 되면서 중단된 것 같았다.[414] 마닐라 갤리온 선을 이용한 귀금속 유출도 1635년 무렵 이후에는 중단되었다.[415] 그러나 이러한 설명들의 중요 단점은 분명히 드러난다. 이 설명들은 본질적으로 아메리카 문제에만 집중된다. 마치 밀수가 출발지인 아메리카에서만큼 도착지인 대서양에서는 활발하지 않았다고 생각하는 듯하다. 특히 이러한 설명들은 에스파냐 제국을 통해서 원동력 역할을 하는 유럽과 신세계를 연결시켜주는 경제 활동 전반을 고려하지 않는다. 다른 말로 표현하면, 전체적인 경제 상황과 1580년 이후 그 다음으로 1595년 이후 최종적으로는 1619-1622년 이후에 유럽에서 일어났던 전반적인 경기 후퇴를 언급하지 않는다는 것이다. 경기 후퇴는 1640년대의 거대한 균열을 일으켰다. 또한 이러한 설명들은 카탈루냐와 포르투갈로 확대되었고, 이후 1647년에는 나폴리로까지 확대되었던 에스파냐의 재난과 같은 해에 서인도 제도를 지켰던 바르로벤토 선단의 폐지[416] 등은 언급하지 않았다는 것이다.

전반적인 경제 상황을 이야기한다는 것은 물가, 원가, 임금과 이윤 등을 이야기하는 것이다. 신세계를 잘 알고 있었던 로드리고 비베로[417]는 1632년 경 아메리카라는 기계가 고장 났다고 생각하지 못했다. 그 점에서 그는 명백히 틀렸다. 마찬가지로 그가 연간 금 생산량이 2,400만 두카트—그중 2,000만이 세비야로 보내졌다—라고 말한 것도 틀렸다. 그러나 그는 광산업자들이 전반적인 불황의 희생자가 되었다는 것을 보여준 점에서는 옳았다. "그들은 모두 빚을 졌는데, 왜냐하면 소금과 옥수수는 비싸졌고, 원주민 노동자의 임금은 2배로 상승했으며 광산업자들은 노동자를 찾고 자신들의 몫을 마련하려고 안간힘을 썼기 때문이다. 반면 노동력은 고된 광산 노동을 견디기에는 적합하지 않았다." 또한 놀음판과 "광부들의 피를 빨아먹는 기생충들," 즉 대부업자들도 있었다. 대부업자들은 은을 받고 "직물과 그밖의 다른 종류의 상품을 주었는데, 그런 상품을 통해서 이익을 챙겼고 더욱 나쁜 것은 포도주도 주었다는 것이다." 그러나 이를 좀더 명확히 살펴보려면, 에스파냐와 유럽의 관점에서도 바라보고, 그 문제를 좀더 넓은 맥락에서 다시 살펴보아야 한다.

평가절하된 화폐와 위조 화폐

어쨌든 17세기 중반에 아메리카 은의 위대한 시대는 확실히 끝났다. 그 무렵 엄청난 양의 위조 화폐가 유통되기 시작했다. 16세기에도 위조 화폐가 없지는 않았다. 그러나 17세기에는 순도가 낮은 화폐가 지중해 전역에 유통되기 시작했고 레반트 지역까지 흘러들었다. 그러나 이전 50년 동안에는 이런 위조 화폐가 이 두 지역에 알려져 있지 않았다.

당시 이런 악화는 북유럽과 이슬람 지역, 즉 지중해의 외곽지역에만 한정되어 있었고, 이러한 지역에서조차도 상당히 늦은 시기에 가서야 나타났다. 북유럽에서는 엘리자베스 여왕이 복구한 영국의 화폐체계는 더 이상 변동하지 않았던 반면에, 에스파냐에 반기를 들었던 네덜란드의 화폐는 1585년 11월에 평가절하되기까지 엄청난 변동을 겪었다.[418] 이러한 조치 이전에 적어도 1574년부터는 위조 화폐 제작자들이 특히 리에주에서 작업을 했으며,[419] 같은 해에 그들이 생산한 위조 화폐가 에스파냐 문턱에까지 도달했다. 위조 화폐를 정화로 교환하는 사기 거래는 에스파냐의 독점에 균열을 내고 아메리카 귀금속의 일부를 확보하는 좋은 방편이 되었다. 네덜란드 전쟁의 12년 휴전 협정(Twelve Years Truce)이 1609년에 체결된 이후 에스파냐 항구도시에서조차 이러한 불법거래는 엄청나게 성행했다. 네덜란드 사람들이 엄청난 양의 소액 화폐를 가져오기 시작했다. 당시까지만 해도 이것은 뤼베크나 함부르크 선박들을 통하거나 아니면, (1604년 에스파냐와 평화협정[420]을 맺은) 영국인의 호의 또는 프랑스인들의 중개를 통해서만 가능했다. 금속 함량이 낮은 이러한 소액 화폐는 상자나 통에 가득 담겨 들어왔다.[421] 돌아갈 때는 금이나 은을 소금이나 다른 상품에 숨겨서 가져갔다. 1607년에 보르도와 주변 지역에서는 4곳의 "조폐국"이 다양한 방법으로 확보한 에스파냐 화폐를 다시 녹이는 일을 했다. 에스파냐 화폐는 단순히 주조 도가니에 들어가기만 하면 18퍼센트 이상의 이익을 주었다.[422]

당시까지만 해도 이것은 거의 합법적인 교역에 가까웠다. 그러나 비교적 정직한 시대는 오래가지 않았다. 1613년 이후 에스파냐 화폐를 모방한 가짜 동화가 문제가 되기 시작했다. 이 가짜 동화는 매년 200만 페소 이상 제작되었고 계속해서 생산량이 증가했다. 전문가들의 이야기에 따르면 이러한 위조 화폐를 주조해서 500퍼센트의 이익을 얻을 수 있었다. 네덜란드 이외에 덴마크, 영국과 이탈리아에서도 비슷한 위조 화폐가 주조되었다. 위조 쿠아티요 화(quartillo)가 선박에 가득 실려 칸타브리아 해안이나 산 루카 데 바라메다로 들어왔다.[423]

이미 대서양 지역에 널리 퍼졌던 위조 화폐는 지중해 지역에는 좀더 나중에 유입되었다. 1595년에 피옴비노 공작부인은 자신의 작은 왕국에서 질이 매우 낮은 화폐를 주조하는 것을 허용했다.[424] 17세기의 첫 10년 동안 "저질 화폐"는 레반트의 항구들에까지 유입되었다. 저질 화폐의 유통으로 지중해 전역이 오염되었다. 1611년 한 베네치아인의 이야기[425]는 알레포에서 발생한 놀라울 정도로 무질서한 화폐 교란의 와중에 일반 화폐보다 4-5퍼센트 정도 더 가치가 높았던 양화가 그해에는 30에서 35퍼센트 이상 웃돈을 받고 거래되었음을 들려준다. 이 이야기의 다음 내용은 폴 마송의 저서 『17세기 레반트 지역에서의 프랑스 상인들의 교역(*Le commerce français dans le Levent au XVIIᵉ siècle*)』에서 확인할 수 있다.[426]

우리가 다루는 이 시대에는 지중해 내부의 교역이 이 극심한 혼란으로부터 거의 아무 영향도 받지 않았다고 해도, 이 심각한 위기는 알제에서 이집트 나아가 콘스탄티노플에 이르는 오스만 투르크 제국을 뒤흔들었다. 투르크의 훌륭한 재정제도에 관해서는 그동안 너무나 많은 연구가 이루어져왔다. 투르크의 재정은 술레이만 대제의 오랜 통치 기간(1522-1566)에 그런 명성을 얻게 되었다. 그러나 이 영광스러운 통치가 끝나던 해, 즉 몰타 섬 포위 실패 직후, 오래 전에 출간된 함머의 저서[427]에 담긴 정보가 정확하다면, 투르크에서 유일하게 금화를 주조하던 "조폐국"이 있는 카이로에서조차 금화의 가치가 이미 30퍼센트나 떨어졌다. 은의 평가절하로 인해서 이런 조정이 불가피해졌을 수도 있다. 그러나 이것이 의미하는 바를 정확히 이해하는 것이 중요할 것 같다. 또한 1566년의 평가절하가 몰타 함락을 위해서 오랫동안 총력을 기울이고 난 후에 오스만 제국이 느낀 피로감을 보여주는 첫 번째 징후였는지도 확인할 필요가 있다.

1584년의 상황은 의심의 여지가 없다. 심각한 화폐 위기가 발생했다.[428] 투르크에서 유통되는 화폐는 둥글기보다는 각이 진[429] 작은 은화였고, (투르크어로 악체[akce]라고 한) 아스프르(aspre)는 "불순물이 없는 순수한" 은화였다고 블롱 뒤 망은 명확하게 말했다.[430] 한 여행객[431]은 빨갛게 달군 팬에 이 은화를 던져넣고 순도를 시험한다고 이야기했다. 이 은화의 무게는 1드라크마[3.24그램]의 4분의 1에 해당했다. 가치는 [프랑스의] 10에서 11 드니에 투르누아(denier tournois),[432] 7과 2분의 1 베네치아의 콰트리노(quattrino), 2에서 2.25 독일의 크로이처(kreuzer)에 해당했고, 로마의 바이오코(bajocco)나 베네치아의 옛 마르케토(marchetto)와 동일한 가치가 있었다.[433] 블롱[434]은 1악체는 "우리에게 1카롤뤼스(carolus : 동화) 가치를 가지고 있다"고 적었다. 16세기 초 악체는 순금[435]으로 제작한 체키노, 즉 술탄니니(sultanini)의 135분의 1에 상당했다. 투르크의 체키노는 베네치아 체키노보다 순도가 약간 떨어졌지만, 독일의 최고 화폐 온가리(ongari)와 비슷하거나 때로는 더 우수했다.[436] 셀림 1세[재위 1512-1520]가 등극한 후에 술타니니는 60악체와 같았고, 이러한 비율은 공식비율이 되어 1584년까지 변경되지 않았던 것 같다. 그래서 1566년에 평가절하가 있었더라도, 새로운 체키노와 은화의 교환가치에는 영향을 미치지 않았다. 오스트리아의 크로넨탈러(kronenthaler)나 이탈리아의 에스쿠도보다 약간 저렴했던 투르크의 탈러(thaler)는 40악체에 해당했다. 반면 크로넨탈러나 에스쿠도는 50악체에 해당했다. 이러한 교환비는 사료에 의해서 확인된다.[437] 1547년에 300악체는 6에퀴에 해당했다.[438] 1564년 콘스탄티노플 주재 베네치아 바일로는 3개월 동안의 일상적인 생활비가 3만4,487악체, 즉 574두카트와 47악체로 상승했다고 지적했다. 이것은 일반적인 교환비율이 1두카트에 60악체였음을 보여준다. 그는 9,170에스쿠도의 환어음을 발행해서 1에퀴당 50악체를 받았다.[439] 1561년 다른 베네치아 바일로는 화폐가 부족해서 1에퀴당 47악체만 받았다.[440] 1580년에 다시 우리는 1에퀴당 50악체의 교환비율을 확인할 수 있다.[441]

오스만 제국의 화폐 목록을 완성하기 위해서는 마지막 화폐인 아랍의 화폐를 소개하는 일이 남았다. 이 마지막 화폐는 이집트와 시리아 그리고 지중해, 페르시아 만과 홍해 지역에서 유통되었던 마이딘(maidin)으로, 악체보다 순은을 1.5배 이상 함유한 은화였다.[442] 그래서 1체키노를 만들기 위해서는 40마이딘이 필요했고, 1에쿠나 1크로넨탈러를 만들기 위해서는 35마이딘이 필요했다.[443] 영국의 여행객 뉴베리가 말했던 것처럼 1583년 40마이딘은 1두카트에 해당했다.[444]

1584년의 실질적인 평가절하[445]는 페르시아에서 발생한 유사한 평가절하의 결과였다. 페르시아에서 발생한 평가절하는 전쟁으로 인해 급료를 지급해야 할 병사가 늘어나면서 발생한 엄청난 비용의 결과였다. 당시 이집트를 굴복시킨 술탄은 1584년에 43마이딘과 동일한 가치로 체키노를 공급했고 자신이 상환받을 때에는 85마이딘을 요구했다. 그 결과 체키노의 가치는 60에서 129악체로 상승했다. 물론 체키노는 변하지 않았기 때문에 악체가 가벼워졌고 순은의 일부가 구리로 대체되었다. 1597년에 이르면, 1드라크마 은화를 가지고 4악체가 아니라 10에서 12악체까지 주조할 수 있게 되었다. 1590년의 혼란 이후 체키노는 120에서 220악체로 가치가 올랐다. 화폐의 가치가 떨어지면서 투르크에서도 1600년부터 1650년 사이에 카스티야에서 발생했던 것과 똑같은 구리 인플레이션 현상이 일어났다. 카스티야 인플레이션의 구조와 그것이 미친 폐해에 관해서는 얼 J. 해밀턴이 이미 설명한 바 있다.[446] 그러나 17세기 중반까지 계속될 이 위기는 해밀턴이 말한 것보다 20년 정도 일찍 시작되었다. 위기를 막기는 어려웠다. 1625-1630년경 또 한 번의 등귀 현상이 나타났다. 체키노의 가치가 240악체까지, 탈러가 120악체까지 치솟았다. 강제적인 50퍼센트 인하 조치가 단행되어 1642년 체키노의 가치는 151-157악체(120악체는 불가능했다)로 떨어졌으나, 1561년 이후 베네치아와 크레타 섬의 오랜 전쟁이 혼란을 초래하면서 다시 값이 올라갔다. 1660년 세르비아에서는 1체키노의 가치가 240악체에 해당했고, 1663년에 소피아에서는 310악체에 달했다.[447]

이런 식의 평가절하는 악체가 실질화폐와 계산화폐의 역할을 모두 하고 있었던 오스만 제국의 경제적 건전성에 엄청난 영향을 미쳤다.[448] 바로 이것이 무질서한 오스만 화폐체계가 가진 가장 뚜렷한 측면이었다. 다른 문제들도 있었다. 특히 알제인들이 어쩔 수 없이 사용한 저가 화폐정책이 그러했다. 그곳 시장에서는 에스파냐의 금과 은을 웃돈을 얹어가며 거래했다. 그것은 꼭 필요한 외국 화폐들을 끌어들여서 밖으로 나가지 못하게 가두어 두는 것이었다. 일종의 슬라이드 제도와 같은 것이었다. 1580년에 쟈페르 파샤는 에스파냐 에퀴가 부족해지자, 그 시세를 125에서 130알제 악체로 인상했다.[449] 에스파냐의 석학인 마누엘 갈라르도와 빅토르가 생각했던 것처럼, 평가절하는 1580년 세르반테스의 몸값 지불과 관계가 있을 가능성이 있다.[450] 그러나 콘스탄티노플에서 평가절하가 있기 전에는 66투르크 악체에 해당했던 투르크 체키노가 알제에서는 150악체에 거래되었다. 에스파냐 에퀴처럼 술탄의 금화에도 엄청난 웃돈을 붙여줌으로써 이를 알제로 끌어들이려고 했다.[451] 에스파냐 에퀴의 경우, 우리의 계산이 정확하다면, 알제의 환전소에서 30퍼센트의 웃돈을 주고 거래되었다.

세 번의 금속 시대

더 상세한 설명을 내놓지 못하는 것을 이해해주기를 바란다. 지나치게 짧게 요약되기는 했지만, 도표와 그래프는 이미 길게 했던 설명을 보충해줄 것이고, 우리는 전체적인 콩종튀르라는 어려운 문제들을 다시 점검해볼 기회를 가질 것이다. 어쨌든 전체적인 윤곽은 충분히 명확하게 드러났다. 역사가들은 수단의 금의 시대, 아메리카의 금과 은의 시대 그리고 동화와 위조화폐의 시대, 이렇게 세 번의 금속 시대가 연이어 나타났다고 해석한다. 공식적으로 허용되었건 허용되지 않았든 간에 위조화폐는 16세기 말이 되어서야 약간 나타나기 시작했고, 17세기 초의 수십 년간에 모든 것을 압도하게 되었다. 이는 물론 지나치게 단순하게 도식화한 것이다. 왜냐하면 이 세 시대에 서로가 서로를 아무런 문제없이 대체한 것은 아니었기 때문이다. 중첩, 시간 차이, 혼란의 시기가 있었고, 이 부분에 대해서는 조사와 설명이 이루어져야 한다.

금의 시대 : 모든 지불이 가급적 금으로 이루어졌다. 1503년에 바야르가 바를레타 부근에서 에스파냐 군대의 한 출납 담당자를 생포했다. 이 "충실한 가신"에 따르면, "그들이 도착하자, 불룩한 지갑이 열리고 반짝이는 두 카트 금화를 볼 수 있었다."[452] 이것이 당시의 관행이었다. 프랑스 국왕은 병사들에게 (1524년에) "에스파냐에서 탈취한 금으로 급료를 지불했다."[453] 합스부르크 가문과 발루아 가문 간의 전쟁 초기에 모든 전투들은 금화로

치러졌다. 많은 돈을 치러야 할 때에도 한 사람만 움직이면 충분했다. 1526년 5월, 카를 5세의 대사는 "교황의 금전 호송을 책임지는 네 명의 기사"가 미란돌라를 지나간다는 소식에 걱정스러워했다. 당연히 경계하지 않으면 안 되었기 때문이다.

후일 장기간 지속된 은의 시대(1550년부터 1650년 혹은 1680년까지)에는 은을 수송하는 일이 사람들의 눈에 더 띄게 되었다. 왜냐하면 은을 수송하는 데에는 수레, 배, 짐바리 동물들이 필요했고, 호송대도 대동해야 했기 때문이다. 1551년 12월, 제노바에서 플랑드르로 은을 수송하는 데에는 적어도 50여 명의 화승총병들로 구성된 호송대가 나서야 했다.[454] 통상적으로 금 수송은 은밀하게 이루어졌고, 관계자 외에는 아무도 그 사실을 몰랐다. 그러나 1586년 9월에, 펠리페 2세가 이탈리아로 금화 10만 에퀴를 보냈다는 소식을 접하자, 사람들은 무슨 문제 때문에 이런 이례적인 조치를 취한 것인지를 궁금해했다. 왜냐하면 대체로 금을 이베리아 반도 밖으로 내보내는 일이 없었기 때문이다.[455] 귀한 금속이었기 때문에 금은 높은 값을 유지했고, 거래될 때마다 "영주로서 모든 것을 결제한다." 화폐 장인들과 전문가들은 전통적인 관례대로 금 1마르크가 은 12마르크의 가치를 유지한다면, 모든 것이 순조로울 것이라는 식으로 장황하게 사람들에게 설명했지만, 금이 계속 높은 값을 유지했던 베네치아에서의 실제 금과 은의 비율을 보면, 그런 옛 비율은 더 이상 현실성이 없어 보였다. 1593년 11월에 베네치아 조폐국을 책임지고 있던 사람들도 그렇게 생각하고 있었다.[456] 그들은 금화 1마르크는 674리브르[livre, 곧 리라] 9수[sou, 곧 솔도]이고, 은화 12마르크는 633리브르 16수라고 밝혔다. 다시 말하면 금이 은보다 40리브르 13수가 더 비쌌고, 적지만 확실한 차이로 앞서 있었다.

시간이 더 흐른 후에 유럽의 통화는 동화의 시대로 접어들었다. 동화는 헝가리, 작센, 독일, 스웨덴, 일본에서 구리 광산이 개발되면서 승승장구했다. 포르투갈에서는 인플레이션이 극심했던 에스파냐와 가까운 곳을 중심으로 구리가 넘쳐났지만, 언제나 인도로 동화를 보낼 수 있었다. 그 결과 포르투갈은 이 재앙의 시기에도 항상 구리가 부족했다. 이 세 번째 금속은 포르투갈에서 꽤 높은 가격으로 거래되었다. 1622년에는 1두카트에 대해서 12레알이 아니라 13레알을 치러야 했다. 실제로는 작은 단위의 동화로 1두 카트를 치렀다.[457]

그러나 곧 금이 다시 얼굴을 내밀었다. 브라질에서 보낸 금은 17세기 말에 리스본, 영국, 유럽에 도착했다. 지중해도 금세 금을 받게 되었다. 그러나 오랫동안 은 인플레이션의 중심이 되었던 지중해는 금 인플레이션의 중심이 되지 않았다.

제3장

경제 : 상업과 수송

이 장에서의 나의 의도는 지중해 교역의 복잡한 내용들을 묘사하는 것이 아니다. 내가 관심을 가지는 것은 전체적인 그림이다. 우리는 최종적으로 세 가지 문제, 즉 후추의 위기, 밀의 위기 그리고 대서양 선박의 지중해 진출을 살펴볼 것이다. 이 문제들은 지중해의 경제적 삶의 모든 측면을 포괄한다. 이 문제들은 서로 취합해서 보면 한 쪽으로는 인도양까지, 다른 쪽으로는 대서양까지, 그리고 지중해 북쪽—영불해협, 북해, 발트 해—을 포괄하는 거대한 원을 충분히 잘 그릴 수 있을 것이다.

1. 후추 교역

희망봉을 경유한 노선은 지중해 후추 무역에 최후의 일격을 가하지는 못했다. 그러한 주장을 처음 제기한 사람들은 독일의 역사가들이었다.[1] 어떻게 독일의 역사가들은 독일이 베네치아로부터 향신료와 후추를 계속해서 수입했고, 그래서 포르투갈이 항구적으로 이 사치품 교역을 장악하지 못했다는 것을 깨닫지 못했을 수가 있겠는가?

그러나 의심의 여지없이 포르투갈의 성공 이후 베네치아는 심각한 위기에 봉착했고, 부정적인 예언이 넘쳐났다. 사람들은 포르투갈의 신항로 개척이 가져올 결과를 걱정했고, 재앙은 해결책이 없는 것 같았다. 지롤라모 프리울리는 1501년 7월, 자신의 일기에 "산 마르코의 도시[베네치아]가 향신료 무역을 잃어버리는 것은 신생아에게 줄 우유를 잃어버리는 것과 같다"고 기록했다.[2] 즉시 엄청난 가격 변동이 있었고, 특히 포르투갈 국왕 마누엘[마누엘 1세]이 1504년에 후추의 공식 가격을 정하고, 2년 후에는 "향신료 판매"를 리스본에 집중시켜 왕실 독점 사업으로 만든 이후에는 어려움이 더욱 가중되었다.[3] 1504년에 베네치아의 갤리 선단은 알렉산드리아와 베이루트에서 향신료를 구할 수 없었다.[4]

새로운 공급자는 신속하게 유럽 시장의 일부를 장악했다. 그들은 대서양 연안 지역에서 큰 어려움 없이 성공했다. 1501년 이후에는 네덜란드[5]에 포르투갈 선박이 들어오기 시작했고, 1504년 1월에는 영국 팰머스 항구에 인도의 캘리컷[코지코드]에서 380톤의 후추와 향신료를 실은 5척의 포르투갈 선박이 도착했다.[6] 포르투갈은 저지대 독일과 고지대 독일 시장으로도 진출했다. 독일의 대상인 가문인 안톤 벨저와 아우크스부르크의 콘라트 푈린은 이미 1503년부터 떠오르는 태양인 리스본 시장으로 향했다.[7] 라벤스부르크의 대상사(Magna Societas)는 1507년에 포르투갈 교역의 중계지인 안트베르펜에서 후추와 향신료를 구입하기로 결정했다.[8] 1512-1513년 빈의 교역상들은 베네치아 시장에서 필요한 만큼의 후추와 향신료를 구입할 수 없다고 불평하면서 황제에게 외국 상인들이 후추와 향신료를 안트베르펜이나 프랑크푸르트나 뉘른베르크로부터 빈으로 들여올 수 있도록 허락해달라고 요청했다.[9] 새로운 공급자는 프랑스 서부와 카스티야에서도 성공했다. 한 증인의 말에 따르면, 카스티야의 메디나 델 캄포에서는 1524년에 포르투갈의 후추를 재판매했다.[10] 이 포르투갈 후추가 매우 일찍 지중해로 유입되었다는 것은 의심의 여지가 없다. 지중해에서 포르투갈 선박들은 매우 중요한 역할을 했고 아마 제노바 항구에는 1503년부터 출입을 했던 것 같다. 베네치아는 같은 해 6월[11] (금사와 은사 직물, 모직물, 향신료, 설탕 등과 같은) 상품들이 제노바나 다른 해외 지역으로부터 육지 영토 쪽의 국경

안으로 유입되는 것을 막았다. 베네치아는 육지 영토 쪽의 도시들이 베네치아에서만 향신료와 후추를 구입할 것을 명했다. 향신료와 후추의 유입량을 늘리기 위해서 베네치아는 1514년 5월,[12] 과거에는 갤리 상선단에게 독점적으로 허용했던 향신료와 후추의 수송을 모든 선박에 허용했다. 그래서 이제 갤리 상선단은 다른 선박들과 격심한 경쟁을 해야만 했다.[13] 게다가 베네치아는 베네치아로 들어오는 수입 관세를 폐지했다. 이러한 조처에도 불구하고 다음 해인 1515년에 베네치아 정부는 부족한 향신료와 후추를 리스본으로 구하러 가야 했다.[14] 1527년 베네치아 원로원은 포르투갈 국왕 주앙 3세[재위 1521-1557년]에게 포르투갈 자체 소비량을 제외하고 리스본으로 유입되는 모든 후추를 베네치아에 팔 것을 제안했다. 이 계획은 성공하지 못했다. 이는 1527년에 베네치아의 상황이 어떠했는지를 보여주고, 리스본 시장이 성공적으로 부상했음을 증명한다.[15]

지중해의 반격: 1550년 이후 홍해 교역의 번성

베네치아와 지중해에 유리한 상황은 언제 다시 확립되었으며, 어떤 이유에서였을까?[16] 그것을 말하기는 어렵다. 분명히 1540년 이후의 가격 하락을 고려해야 하며, 가격 하락이 번성하던 리스본의 교역에 타격을 주었다는 사실을 가정해야 한다. 또한 전문가들의 이야기에 따르면, 긴 항해로 향기가 줄어들어 포르투갈 상품의 질이 떨어졌다는 점도 생각해야 한다. 이는 베네치아가 퍼뜨린 소문이지만, 근거가 없는 것은 아니었다. 베네치아에게 적대적이던 에스파냐의 1574년 문서에서 이러한 소문을 다시 발견할 수 있기 때문이다.[17] 아랍의 중개 상인을 통해야 하는 지중해 교역은 좀더 비싼 값을 지불했지만, 질 높은 상품을 확보할 수 있었을 것이다. 아마 포르투갈은 아시아에서 엄청나게 싼 가격으로 구입할 수 있었기 때문에 너무 지나치게 나갔던 것 같다.[18] 사실 포르투갈은 긴 항해 비용, 선박의 잦은 손실, 항해 도중 자주 손상을 입는 상품 자체의 결함 등의 비용을 지불해야 했다.

반면 지중해 교역은 다수의 중개업자들에 의해서 연결되어 있었지만, 수송 거리가 짧았고 몇 세기 동안 잘 알려져 있었기 때문에 위험 요소가 더 적었다. 베네치아인들에게 위험은 주로 이집트로부터의 수송에 한정되어 있었고, 이 위험도 오리엔트와 서양 사이의 놀랄 만한 가격 차이로 발생하는 큰 수익으로 보상되었다. 1512년에 테노는 "베네치아인들이 이곳에서는 별 가치도 없는 상품을 팔아 100퍼센트 이상의 수익을 얻는다"고 지적했다.[19] 후추 공급이 부족해졌더라도(후추는 대규모로 거래된 유일한 상품이었고, 포르투갈은 다른 어떤 상품보다 이것을 독점하고 싶어했다), 고가의 향신료, 약재와 다른 레반트 상품들을 교역하는 것은 가능했다. 반면 오리엔트의 상인들은 귀금속이 절실히 필요했다. 이집트의 금이나 서양의 은은 향신료와 그것과 함께 지중해로 들어오는 모든 상품들에 대한 지불 대금으로 인도양으로 흘러들어갔다. 인도와 극동은 지중해의 산호, 사프란, 이집트의 아편, 서양의 모직물, 홍해의 수은, 꼭두서니를 선호했다. 인도양 주변에는 이 오래된 교역을 떠받치고 있었던 힘 있고 잘 조직된 상사들이 존재했다. 포르투갈의 인도양 진출은 이들을 어렵게 만들기는 했지만, 완전히 제거하지는 못했다. 이들은 충분히 빨리 대응할 능력이 있었다.

유럽의 중개 상인들에게 오리엔트로 가는 지중해 교역은 여전히 매력적이었기 때문에 지중해 교역을 막을 수 있는 유일한 힘은 공급원을 통제하는 것이었다. 포르투갈은 인도양 진출 초기에 우선적으로 홍해 무역에 타격을 준 것처럼,[20] 이후에도 원할 때마다 여러 차례 공급원을 통제하는 데에 성공했다. 1545-1546년 겨울 말라바르 해안을 따라 포르투갈 선단은 모든 은밀한 후추 수출을 막을 수 있을 정도로 매우 효과적인 행동을 취했고,[21] 적어도 밀무역은 상당히 줄어들었다. 그러나 이러한 엄격한 통제는 잠시만 지속되었고 감시 자체가 곧 느슨해졌다. 포르투갈인들은 지역 간의 교역의 필요성만큼이나 모험정신과 이윤에 이끌려 인도양과 인도양 너머로 빠르고 신속하게 진출했고, 방대했지만 취약한 제국을 건설하는 데에 성공했다. 포르투갈은 이 방대한 조직, 즉 요새들, 비용이 많이 드는 함대와 관리들을 유지할 정도의 충분한 돈이 없었다. 제국은 자급자족을 해야 했다.

이러한 열악한 상황으로 인해서 포르투갈인들은 매우 일찍부터 관세징수업자가 되었지만, 관세는 상품이 잘 유통되는 한에서만 이익이 생겼다. 이 상황은 밀수나 우리가 밀수라고 부르는 행위를 조장했다. 사실 밀수는 피할 수 없는 것이었다. 왜냐하면 중요한 교차로인 호르무즈 해협을 장악하는 것이 불가능했고(1506), 또한 호르무즈로의 접근을 봉쇄하는 것도 불가능했기 때문이다. 그리고 투르크가 시리아(1516)를, 이집트(1517)를, 이라크(1534)를 장악했기 때문이다. 투르크에 맞서 포르투갈은 페르시아에 의존할 수밖에 없었다. 그래서 인도와 페르시아 사이의 긴밀한 관계를 유지하고 가능한 한 페르시아와 시리아, 지중해 간의 교역을 보호해야 했다. 거기에는 돈을 탐하는, 멀리 있는 본국 정부의 명령에 귀를 닫은 포르투갈 관리들의 부패라는 단순한 측면 이외에 무엇인가가 있었다. 관리들의 부패는 확실히 존재했지만, 그것이 문제의 근원은 아니었다.

그러나 이러한 신중함과 현실적인 정책이 하루아침에 성공을 거둔 것은 아니었다. 오스만 투르크 제국이 인도양 방면으로 자신의 약점, 한계와 합리적인 이해관계를 파악하고, 레반트 무역을 모두 콘스탄티노플로 집중시키려고 했던 초기 계획을 포기하고, 이후 동과 남으로 본격적으로 진출할 준비를 하다가 결국에는 이를 사실상 포기하는 데에 시간이 필요했던 것처럼 포르투갈 제국도 확고하게 자리를 잡는 데에 시간이 필요했다. 한편 포르투갈은 오스만 제국에 맞서 이 엄청난 힘에 빨려들어가지 않으려고 모든 노력을 다했다. 투르크는 자신이 정복한 이집트를 발판으로 포르투갈에 대응하기까지 10년 이상을 기다려야 했다. 나일 강과 홍해 사이를 연결하는 운하 건설이 시작된 것은 1529년에 가서였지만 그 준비 작업은 지중해에서 적을 상대해야 했기 때문에 중단되었다. 1532년은 [안드레아 도리아에 의한] 코론(Coron : 점령)의 해였다.[22] 오스만 제국이 술레이만 파샤의 함대를 파견해서 아덴을 장악한 1538년 전까지 다시 6년의 휴전이 있었다. 그러나 함대는 같은 해에 디우 앞바다에서 패배했다.[23] 1542년[24] 포르투갈은 기독교 왕국 에티오피아를 가까스로 장악했다. 1546년[25]에는 다시 포위 공격을 받은 구자라트 반도의 요새인 디우를 기적적으로 지켰다. 인도의 각 지역으로부터, 멀리는 수마트라로부터 콘스탄티노플로 계속해서 대사들이 찾아와서 오스만 술탄에게 포르투갈에 맞설 원조를 구했다. 대사들은 기이한 색깔의 앵무새, 향신료, 방향 물질, 향유, 흑인 노예, 환관과 같은 매우 희귀한 선물을 술탄에게 가져왔다.[26] 그러나 1551년에 홍해 입구에서 피리 레이스[27]가 이끄는 갤리 선단이 다시 패했다. 1553년에는 『국가의 거울(*Miroir des Pays)*』의 시인 시디 알리가 페르시아 만 입구에서 다시 패했다.[28] 하지만 몇 년 이후에 포르투갈과 투르크 사이에 화해가 이루어졌다. 이러한 화해 분위기는 지중해로의 교역을 활성화시켰다.

그 결과 16세기 중반에는 향신료 교역이 다시 활성화되고 번성했다. 이후 지중해의 후추는 지중해 서부로 유입되어 리스본의 상인 왕의 후추를 대서양으로 몰아냈다. 그러나 리스본의 후추와 지중해의 후추 사이에 명확한 구분이 있었던 것은 아니었다. 그래서 16세기 전반세기 동안,[29] 아마 그 이후에도 지중해 후추가 안트베르펜 시장에 유입되지 않은 적은 결코 없었다. 1510년에는 배 1척이 알렉산드리아로부터 안트베르펜으로 직항했다.[30] 1540년경 지중해 후추는 스헬데 강의 시장의 후추 가격에 영향을 미쳤다. 같은 해에 이베리아인들은 프랑스를 견제하기 위해서 프랑스에 대한 후추 유입을 봉쇄함으로써[31] 경쟁세력인 마르세유의 교역을 활성화시켰다. 프랑수아 1세는 마르세유의 교역을 보호하려고 했던 것 같다. 왜냐하면 한 베네치아인의 이야기에 따르면, 프랑수아 1세가 오스만 제국의 술탄을 만족시키고 플랑드르인을 돕지 않기 위해서 1541년 5월 향신료에 관한 포르투갈의 제안과 약속을 거절했기 때문이다. 플랑드르에 있는 "안트베르펜이 세계 제일의 도시가 될 수도 있었기 때문이다."[32] 어쨌든 1543년의 마르세유

수출 기록은 리옹까지 아마 그 너머까지 향신료를 보냈음을 보여준다. 툴루즈 방면으로도 보냈다.[33] 1565년에 마르세유 향신료는 루앙에도 수입되었고, 툴루즈 시장에서는 보르도 상인들이 판매하는 리스본 후추와 경쟁했다.[34] 16세기 중반 프랑스와 영국인들은 특히 루앙, 라 로셸과 보르도에서 후추를 거래했다.[35] 분명히 그것은 서로 다른 루트를 통해서 들어온 다른 상품들이었다. 상황이 서로 유리하기도 불리하기도 했다. 따라서 1559년에는 카스티야 시장에서 상품 가격에 10퍼센트의 종가세라고 하는 관세를 부과한 것이 포르투갈 후추에 불리하게 작용했지만, 포르투갈 후추는 의심의 여지없이 근접성 덕분에 이베리아 반도에서 완전히 퇴출되지는 않았다.[36] 16세기 말에 리보르노의 후추 수입 또한 프랑스와 영국에서의 교역과 비슷한 양상을 보여준다. 즉 리보르노에 수입된 두 후추는 서로 다른 상품이었고 서로 경쟁했지만 하나가 다른 하나를 완전히 제거하지 못했다는 것이다. 사실 16세기 말까지 아니 그후에도 후추 교역에서 유럽은 하나의 단일 시장이었다.[37] 피렌체에 자리잡은 에스파냐 상인의 이야기를 예로 들어보자(1591년 11월 29일). 이 해에 인도 선단이 리스본으로 돌아오지 않았다는 소식에 향신료 가격이 뛰었다. 그는 "레반트에서 베네치아로 많은 양이 수입되었기 때문에 후추만은 가격이 변하지 않았다"고 이야기한다.[38]

부인할 수 없는 사실은 지중해가 다시 후추 교역의 상당 부분을 되찾았고, 게다가 지중해 교역량이 더 많아졌다는 것이다. 레반트 교역은 번성했다. 페르시아 만과 홍해로부터 들어오는 대상들이 레반트 교역을 활성화시켰다. 그리고 이 루트의 끝에 있고 지중해에 면해 있는 네 도시가 덕분에 번성했다. 즉 한쪽에는 알레포와 알레포의 항구 역할을 한 활발한 트리폴리, 다른 한쪽에는 카이로와 카이로의 항구인 알렉산드리아가 번성했다. 알렉산드리아는 너무 큰 수도와 가까이 있어서 자원을 다 빼앗기는 것 같았다. 지중해 서쪽 지역에서 새로 활성화된 교역으로 특히 이익을 본 것은 이전 시기에 지중해 교역을 주도했던 베네치아 상인들이었다. 베네치아 상인들 다음으로 마르세유와 라구사 상인들도 작지만 나름의 역할을 했다. 이상하게도 베네치아 상인들은 내륙까지, 즉 1552년[39]에 알렉산드리아에서 카이로까지 그리고 다마스[다마스쿠스]에서 바빌로니아의 대상로 끝에 위치한 알레포까지 진출했다(다마스는 몰락했고 게다가 개인적인 음모로 인해서 베네치아 식민지의 상거래는 악화되었다).[40] 이집트에서는 부유한 경쟁자들로 카이로에서 활동하던 유대인 출신의 중개상인들, 교역상과 상인들을 제거하려는 욕구 때문에 교역로의 이동이 있었다. 만약 이들을 그냥 내버려두었다면, 이들은 대상로에 위치한 큰 교역 도시에서의 교역을 장악하는 데에 만족하지 않고 기독교 세계와의 해상 교역도 독점했을 것이다. 게다가 많은 경우, 유럽의 상인들은 그들과 협력해서 일을 해야 했다.[41] 지역적인 차원의 문제를 별도로 하면, 베네치아 상인들이 알레포와 카이로로 진출한 것은 이 내륙 시장과 그곳의 자본가들 그리고 대상 교역이 번성했음을 뜻한다. 또한 이러한 대상 교역 너머에 있는 인도와 동인도 제도에서 아랍 상인들이 효과적인 구매를 했음을 의미한다. 지중해는 인도양의 보물을 다시 찾았다.

레반트 교역로

수많은 자료들이 이러한 부활을 증명한다. 그러나 일반적으로 통용되는 것은 그 반대의 견해이기 때문에, 일부 세부사항들이 오해를 불러일으킬 수 있다는 점을 상기하자. 혼란을 피하려면 알레포와 카이로에 이르는 두 노선이 오래 전부터 항상 경쟁관계에 있었다는 사실을 알 필요가 있다. 한 노선이 닫히면 다른 노선이 열렸다. 즉 알레포는 전체적으로 교역이 부활한 시기에도 페르시아와 호르무즈 노선상에 위치해 있었기 때문에 어려움을 겪었다. 특히 1548-1555년의 전쟁 기간 동안에는 페르시아 노선상에 있었기 때문에 어려움을 겪었고, 포르투갈과의 전쟁 시기에는 호르무즈 노선상에 위치해 있었기 때문에 피해를 입었다. 투르크와 포르투갈 사이의 전쟁

기간[1560-1563]에는 바스라로부터 들어오는 대상이 최소한으로 줄어들었다.[42] 알레포가 어느 날 하루 번성했다가[43] 다음 날 비정상적인 가격 상승으로 큰 피해를 입었다고 해서 놀라울 것은 하나도 없었다.[44] 1577년 7월, 라구사의 중개인 크리스토파노 알레그레티는 알레포의 시장 상황에 낙담하고 이집트로 떠날 것을 결정했다. "내가 알기로는 이 알레포라는 땅이 비누와 갈탄 이외에 아무 상품도 찾을 수 없을 정도로 상품이 바닥난 적은 결코 없었습니다. 이곳에서 오배자[염료] 가격은 13에서 14두카트이고, 4척의 프랑스 선박이 (트리폴리 항에) 들어왔기 때문에 나는 오배자 가격이 크게 오를 것이라고 생각합니다. 왜냐하면 현재 8척 이상의 프랑스 선박이 있는데, 어떤 가격을 지불하고라도 상품을 구입하려고 하기 때문에 모든 사람들을 망치고 있습니다."[45] 이보다 2년 전인 1555년, 아마도 투르크와 페르시아 간의 전쟁이 끝날 때쯤, 알레포에 있는 많은 무어인 상인들과 베네치아 상인 등 다수의 상인들이 "인도로 떠났습니다."[46] 물론 모든 상인들이 우리 라구사 상인이나 이 여행자들을 따라 그 지역을 떠났던 것은 아니었다. 1560년에 로렌초 티에폴로[47]가 알레포에 도착했을 때, 250명의 상인들이 말을 타고 그를 맞이했다. 1563년 11월에 페라의 베네치아 바일로는 대형 갤리 선들이 베네치아를 향해 시리아를 출발했다고 전했다.[48] 베네치아의 기록은 1년 전에 알레포에 5,000명의 직조공이 있었다고 전한다.[49] 위기가 있었지만 알레포는 여전히 상업과 산업의 중심지로 남아 있었다. 그리고 알레포의 어려움은 개별적인 것이었다. 그 어려움이 항상 동지중해 전역과 관련이 있었던 것은 아니었다.

이 어려움은 특히 종종 극동으로 가는 유일한 통로였던 적도 있었지만, 매우 중요한 교역로였던 홍해와는 관련이 없었다. 16세기 중반[50] 홍해의 양안을 보았던 블롱 뒤 망은 "이 홍해는 좁은 운하는 아니지만, 아르플뢰르와 옹플뢰르 사이의 센 강의 폭보다 넓지 않다. 그곳에는 암초가 많기 때문에 항해하기 어렵고 매우 위험하다"라고 적었다. 사람들은 소형 범선을 이용해서 이동했는데, 이 범선은 못을 박지 않았지만 "코코넛의 섬유로 만든 밧줄로 판을 짜고 종려나무 섬유로 구멍을 메우고 생선 기름을 먹인" 기묘한 배였다.[51] 홍해에서는 대형 울크 선(houlque)과 갤리 선도 볼 수 있었는데,[52] 갤리 선은 선체를 분해한 상태로 카이로에서 불편하고 형편없는 항구인 수에즈까지 운송되었다.[53] 수에즈 항구는 모래언덕 가운데에 있어서 바람을 잘 막아주지 못했다.[54] 크고 작은 선박들은 아덴을 통해서든 아비시니아 해안을 통해서든 아시아의 이슬람 지역의 순례객들 외에도 인도, 수마트라와 몰루카 제도의 보석들을 북쪽으로 실어 날랐다. 악천후를 피해야 했기 때문에 이 항해하기 어려운 해안에는 많은 항구들이 생겼다. 수아킨[수단 북동부], 아덴, 메카로 가는 항구인 지다, 수에즈의 경쟁자인 토르[아카바] 등이다. 긴 항해에서 가장 많은 배들이 들르는 곳은 문헌에서는 "주다"나 심지어 "지덴"으로 불린 제다 항이었다. 그곳으로부터 메카 근처로 수많은 대상들이 들어왔는데, 한번에 20만 명의 사람과 30만 마리의 동물이 들어온 적도 있었다. 이 신성한 도시에 밀은 종종 부족했지만,[55] 고기가 부족한 적은 결코 없었다. 범선과 소형 선박은 제다 항에서 토르 항으로 다시 출발했고, 토르 항을 떠난 대상들은 9일이나 10일 정도 걸려 카이로에 도착했다.[56] 인도양에서 대규모 선단의 출발지들, 곧 수마트라, (인더스강 하구에 위치한) 캄베이, 말라바르 해안 지역, 캘리컷, 불, 칸누르와 맞바람이 부는 다른 항구들을 떠난 향신료는 해마다 5월이나 11월에 홍해에 도착했다.[57]

따라서 홍해로 가는 어려운 관문이 활짝 열리게 되었고 대규모의 교역이 그곳으로 흘러들어왔다. 블롱은 홍해로 들어오는 자기가 실제로 먼 인도로부터 왔다고 믿지 않으려고 했지만, 중국산이 확실한 이 비싼 자기는 대규모 교역이 이루어지고 있었다는 사실을 충분히 증명한다.[58] 왜냐하면 깨지기 쉬운 자기는 다른 상품들과 함께 운송되어야 했기 때문이다. 후추가 대부분인 향신료의 경우에는 1554년부터 1564년까지 매년 2만에서 4만 경

(輕) 퀸탈[59] 정도가 들어왔다. 1554년 베네치아 상인들만이 유일하게 알렉산드리아로부터 6,000퀸탈, 즉 600콜리(colli : 포대)[60]의 향신료를 선적했다. 베네치아 상인들은 많아야 알렉산드리아 향신료 거래의 절반 정도를 담당하고 있었고, 유럽 상인들의 거래량에 오리엔트 국가들 내부의 소비량을 더해야 했으며, 이 내부 소비량은 항상 유럽 상인들의 거래량보다 많았다. 1560년부터 1564년까지 카이로의 베네치아 영사관 문서에 따르면, 베네치아 상인들의 연간 구매는 1만2,000퀸탈이었다.[61] 이 수치는 바스코 다 가마 이전 시기만큼이나 많은 양이었고 로마 주재 포르투갈 대사의 계산과도 일치한다. 포르투갈 대사는 알렉산드리아의 향신료 무역의 총량을 4만 퀸탈로 계산했다.[62] 1564년 10월에 한 포르투갈 정보원은 이 향신료 무역의 규모를 대충 3만 퀸탈로 계산했고, 그중 2만5,000퀸탈이 후추였다.[63] 카이로 주재 베네치아 영사는 1565년 5월에 2만 퀸탈의 후추가 제다 항에 도착했다고 말했다.[64] 이 무렵 사람들은 제다 항에서 인도의 구자라트, 캘리컷과 다른 지역으로부터 들어오는 배들을 기다리고 있었고, 8월에 23척의 선박이 제다 항에서 상품을 하역했다.[65] 따라서 우리는 다시 3만에서 4만 퀸탈이라는 수치를 얻게 되는데, 이 수치에는 이집트의 교역량만 포함되어 있고 시리아의 거래량은 계산되지 않았다.

3만에서 4만 퀸탈 정도라고 생각해보자. 이 수치는 정확한 통계학적인 의미를 가지는 것은 아니다. 우리는 이 수치를 통해 후추와 향신료가 홍해를 통해 이전 시기만큼 들어오고 있었고, 그 양은 같은 시기에 리스본으로 들어오는 양과 적어도 비슷하거나 프레더릭 레인이 말한 바와 같이 리스본으로 들어오는 양보다 많았다고 결론지을 수 있을 것이다.[66] 간단히 말해서 지중해로 들어오는 향신료의 양은 엄청난 규모였다. 당시 사람들이 이야기한 것처럼 그것은 금화 수백만 개에 해당하는 금액이었다. 그리고 후추와 향신료와 함께 아편과 항독제로서의 발삼과 같은 약재, 돋을새김 도기, 비단, 향료, 위생 용품, 반추동물의 위에서 나온 결석이나 블롱이 이야기한 사슴의 눈물,[67] 귀금속, 보석 등이 들어왔다. 이것은 사치품 교역이었다. 그러나 사치품은 본능적으로 "인간에게 가장 필요한 것이 아닐까?"[68] 18세기는 아니었지만, 17세기까지 향신료 교역은 세계의 모든 교역 중에서 가장 중요한 것이었다.[69]

그후부터 돈이나 쉽게 거래할 수 있는 상품을 실은 대형 선박들이 알렉산드리아나 시리아로 향했다. 1552년 1월, 3척의 베네치아 선박이 2만5,000도블라(dobla)와 10만 에퀴 이상의 금화를 싣고 트리폴리에 도착했다. 그 정도의 돈을 싣고 갔다는 소문은 로마 주재 포르투갈 대사를 놀라게 했다.[70] 그는 그것이 어디에 사용될지 잘 알고 있었다. 1554년 봄에 알렉산드리아 항구에 라구사 선박 1척이 들어왔다.[71] 1559년 가을에는 알렉산드리아 행 선단의 "선단장"은 라구사 선박 1척, 키오스 선박 1척, 베네치아 상선 2척을 나포했는데, 모든 선박에 향신료가 실려 있었다.[72] 베네치아 선박 중 1척인 콘타리나 호는 다음 해 1월에 향신료와 후추를 싣고 베네치아로 귀항했다.[73] 우리는 540톤의 베네치아 범선 크로세 호의 선적 물품을 통해 이 선박들이 수송했던 상품을 대략적으로 알 수 있다. 크로세 호는 1561년에 구리 원석과 구리 봉(棒), 모직물, 양모, 비단, 커지, 모자, 산호, 용연향, 장식품, 종이, 은화 등을 오리엔트로 수송했다. 돌아오는 길에는 후추, 다양한 원산지의 생강, 계피, 육두구, 정향, 유향, 아라비아 고무, 설탕, 백단 목재, 이외에 수천 가지 상품들을 가지고 왔다.[74]

불안감이 곧 리스본을 엄습했고 헛소문과 진짜 이야기들이 넘쳐났다. 같은 해인 1561년에 리스본은 오스만 제국이 제국의 항구로 들어오는 수입량이 충분하지 않자 인도양에서 2만 퀸탈가량의 포르투갈 후추를 빼앗아서 알렉산드리아로 가져갔다는 소식을 듣게 되었다.[75] 인도 주재 포르투갈 부왕이 국왕에게 맞서 반란을 일으켰고, 왕실 선단의 후추를 이집트로 보냈다는 소문이 돌기도 했다.[76] 왕실 정보원의 보고에 따르면, 이 문제에 정통했던 로마 주재 포르투갈 대사는 엄청난 양의 향신료와 후추가 알렉산드리아로 들어왔기 때문에 리스본에는 아주 적은 양만이 수입되었다는 사실에 놀랄 이유가 없다고 1560년 11월 결론지었다.[77] 포르투갈 주재 프랑스 대사장 니코는 1561년 4월에 이 사실에 대해서 공개적으로 기뻐했다.[78] 대사는 "홍해를 통한 후추 무역이 재개된다면 포르투갈 국왕의 창고는 그만큼 빌 것이고, 그것은 포르투갈 국왕이 가장 두려워하는 일이자, 그로 인해서 포르투갈 국왕은 그렇게 오랫동안 사용해왔던 군사력을 이용하지 못할 것이다"라고 썼다.

사실상의 후추 공급 부족은 당시 포르투갈로부터 향신료를 구입하던 국가들에게 타격을 주었다. 아마 가장 극단적인 사례들 중의 하나가 향신료를 구하기 위해서 모스크바에서 카스피 해까지 그리고 그 너머 페르시아까지 가려고 했던 한 영국인의 시도였을 것이다. 젠킨슨의 첫 번째 여행은 1561년에 있었다.[79] 프랑스는 자신에게 향신료 창고를 굳게 걸어잠갔던 포르투갈에게 향신료 창고를 개방하도록 강제할 수단이 없었기 때문에[80] 기니 해안으로 가서 특히 안트베르펜에서 오랫동안 후추 대용품으로 판매되던 말라게타를 구입하라는 대사 니코의 조언을 받아들였다.[81] 푸거 가문은 1559년 이후 피우메[크로아티아의 리예카]와 라구사를 경유하는 알렉산드리아 노선을 확보했고, 알렉산드리아에 주재원을 파견했다.[82] 에스파냐에서는 향신료 가격이 급격히 치솟았다. 1520년부터 1545년까지는 안정되어 있었던 향신료 가격은 1545년부터 1558년까지는 전반적인 가격 상승 때문에 일정하게 상승하다가 1558년부터 1565년까지는 갑작스럽게 급상승했다. 향신료 가격은 다른 상품의 가격보다 훨씬 더 빠르게 상승했고, 신(新)카스티야에서는 3배로 뛰었다.[83] 얼 J. 해밀턴은 이런 비정상적인 가격 상승을 확인하고, 높은 후추 가격과 1564년 레가스피의 필리핀 원정 사이에 인과관계가 있을 것이라고 처음으로 지적했다.[84] 그런데 이미 1558년에 제노바에서는 포르투갈로부터 들어오는 향신료의 가격이 너무 높다는 불평이 터져나왔다.[85]

투르크와 포르트갈의 전쟁(1560-1563)은 이러한 상황을 반전시키려는 포르투갈의 대응이 아니었을까? 아니면 반대로 포르투갈이 약해졌다는 신호가 아니었을까? 일반적인 역사서술에서 답을 찾을 수는 없을 것이다. 한 차례 이상 치열하게 격돌했던 이 전쟁은 홍해와 페르시아 만 입구에 위치한 만데브 해협과 호르무즈 해협에서 전개되었다. 당시 투르크는 갤리 선으로 이 두 만을 장악하고 있었다. 투르크는 이번에는 페르시아 만에 전력을 집중하고 있었는데,[86] 예멘에서는 투르크의 정보원이 배신하여 포르투갈에 협조했다는 소문이 돌았다.[87] 우리는 콘스탄티노플에서 무슨 일이 벌어지고 있었는지는 알 수 없지만, 인도와 앗시(수마트라) 왕국으로부터 대사들이 콘스탄티노플을 계속해서 방문했고 그들의 손에는 진귀한 보물들이 들려 있었다.[88] 이들 중 한 사절단은 이집트를 경유해서 지중해에서 투르크의 갤리 선을 타고 수도 콘스탄티노플에 도착했다.[89]

이런 세부적인 내용들을 서로 연관시키기는 쉽지 않다. 사실 투르크와 포르투갈의 전쟁은 시작과 끝이 없다는 점에서 아마 본격적인 의미의 전쟁은 아니었을 것이다. 전장이 엄청나게 넓었기 때문에 최후의 일격을 가하고 그 결과를 기다리려면 몇 달, 때로는 몇 년이 걸리기도 했다. 술탄이 이 먼 곳에서 벌어진 전쟁에 적극적으로 개입하려고 하지 않았다는 점을 강조한 콘스탄티노플 주재 제노바 비밀요원 조반니 아고스티노 질리는 사태를 정확히 파악하고 있었던 것이다. 술탄은 인도 사람들에게 그들이 필요로 하는 무기와 대포 기술자는 지원하지 않고 인도 사람 각자에게 금사 상의와 2만 악체의 돈을 주었다.[90] 1563년 말 포르투갈과 평화협상을 진행할지에 대한 진지한 논의가 있었다. 콘스탄티노플의 에스파냐 비밀요원이 나폴리의 부왕에게 1563년 12월 7일과 8일에 보낸 두 편지는 이를 알려준다. "항상 믿을 수 있는 소식통인" 이 정보원은, "포르투갈 대사가 인도로부터 포르투갈 상품을 홍해로 수송하고 그 다음에는 육로로 카이로, 알렉산드리아와 시리아까지 수송해서 그곳에서 포르투갈 상품을 판매할 수 있는 권리를 오스만 제국으로부터 얻기 위해서 투르크와의 평화협상을 논의했습니다. 그러나 결국 어떤 합의도 이루어지지 않았습니다"고 밝혔다. 그리고 포르투갈 대사는 세관 검사를 받지 않도록 해달라고 요구했다. "그것은 지금까지 [투르크가] 그에게 양보하려고 하지 않았던 것이다."[91]

베네치아는 이 협상이 불안요소가 될 것이라고 판단했다. 비록 이 협상은 타결되지 못했지만, 여기서 잠시 되짚어볼 만한 가치는 있다. 바스코 다 가마의 일주 이후 겨우 65년이 지난 1563년 말의 이 협상은, 성과가 없었던 1527년 베네치아의 협상과 쌍을 이루는 매우 기묘한 사건이었다. 우리는 이 사건에서 홍해의 승리, 즉 베네치아와 지중해의 반격을 확인할 수 있다.

포르투갈 후추 교역의 회복

우리는 인도양 전쟁이 어떤 상황 하에서 종결되었는지를 모른다. 그 대답은 아마 리스본에서 찾을 수 있을 것이다. 그러나 이 전쟁으로 포르투갈 교역의 불행이 모두 끝난 것은 아니었다.

유럽에서는 네덜란드, 특히 안트베르펜에서 일어난 혼란은 포르투갈 교역에 엄청난 손실을 가져왔다. 1566년 이후 포르투갈과 관계가 있었던 벨저 가문은 후추와 인도(印度) 계약에 대한 투기로 인해서 심각한 피해를 입었다. 푸거 가문은 이탈리아 출신의 동업자 로발레스카와 함께 피해를 입었다.[92] 1569년에 포르투갈의 향신료 교역을 안트베르펜에서 런던으로 이전하려는 기묘한 협상들이 시작되었다.[93]

동시에 인도양 해안 지역들도 혼란을 겪었고, 투르크도 적들만큼이나 타격을 입었다. 1567년, 마드리드[94]에서 푸르크보가 40척의 투르크 갤리 선이 수에즈에서 무장을 준비하고 있다는 소식을 전해들었을 때는 이미 갤리 선들이 수마트라까지 진출한 이후였다. 만약 투르크가 동인도로의 해상 교역을 차단하게 되면, 그것은 포르투갈의 콧대를 꺾게 될 것이었다. 따라서 향후 향신료를 구입하러 포르투갈로 가지 않아도 된다면, 프랑스는 알렉산드리아와 다른 시리아 항구에서 더 싼 가격으로 향신료를 구입할 수 있었을 것이다. 1568년에 20척의 투르크 갤리 선이 바스라에서 포르투갈인들을 공격하여 바레인 섬과 그 섬의 진주 채취 사업을 장악할 준비를 하고 있다는 소식이 베네치아를 통해서 들어왔다.[95] 그러나 같은 해인 1568년에 아리비아 반도가 반란을 일으켰다. 특히 예멘에서 혼란이 길어졌다.[96] 믿을 수 없는 세부적인 정치적 이야기들 이외에도 우리는 홍해의 관문인 아덴의 상황이 당시 어떠했는지를 거의 알지 못한다. 나중에 대재상이 된 시난 파샤 (1506-1596)가 1573년에 가서야 질서를 다시 확립했다.[97]

포르투갈은 그 자신도 어려움(고아는 1570년에 14개월 동안 포위공격을 당했고,[98] 1575년에는 테르나테의 요새[인도네시아]가 함락되었다)을 겪었지만, 분명히 투르크의 어려움을 이용했다. 포르투갈은 술탄의 갤리 선단이 이제 그렇게 큰 위협이 아님을 감지했다. 다른 한편 1570년에 포르투갈의 향신료 교역의 중요한 구조조정이 나름의 긍정적인 역할을 했다. 1570년 3월 1일 법령[99]을 통해서 국왕 세바스티앙[세바스티앙 1세, 재위 1557-1578]은 자신의 가신들을 위해서 향신료 교역에 대한 왕실의 독점권을 포기했다. 이것은 여러 사람들, 특히 피레스[100]가 오랫동안 요구했던 개혁이었다. 같은 해에 부왕 돔 루이스 데 아타이데는 16척 내지 18척의 선박을 투입했던 이전 해들과는 달리 2척의 선박만으로 캘리컷에서 메카까지 갈 수 있었다면서 바다 순찰을 잘 했다고 자랑했다.[101]

아마도 1570년 11월 25일, 베네치아가 외국 상인들에게 베네치아 선박뿐만 아니라 외국 선박을 이용해서라도 베네치아로 향신료를 수송할 수 있도록 허용하는 조치를 취하면서 진자는 다시 요동치기 시작했다.[102] 비록 이 조치는 여러 가지 의미가 있었지만, 어쨌든 크게 중요하지는 않았다. 그러나 상황은 곧 베네치아에게 불리하게 흘러갔다. 베네치아에게 투르크와의 전쟁(1570-1573)은 엄청난 시련이었다. 베네치아의 모든 경쟁자들, 즉 라구사, 안코나, 게다가 마르세유까지 이러한 상황을 이용했다. 1573년 7월부터 9월까지의 선적 기록은 마르세유인들(대[大]만리히는 적어도 한 번)이 이집트의 알렉산드리아로부터 "수마트라"의 "생강"과 후추를 가득 싣고 귀환했음을 보여준다.[103] 1574년 4월[104] 현지에 파견된 베네치아 영사는 (페르시아와의 전쟁 때문에, 정확하게는 전쟁의 위협 때문에) 알레포로 들어오는 비단의 양이 줄어든 것보다는 전쟁 이후에 밀려들기 시작한 프랑스 상인들과의 치열한 경쟁이 더 걱정스럽다고 말했다. 반면 향신료 문제에 대해서는 아무런 불평을 하지 않았다. 시리아 노선이 다시 향신료 교역의 대동맥이 될 것처럼 보였다. 1574년 10월, 15만 두카트어치의 상품을 선적한 호화 상선 루도비코 호가 베네치아에서 출항했다. 배는 폭풍우를 만나 안코나에 기항할 수밖에 없었는데, 안코나 시의 통치자들은 배에 구리가 선적되어 있는 것을 발견하고 밀수품을 수송한다는 이유로 합법적으로 배를 억류한다고 선언했다. 그들은 선박과 화물을 몰수했고 선장과 선원들을 감금했다.[105] 우연히도 1574년 상인들이 작성한 몇 통의 편지[106] 덕분에, 그 문제에 대해서는 상세하게 알지 못했지만, 프랑스 선박들(1574년 1월 30일), 프랑스 소형선 1척(4월 3일), 3월 트리폴리 항구에 정박하고 있었던 베네치아 상선 모체니가 호, 그리고 11월에 분명히 베네치아 상선 알타나 호가 시리아 항구를 떠났거나 머물고 있었다는 사실은 알 수 있었다. 그리고 이 선박들은 육두구, 면화, 비소, 면사, 향신료, 생강, 미로볼로니 한 상자를 선적했다. 1575년 5월 12일[107] 상선 지라르다 호는 면화, 산양의 가죽, 비단, 약재, 향신료 등을 선적했다.

따라서 레반트 교역은 시리아 방향에서도 이집트 방향에서도 중단되지 않았다. 그러나 포르투갈 후추는 지중해로 다시 유입되었다. 1577년 9월 13일, 베네치아 원로원의 결정이 이러한 사실을 증명한다.[108] 상업에 관한 5현인 위원회의 보고를 통해서 원로원은 리스본에서 4척의 선박이 베네치아로 가져갈 꽤 많은 양의 후추를 선적했다가, 레반트로부터 들어오는 향신료는 제외하고 서지중해로부터 들어오는 향신료에만 관세를 부과한다는

1519년(날짜가 중요하다)의 규정에 따라서 베네치아에서는 3퍼센트의 관세를 지불해야 한다는 사실을 알고 난 후에 갑자기 생각을 바꿨다는 것을 알게 되었다. 4척의 선박은 이러한 관세를 폐지해줄 것을 희망하면서 항해를 연기하는 것이 현명하다고 생각했다. 전문가들은 "이 상품[포르투갈의 후추]이 다른 지역으로 갈 수도 있고 따라서 이곳과 관세 수입에 피해를 줄 수도 있다는 사실을 고려해서" 포르투갈 선박들에 2년 동안의 관세 면제 혜택을 부여했다고 말한다. 알렉산드리아로부터 후추가 거의 들어오지 않았기 때문에 후추가 서지중해로부터 자유롭게 들어올 수 있도록 허용하는 것이 더 나았던 것이다. 2년 후 크리스토발 데 살라자르는 펠리페 2세에게 편지를 썼다. "알렉산드리아에서 거래와 교역은 완전히 괴멸되었습니다. 특히 향신료 교역이 그러합니다. 왜냐하면 향신료 교역로가 포기되었기 때문입니다."[109]

포르투갈의 후추 : 계획과 거래

따라서 지중해에서 후추 교역의 이익을 차지하기 위한 세 번의 시도에 관한 설명이 가능하다.

첫 번째는 포르투갈의 시도였다. 이 시도는 맨발의 카르멜 수도사였고, 이전에 파도바 대학생이었으며 이 문제를 잘 아는 전문가인 마리아노 아자로가 펠리페 2세에게 1575년 11월 10일에 쓴 편지에 명확하게 쓰여 있다.[110] 그것은 이탈리아 내부의 에스파냐 영토인 밀라노, 나폴리, 시칠리아, 사르데냐에 포르투갈의 후추를 들여오고 그곳에서 일상적으로 팔리고 있었던 베네치아의 후추를 제거하는 계획이었다. 또한 이 계획에 교황과 이탈리아의 다른 군주들을 끌어들이고 푸에르토 데 산타 마리아나 카르타헤나나 아니면 이탈리아 반도의 적당한 항구를 이탈리아를 위한 배송 중심지, 즉 또다른 안트베르펜으로 만드는 것이었다. 수송은 국왕 소유의 갤리 선으로 할 예정이었다. 이 계획은 부수적으로 포르투갈 후추가 1516년부터 에스파냐 왕국 전역으로 확산되었음을 보여주지만, 그렇다고 그것이 이 계획의 가치를 훨씬 더 높여주지는 않았다. 에스파냐의 분별없는 계획가들이 쓴 모든 자료가 남아 있었다면, 이런 믿을 수 없는 자료들로 혼란을 겪지는 않았을 것이다! 그러나 맨발의 카르멜 수도사 뒤에는 두 명의 혹은 세 명의 중요한 인물이 있었다. 우선 우리가 아는 포르투갈 사람 루이스 고메스 다 실바가 있었는데, 그는 "내가 그에게 죽기 바로 직전에 레반트 향신료 무역에 관해 피력했던 견해를 국왕 전하께 제안했다." 또다른 사람은 수도사가 먼저 편지를 썼던 왕실의 서기관 안토니오 그라시아노였다. 결국 이 시기 이후에 국왕은 후추 교역 문제에 관심을 가지게 되었고 이 서기관을 통해서 사태를 파악하고 두 번째 보고서를 작성하도록 명했다. 이 보고서가 바로 우리가 관심을 가지는 보고서이다. 여기에는 베네치아에게 큰 타격을 입힐 수 있는 공격을 포함한 진지한 계획이 포함되어 있었다. 베네치아는 투르크를 통해서 밀과 향신료를 공급받았고, 악의적으로 기독교 세계를 기만했기 때문에 윤리의 이름으로 그리고 더욱 정직한 방법을 통해서 얻은 포르투갈 후추의 큰 이익을 위해서 베네치아를 단죄해야 한다는 것이었다! 게다가 많은 사람들이 알다시피 투르크는 음료수와 꿀물을 만드는 데에 이미 사용한 향신료를 가책도 없이 시리아 시장에 다시 판매하고 있다는 것이었다(그리고 이것은 리스본 상품의 품질이 나쁘다는 비난에 대한 반격이었다).

두 번째 시도는 토스카나 아니 좀더 정확히 말해서 메디치 가문의 시도였다. 1576년부터 1578년까지[111] 토스카나 대공 프란체스코는 인도로부터 포르투갈로 들어오는 향신료의 전매권을 확보하기 위해서 노력했다. 이를 위해서 대공은 리스본 왕실의 기이한 후손이었던 돔 세바스티안에게 신용 대출을 약속했다. 진정한 십자군 전사로서 모로코의 이교도를 물리치는 데에 온 정신을 쏟은 세바스티안은 필요한 자금을 모으는 일에 전력투구하고 있었다. 이 일은 그 자신은 물론이고 왕국의 귀족들과 왕국 자체에도 치명적인 손해를 줄 것이었다. 당시 토스카나 대공은 매우 야심적인 전망을 하고 있었다. 동시에 그는 술탄과 협상을 진행했는데, 그것은 세상의 모든 후추를 독점하겠다는 계획이었다. 악의적으로 말했지만 정확한 판단을 내린 베네치아인들에 따르면, 이 독점 시도는 문제의 소지가 있었다.[112] 이 지나치게 원대한 계획은 결국 피렌체 상인, 메디치 가문, 포르투갈 대사 안토니오 핀토[113]가 20만 에퀴 대부라는 간단한 협상을 체결하는 것으로 종결되었다. 이 협상은 대부에 대한 반대급부로 단번에 엄청난 양의 포르투갈 후추가 리보르노 항구로 들어오는 계기가 되었다. 그렇지만 확실히 토스카나 대공은 1587년에 독점권을 확보하는 데에 실패했다.[114] 그러나 이 협상 이후 피렌체와 리스본은 더욱 긴밀한 관계를 유지할 수 있었다.

세 번째이자 마지막 시도는 펠리페 2세 자신의 것이었다. 이것은 펠리페 2세 자신이 이웃 왕국에 대해서 자신의 지배력을 높이고 네덜란드의 반란세력들을 봉쇄하고 (소금, 밀이나 향신료를 공급하지 않음으로써) 에스파냐-포르투갈의 소금과 향신료 교역을 더욱 활성화시키려는 계획이었다.[115] 이것은 또한 멀리 있는 광대한 아시아 시장을 장악하기를 희망했던 두 독일 상인인 로트와 나타니엘 웅 같은 대상인들의 요구를 수용한 것이었다. 그들은 1575년부터는 포르투갈 향신료 교역의 전매권을 확보하려고 했다.

펠리페 2세가 포르투갈을 점령하자 이 계획은 현실화되었다. 1580년은 펠리페 2세에게 1547년이 카를 5세에게 의미하는 것처럼 권력의 정점이 되었다. 실제로 그랬던 것처럼 포르투갈이 펠리페 2세에게 굴복한 것은 펠리페 2세로부터 돈, 군대와 함대라는 세 가지 지원을 받고 이 세 가지 수단으로 인도양에 대한 통제권을 강화하기 위함이었다. 1580년 이후 펠리페 2세가 레반트 교역이 이루어지는 교역로를 차단함으로써 단번에 투르크와 베네치아의 부를 무너뜨리고 자신의 제국의 이익을 드높이려고 했다고 이해하는 것이 논리적일 것이다. 그러나 아시아와 신세계를 조직해서 하나로 묶을 결심을 한 펠리페 2세는 인도양보다는 대서양, 특히 대서양 북부 지역에서 더 많은 문제에 직면했다. 공식적으로 평화적인 관계를 유지하고 있었던 투르크보다 프로테스탄트, 네덜란드의 반란세력 그리고 영국과 더 많이 부딪쳤다. 그런 연유로 펠리페 2세는 포르투갈 군주가 되면서 장악하게 된 포르투갈의 후추를 지중해 시장에서 판매하겠다는 기묘한 정책을 실시하게 된 것이었다. 마찬가지로 국왕은 대서양 노선보다 훨씬 더 안전한 노선을 통해서 이 비싼 향신료를 유통시키려고 했다. 특히 국왕은 자신의 적들을 낙담시키려고 했다. 오랫동안 계획하고 주저하다가 만들어진 이 정책은 1585년에 구체화되기 전까지 다시 오랜 시간이 소요되었다. 그것은 대서양 과 북유럽에 맞설 에스파냐 자원들을 동원하기 위한 시간이었다.

베네치아에 공급된 포르투갈의 후추

따라서 1585년 말에 포르투갈 후추의 재판매 계약이 베네치아에게 제안된 것은 돌발적인 사건이 아니었다. 이미 4-5년 전부터 그럴 기미가 있었다. 첫 번째 징후는 물론 에스파냐가 1581년 말에 베네치아 대사 모로시니와 리스본 주재 베네치아 영사 달롤모를 통해서 포르투갈 수도로 갤리 선을 파견해달라는 제안을 베네치아 정부에 전달한 것이었다.[116] 12월에 베네치아 내각은 관련 자료를 검토했고 그 제안에 대해서 토의했다. 선박을 보낼 필요가 있는가? 보낼 수는 있었지만, 실제로는 장애가 있었다. 첫 번째 문제는 누가 선박 운영비를 댈 것인가 하는 것이었다. 개인은 누구도 선박 운영자금과 포르투갈에서의 구매에 필요한 충분한 자금이 없었다. 그곳에서 "베네치아 상인들은 신용을 가지고 있지 않았다." 왜냐하면 포르투갈에서 베네치아 상인들은 일상적으로 거래를 하고 있지 않았고, 따라서 환어음을 사용하기도 어려웠기 때문이다. 두 번째 문제는 유리, 유리 세공품, 꽃병과 다른 유사한 상품들이 포르투갈로 수출이 금지되어 있었기 때문에 어떤 상품을 포르투갈로 가져가야 할 것인가 하는 것이었다. 마지막 문제는 포르투갈 내의 상황이 아직도 안정되지 않았고, 갤리 선이 항해 도중에 펠리페 2세의 적들인 영국인 해적이나 "노르망디인 해적"이나 기타 다른 해적들의 공격을 당할 위험이 있다는 것이다. 이런 문제제기에 대해서 이 사업을 찬성하는 사람들은 신용은 구할 수 있고, 베네치아 정부가 이를 보증할 것이고, 에스파냐 국왕이 상품의 수입을 허용할 것이며, 2-3척의 호송 갤리 선이 함께 가게 되면 선단의 안전한 항해를 보장할 수 있다고 대응했다. 최종적인 결정을 내리기 전에 모로시니의 다음 보고를 기다리기로 결정되었다. 이것이 베네치아 주재 에스파냐 대사 크리스토발 데 살라자르가 1581년 12월 8일에 쓴 편지의 요약이다.[117] 리스본 주재 베네치아 영사 달롤모가 리스본에서 베네치아 공화국의 사업을 복원할 수단에 관한 두꺼운 보고서를 베네치아로 보냈기 때문에 1584년에도 토론은 계속해서 진행되었다.[118]

따라서 1585년에 베네치아 정부에 제안을 하기에 앞서 긴 논의가 있었다. 이 제안은 그 자체로 새로운 것은 아니었지만, 이상하게 서로의 입장이 바뀌었음을 보여준다. 이러한 상황을 이해하려면 1585년 말에 "전문가"인 안토니오 브라가디노와 자코포 포스카리니가 작성한 보고서를 검토하는 것보다 더 나은 방법은 없을 것이다.[119] 에스파냐는 1칸타르(cantar)당 30두카트로, 3분의 1은 현금으로 나머지 3분의 2는 6개월 동안 분할 상환하는 조건으로 매년 3만 칸타르(대략 1만5,000퀸탈)의 후추를 베네치아에 제공할 것을 제안했다. 게다가 무시할 수 없는 몇 가지 혜택이 더 있었다. 에스파냐 국왕의 갤리 선단이 이탈리아 반도에서 시칠리아 섬까지 호송을 담당하고, 시칠리아 섬에 도착하면 밀을 제공하고, 마지막으로 포르투갈에서 부과하는 매우 무거운 관세를 베네치아 공화국에게 인하해준다는 것이었다.

그러나 불리한 점들도 있었다. 보고자들은 에스파냐의 제안을 받아들이는 것은 베네치아 공화국이 먹고 살았고 여전히 먹고 살고 있는 레반트 무역을 파괴하는 데에 협력하는 것이라고 말했다. 따라서 그것은 많은 노동력을 유지하고 있었던 모직물과 견직물 산업 그리고 모직물과 견직물 교역에 관여한 사람들에게 심각한 타격을 주는 것이었다. 마지막으로 3만 칸타르의 후추의 무게에 짓눌릴 위험에 빠지는 것이었다. 이것은 베네치아가 처리할 수 없을 정도로 지나치게 많은 후추가 아니었을까? 향신료 계약자들에게 제공되었던 가격(일반적인 가격인 36이나 38두카트 대신 30두카트라는 가격) 자체도 함정일 수 있었다. 이 제안에 맞서 이를 반박하기 위해서 보고자들이 제시한 주장들은 다음과 같다.

다시 말해서 레반트 교역이 중단될 것이었다. 후추와 향신료의 경우 이미 그렇게 되지 않았는가? "이미 매일 레반트 무역이 줄어들고 있다는 것은 명백하다.……시리아와 알렉산드리아로부터 들어오는 우리의 선박들은 더 이상 향신료를 싣고 오지 않고 있다. 그러나 레반트, 특히 콘스탄티노플은 국내에서 소비할 향신료가 필요하고, 리스본에서 베네치아로 들어온 후추와 향신료를 베네치아 시장에서 구매하고 있다."[120] 그리고 에스파냐 국왕은 레반트의 공급원을 고갈시킬 수 있는 효과적인 봉쇄수단을 가지고 있었다. 에스파냐 국왕은 이제 자신이 통제하는 후추를 자신이 원하는 곳으로 보낼 수 있게 되었다. 당시 베네치아가 그의 제안을 받아들이지 않았다면, 그는 토스카나에 제안을 할 수 있었다. 다른 한편으로는 시리아와 이집트에 후추가 부족해진다고 해도 레반트 교역이 완전히 고갈되는 것은 아니었다. 항해는 계속되었고 베네치아의 모직물은 비단, 캠릿, 면화, 오배자, 갈탄과 거래되었다.[121] 당시 향신료 교역권을 구입한 업자들이 통상적인 가격인 100두카트가 아니라 180두카트에 판매를 하는 바람에 후추 가격이 두 배가 되자[122] 매우 많은 양의 후추가 들어올 가능성은 거의 없어졌다.[123] 그래서 보고자들은 제안을 받아들이자고 결론지었다.

그것은 보고서라기보다는 변론이었다. 1585년에 기존의 레반트 시장에서 후추와 향신료 교역의 상황이 어려워졌다는 것은 사실이다. 그리고 포르투갈 후추 교역 또한 어려운 상황에 있었다. 보고자들의 동일한 이야기 속에는 이전 계약자들이 사업을 제대로 하지 못했고, 정해진 양을 수송하지도 못했으며 가격을 마음대로 인상했기 때문에, 펠리페 2세가 새로운 선매 계약자를 찾고 있다는 소문이 돌았다는 내용이 나온다. 인도로 간 업자들은 상품을 남겨놓았고, 이 상품들을 "밀수의 대상이 되거나 레반트로 수출되도록 방치했다."[124]

이 놀라운 거래는 성사되지 않았다. 그 책임을 전적으로 베네치아의 편협함, 정치적 감정, 에스파냐를 의심하는 반(反)에스파냐 감정 등으로만 돌릴 수는 없다. 분명히 이 모든 요소들이 나름의 역할을 했을 것이다. 1582-1583년 이후[125] 베네치아 원로원은 에스파냐 국왕과 지나치게 빠르게 커지는 그의 힘에 특히 반감을 가지고 있었다. 베네치아는 어리석게도 정치적인 이유로 이 행운의 제안을 거절한 것일까? 원로원의 거절 이후 리스본과 베네치아 사이의 교역을 활성화시키려고 무던히 애썼던 대사 리포마노와 같은 사람들은 그렇게 생각했다.[126] 투르크의 보복을 피하고, 다마스쿠스, 알레포, 알렉산드리아, 카이로 그리고 바그다드까지 포함한 레반트 시장에 깊이 뿌리박고 있었던 베네치아의 4,000가족을 보호하려고 했던 것이 무분별한 짓이었을까 아니면 배려였을까?[127] 베네치아 상인들이 호르무즈까지 진출했다는 것을 기록으로 알고 있지만, 나는 이러한 주장에 조금 과장이 있다고 생각한다.[128]

어쨌든 베네치아만 계약을 원하지 않았던 것은 아니었다. 똑같이 제안을 받은 밀라노, 제노바, 피렌체[129]도 거절했다. 모든 이탈리아가 거절한 것은 얼핏 보기에 설명하기 매우 어렵지만, 집단적인 어리석음은 아니었다. 자본주의는 계획을 신용하지 않는다. 1586년부터 1591년까지 체결된 벨저 가문과 푸거 가문의 대형 계약에 비추어보면 그리고 포르투갈 교역과 레반트 교역의 두 역사, 즉 후추와 향신료 교역의 역사에 비추어보면 모든 것이 선명해지는데, 후추와 향신료는 몰타 제도, 순다 열도나 말라바르 해안에서 출발하여 다양한 경로로 유럽과 지중해 국가들로 들어왔다.

벨저 가문과 푸거 가문의 계약, 1586-1591년

포르투갈의 후추 교역은 작은 사업 하나와 두 개의 큰 사업으로 구성되어 있었다. 작은 사업은 포르투갈 내에서 후추를 판매하는 것이었다. 두 개의 큰 사업은 아시아 계약과 유럽 계약이었다. 아시아 계약은 인도에서 향신료와 후추를 구입하고 그것을 리스본까지 수송하는 것이었다. 유럽 계약은 향신료와 후추를 유럽에서 재판매하는 것이었다. 인도 통상원(Casa da India)에 큰 창고를 가진 왕실은 이 두 계약의 연결점이었다. 왕실은 아시아 계약업자부터 정해진 가격으로 후추를 공급받았고, 두 배의 가격을 받고 후추를 유럽 계약업자들에게 재판매했다.

일반적으로 리스본 시장에 와서 향신료를 구입했던 네덜란드인과 영국인들에게 더 이상 향신료와 후추를 공급하지 않기 위해서 펠리페 2세가 집요하게 이탈리아인들에게 제안했던 것이 바로 이 유럽 계약이었다. 독일 상인 지랄도 파리스는 1585년 11월 29일 몬손에서 펠리페 2세에게 아시아 계약에 관한 제안을 했다. 국왕은 1586년 2월 15일, 발렌시아에서 계약에 서명했고,[130] 벨저 가문과 푸거 가문을 포함한 자본가들이 컨소시엄을 구성해서 이 사업을 맡았다. 세부적인 계약 내용은 중요하지 않다! 최종적으로 후추는 계약업자들의 위험 부담 하에 유럽으로 수송되어 국왕에게 16크루자두(cruzado)에 인도되었고, 국왕은 이를 37크루자두를 받고 되팔았다.

1587년에 마드리드에서 장사를 하고 있었던 것으로 확인되는 마타우스 벨저는 향신료 사업에 깊이 관여하게 되었다. 그는 동시에 유럽 계약에 참여하면서 푸거 가문을 이 사업에 끌어들이려고 노력했다. 푸거 가문은 이탈리아 상인들만큼 불평을 늘어놓았다. 그들은 1587년 11월, "이것은 우리에게 맞는 사업이 아니다. 이 미로 속에서 우리가 무엇을 할 수 있을까?"라고 기록했다.[131] 그러나 푸거 가문은 1591년에 에스파냐에서의 어려운 사업을 좀더 잘 조정하겠다는 헛된 희망을 품고 유럽 계약에 이끌려 들어갔다.[132] 당시 유럽 계약은 국제적인 규모의 거대 컨소시엄의 수중에 있었다. 벨저 가문과 푸거 가문은 독일을, 로발레스카와 지랄도 파리스는 이탈리아를, 프란시스코와 페드로 말벤다는 에스파냐를, 안드레스와 토마스 시메네스는

포르투갈을 담당했다. 이 컨소시엄에는 32개의 지분이 있었는데 그중 7개
는 푸거 가문, 5개는 벨저 가문, 4개는 로발레스카 가문, 4개는 말벤다 가
문, 11개는 시메네스 가문과 그들의 동업자들의 몫이었다. 조합은 안트베
르펜, 미들버그[남아프리카], 젤란트 섬[셸란 섬, 덴마크], 함부르크, 뤼베
크, 베네치아에 사업소가 있었고, 1588년에 벨저 가문은 베네치아 지부를
개설해서 활발한 활동을 전개했다. 1591년 이후 벨저 가문은 엄청난 양의
후추를 유통시켰다. 1만4,000퀸탈의 후추를 뤼베크로 실어보냈다. 베네치
아 정부가 베네치아로 들어온 상품을 보호하고 영국 상인들을 위해서 통행
증을 얻어주겠다고 약속했기 때문에 막대한 양의 화물이 베네치아로 유입
되었던 것이다.[133] 그러나 이런 엄청난 자본과 자본가들을 동원한 사업이
큰 성공으로 이어지지는 않았다. 유일하게 에스파냐 국왕만이 이 사업에서
이익을 얻었다. 푸거 상사가 만들어진 해와 같은 해인 1591년에 푸거 가문
은 7월 7일, 자신들의 지분을 시메네스와 칼데이라 가문과 협력관계를 맺
은 포르투갈 출신의 유대인 데보라 가문에 넘기고 신중하게 향신료 사업에
서 빠져나왔다.[134]

　에스파냐의 실패 이유는 무적함대가 패한 이후 대서양에서의 항해가 그
이전보다 훨씬 더 위험해졌기 때문이다. 에스파냐의 패배는 동맹세력의 파
산인 동시에 대서양 여러 지역에서의 후추 무역의 쇠퇴를 의미했다. 판매
가격의 상승으로 컨소시엄 소유의 후추는 베네치아 시장에서 레반트로부터
들어온 후추보다 더 비싸졌다. 푸거 가문이 1587년 11월 9일과 12월 7일에
리스본 주재 대리인에게 보낸 편지는 이 놀라운 진실을 증명한다.[135] 그래
서 당시 많은 고객들이 다시 베네치아 시장으로 돌아왔다.

　결론적으로 펠리페 1세라는 이름으로 리스본의 상인왕이 된 펠리페 2세
의 제안을 이탈리아가 조리 정연하게 거절한 이유는 이집트와 시리아 노선
을 통해 적어도 일정 정도의 향신료를 확보할 수 있었기 때문이다. 어떻게
대서양에서 발생한 향신료 수송 문제가 근동의 지름길을 통한 교역을 다시

한 번 활성화시키게 되었을까? 이제 대서양의 후추조차도 이탈리아로 들어올 수밖에 없었다. 한 피렌체 상인은 조금 나중에 시몬 루이스에게 보낸 1589년 5월 4일자 편지에서 이를 언급했는데, 그의 설명은 이전 수년 동안에도 똑같이 적용될 수 있었다. "리스본에서 플랑드르, 영국, 독일 등지로 후추를 보내는 것이 불가능했기 때문에 상인들은 수송을 맡겠다는 선박만 있으면 가리지 않고 이를 이용해서 후추를 이탈리아로 보내야만 합니다. 왜냐하면 독일인들이 피렌체와 베네치아에서 후추를 구입하기 때문입니다.……"[136] 대서양의 후추조차 지중해로 들어왔다.

레반트 향신료 루트의 영속성

1580년대부터 세기 말까지 레반트를 통한 향신료 교역은 네덜란드인이 인도양을 완전히 장악할 때까지 확실하게 열려 있었다. 1596년에 네덜란드인은 코르넬리우스 하우트만을 시작으로 처음으로 인도양에 진출했다. 1625년 무렵에 네덜란드인은 인도양의 주인이 되었고, 그후부터는 아메리카 대륙으로 정복의 손길을 뻗치려고 했다. 레반트 교역이 회복이 불가능할 정도로 무너진 것은 대략 1625년 직전이거나 직후였다.[137] 이미 징후는 1609년의, 12년 휴전협정은 새로운 세력들에게 공식적으로 인도양에서 상업적 모험을 펼 수 있는 기회를 제공했다. 다른 징후는 1614년에 네덜란드의 최초의 대형 범선이 홍해에 나타났다는 것이다.[138] 이러한 반격, 즉 반은 해로, 반은 육로를 통한 오리엔트와의 교역(무엇보다도 페르시아 비단[139]) 재개, 네덜란드 모직물이 이 지역에 판매되기 시작한 것과 호전적인 영국[140] 과 프랑스[141]가 이 지역으로 진출하게 된 것은 인도양에서의 제2의 유럽 시대의 서막이었다. 레반트에 이것은 포르투갈의 불완전한 지배보다 더 재앙이었다.

지금까지 묘사한 큰 틀에서 관련 사료들이 보여주는 불완전한 연대기를 따라서 적어도 16세기 마지막 20년 정도는 다시 한번 살펴보기로 하자. 기억해야 할 이미지는 항상 선명하지는 않지만, 핵심적인 것을 보여준다. 즉 전통적인 교역은 뚜렷한 부침은 겪었지만 살아남았다는 것이다.

마르세유의 문서들은 1578년 여름에 시리아에서 육두구를 구입했음을 보여준다.[142] 알레포의 상업 편지[143]는 1579년 1월에 2척의 베네치아 선박이 출항했다는 소식을 들려준다(그리고 또다른 베네치아 선박 1척은 상당한 수송 능력을 가지고 있었는데, 세기 말에는 50만 두카트어치의 상품을 흔히 수송했다). 두 선박은 마르코 파치네토가 선장인 발비아나-콘스탄티나 호와 칸디도 디 바르바리가 선장인 그라타롤라 호였다. 또다른 베네치아 선박은 대형 선박으로 16세기 말 항상 50만 두카트 상당의 상품을 선적했다. 세 번째 선박은 키프로스 염전에서 겨울을 나고 1월에 트리폴리 "해안"으로 갈 채비를 하고 있었다. 일반적으로 새로운 물량이 들어오면 모직물의 가격은 낮아졌고, 다음에 오는 선박들은 좋은 모직물, 특히 베르가모의 모직물과 무라노의 진주와 로사리오 묵주 그리고 베네치아의 통화인 그로포(gropo)를 요구했다. 같은 해에 모돈 근처에서 투르크의 갤리 선과 소규모 다툼이 벌어져서 또다른 베네치아 선박은 알렉산드리아로 진로를 변경했다.[144] 5월 12일 알레포에서 보낸 한 편지[145]는 대상단이 200자루의 비단과 250자루의 향신료를 가지고 알레포에 도착했고, 그들과 함께 사파비 왕조의 가신인 페르시아 상인들과 기독교 상인들도 들어왔음을 보여준다. [부활절 전의] 성 토요일에 큰 시장이 열렸다. 시리아 주재 베네치아 영사는 "8월에 비단과 향신료를 가득 실은" 2척의 베네치아 선박이 출항했음을 알렸다.[146] 결국 같은 해 7월 4일, 토스카나의 산 스테파노 호가 선적한 화물 목록에는 흑단 17개(무게 205파운드), 설탕(936파운드), 비단 한 자루(102파운드), 향료(1,185파운드), 생강(150파운드), 정향(1,114파운드), 육두구(236파운드), 후추(7,706파운드)가 들어 있었다(후추는 서로 다른 자루에 포장되어 있었고 자루의 무게는 260파운드에서 522파운드까지 다양했다).[147]

그후 1582-1583년 사이에 다시 위기가 찾아왔다. 1582년 12월, 알레포에서 보낸 한 편지[148]는 교역량이 매우 적었고 성사된 거래마저도 참담했다고 전한다. 유일하게 비단 교역만 유지되었다. 1583년 7월에는 수익을 내기는 커녕 8퍼센트의 손실을 볼 정도로 모든 것이 나빠졌고, 이집트에서 온 당시의 최신 정보에 따르면, 알렉산드리아 시장에서의 상황도 동일했다.[149] 바로 이런 이유로 영국인 뉴베리가 1583년 7월에 바그다드에서 "나는 이곳에서 모직물, 커지와 주석 가격이 지금처럼 낮았던 적이 결코 없었다고 생각합니다"라고 편지에 썼던 것이 아니었을까?[150]

그러나 1583년부터 좋은 다른 이야기들이 나오기 시작했다. 마르세유 출신의 교역상은 4월 10일에 비록 많은 향신료가 알레포로 들어왔지만, 후추 가격은 많이 올랐다고 편지에 적었다. 그는 "도저히 이해할 수가 없습니다. 당신에게 확신하건대 이 나라에는 이러한 상황에 동요하지 않을 정도로 경험이 많은 상인들이 없는 것 같습니다"라고 불평했다.[151] 다음 해에 그는 "자신의 자금" 2,000에퀴를 투자해서라도 베네치아 교역상과 함께 인도로 갈 생각까지 했다. 1583년에 존 엘드레드는 시리아의 트리폴리를 기독교 상인들이 가장 많이 찾는 항구로,[152] 알레포를 많은 인구가 사는 곳으로 묘사했다. 그는 바그다드에서 알레포로 유입되는 물동량이 많았음을 알려준다. 또한 투르크의 훌륭한 25척의 갤리 선이 정박하고 있었던 바스라 항구에는 매달 "향신료, 약재, 인디고, 캘리컷의 직물 등의 인도 상품을 실은" 40에서 60톤 급 선박 여러 척이 들어온다고 말한다. 그러나 그는 세부적인 내용들에 관해서는 충분히 정확하게 설명하지 않는다. 그러나 1584년에 존 엘드레드는 향신료와 다른 많은 상품들을 실은 4,000마리의 낙타 대상과 함께 다시 알레포로 돌아왔다. 그리고 1584년경 알렉산드리아 시장에서는 "모든 종류의 향신료"를 구입할 수 있었다.[153]

1587년에 수마트라에서 작성된 또다른 문서에 따르면, 매년 선박들이 수마트라에서 메카로 출항했다.[154] 그리고 이 기록은 1586년경 메카의 관세는 15만 두카트였으며(절반은 술탄에게, 나머지 절반은 메카의 샤리프에게),

매년 메카 항구는 향신료를 실은 40에서 50척의 선박들로 붐빈다고 말했다. 게다가 인도양에서 포르투갈의 지나친 간섭으로 인해 1590년대 이후에는 포르투갈의 통제를 벗어난 상업 지역들이 발전했다. 따라서 샤울 항구가 디우와 고아를 제치고 크게 성장했다. 즉 메카와 호르무즈 해협과 거래하는 모든 상인들은 샤울에 자리잡았고, 이로 인해서 포르투갈 국왕은 매년 15만 파르다오에 달하는 관세 손실을 입었다.[155] 또다른 증언[156]은 아우구스티누스 수도회 소속 수도사 아우구스티노 다제베도의 증언이다. 내 생각으로는 아마 1593년경[157]에 작성된 것 같은 이 귀중한 문서를 발견한 역사가들[158]은 그 수도사가 인도로부터 육로로 1584년부터 1587년 사이에 귀국해서 펠리페 2세에게 경과보고를 했을 것이라고 이야기한다. 어쨌든 이 문서는 16세기의 마지막 10년대에 작성된 것이 분명하다. 그 덕분에 우리는 모든 종류의 이민, 모든 종류의 교역, 모든 종류의 밀수행위에 열려 있었던, 잊을 수 없는 호르무즈 해협의 이미지를 확인할 수 있다. 즉 호르무즈 해협은 베네치아인들, 아르메니아인들, 투르크인들 자신들 그리고 배교자 포르투갈인들에게도 모두 열려 있었다. 이들 중 놀라울 정도로 많은 사람들이 투르크 지방으로 갔고, 그곳에서 인도에 관한 그들의 값진 정보들이 밀무역, 즉 동에서 서로는 향신료, 진주, 대황, 안식향, 백단 목재의 밀거래, 서에서 동으로는 군수품과 무기류의 밀무역에 크게 기여했다. 그 결과 "인도의 최고급 상품들"이 베네치아로 들어왔고, 베네치아는 잡화, 유리 세공품, 유리창, 가짜 진주와 채색 종이로 상품 대금을 결제했다. 베네치아는 투르크와 이단 잉글랜드와 언제라도 거래를 할 의향이 있었기 때문에 경건한 아우구스티누스 수도회 수도사는 보물을 가득 실은 6,000마리나 되는 낙타가 사막을 오가고, 알렉산드리아로부터 5척의 대형 베네치아 범선이 출항하는 모습을 자신의 눈으로 직접 목격해야 했다. 이제 1580년대 베네치아가 겪었던 어려운 시기가 끝난 이후 교역의 부활이 있었다고 결론지어도 될 것인가?

이동 거리가 짧았고, (1590년대 이후 인도양에서 기승을 부렸던 해적이 없는) 육로였으며 게다가 비단 교역로였던 레반트의 알레포 노선은 16세기 말, 유럽 경제에서 비단의 중요성이 더욱 커짐에 따라서 이전의 활력을 회복했다. 알레포, 트리폴리나 알렉산드리아에서 보낸 베네치아나 마르세유 상인의 편지들 중에서 비단[159]을 우선적으로 언급하지 않는 경우는 없었다. 이 비단은 트리폴리 주변 지방에서 생산된 비단이거나 비단을 일상적으로 취급했던 아르메니아 상인이나 몽골 상인들이 알레포로 들여온 고가의 페르시아 비단이었다. 몇 년 동안 알레포는 1590년에 끝난 투르크와 페르시아의 전쟁으로 어려움을 겪었다. 당연히 전쟁은 북쪽의 [이란의] 타브리즈 근처와 캅카스 지역에서 카스피 해로 흘러들어오는 긴 강줄기를 따라 진행되었다. 그러나 전쟁터는 갑자기 남쪽 지방으로 옮겨가서 바그다드까지 내려오게 되었다. 어쨌든 전쟁은 투르크와 페르시아에 화폐 위기를 가져왔고, 화폐 위기는 필연적으로 알레포 시장에 영향을 미쳤다.[160] 알레포 시장에서 현금을 구하기가 더 어려워졌다. 그 결과 1586년 6월에는 코티모(cottimo : 공동기금) 조성을 위해서 시리아로부터 베네치아로 수출되는 상품에 부과하는 관세를 1에서 1.5퍼센트로 인상해야만 했다.[161] 이미 이야기했듯이 이러한 어려움에도 불구하고 교역은 현상 유지 상태였다. 베네치아는 1593년 시리아에서의 교역액이 100만 두카트에 이르렀다고 시인했고,[162] 1596년에는 200만 두카트였다고 공개했다.[163] 주요 상품은 비단과 향신료였다. 200만이라는 수치는 베네치아의 수출액이었다. 모직물, 각종 비단, 장식품들과 유리 제품들이 알레포 시장에서 팔렸다. 이러한 제품들을 판매하고 구입한 상품들은 4-5척의 대형 선박에 선적되었고, 베네치아에 가까워질수록 불가사의하게 가격이 상승했다.

1593년 이후 레반트 무역의 출발지는 더 이상 트리폴리가 아니라 알렉산드레타였고, 이제 베네치아 상인들은 그곳에서 화물을 선적했고 다른 기독교 상선들도 뒤를 따랐다. 새로운 기항지에서는 이전의 기항지에서 받았던 간섭을 받지 않았다. 물론 새로운 기항지는 환경이 더 나빴지만, 알레포에 더 가까웠다. 그러나 상품을 보관할 만한 공간이 부족하다는 점은 현금을 가지고 다녔던 마르세유 상인들에 비해서 물물교환 방식에 익숙했고 그래서 짐이 많았던 베네치아 상인들에게는 상대적으로 더 불편했다.[164] 교역량이 늘어난 것은 기항지를 바꿔서라기보다는 투르크와 페르시아 사이의 평화 덕분이었다.

또한 교역량 증가는 부분적으로 투르크와 포르투갈 사이의 전쟁이 종결된 덕분이었다. 1584년부터 1589년까지 진행된 이 전쟁은 후추보다는 동아프리카의 금을 차지하기 위한 것이었다. 1589년 알리 베이의 함대의 패배[165]로 전쟁은 종결되었고, 상대적인 평화가 토착 군주들과 해적들로부터 고통을 받았던 동인도 지역에까지 확대되었다.

에스파냐 좀더 명확하게는 포르투갈 정부와 인도 제도를 직접적으로 연결시켜주는 모든 정보는 당시 기록에 "육로를 통한 인도 소식(las nuevas de India por tierra)"으로 불렸던 베네치아 주재 에스파냐 대사관의 중개를 통해서 전달되었다.[166] 중간에서 소식을 전달했던 사람은 유대인, 상사의 주재원, 예를 들면, 벨저 가문의 주재원[167]이나 베네치아의 거상 아우구스티노 다 폰테를 위해서 일했던 안토니오 본템펠리와 히에로니모 본템펠리 형제였다.[168] 인도양 중심부와 주변부 지역에서는 말라바르 출신의 해적들이 출몰하곤 했지만, 1589년 이후 계속 반복적으로 전해지는 소식은 인도양의 평화와 평온이었다.[169] 조금 나중에 벌어진 일이기는 하지만, 1596년부터 시작된 네덜란드인의 인도양 진출로 모든 상황이 나빠졌다.

또다른 결정적인 원인은 대서양 항해가 어려워졌다는 것이다. 베르데 곶, 카나리아 제도, 아조레스 제도 등 중요한 섬들의 주변에서 영국 해적들이 출몰했고, 이들은 종종 인도양에서 돌아오는 선박들이 물을 보충하고 야생 염소를 사냥하여 선원들의 식량을 보충하기 위해서 정박하는 세인트 헬레나 섬에까지 진출하기도 했다. 대양에서 수송 위기는 심각했다. 해적들에 의한 나포 이외에도 많은 난파가 있었다. 인도 항해에 사용된 지나치게 큰 초대형 선박들은 운영하는 데에 너무 비용이 많이 들어 사치품이 되었다. 그래서 저질의 목재를 사용하고 미숙한 선원을 충원해서 비용을 절감하려고 했다. 배가 크기는 했지만, 너무 많은 짐을 실어 위험해졌다. 돛도 충분하지 않았고 낡은 방향타로 항해를 했다. 이 초대형 괴물은 땅 위에 인양되어 밑바닥을 수선하지 않고, 지중해에서처럼 이탈리아 방식으로 선체를 기울여 수선했다. 그래서 흔들림이 많은 긴 항해 도중에 끔찍한 "비극의 바다" 사고들이 일어났으며, G. 데 브리토가 작성한 긴 해상 사고 목록은 1580년대 이후 곧바로 포르투갈이 가혹하게 추락하는 모습을 잘 보여준다. 1592년부터 1602년까지 인도 항로에서 38척의 배가 때로는 좋은 날씨에도 불구하고 물이 새거나 기술적인 결함으로 난파되었다.[170] 베네치아 선박의 가격을 기준으로 계산하면 2,000만 두카트가 그렇게 해서 바다에 가라앉았는데, 실제로는 그것보다 더 많았을 것이다.

이 엄청난 손실, 리스본의 계속된 봉쇄(예를 들면, 1597~1598년의 겨울 동안), 게다가 알제 해적들에 의한 나포가 포르투갈의 후추 교역을 어렵게 만들었다. 1595년부터 1599년 사이에 신(新)카스티야에서는 후추의 가격이 두 배가 되었다.[171] 이러한 어려움과 가격 상승은 오래된 지중해 세계의 가게에까지도 영향을 미쳤다. 독일 상인이 쓴 1593년 2월 17일자 편지는 수에즈 선단이 3만 칸타르의 화물을 싣고 도착했음을 알려준다. 한 역사가는 "이것은 알렉산드리아 시장이 리스본 시장과 같은 큰 규모의 후추를 공급하고 있음을 의미한다"고 적었다.[172]

레반트 무역은 당시 매우 활성화되어 있었다. 베네치아 상인들의 약진은 이미 언급한 바 있다. 이러한 약진은 알레포의 공동 기금 코티모의 세율을 5에서 2퍼센트로 낮춘 1596년에 더욱 두드러졌다.[173] 3년 후인 1599년에는 감소하기는 했지만, 베네치아의 교역량은 여전히 150만 두카트라는 막대한 수치에 달했다. 기독교 세계 전체의 교역량은 300만 두카트였고, 그중 50만 두카트가 프랑스 상인들, 즉 백합꽃[프랑스 왕실] 깃발 아래에서 활동했던 상인들의 몫이었다.[174] 같은 해, 격렬한 분쟁이 끝난 이후 베네치아는 이집트에서 린넨과 가죽을 재량껏 선적할 수 있는 자유를 포함한 여러 가지 특혜를 얻었고, 공식적이지는 않았지만 은밀하게 크레타에 밀을 공급하는 구세주 역할을 했던 다미에타와 로제타에서 밀을 밀수할 수 있는 자유를 확보했다.[175] 1593년, 알레포의 베네치아 영사관의 보고서에 나오는 16개의 베네치아 상인 가문은 1600년에도 여전히 알레포에서 활동 중이었다.[176] 1603년에는 알레포에서 베네치아 상인의 교역량은 150만 두카트 정도였다.[177] 또다른 증거인 마르세유 상인들의 선적 증권은 알렉산드레타에서 인디고, 육두구, 정향을 발송했음을 보여준다.

따라서 1600년에는 향신료와 후추의 경우 대서양 노선의 승리가 완전하지 않았다. 두 경쟁 노선 간의 싸움은 부침을 겪으면서 한 세기 이상 지속되었고, 위기와 부활이 교차했다. 이 연구에서 다루는 시기가 대략 1600년까지이기 때문에, 이 싸움의 마지막 대단원은 연구 대상에서 벗어난다. 이제 지중해 노선이 패배한 시점과 상황을 명확하게 밝히는 일이 남아 있다. 17세기가 시작되었을 때에도 지중해의 패배는 그렇게 심각하게 진행되지 않았다. 뿐만 아니라 일반적으로 다수의 역사가들이 새로운 왕인 대서양에 의해서 폐위된 늙은 여왕 지중해의 공식적인 사망일로 간주하는 날로부터 100년이 지나서도 지중해의 패배는 여전히 결코 끝나지 않았다.

가능한 설명들

앞에서 한 설명이 모든 문제들을 해결하지는 않는다. 그 설명은 불완전하며, 모든 설명이 그렇듯이 실제만큼이나 겉모습에 집착할 위험이 있다. 3-4권의 최근의 연구 서적들은 이 중단되지 않았던 교역의 끝 지점에 위치한 극동에서 벌어진 사건들을 좀더 잘 이해하는 데에 도움을 줄 것이다.[178] 동인도 제도, 즉 "약제의 섬들"에서 포르투갈이 무신경하게 벌인 수탈 행위는 이전에 말라카 방향으로 몰렸던 고가의 향신료 교역로를 바꿔놓았다.

자바의 정크 선들, 동인도 제도의 약제, 자바와 수마트라 섬의 품질 좋은 후추에 의해서 독립적으로 새로운 교역로가 생겼다. 16세기 마지막 20년 동안 포르투갈의 통제를 벗어난 이 무역의 흐름은 페르시아 만이나 홍해로 가는 이슬람 선박들의 결집지인 수마트라 섬의 아체 주변에서 이루어졌다. 실론 섬[스리랑카]에서 생산된 양질의 계피는 아체까지 수송되어, 그곳에서 선박에 실려 최종적으로 지중해로 보내졌다. 이러한 아체의 행운은 같은 시기에 중국, 인도차이나 상인들과 말라바르 해안 너머의 인도 상인들의 상품 구입이 엄청나게 증가했고, 그만큼 희망봉을 통한 포르투갈의 수출량을 감소시켰다는 사실보다 훨씬 더 중요했다. 이러한 아체의 번영 과정에서 17세기 초 투르크의 해외 상사가 막대한 부를 쌓게 된다. 17세기 초에도 포르투갈의 수출량은 여전히 중요했다는 사실을 밝혀둘 필요가 있다. 그러나 최종적으로 지중해 노선의 계속된 번영에 대한 설명은 할 수 있게 되었다.

만족스런 답을 찾기 위해서 수학자처럼 말하지는 말자. 수학적인 답은 증명해야 하기 때문이다. 사실 이 모든 설명들은 인내심을 가지고 하나하나씩 찾아가야 한다. 포르투갈의 미숙함, 오스만 제국의 현명함, 페르시아 전쟁이나 대서양 전쟁, 동인도 제도로의 이슬람의 대규모 진출과 이슬람 지배 하의 향신료와 후추 교역의 증가, 게다가 세기 초 포르투갈 함대의 심각한 공격, 한편으로는 마르세유의 교역을 도왔고 다른 한편으로는 타브리즈와 폴란드, 리보프와 단치히를 연결하는 2차 교역로를 활성화시켰던 1570-1573년의 오스만 제국과 베네치아 간의 전쟁. 종합하면 향신료와 후추 전쟁에 관한 이 모든 사건들은 아메리카의 은광에서 몰루카 제도나 수마트라 섬의 서쪽 지점까지를 포괄하는 문제 전체를 총체적으로 이해하기 어렵게 만든다. 이 문제는 세계적 맥락에서만 보이기 때문이다. 이러한 맥락에서 볼 때 그 문제는 어떻게 생기게 되었는가? 은화와 금화는 불규칙했지만 계속해서 지구의 자전과 동일한 방향을 따라 서에서 동으로 흘러갔고, 보조적인 화폐만큼이나 다양한 상품들을 함께 가져갔으며, 반대 방향으로는, 즉 동에서 서로는 다른 다양한 상품들과 값비싼 물건들을 봇물처럼 흘러가게 만들었다.

분명히 모든 것이 양방향으로 지중해를 휩쓸고 지나가는 이 흐름 속에서 일어났다. 다시 말해서 대략적으로 1550년부터 1620년까지의 시기에 후추와 향신료가 지중해를 통해서 거래되고 있었다면, 그것은 오랫동안 아메리카의 은이 최종적으로 지중해로 유입되었기 때문이 아닐까? 이러한 상황이 모든 것을 만들었다. 베네치아인 피에로 첸은 1530년 콘스탄티노플에서 투르크 사람들에게 후추가 있는 곳으로 돈이 흘러간다고 말했다.[179] 그러나 그 역(逆)도 사실이 아닌 것은 아니다. 확실히 여기에서는 세부적인 내용들이 중요하다. 그래서 정확한 수치가 없더라도, 레반트 무역이 부활한 첫 시점에 대해서 논의해보자. 헤르만 켈렌벤츠는 1540년을 그 시점으로 제시한다. 내가 전에 언급했던 것처럼 나는 1550년을 시점으로 생각하고, 비토리노 고디뇨는 나의 견해를 지지한다.[180] 솔직히 말해서 우리 모두는 그 시점에 대해서 정확히 알지 못하며 추측할 뿐이다. 나는 16세기 초에 지중해 세계가 만성적인 귀금속 부족 상태에서 16세기 후반의 상대적으로 풍부한 귀금속을 가지게 되는 과정을 정확히 알게 되면, 정확한 시점이 분명히 드러날 것이라고 생각한다(간혹 1583-1584년처럼[181] 어디에 투자해야 할지 모를 정도로 은이 넘쳐났던 시기도 있었다). 예를 들어 베네치아 입장에서 보면, 나는 전환기가 1545년부터 1560년 사이라고 생각한다. 베네치아로 금과 은이 거의 들어오지 않았기 때문에 1545년 6월 9일, 조폐국의 노동자들은 실직 상태에 있었다.[182] 노동자들의 빈곤을 해결하고 그들에게 일거리를 제공하기 위해서 정부는 작은 단위의 화폐로 1,000두카트를 주조했다. 1551년[183]에는 조폐국에 금을 가지고 오는 사람들에게 혜택을 부여했다. 베네치아는 화폐 주조에 부과해왔던 3.5퍼센트의 세금을 부과할 수 없게 되었다. 1554년[184] 항해를 위해서 체키노 화를 필요로 하는 선주들이 너무 많아지자, 정부는 3퍼센트의 세금을 다시 부과할 수 있었다. 1561년에는[185] 조폐국에 (금은 아니었지만) 꽤 많은 양의 은이 있었기 때문에 더 이상 기존의 작은 단위의 화폐로 은화를 주조할 필요가 없어졌다. 1년 이상이 걸린 셈이었다! 그래서 좀더 큰 은화인 두카트 은화를 주조하기로 결정했는데, 이 결정은 새로운 것이었다. 결국 1566년에는 조폐국에서 주조된 금화를 가지려고 하는 사람들은 일련의 조건들을 충족시켜야 했다![186] 요컨대 아메리카의 은이 레반트와의 교역을 재개시킬 수 있을 정도로 충부하게 이탈리아로 들어온 시점을 정확히 알 필요가 있다. 예를 들면, 안트베르펜 시장으로는 1550년 이후[187] 대량으로 유입되기 시작했다. 1580년대 레반트에서 발생한 위기는 짧은 콩종튀르, 즉 지중해 전체의 경기 침체와 일치하는 것 같다. 포르투갈이 병합되고 이베리아 반도에 심각한 곡물 위기가 발생한 이 시기에 에스파냐 은의 흐름이 대서양으로 이동했다.

2. 지중해 소맥 무역의 균형과 위기

지중해 세계에서 밀이 과잉되었던 적은 결코 없었다. 지중해 자체 생산의 밀 부족과 그 대체물을 찾으려는 지속적인 노력은 지중해로 하여금 문제를 해결할 수 있는 기지를 발휘하도록 만들었다. 밀 문제를 연구하는 것은 지중해의 삶의 취약한 부분에 접근하는 것이고, 동시에 복잡한 삶을 이해하는 것이다. 후추와 향신료는 사치품 교역을 활성화시켰고, 우리는 이에 관해서 생각할 때, 아파이타티 가문, 시메네스 가문, 말벤다 가문, 벨저 가문, 푸거 가문과 같은 16세기를 대표하는 거상들의 이름을 떠올린다. 밀 교역은 그렇게 빛나는 이름을 가지고 있지 않다. 그러나 밀 교역은 엄청난 규모의 거래였고, 몇 개의 거대 교역망은 물론 제2의 크고 작은 교역망을 통해서 이루어졌다. 밀 교역을 중요하게 고려하지 않는 것은 옳지 못하다.

기본적으로 폐쇄적인 경제 하에서 밀 수급은 짧은 거리에 있는 지역들의 차원에서 이루어진다. 도시는 주변의 곡창지대에서 곡물을 구했다. 큰 도시들만이 이 무거운 상품을 멀리서 옮겨오는 사치를 누릴 수 있었다.

밀

수송 거리가 짧건 길건 간에 밀 교역은 순수한 밀이나 시칠리아에서 강한 밀 또는 로첼라 밀[188]이라고 불린 상업적으로 높은 가치가 있는 종류의 밀에만 한정되지 않았다. 피렌체에서는 최상급, 중급, 하급, 세 가지 품질로 밀을 구분했다. 최상급 밀은 모든 불순물을 제거한 밀로서 1스타이오(staio) 당 52파운드, 즉 100리터당 72.5킬로그램에 해당했다. 1590년 수치에 따르면, 등급별 가격은 각각 1스타이오당 7, 6, 5리브르였다.[189] 하급 밀은 무게가 덜 나가고 낱알이 작은 밀이었다. 레반트에서 생산된 일반적으로 질이나쁜 밀, 레반트 밀보다 별로 나을 것은 없었지만, 베네치아인들은 그렇게 나쁘다고 생각하지 않았던 아브루치[190]나 우르비노 공작령에서 생산된 밀, 에스파냐와 그 이외 지방에서 매년 경작으로 지력이 고갈된 땅을 개간해서 생산한 밀 등이 있었다.

밀 이외에 다른 곡물들, 특히 보리와 기장도 항상 지중해 식탁에 올랐다. 1550년에 보리와 밀을 실은 10척의 선박이 풀리아 지방으로부터 나폴리에 도착했다.[191] 1559년에 베로나는 기장 수확이 형편없었다고 불평하면서[192] 비축해둔 곡물을 1베네치아 스타로(staro)당 1두카트에 판매하라고 촉구했다. 가공할 만한 가뭄 때문에 1562년에 다시 흉작이 들었다. 에스파냐 대사는 "가난한 사람들이 먹고 사는 것이 기장인데" 그 기장 수확이 전무하다고 썼다.[193] 자킨토스 섬의 마을들에서는 보리로 반죽한 검은 빵만을 먹었다.[194] 필리프 드 카네는 소아시아의 트로이 근처에서 투르크 주민들이 밀이 없어서 귀리를 먹고 있음을 확인했다.[195] 게다가 귀리는 지중해에서 드물게 생산되는 곡물이었기 때문에 그 나름으로 사치였다. 코르시카에서의 대용식은 나무 빵이라고 부르던 밤으로 만든 빵이었다. 우리가 아는 것처럼 오리엔트에서 많이 먹는 쌀은 포 강 평야와 발렌시아에서 생산되어 종종 밀을 대신하기도 했다. 채소, 에스파냐 해외 영토로부터 들어온 이집트 콩이나 잠두, 특히 이집트 잠두는 구황작물로 간주되었다. 라 굴레타의 신임 수장으로 임명된 알론소 데 피멘텔은 밀과 보리만 받고서 "아무도 우리에게 이집트 콩을 보내주지 못하는 이런 불행이 어디 있을까!"라고 기록했다.[196]

따라서 많은 종류의 밀들이 있었고, 그 다음으로 많은 곡물들이 에스파냐의 기록에서 자주 복수형으로 빵들(los panes)로 불렸다. 가난한 사람들을 위한 빵도 있었고, 부자들을 위한 빵도 있었다. 리스본에서 북유럽산 밀은 정성스럽게 선별하고 돌이나 불순물을 제거하고 난 후에야 부자들의 식탁에 올랐고, 아낙네들은 집 앞에서 이러한 작업을 하느라고 바빴다.[197]

곡물 교역의 몇 가지 규칙들

몇 가지 작은 힌트를 통해서 역사가로서 우리는 곡물상들의 복잡한 거래 활동, 즉 일정한 구매, 도시에 대한 곡물 공급, 투기, 개별 거래 등에 관해서 살펴보자. 불확실한 수확, 국가 특히 도시의 감시, 곡물 상인들뿐만 아니라 소매상들의 투기, 곡물 거래에 투입되는 엄청난 자본, 세심하지 않은 선원들로 인해서 화물을 모두 잃어버릴 수 있는 위험 등 이 모든 것들이 곡물 거래를 불확실하게 만들었다. 게다가 중간 상인들은 얼마나 많은지! 결국 곡물 교역이라는 직업은 혼자서는 진행할 수 없었고 다른 활동들과 연관되어 있었는데, 이것이 문제를 복잡하게 만들었다.

예를 들면, 자코포와 바르도 코르시의 회계 장부는 이 피렌체 거상들이 갈릴리에서는 돈을 빌려주거나 후추와 비단을 외상으로 판매하고, 팔레르모에서는 토스카나 대공을 대리해서 엄청난 규모의 밀 거래를 성사시키느라 얼마나 분주했는지를 보여준다. 그들의 명을 받고 일했던 바르톨로메오 코르시니는 자신의 거래내역서를 작성했다. 한 사업이 끝나면 새로운 사업이 진행되었다. 1595년의 구매 기록에 따르면 피렌체 상인들은 11,766두카트의 빚을 지고 있었다. 1596년에 체결된 새로운 거래 중에는 팔레르모에서 3,500살마(salma)의 밀을 구입해서 지르젠티[아그리젠토]의 항구에서 2척의 라구사 선박에 이를 선적하도록 한 사례가 들어 있다. 비용은 10,085두카트에 육박했는데, 그것은 1살마당 3두카트에 조금 못 미치는 금액으로 리보르노 항구에 도착하면 지불해야 했다. 장부에는 2,000, 7,000 그리고 6,000살마의 밀을 거래하고 선적하기 위해서 여러 창고업자들에게 밀 보관을 의뢰한 거래내역들이 뒤따라 나온다. 그 다음에는 결제와 환어음에 관한 자세한 재무 정보 그리고 차변과 대변의 부기가 있다.[198] 1598년에 이 코르시 가문의 대리인이 설명한 거래내역들의 의미를 이해할 수 있다면, 밀 투기에 관해서 더 잘 이해할 수 있게 될 것이다. 명확한 이유는 알 수 없지만, 코르시 가문 소유의 곡물을 실은 선박이 메시나에서 3,700살마의 곡물을 하역했다. 이 꽤 많은 양의 밀을 처분해야만 했다. 왜냐하면 이 밀은 1595년에 구매한 것이었기 때문에 더 이상 빵을 만들 수 없었을 뿐만 아니라 비스킷을 만들기에도 적합하지 않았으며 기껏해야 가금에게 먹이로 줄 만한 정도였다. 당시 일부는 외상을 받고 팔았고 나머지는 비스킷을 만들었으나, 쉽게 팔릴 것 같지 않았다. 2,500칸타르 중에서 564칸타르가 6월에 판매되었고, 8월에는 620칸타르가 토스카나 갤리 선에 선적되었다. 아직 창고에는 1,316칸타르가 남아 있었다. 시간이 지나면서 가격은 37타리에서 30타리로, 이후에는 16타리로 낮아졌다.[199] 그리고 코르시 가문의 대리인은 구매자와 비스킷 제작을 담당하는 빵 제작자의 악의에 대해서 불평했다.[200] 이것은 사건의 단면일 뿐이다. 오수나 공작 통치기에 일명 스타라체(Starace)[201]라고 부르던 곡물 투기꾼들을 처형한 나폴리 사람들은 곡물 도매상들에 대해서 나름의 견해를 가지고 있었음이 틀림없다.

그러나 정부가 밀을 차지하려는 모든 관심과 욕심을 가장 적게 보여준 세력은 아니었다. 사부아 공작령이나 트란실바니아처럼 아무리 작더라도 모든 국가는 밀 교역에 참여했다. 19세기의 역사가 비안키니는 이단 심문보다 밀 교역에 더 많은 비밀요원들이 달라붙었다고 기록했다. 거기에는 여러 가지 이유가 있었다. 소금의 경우처럼 밀에 관한 세금 부과의 욕심은 한이 없었다. 게다가 밀 교역은 일련의 특혜와 호의의 대상이기도 했다. 그 것은 명령을 내릴 수 있는 수단이자 압력을 행사할 수 있는 방법이며, 편의 에 대한 대가를 지불하고 특혜를 줄 수 있는 방법이었다. 전문가의 말에 따르면, 자신의 직무를 잘 수행했으며, 포르투갈 문서에는 리스본의 상인왕 을 잘 보필했던 것으로 알려진 베네치아 주재 에스파냐 영사 토마스 코르노 사는 그 보상으로 솔직하게 1573년에 피에몬테산 밀을 밀라노를 통해서 그 리존 사람들에게 전달할 수 있는 자유 통행증을 달라고 요구했다. 이것은 수많은 특혜들 중에서도 아주 작은 것에 지나지 않았다.[202] 시칠리아 섬에 서 밀 교역에 대해서 사례금을 제공하는 것은 규칙이었다.[203] 1578년의 거 래 내역서는 잔 안드레아 도리아가 "6,000건의 거래", 즉 6,000살마의 시칠 리아 밀을 수출할 수 있는 권리를 가졌다는 것을 의미했다. 그것은 1거래당 2에퀴, 총 1만2,000에퀴의 수입을 의미했다.[204] 그것은 1566년에 그에게 허 용했던 4,500살마에 비해서 더 많은 양이었다.[205] 에스파냐를 위해서 싸우 는 에스파냐의 수비대와 사부아 갤리 선들이 머무르고 있는 니스와 빌프랑 슈의 기지에 밀을 공급하기 위해서 사부아 공작은 1566년 펠리페 2세에게 시칠리아 밀 6,000살마를 항구적으로 수출할 수 있는 거래 허가권을 달라 고 간청했다.[206] 이번에 국왕은 1,500살마의 밀을 거래할 수 있는 거래 허가 권을 그에게 허락했다. 사부아 공작 엠마누엘 필리베르가 이 밀을 자신의 영토에 있는 에스파냐 수비대에게 공급했다는 사실은 알려져 있으나 그 이 상의 정확한 추가 정보는 없다.[207] 그래서 오랫동안 6,000살마의 시칠리아 밀을 거래할 수 있는 거래 허가권을 확보하고 있었던 "모나코의 영주" 카를 로 그리말디도 행동에 착수했다. 펠리페 2세는 1584년 10월 13일자 편지에 서 그리말디가 곡물을 모나코로 수출하지 않고 이 거래 허가권을 팔았을 뿐만 아니라 시칠리아 세금보다 낮은 가격으로 팔았기 때문에 그에게 부여한 이 특혜를 회수한다고 썼다.[208] 다른 지중해 지역에서도 비슷한 이야기를 확인할 수 있다. 1562년에 라구사 상인들은 발로나에서 약 1,600살마의 밀을 확보해서 수출할 수 있는 권한을 획득했다. 우리는 이 특혜가 오스만 술탄의 모후의 후원으로 이루어졌다는 사실을 알고 있다.[209]

소소한 이야기들 속에는 세세한 내용들이 들어 있다. 정부에게 밀 교역은 국고의 원천이자 지불수단이기도 했다. 따라서 정부와 밀 교역은 더욱 긴밀하게 얽혀 있었고, 게다가 이러한 긴밀함은 기독교 세계에서처럼 오스만 제국에서도 밀 교역을 결코 단순한 거래로 만들지 못하는 결과를 초래했다. 그리고 국가의 감시와 감독은 도시의 병적인 감시와 감독에 비교하면 아무 것도 아니었다.[210]

밀은 항상 부족했기 때문에 매우 중요한 문제였다. 지중해에서 밀 수확량은 일반적으로 충분하지 않았다. 좀더 수확량이 많은 포도 재배와 목축은 항상 밀과 경쟁했다.[211] 그것은 밀 생산 부족의 첫 번째 원인이기는 했지만, 유일한 원인은 아니었다. 지중해에서 밀 생산은 광범위한 지역에서 이루어지고 있었다. 수확량이 그렇게 높지 않았고 동일한 경작지에서 매년 파종을 할 수 없었던 만큼 밀 재배는 굉장히 넓은 땅을 필요로 했다. 시칠리아에서 밀 재배와 휴경을 번갈아가며 하는 윤작은 하나의 규칙이었다.[212] 풀리아의 탁상대지(卓狀臺地, Taveliere des Pouilles)에서도 윤작을 했다.[213] 윤작이 지력을 너무나 빨리 고갈시켰기 때문에 에스파냐에서 이상적인 형태의 경작 방법은 3포제(三圃制)였다. 건지(乾地) 농법은 처음에는 깊이 갈고 나중에 얕게 갈아야 할 필요가 있었고, 그것이 가뭄을 이겨내는 대안이었다.[214] 밀에 세금을 부과하고 판매를 통제하기 위해서 정부가 취한 모든 규제들은 결국에 땅을 일구는 것밖에 모르는 농민들을 짓누르고 있었다. 그래서 에스파냐에서 농민들은 노새 몰이꾼으로 전락하거나 아메리카 모험을 감행하기도 했다.

기도 행렬도 막을 수 없었던 겨울 홍수와 여름 한발의 비극도 곡물 부족의 한 원인이었다.[215] 따라서 그 결과, 작은 소식 하나에도 곡물 가격은 엄청나게 요동을 쳤다. 이러한 가격 변동의 구조를 설명하려는 노력이 시작된 것은 18세기에 이르러서였고, 1793년에 피렌체에서 출판된 한 익명(아마도 세스트리니)의 저자의 책보다 이 문제를 선명하게 설명해주는 책은 찾기 어려울 것이다.[216] 그 책에는 지중해 여러 지역들 사이의 밀 가격 차이에 대한 명석한 통찰력이 넘쳐난다. 16세기처럼 당시에도 빵이 쌌던 오리엔트와 빵이 비쌌던 유럽 사이의 차이는 분명했다. 이것은 어느 시점에 흉작이 들면 밀이 비싸지는 지역이 발생하고, 밀이 부족해진 지역의 중심보다는 주변부에서 가격이 더욱 높아진다는 사실을 설명해준다.[217] 16세기에도 이미 그런 현상이 나타났다. 기근 지역이 나타나면, 상인들은 그곳으로 몰려들었고 선박을 출항시켜 재고를 처분했다. 이러한 파동으로 인해서 때로는 기근 지역으로부터 상당히 멀리 떨어진 곳에서도 가격이 올라갔다. 그러나 배가 곡물 가격이 비싼 지역으로 몰려들면서 갑자기 늘어난 많은 양의 곡물은 가격을 낮추게 되었다. 이는 정치경제학 강의에 좋은 본보기이다.

이러한 사태는 지중해 전역에 흉작이 들었던 1561년에 콘스탄티노플에서, 봄에 "이례적인 가뭄"이 들었던 포르투갈에서,[218] 수확량이 재앙에 가까울 정도로 적었던 에스파냐에서,[219] 수확 이후 1살마당 가격이 2.5두카트로 상승했던 시칠리아에서,[220] 다음 수확기까지 충분한 곡물이 없어서 항상 봄부터 걱정을 할 수밖에 없었던 오리엔트에서 일어났다.[221] 베네치아 선박 콜롬바 호는 수도로 가져올 밀을 선적하기 위해서 니코메디아[이즈미트, 터키 서북부]로 항로를 바꾸었다.[222] 볼로스에서 밀을 선적한 4척의 베네치아 선박은 살로니카의 순찰 갤리 선들에게 나포되어 콘스탄티노플로 이송되었다.[223] 이러한 구호 지역에 배들이 몰려들면 곧바로 식량 부족은 해결되지만, 가격은 붕괴되어 (9분의 1살마에 상당하는) 1킬로(chilo)당 17.5아스프르로 떨어졌다. 1두카트는 60아스프르에 해당했으므로 1살마의 밀은 적어도 3두카트는 되었다.[224] 다음 해에도 밀 가격은 하락했고 그리스 지역에서는 1킬로당 12아스프르, 즉 1살마당 2두카트가 채 되지 않았다.

다른 사례는 1578년에 에스파냐를 강타했던 끔찍한 기근이었다. 시칠리아에서 부왕 마르칸토니오 콜론나는 구호 선박들을 에스파냐로 급파하려고 노력했다. 상인들은 2만4,000살마를 확보해서 그중 6,000살마를 에스파냐로 보냈다. 나머지 곡물에 대해서 상인들은 지나친 모험을 하려고 하지 않았다. 상인들은 "왜냐하면 모든 사람은 수익이 가장 크다고 생각하는 곳으로 몰려가기 때문에 그렇게 되면 그곳에 공급 과잉이 발생하고 당연히 상업이 망하는 사태가 발생하기 때문이다"라고 설명했다.[225] 이것은 우리가 앞에서 인용한 보고서를 작성한 사람이 1584년에 검토했던 사례이다. 그는 수송을 책임지려고 하는 정부에게 상인들이 수익의 냄새에 이끌려 에스파냐로 대거 몰려들 경우 정부가 감당해야 할 위험 부담에 대해서 경고했다.[226]

상인들에게 재앙은 어려움을 겪고 있는 지역에 보냈던 자신의 선박이 항해 도중, 언제나 제멋대로 그리고 매우 낮은 가격으로 곡물 값을 지불하려는 도시에 의해서 나포당하는 사태였다. 제노바 상인들의 분노를 이해할 수 있다. 1578년에 풀리아 지방에서 밀을 선적한 그들의 선박은 최고의 수익을 찾아서 에스파냐로 항해하던 도중에 억류당했는데, 그것도 제노바 공화국에 의해서 억류당했던 것이다![227]

원칙적으로 상인들에게 게임의 규칙은 간단했다. 평소에 살 수 있는 양보다 더 많은 양을 풍년에 사서 흉년에 팔거나, 풍작이 든 곳에서 사서 흉작이 든 곳에 파는 것이었다(왜냐하면 곡물은 보존이 힘들고 오랫동안 저장해 둘 수 없었기 때문이다). 당시에는 변덕스러운 수확량으로 인해 밀 교역의 흐름이 뒤바뀌기도 했다. 곡물 교역에서는 모든 일이 가능했고 실제로 모든 일이 일어났다. 풍년이 들면, 해안 지역, 해안에 가까운 지역이나 항구 할 것 없이 모든 지역이 잉여분을 제공할 수 있었다. 코르푸 섬이 한때 많은 밀을 수출했다는 사실을 알려면 15세기로 거슬러올라가야 하고,[228] 키프로스의 밀, 특히 보리가 베네치아로 수출되었다는 사실을 알려면 16세기 상반기로 거슬러올라가는 것으로 충분하다.[229] 1570년 스팔라토는 주변의 투르크 밀이 대량으로 유입되었는데, 투르크가 전쟁을 준비하고 있다는 소식을 알기 전까지는 이 밀이 베네치아로 수출되는 것을 허용했다.[230] 투르크의 전쟁 준비 소식에 놀란 스팔라토는 아직 자국 영토 내에 있는 밀을 수출하지 못하도록 했다. 어떤 해에는 놀라울 정도로 비정상적인 상황이 발생했다. 예컨대 1555년에는 에스파냐 밀이 로마로 수출된 상황,[231] 1564년 안달루시아 지방이 에스파냐 국왕의 선의와 공식적인 허가를 받아서 제노바로 밀을 수출한 상황,[232] 1571년 카스티야가 곡물 창고를 개방한 상황[233] 등이 이에 해당했다. 1587년 사르데냐의 부왕은 자신의 공적을 자축했는데, 사르데냐 정부의 관리 하에서 4,000살마의 밀을 제노바로 수출했던 것이다.[234] 모든 일이 일어났다! 오랑까지도 아프리카 밀의 수출항이 되었다.[235] 디에고 수아레스의 설명에 따르면,[236] 오랑에서 요새의 주변 지역에서는 아프리카 밀이 때로는 에스파냐 밀보다 4배에서 5배 정도 더 싸기도 했다. 밀 교역이 존재하는 한 그 이익은 상당했다! 확실히 이것은 매년 있는 일은 아니었다.[237] 마찬가지로 알제는 연도에 따라서 곡물이 매우 풍부하기도 했고 매우 부족하기도 했다.[238]

불행히도 상인들의 곡물 창고조차 폭력적이고 살인적인 잦은 기근 동안에는 필요한 분량을 비축할 수 없었다. 1554년에 이탈리아 전역에서 가장 끔찍한 상황이 발생했다.[239] 그러나 해외로부터 위기를 완화할 만한 양의 곡물이 쉽게 이탈리아로 수입되지 못했다. 수만 명이 아사했고 피렌체에서 밀 가격은 1스타이오당 8리라까지 올랐다.[240]

해로에 연결된 곡물 교역

밀은 수송할 만한 상품이지만, 부피가 큰 상품이었다. 이러한 상품은 아무리 비싸더라도 큰 수송비용을 감당할 수가 없다. 기근이나 가격이 엄청나게 비싼 경우를 제외하면, 밀은 육로를 통해서 매우 짧은 거리에서만 유통되었다.

1584년에 이탈리아에서 에스파냐를 향한 곡물 수송 계획에 대한 기록이 있다.[241] 선적은 토스카나 해안 지대의 요새인 오르베텔로, 탈라모네, "푸에르토 헤르쿨레"[포르토 에르콜레]에서 이루어질 예정이었다. 가스티야의 단위인 파네가[fanega : 0.55퀸탈]로 7만 파네가의 곡물이 수출된 곳은 교황령이었던 코르네토[타르퀴니아]와 토스카넬라[투스카니아], 토스카나 대공의 영토였던 그로세토와 시에나의 마렘마 습지 그리고 파르마 공작령인 카스트로와 몬탈토였다. 이들 중 일부 지역은 내륙으로 15마일, 25마일이나 30마일 정도 들어가 있었다. 그 결과 1파네가당 10에스파냐 레알이라는 구매 금액에 1모조(moggio)당 3에퀴, 즉 1파네가당 3에스파냐 레알에 상당하는 육로를 이용한 선적항까지의 수송비를 추가해야 했다. 따라서 상대적으로 짧은 수송 거리에 불구하고 밀 가격이 30퍼센트나 상승했다. 나폴리의 부왕이 풀리아에서 나폴리 사이의 도로를 마차 통행이 가능한 도로로 만들 계획을 고민했다는 사실을 이해할 수 있다(1562년 7월 29일). "이 나폴리 도시로 곡물을 공급하기 위해서 통행 가능한 도로를 건설하는 문제에 관해서 가능한 한 빨리 일을 진행하려고 했다. 그러나 나는 풀리아로부터 마차로 밀을 수송하는 데에 드는 막대한 비용 때문에 감히 이 일을 하려고 하는 사람을 찾는 것은 어려울 것이라는 것을 솔직하게 인정해야 할 것 같다."[242] 밀은 육로를 통해서는 이탈리아 반도를 횡단할 수 없었다. 종종 곡물이 이 나폴리 노선을 통과하기도 했지만, 그것이 아드리아 해와 티레니아 해 사이를 직통으로 오갔다는 것을 말해주지는 않는다. 그럴 가능성은 적어 보인다. 왜냐하면 피렌체로부터 단지 4마일에서 13마일 정도밖에는 떨어져 있지 않은 근교에서 피렌체로 밀을 수송할 경우 수송비 때문에 밀의 가격은 1570년 4.24퍼센트, 1600년 3.35퍼센트 올랐다.[243] 이 사실은 상품 자체의 가격이 육로 수송비보다 더 많이 증가했음을 분명히 보여준다. 그러나 이 사례를 통해 일반화를 하는 것은 위험하다. 왜냐하면 피렌체에서도 다른 백분율들은 이와는 반대되기 때문이다. 1559년 1월, 보리의 마차 수송비가 보리 값만큼이나 들었기 때문에 산타 올라야와 라 람블라로부터 말라가까지 보리를 수송하는 것을 포기했다.[244]

베네치아의 서기관 마르코 오토본[245]에 대해서 동정심을 가져야 할 것이다. 그는 1590-1591년 겨울 폴란드로 가는 도중에 빈에서처럼 인스부르크에서도 확실하지는 않지만 크라쿠프나 헝가리에서의 밀 가격에 대한 정보를 얻었고, 그런 다음 밀이 베네치아에 도착할 무렵에 스타이오당 밀 가격이 얼마나 될지를 식량 조달관을 위해서 계산했다. 다양한 화폐와 도량형을 변환시키고 세금과 중개 수수료를 잊지 않고 계산할 필요가 있었기 때문에 결국에 그는 그 작업이 거의 불가능하다는 것을 깨닫게 된다. 크라쿠프에서 구매한 1베네치아 스타이오의 밀은 8베네치아 리라에 상당했다. 크라쿠프에서 빈까지의 수송비는 7리라 12솔도였고, 빈에서 필라흐까지는 7리라 10솔도였으며, 필라흐에서 벤조네까지는 3리라였고, 벤존에서 포르토 그루아로까지는 1리라 4솔도였고, 포르토 그루아로로부터 (소형 선박으로) 베네치아까지는 3솔도였다. 여기에 포장과 자루 비용과 중개 수수료가 더해진다. 모두 합해서 30리라 19솔도, 대략 31리라 정도였다. 수송비는 상품의 가격을 4배로 뛰게 만들었다. 수송비는 거래되는 밀의 가격 차이를 발생시키는 가장 중요한 항목이었다.[246]

따라서 밀 수송에서 강이나 바다 길이 선호된 이유를 이해할 수 있다. 부르고뉴 밀이 남부로 수출될 수 있었던 것은 론 강을 통한 수송 덕분이었다. 당연히 비쌀 수밖에 없는 외국산 곡물이 피렌체로 수송될 때는 가능한 한 계속해서 아르노 강을 따라서 수도 피렌체의 입구인 시냐까지 거슬러올라갔다.[247] 시칠리아의 렌티니(레온티노이) 지역의 부유함은 농업 자산과 추가적인 행운 덕택이었다. 그 지역은 해안으로부터 너무 멀리 떨어져 있지 않았고 큰 하천인 산 레오나르도 강을 이용해서 렌티니 시에서 얼마 떨어지지 않은 곳까지 올 수 있었다. 적어도 1483년에는 그러했다.[248]

바다를 통한 수송은 상대적으로 저렴했다. 위에서 제시한 이탈리아 밀을 에스파냐로 수송하는 사례를 다시 예로 들면 1파네가의 밀 구입비는 10카스티야 레알, 구입지에서 선박까지의 운송비용은 3레알, 수출관세는 5레알이었던 반면, 튼튼한 라구사 선박을 이용한 수송비는 3.5레알에 불과했다. 여기에 그해 후반부였기 때문에 꽤 높아진 보험료(상품 가격의 9퍼센트)를 더해야 했다. 즉 1파네가당 30마라베디의 추가 비용이 발생했다. 따라서 해상 수송비는 1파네가당 대략 4레알 정도였고, 알리칸테나 카르타헤나에서 1파네가의 밀 가격은 22레알 3마라베디였다(1레알은 54마라베디로 계산되었다). 밀의 이동에서 해상 수송비는 짐마차 비용, 우마차 비용이나 수출허가 등 모든 다른 과정에 소요되는 비용에 비해서 상대적으로 더 쌌다. 이 해상 수송비는 수송 거리에 비례하지 않았다. 이탈리아에서 바르셀로나로 가든 발렌시아로 가든, 시칠리아에서 출발하든 토스카나 지방에서 출발하든 해상 수송비는 변하지 않았다. 이탈리아에서 에스파냐로 갈 때 선장들은 토스카나 요새에서 출발하여 북상하여 횡단하는 것보다 시칠리아를 출발하여 "리옹 만"을 횡단하는 것이 더 유리하다고 생각했다. 그들은 "바다로 직행하기 위해서는" 시칠리아에서 출발하는 것이 더 낫다고 선언했다.

결과적으로 대규모 곡물 교역이 가능했던 것은 지중해의 내륙 지역이 해로에 쉽게 접근할 수 있었기 때문이다. 이것은 밀라노와 같은 운 좋은 도시를 제외하면, 바다와 직접적으로 연결된 지역들만이 성공할 수 있었다는 사실을 설명하기에 충분한 증거이다. 지중해의 섬들이 종종 생산량이 많은 단일 작물 재배에 집중할 수 있었던 것은 바다가 가까이 있어서 배로 곡물을 수송할 수 있었기 때문이다. 항상 식량 문제를 고민해야 했던 지중해의 섬들은 불안정한 삶을 늘 극복해왔다. 그것은 바다만이 허용하고 도전할 수 있는 기술이었다. 밀은 물길을 통해서 믿을 수 없을 만큼 먼 길을 갔다. 에스파냐,[249] 발렌시아, 제노바, 로마에서는 이집트나 에게 해로부터 온 밀을 먹었다. 닥스의 주교는 1572년 1월, 라구사에서 샤를 9세에게 보낸 편지에서 썼다. "이 도시에서는 이곳으로부터 500마일이나 떨어진 곳에까지 가서 구해온 밀이 아니면 한 알도 먹지 못합니다."[250] 이는 16세기 훨씬 이전에도 있었던 사실이다. 그래서 고대부터 밀은 배로, 때로는 갑판이 없었던 배로 수송되었다. 11세기에 아라곤의 밀은 에브로 강을 따라 내려와 토르토사를 넘어 긴 바다 길을 횡단하여 극심한 곡물 부족으로 고통받던 시리아 지역을 구했다.[251]

곡물 수출항과 곡물 수출국

곡물 교역이 이루어졌던 주요 시장들은 모두 해안이나 강가에 위치해 있었다. 리보르노 항구로 들어오는 소형 선박들이 출항했던 그로세토, 몬탈토, 코르네토[252] 같은 작은 항구들이 바로 그러한 예이다. 또한 아브루치 지방 항구의 한 보험증서는 그로타마레와 세니갈리아 등의 작은 항구들이 베네치아 방향으로 활발한 교역을 하고 있었음을 보여준다.[253] 게다가 큰 시장들은 더욱 그러했다. 큰 강을 통해서 흑해와 연결되어 있는 도나우 평야의 큰 시장들(레반트에서 온 1575년 12월자[254] 한 보고서는 왈라키아와 보그디아나로부터 온 밀이 투르크인들의 명령에 따라 비스킷으로 만들어져 도나우 강으로 이송된 다음, 그곳으로부터 다시 수송될 예정이었다고 알려준다), 연안의 밀 생산지역들과 연결된 에게 해의 큰 시장들, 트라키아 지방과 연결된 갈리폴리, 소아시아 해안에 가까운 파트모스, 마케도니아 지역의 입구에 위치한 살로니카,[255] 그리고 서유럽 곡물상의 중요한 곡물 구매처로 테살리아 평야의 밀을 수출했던 볼로스가 있었다.[256] 도나우 강처럼 이집트에서는 나일 강을 통해서 엄청난 양의 밀이 쌀, 잠두, 이집트 콩과 함께 바다로 수송되었다. 서유럽에서 많은 양의 곡물을 수출했던 지역은 풀리아와 시칠리아였고, 시칠리아는 말하자면 16세기의 캐나다나 아르헨티나였다.

이런 연유로 시칠리아의 사례는 다시 한번 되짚어볼 가치가 있다. 또한 시칠리아는 다른 사례들보다 더욱 명확하다는 장점도 가지고 있다. 에스파

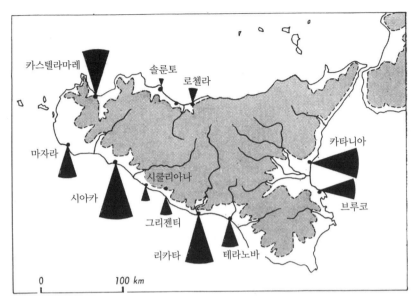

도표 49. 1532년의 시칠리아의 곡물 수출항

L. 비안키니, *op. cit.*, p. 241에 의거한다. 밀 수출항은 평야와 구릉에 있다. 카스텔라 마레를 제외하고는 북부 해안에는 수출항이 없다. 수출항은 주로 남부에 집중되어 있다. 시아카의 수익은 기록적이다(전부 26만 살마, 즉 52만 퀸탈 중에서 4만 살마이다).

냐의 부왕들에게 시칠리아를 운영하고 통치한다는 것은 우선적으로 밀을 관리하는 것이었다. 그들이 편지에서 밀 수확, 가격, 수출 허가권, 시칠리아 섬의 막대한 곡물 생산 덕분에 부자가 된 영주들이 사는 팔레르모에 자리를 잡은 외국 거래상들과 체결한 계약 등을 언급하지 않은 경우는 없었다.[257] 고대부터 시칠리아는 서지중해에서 곡물 공급자라는 매우 중요한 역할을 기복은 있었지만 끊임없이 수행해왔다. 1261년에 제노바가 매년 1만 살마(2만 퀸탈)의 밀을 수출하려고 시칠리아 국왕 만프레도와 체결한 계약은 놀라울 정도로 16세기의 계약과 유사했다.[258] 그 사이 제노바가 성장을 했기 때문에 수치만 더 높아졌을 뿐이다. 서유럽 전체가 시칠리아의 밀을 탐냈고 누구보다도 가까운 바르바리 지역이 그러했다. 레오 아프리카누스는 아랍인들이 밀을 구매하려고 시칠리아인들에게 자식을 볼모로 제공했다고 이야

시칠리아의 수출세 변동표(마리오 시리의 표에 의거한 것이다)

살마당 가격	살마당 세금
18-22타리	6타리
22-26타리	10타리
26-30타리	12타리
30타리 이상	16타리

기한다.[259] 기독교인들이 트리폴리를 되찾았을 때, 곧바로 시칠리아에서는 아프리카로 보낼 밀에 부과할 세금에 대한 논의가 있었다. 요새 수비용으로 남겨둔 2,500살마의 밀은 세금을 면제받았다.[260]

가톨릭 왕 페르난도의 시대부터 시칠리아 섬에서 곡물을 선적할 수 있는 부두들이 정해졌다. 솔룬토 항, 테르미니 항, 로첼라 항, 카타니아 항, 브루카 항, 테라노바 항, 리카타 항, 지르젠티 항, 시쿨리아나 항, 마차라 항, 카스텔라마레 항. 1532년의 수출 기록[261]은 남부와 남부의 구릉지대의 우위를 보여준다. 1532년 공식적인 밀 총수출량은 26만 살마, 즉 52만 퀸탈이었다. 1577년의 계산에 따르면,[262] 이 양은 제노바가 요구한 것보다 4배나 많은 양이었다. 제노바는 한 해에 6만에서 7만 살마의 시칠리아 밀을 수입했다.[263] 그러나 몇 세기 동안 시칠리아 섬에서 생산된 양질의 밀을 맛보지 못했던 서지중해 도시는 거의 없었다.

이 오래된 시장은 매우 잘 조직되어 있었다. 상업적으로 거래는 팔레르모에 집중되었다. 팔레르모는 선적이나 수송에 참여하지는 않았지만, 곡물 거래에 관한 모든 것을 다루었다.[264] 왜냐하면 의심의 여지없이 곡물의 주인이자 판매자들이 팔레르모에 거주하고 있었고, 게다가 (실제로 때로는 메시나에, 때로는 팔레르모에 거주하는) 부왕과 가까이 있고 싶어하는 피렌체와 제노바 거상 가문의 대리인들도 팔레르모에 거주했기 때문이다. 하여간 이들은 부왕이나 그 관리 그리고 중요한 수출 허가증인 트라타(trata)을 얻는 데에 필요한 서류와 절차를 까다롭게 만들 수 있었던 항해 안내인 포르톨라노(portolano)와 가까운 곳에 있으려고 했다. 이러한 허가증은 공짜로 얻을 수 있는 것이 아니었고, 그 가격은 물가에 따라 변동했다. 마리오 시리[265]는 우리가 인용한 도표에서 이 변동율을 재구성했다.

당연히 이 세금은 시칠리아 곡물 가격을 높였다. 19세기의 역사가 비안키니의 말에 따르면, 이것이 시칠리아 밀보다 싼 레반트 밀의 수요가 1550년경[266]에 증대된 이유 중 하나였을까? 시칠리아 곡물 수송선단의 쇠퇴는 저렴한 레반트 밀이 가져온 결과였을 것이다. 아니면 이 쇠퇴는 수천 살마의 밀을 수송할 수 있는 베네치아와 라구사 선박의 역할이 증대된 것과 일치한다고 보는 것이 더 개연성이 있을 것 같다. 1573년에 시칠리아에서 베네치아로의 수송을 맡았던 선박들은 각각 4,800, 4,000, 4,000, 4,000, 2,500, 2,000, 1,800, 1,500, 1,000 그리고 1,000살마의 선적 능력이 있었다.[267] 선단이 만들어졌고, 밀, 소금, 양모와 같은 중량이 나가는 화물을 전문적으로 수송하게 되었다. 선단은 시칠리아 곡물시장에 필요한 설비를 완성하게 되었다. 시칠리아 곡물시장은 선적업자들이 보유한 대규모 창고도 갖추고 있었고, 게다가 밀을 맡긴 사람에게 발행하는 영수증이 포함된 일종의 보증권 제도가 있었다. 자신의 밀을 즉시 판매하지 않고 대신 선금을 받고 싶어하는 화물 주인에게 발행하는 영수증인 체돌라(cedola)에 관한 이야기를 이제 해야 한다. 필요한 경우 화물 주인은 이 체돌라를 누구에게 팔았을까?

이 모든 것은 이상하게도 근대적인 느낌을 준다. 그러나 이를 판단하려면 상점들, 그 상점들의 장부들, 체돌라를 구입했던 투자자들에 관해서 알아야 한다. 그러나 비안키니의 오래된 책은 충분하게 밝혀주지 못하고 있다.[268] 또한 밀 생산과 교역을 둘러싸고 있는 행정적이고 자본주의적인 제도를 잘 이해해야 한다. 이러한 시스템은 밀 생산과 교역을 결국에는 돈의 흐름을 통제하는 사람들 손에 이르게 한다. 밀 가격이 낮아지면 농민들(이상하게도 보르게제, 곧 도시 사람들이라고 불렸다)은 채권자들에게 빚을 갚지 못하여 자신의 소나 때로는 땅을 버리고 도망칠 수밖에 없었다. 사실 농민들은 농번기 직전에 모종과 밭을 갈 소를 사려고 돈을 빌렸고 위험을 무릅쓰고 다시 경작을 했다. 17세기 초 에스파냐의 한 보고서는 "영주와 기사들조차도 나중에 밀로 상환하는 조건으로 돈을 빌렸고, 만약 빚을 갚지 못하는 경우에는 높은 이자로 인해서 고통을 받았고 그래서 부왕에게 찾아가서 이자 완화를 요구하고 때로는 이를 얻어냈다"고 이야기한다.[269] 17세기 초에 카스티야의 바야돌리드 지방 근처의 농민들과 영주들도 비슷한 상황에 처해 있었음을 확인할 수 있다.[270]

우리는 16세기의 체계가 위에서 아래로 붕괴되어가고 있었다는 느낌을 받는다. 예를 들면, 이상할 정도로 체돌라에 대한 투기가 증가했다. 창고업자들과 공모하여 만든 가짜 체돌라가 유통되었다. 그리고 존재하지도 않는 밀을 팔았다. 결제할 순간이 되면, 물품이 파손되었거나 선적업자들의 창고에 도둑이 들었다고 거짓말을 했다. 파산하는 창고업자도 있었다. 정부는 상호 신용을 회복시키기 위해서 위반업자들에게 갤리 선 수송을 막고, 성실한 신고를 요구했으며, 투기용 곡물 구입과 판매, "구두로 한 가격인데 실제로는 절반"이었던 고리의 대부 계약이나 곡물 가격 변동에 대한 투기를 금지했지만 소용이 없었다.[271] 파렴치한 행동은 계속되었고 일부 주인들은 투기꾼이나 항구의 사기꾼들에게 밀을 넘겨주느니 차라리 구덩이에 넣어 썩게 내버려두는 길을 선택했다. 만약 그렇지 않았다면, 그것은 곡물에 대한 투기 방법 중의 하나였을 것이다. 16세기 말에는 시칠리아에서조차 곡물이 부족해졌다. 상황이 심각해지자, 자치도시와 정부는 주저 없이 선적업자들의 밀을 몰수했다.[272]

라구사, 나폴리, 베네치아 방면으로 대량 수출할 경우 만프레도니아 항, 포지아 항과 트라니 항을 이용했던 풀리아 지방에서도 시스템은 유사했다. 국왕의 세리들은 관세 수입을 위한 수출 허가증(트라테[tratte])을 미리 대량으로 판매했다. 이 허가증은 이후 가격이 낮아졌고, 싼 가격에 매입할 수

있었다. 상인들에 따르면, 베네치아는 그렇게 해서 32퍼센트의 관세 지불을 절감했다.[273]

오리엔트의 밀

그러나 유럽은 자신의 밀만으로는 살아갈 수 없었다. 특히 16세기 중반 유럽은 인구가 더 적었고, 일반적으로 밀 가격이 더 낮았으며 수출할 수 있는 잉여 곡물이 풍부했던 레반트 지역으로부터 밀을 수입해서 부족분을 보충할 수 있었다. 오리엔트에는 3곳의 큰 곡창지대가 있었다. 첫째 이집트, 둘째 테살리아, 마케도니아, 트라키아와 불가리아 평야, 셋째 루마니아의 저 지대이다. 루마니아의 곡창지대는 일찍이 지중해 곡물 교역으로부터 벗어나 있었다. 인구가 많은 콘스탄티노플이 루마니아의 곡물을 독점했다. 따라서 유럽에게는 그리스와 불가리아 곡물 수출 시장과 이집트의 곡창지대가 남아 있었다. 이집트 주재 베네치아 영사였던 로렌초 티에폴로는 베네치아 공화국이 1554년에 이집트로부터 밀, 보리와 잠두를 합해 60만 리베바(ribeba)를 들여왔다고 계산했다. 이상하게도 쌀에 대한 언급은 없었다.[274] 이 60만 리베바(시칠리아 도량형 기준으로 100살마는 165리베바에 해당한다[275])는 36만3,636살마, 즉 72만 퀸탈에 해당한다. 시칠리아가 공급할 수 있는 것보다 훨씬 많은 엄청난 양의 곡물이었다.[276] 이집트 곡물의 상당 부분은 콘스탄티노플로 보내졌고 나머지 일부는 이집트 현지에 있는 투르크 군대 유지를 위해서 충당되었고 일부는 메카로 보내졌다. 게다가 이집트에서 생산된 밀이라고 해서 모든 밀이 술탄의 밀은 아니었다. 이 곡물 교역이 술탄에게 가져다준 120만 두카트를 포함하여 티에폴로가 제시한 수치도 단지 추정치에 불과했다. 사실 티에폴로는 모든 것이 나일 강의 범람 수위, 전염병과 가격 변동에 따라서 달라졌다고 부언했다. 그는 잠두 1리베바의 가격은 2번, 밀 가격은 3번 언급했다.[277]

게다가 오스만 제국의 밀은 술탄의 허가를 받고 볼로스, 살로니카, 발로나, 프레베자, 산타 마우라 섬뿐만 아니라 알렉산드리아로부터도 유럽으로 합법적으로 수송되었다. 라구사와 베네치아 문서들은 열에 한 번 정도 이 사실을 언급한다. 그리고 콘스탄티노플에서는 유럽인들이 계속해서 오스만의 밀을 요구했다는 이야기를 항상 들을 수 있었다. 이미 1528년에 토스카나 상인들[278]이, 1563년에는 제노바 상인들[279]이 이런 요청을 했다. 1580년에는 프랑스 상인들의 요청을 포함해서 모든 요청이 거절당했다.[280] 그러나 금지 기간임에도 불구하고 활발한 암시장을 통해서 투르크의 곡물이 계속해서 유럽으로 빠져나갔다. 이 암시장 중심지는 에게 해 섬들이었고, 그중 파트모스[281]와 같은 섬들에서는 상급의 밀을 구할 수 있었다. 그러나 일반적으로 에게 해 섬들에서는 소형 약탈선 카라무살리 선(caramusali)이 대륙, 즉 그리스 반도로부터 수송해온 밀수 밀을 구입했다. 이 약탈선들이 없었다면 크레타에서 코르푸에 이르는 베네치아의 식민지 섬들은 대부분 못 먹고 굶주려야 했을 것이다. 때로는 이 공급업자들을 이용하기가 어려웠고 비싼 비용을 지불해야 했다.[282] 그러나 풍년이 들면 그들은 상당한 양의 곡물을 다시 팔았다. 1564년에는 크레타의 베네치아 행정관들이 카라무살리 선으로부터 구입한 화물에는 크레타 섬의 인구를 먹이는 데에 필요한 양보다 더 많은 밀이 있었다. 남은 양 중 일부는 비스킷을 만들었고 나머지는 베네치아로 수송했다.[283]

그러나 에게 해 지역에서 곡물 교역은 항상 오스만 제국의 지방관들의 기분이나 요구 또는 곡물 교역항을 순찰하는 오스만 갤리 선의 출현에 의해서 좌우되었다.[284] 그래서 오스만의 "관리들"이 에게 해 지역에 부임하는 것은 매우 중요한 사건이었다. 1562년 3월, 수일 파샤(Suil Pasha : 내가 정확하게 판독했는지는 확실하지 않다)라는 사람이 황후와 메흐메트 파샤의 후원으로 메텔리노(미틸리니)의 지방관으로 임명되어 자신의 업무를 수행하기 위해서 부임지로 떠날 채비를 할 무렵, 현지 주재 베네치아 바일로인 안드레아 단돌로는 "지난번에 그가 베네치아 공화국에 입힌 손해 때문에 정말로 그에게 일반적인 관례대로 하는 선물을 하고 싶지 않았습니다. 그러나 나는 이 메텔리노에서 곡물 수출항까지 하나의 길밖에 없고, 수출 항구에서는 가장 좋은 밀도 실제로 킬로(chilo)당 12아스프르밖에 하지 않는다는 사실을 알고 있었기 때문에 그 지방관이 선물에 대한 대가를 치르지 않을까봐 두려웠습니다"라고 이야기했다. 그리고 그 바일로는 선물을 하기로 결정했다.[285] 18세기에도 에게 해 지역은 밀 암거래 시장으로 남아 있었고, 그리스의 약탈선도 여전히 활동하고 있었다.[286]

곡물 교역의 균형, 위기 그리고 부침

이런 긴 설명은 16세기 곡물 교역의 부침을 좀더 잘 이해할 수 있게 해준다. 이 문제에서 당시 사람들의 판단은 냉정하지 않았기 때문에 이를 근거로 하면 과장할 위험이 있다. 그러나 대개 곡물의 수급 상황은 세기 말로 갈수록 악화되었고, "농민들의 상황"은 더욱더 근심스러워졌다. 기근은 횟수에서는 그렇지 않았지만 정도에서는 심각해져갔다. 기근은 항상 자주 발생했고, 심각한 피해를 초래했다. 1560년부터 1600년까지 6번의 기근(1560년, 1565년, 1570년, 1584년, 1585년, 1591년)이 나폴리를 황폐화시켰다. 마지막 3번의 기근은 앞의 3번의 기근보다 훨씬 더 심각했다.[287] 나폴리 상황을 잘 아는 사람이 1600년경에 남긴 기록에 따르면, 최근 몇 년이 이전 시기보다 더 나쁜 것은 아니었다.[288] "그러나 인구 조사 기록이 보여주는 것처럼 인구는 증가했다. 1545년에 95,641호가 증가했고, 1561년에도 53,739호가 증가했다. 진행 중인 인구 조사는 10만 호의 증가를 보여준다. 곡물이 부족하거나 필요한 양을 약간 상회했을 경우 개인들은 곡물을 숨기려고 했다." 불행히도 재난은 왕국이나 나폴리 시에만 한정되지 않았다. 지중해 전역에 인구는 가용 자원을 넘어설 정도로 지나치게 많아졌다.

따라서 지중해의 콩종튀르에서 밀 위기가 있었다고 말하고 싶은 유혹이 생기지만, 그것은 사건을 단순화시키거나 적어도 너무 성급하게 결론을 내리는 것이다. 실제로 전체적인 도표를 만들기 위해서 우리가 가지고 있는 유일한 판단 기준들은 대규모 곡물 교역에 관한 것이다. 이런 흐름은 중요하다. 그러나 우리가 이미 살펴보았듯이,

1) 이런 큰 흐름은 전체 지중해 상황의 소수에만 연관되어 있었다.[289]

2) 이 문제를 좀더 가까이서 살펴보면 상업적으로 거래되는 밀에 대한 역사, 즉 상대적으로 기록이 많아서 다루기 좋은 역사는 적어도 4번의 큰 위기를 보여준다. 16세기 초부터 16세기 내내 북유럽의 밀이 이베리아 반도의 대서양 연안에 위치한 항구와 도시들로 들어왔다. 1548년부터 1564년까지 투르크의 밀 교역의 팽창은 요컨대 이탈리아 밀 생산의 위기를 추정하게 한다. 1564년부터 1590년까지, 이탈리아 반도의 자급자족은 이탈리아 반도의 기적이었다. 마지막으로 1590년부터 1600년까지, 아니 그 이후에도 북유럽의 밀이 이탈리아로 들어왔다.

3) 모든 경우에 이러한 위기들은 결국 어떤 해결책을 찾았고 균형을 이루었다. 그 규모와 상대적인 심각성을 잘못 판단할 필요는 없겠지만, 마지막 위기조차도 해결책과 균형을 찾았다. 위기와 균형, 그것은 이러한 현실을 이해하는 단순한 방법이다. 경제학자들이 이야기하는 표면적인 위기가 있었고, 그래서 깊은 곳에 있어서 눈에 보이지 않던 안정이 재앙과 긴장을 완화시켰다. 베네치아는 심각한 어려움에 처해 있었지만, 원로원은 1591년 6월 16일, "우리가 경험해서 알고 있듯이 평소에 우리나라의 수요보다는 약간 적은 양의 밀과 곡물을 수확해왔다"라고 말할 수 있었고, 그 말은 옳았다.[290]

따라서 나는 우선 조심스럽게 네 번의 위기에 대한 우리들의 관찰을 공유하고 둘째로 주의 깊게 미소 하나 없는 그림을 검은색으로 덧칠하지 말아야 한다고 생각한다. 멀리서 아주 멀리서 수입된 상품화된 밀에 관한 극적인 이야기는 인간의 배고픔과 동시에 이 밀을 구입할 수 있었던 사람들의 부유함을 측정할 수 있는 척도이기도 하다.

첫 번째 위기 : 북유럽의 밀이 리스본과 세비야로 들어오다

이 문제는 북유럽의 밀이 포르투갈과 안달루시아 지방으로 들어왔음을 보여준다. 포르투갈은 일찍이 16세기 초부터 북유럽의 밀을 수입했다. 자체 생산된 밀이 좀더 많던 안달루시아 지방은 좀더 나중인 1550년대부터, 좀더 정확히는 1570-1580년대부터 북유럽의 밀을 수입했다. 하나의 위기가 아니라 두 개의 위기, 즉 포르투갈과 에스파냐의 위기가 있었다. 그러나 두 위기는 진행 과정이 유사했고 다음에 있을 이탈리아의 위기를 사전에 잘 보여주었다.

포르투갈의 해상 팽창은 기묘한 근대 국가를 탄생시켰다. 약간 억지를 부려보면 이 기묘한 근대 국가는 초기 잉글랜드와 유사했고, 잉글랜드가 수도 런던을 중심으로 발전한 것처럼 수도 리스본으로 모든 것이 집중되었다. 리스본은 특히 1386년에 아비스 가문의 등장 이후부터 리스본의 발전에 기여했던 수많은 역동적인 작은 도시와 큰 마을들을 압도하게 되었다. 자국 내에서 생산된 밀을 먹고 잉여분을 영국으로 수출까지 했으며,[291] 그리고 자국 포도주를 마시던 인구가 많지 않았던 포르투갈은 사라졌고 결국에는 매일 먹는 빵을 점점 더 걱정해야 하는 포르투갈로 바뀌었다. 과일 재배, 올리브 생산과 포도 생산은 점점 더 증가했다. 곡물 생산을 증가시키기 위해서 예를 들면 남부의 알렘테주 지방에서는 엄청난 노력을 기울여 현지에 새로운 종자를 들여왔다. 이러한 밀 수요, 즉 밀 "제국주의"[292]는 포르투갈로 하여금 모로코의 넓은 평야를 장악하고, 마데이라에서 밀 경작을 시도하고 결국에는 아조레스 제도에서 밀 경작에 성공하게 되었다. 그러나 최선의 해결책은 해외에서 밀을 사오고 수익이 없는 국내 산업을 포기하는 것이었다.

매우 일찍부터 리스본은 카스티야와 안달루시아 지방으로부터 수입한 외국의 밀을 먹었고, (항상 그런 것은 아니었지만) 급할 경우 시칠리아로부터 수입한 밀을 먹기도 했다. 로마 주재 포르투갈 국왕의 대사인 시망 데 베가는 1546년에 소용이 없기는 했지만 팔레르모 여행을 서둘렀다.[293] 아주 오랫동안 브뤼헤와 교역을 해왔던 포르투갈은 이후 안트베르펜과 교역을 시작했고, 아마 15세기 이후에는 플랑드르 지방으로도 눈을 돌렸을 것이다. 어쨌든 1509년에 포르투갈은 플랑드르에서 상품의 밀을 10파타카(pataqa)에, 최고 상품은 11파타카에 구입했다.[294] 이러한 밀 구매는 16세기 내내 지속되었다. 발트 해 지역으로부터 왔든 그렇지 않든 간에 이 북유럽의 밀은 한꺼번에 브르타뉴의 소형 선박 수백 척에 실려 리스본에 들어왔다. 매우 가난했던 브르타뉴의 선원들이 어떻게 포르투갈 구매상들에게 금화로 수송비를 지불받고 금화를 합법적으로 반출할 수 있는 권리를 요구하지 않았을까? 프랑스 대사 장 니코는 1559년 9월 4일 리스본에서 브르타뉴 선원들이 "(프랑스 왕의) 허가도 없이 엄청난 양의 밀을 가지고 매일 이곳에 입항하고 있습니다. 본인은 이 문제를 바로잡기 위해서 그들을 따라 왔습니다"라는 편지를 보냈다.[295] 그러나 그는 성공하지 못했다. 니코 자신의 증언에 따르면, 왜 포르투갈은 "이상하게도 모든 종류의 곡물이 부족한 ……나라"가 되었을까? 그리고 거의 한 세기 후인 1633년에도 또다시 리스본에는 이와 같은 브르타뉴 소형 선박들이 100척이나 왔다. 먹고 살기 위해서 선원들은 돛, 방향타, 배까지도 팔려고 했으며 결국에는 굶어 죽을 지경에까지 이르렀다.[296] 반은 불법이었던 브르타뉴 소형 선박들에 의한 곡물 교역은 포르투갈 경제와 정치에 무거운 족쇄가 되었다.[297] 그러나 포르투갈은 이 교역을 문제 삼지 않았다. 그렇지 않았다면 자생적으로 이루어진 이 상품의 이동은 불가능했을 것이다. 1558년에 이 교역을 담당했던 이들은 바로 빌바오, 부르고스의 상인들과 메디나 델 캄포의 시몬 루이스였다.[298]

이 시기에 브르타뉴의 소형 선박들이 실어 날랐던 밀은 이미 카스티야에 들어와 있었고, 이 밀 수입은 카스티야 경제에 큰 피해를 주었다.[299] 카스티야라고 말하는 것은 약간 부정확하지만, 여기서 말한 카스티야는 비스카야와 갈리시아의 항구를 의미했다. 우리는 외국의 밀이 안달루시아에 언제 처음 들어왔는지 잘 알지 못한다. 그러나 1557년 8월에 카디스로 밀을 수송하고 나서 수송 선박을 팔아버렸던 프랑스인 기용 솔리망은 아마 브르타뉴 사람이었을 것이다.[300] 하여간 그 시기 이후 브르타뉴의 소형 선박들의 수송은 더욱 잦아졌고, 그것은 브르타뉴 선박들에게 자신들이 정박하는 항구에서 포르투갈의 "붉은 금"[금과 구리의 합금]이나 에스파냐의 백은을 확보해서 본국으로 가져갈 수 있는 기회를 제공했다.

신대륙의 부가 세비야로 들어오면서 에스파냐의 카디스, 세비야, 안달루시아와 에스파냐 남쪽의 말라가와 알리칸테에서도 포르투갈의 경우와 비슷한 양상의 발전이 있었다. 이러한 발전은 올리브와 포도 재배를 촉진시켰다. 그러나 이 지역에서는 밀이 풍부하게 생산되었으므로, 올리브와 포도 재배는 느리게 확산되었다. 세비야는 곡물이 부족했던 반면, 세비야의 주변 도시들인 푸에르토 데 산타 마리아, 부유한 헤레스 데 라 프론테라 특히 세비야에서 멀리 떨어진 말라가는 계속해서 쉽게 곡물을 확보할 수 있었다. 말라가에서 함대에 곡물을 공급하는 업자들은 오랫동안 어렵지 않게 일을 해왔다. 파네가당 1-2레알을 추가로 지불하면,[301] 밀을 쉽게 확보할 수 있었다. 밀 가격은 카탈루냐보다 훨씬 더 싸서[302] 거의 나폴리나 시칠리아의 가격만큼이나 낮았다.[303] 부족한 것은 밀이 아니라 밀을 수송할 가축이었다. 관리들은 밀 가격을 통제하기 위해서 수송할 가축을 확보해야 했다.[304] 16세기 중반까지 모든 것이 순조롭게 진행되었다. 1551년 다시 푸거 가문은 안달루시아와 칼라트라바 지방으로부터 3만6,000파네가의 밀을 수출할 권리를 확보했는데, 그중 1만6,000파네가는 바르셀로나로 가는 것이었다.[305] 2년 후인 1553년 8월, 텐디야 백작[306]은 사례금으로 말라가로부터 4,000-5,000카이스 (cahiz)의 밀을 수출할 허가권을 자신에게 달라고 요구했다. 시장에 곡물이 넘쳐났기 때문에 그에게 더 많은 양을 줄 수도 있었을 것이다. 그러나 그것은 서류에 지나지 않았다. 그리고 농민들은 풍년으로 인한 잉여분을 처분해야만 했다. 말라가의 한 아센티스타[아시엔토 계약자][307]는 1553년 11월 23일 편지에서 "6-7년 동안 풍년이 들었습니다. 그러나 앞으로 몇 년은 비슷한 풍년이 들 것 같지는 않습니다"라고 편지에 적었다.

사실 상황은 1560년대 무렵까지는 나빠지지 않았다. 세비야 세관의 주인이었던 제노바 상인들은 세비야가 프랑스, 플랑드르와 카나리아 제도에서 대량으로 들여온 곡물(밀과 보리) 문제로 세비야를 괴롭혔고, 1561년[308] 세비야는 제노바 상인들에게 목소리를 높여 저항했다. 그렇다면 제노바 상인들은 가난한 사람들이 굶어서 죽기를 바랐을까? 확실히 그렇지는 않았다. 이것이 외국 밀이 세비야로 수입된 첫 번째 사례는 아니었다. 그러나 아직은 큰 전환이 있었던 것은 아니었다. 예를 들면, 1564년[309]에는 안달루시아의 밀을 제노바로 수송하려는 계획을 본격적으로 추진했지만, 곧바로 실행되지는 못했다. 변화가 일어난 시기는 1561년부터 1569년까지의 식량 부족 시기였다. 올리브유, 포도주와 은화가 풍부했던 안달루시아 지방은 외국산 밀에 익숙해져갔다. 늦어도 1570년 무렵에는[310] 이러한 변화가 확연해졌고, 안달루시아 밀가루만으로는 함대에 필요한 비스킷을 굽기에도 충분하지 않았다. 풍년이건 흉년이건 상관없이 에스파냐 왕실은 북대서양 밀 10만 파네가(5만5,000퀸탈)를 확보하려고 노력했다. 그것은 때로는 부족하기도 때로는 남기도 했다. 곡물 부족은 1583년에 에스파냐 전역으로 확산되어 에스파냐의 경제를 혼란에 빠뜨렸다.[311]

문제는 그 이후에도 이어진 이런 곡물 부족이 에스파냐의 경제와 "농민의 상황"을 얼마만큼 정확하게 반영했는지를 아는 것이다. 이것은 역사가에게 그가 설명할 수 있는 것 이상을 요구한다. 포르투갈을 포함한 이베리아 반도의 다양한 농업 현실에 관해서는, 프랑스 농업의 고유한 성격을 밝힌 마르크 블로크의 책[312]이나 최근에 에밀리오 세레니가 출간한 이탈리아 농촌과 노동력을 다룬 소책자[313]와 비교할 만한 종합적인 개설서는 없다. 그것에 관해서 우리가 알고 있는 것은 얼마 되지 않는다. 이베리아 반도는 실로 다양했으며 가난하고 낙후된 지역들이 수없이 많았다. 1522년 프랑스의 나바라 침공 당시 일부 프랑스 병사들은 기장으로 만든 빵을 주식으로 하는 이 지역에서 굶어죽었고, 전쟁에서 패한 후에 바욘 지방으로 돌아온 병사들은 굶주렸던 배를 게걸스럽게 채웠다.[314] 마찬가지로 1581년 부유한 베네치아 여행객이 보기에는 갈리시아 지방도 인간이 먹을 수 없을 것 같은 기장으로 만든 거친 빵을 먹던 불모지였다.[315] 그러나 전체적으로 농업 생산의 발전이 있었는데, 이런 발전의 기운은 멀리 외부에서 왔고 16세기 첫 반세기 동안에 다시 한번 왕성해졌다. 노새를 이용한 짐마차의 증가, 상대적으로 저렴해진 가축시장,[316] 노새를 이용하여 토지 표면을 얕게 파는 경작의 활성화,[317] 토지 개간 확대, 올리브와 포도 재배의 확산, 특히 토양과 기후에 적응한 이후의 포도 재배의 확산, (고급 양모용 양 사육도 포함하는) 양 사육 지역의 현저한 감소 등 이 모든 것은 농업 생산의 확대와 발전을 보여준다. 바야돌리드 지방에서 작성된 공증 문서[318]는 토지 구입 시에 부과된 세금을 보여준다. 높은 이자를 수취하는 자본주의적인 도시들이 이러한 성장을 도왔다.

농업의 성장은 산을 하얀 산, 즉 민둥산으로 만든 대가로 이루어졌다. 나무를 베었으며 그리고 작물을 재배하거나 농장으로 운영하거나 가축 사육을 위해서 일시적으로 울타리 치기를 했다. 성촉절[聖燭節, 2월 2일]에서 다음의 성 요한 축일[6월 24일]까지 농민들은 이 비어 있는 작은 땅떼기를 이용해서(임시적인 이용이 영구화되었다) 올리브 나무나 약간의 포도나무 이외에도 다른 나무를 심을 수 있었고 가축을 기르기 위해서 약간의 땅에 울타리 치기를 할 수도 있었다. 수많은 기록들은 이 척박하고 돌이 많은 빈 땅을 개간하기 위해서 긴 싸움을 벌였다는 사실과 과거에 사용했던 일련의 단어들(미경작지를 뜻하는 에스칼리아스[escalias], 개간하다를 뜻하는 에스칼리아르[escaliar], 가시덤불을 제거하거나 개간하다를 뜻하는 아르티가르[artigar], 토지의 선취권을 뜻하는 프레수라스[presuras], 경작되지 않은 땅을 뜻하는 발디오스[baldios], 공동 목초지를 뜻하는 데헤사스[dehesas],

공동 재산과 농민들이 가축을 이용해서 탈곡을 할 수 있었던 마을 입구에 있는 공터를 뜻하는 에지도스[ejidos])을 기록했다. 이 모든 단어들은 후기 라틴어에서 유래했고 단어의 본고장인 카스티야에서처럼 카탈루냐나 안달루시아 지방에서도 변형된 형태를 찾을 수 있으며, 일정 정도 유럽의 농촌 전체와 관련되어 있었던 문제들의 핵심으로 우리를 인도할 것이다. 아마 그럴 것 같다. 그러나 이러한 성장의 정도를 측정하고 성장이 계속되었는지를 확인하고(왜냐하면 16세기가 끝나기 전에 에스파냐에서 인구 증가는 짧게 종식되었기 때문이다), 관찰자들이 오랫동안 과대평가했던 농촌 사회의 넉넉함을 제대로 평가할 필요가 있을 것이다. 역사가들이 높이 찬양했던 "농촌 부르주아지"는 매우 불안정했다.[319] 16세기 중반을 넘어서자마자 농촌의 위기가 발생했다. 지력이 고갈되었을까? 1560년 10월 12일자 펠리페 2세의 기묘한 편지는 정확히 반대 상황을 보여준다.[320] 농민들은 아마 프랑스에서와 마찬가지로 여전히 완화되지 않았던 장원제라는 굴레보다도 고리대금으로 더 큰 고통을 받고 있었다. 고리대금은 16세기 "초"에 경기가 상승할 때에는 농민들에게 그 나름으로 도움을 주었다. 1550년 이후에는 농민들에게 피해를 주고 농민들의 소유권을 빼앗았다. 불경기는 빨리 찾아왔다. 1571년에는 아스투리아스, 갈리시아, 부르고스와 레온에서 모집한 12,452가구를 그라나다로부터 국외로 추방당한 모리스코가 살던 땅의 400개 마을에 분산 배치했다. 20년 후인 1593년의 공식 조사기록은 이 조치가 성공하지 못했음을 보여준다. 일부는 상속재산을 팔았고, 다른 일부는 채권자들에게 자신의 재산을 저당 잡히거나 아무도 모르는 곳으로 도망갔고, 일부 운이 좋은 사람들은 이 수많은 혼란을 이용해서 올리브 나무를 사거나 땅을 구입하여 부농이 되었다.[321] 신(新)카스티야 지방의 마을들에 관한 조사(1575-1580)와 그와 관련된 문서들을 전부 연구한 한 역사가는 이 근면한 마을에 어둠의 그림자가 더 길어진 것을 확인했다.[322] 더 이상 개간할 곳이 없는 토지에 너무 많은 인구가 살았고, 제대로 보수를 받지 못하는 날품 일꾼(고용된 농민)이 너무 많았고, 도시와 인도로의 이주가 시작되었고 농촌 마을은 쇠퇴했다.

에스파냐 경제는 의심의 여지없이 대략 1580-1590년대[323]에 큰 전환기를 맞았는데, 첫 번째로 농업이 잘못된 길로 들어섰다. 우리는 에스파냐가 이 경기에서 어떻게, 왜 그리고 언제 패하게 되었는지를 알지 못한다. 우리는 문제를 야기한 주체와 문제의 내용은 파악할 수 있다. 이동하는 양떼, 우리에서 기르는 가축들, 물을 대서 오렌지 나무, 뽕 나무, 기타 과실수를 재배하는 관개 농장인 레가디오스(regadios)의 일상적인 운영, 포도나무와 올리브 나무가 자라는 건조한 땅인 세카노스(secanos), 2년이나 3년에 한 번씩 반은 보리, 나머지 반은 밀을 경작하는 농지, 휴한지, 잠두를 심은 휴한지 바르베코스(barbechos). 그러나 지브롤터 지역에 관해서 이루어진 1492년의 조사[324]가 보여주는 것처럼 산악지대 농민들은 어느 해에는 아무것도 경작하지 않기도 했다. 16세기 말에 그것은 패배한 경기가 되어버렸다.[325]

외국산 밀이 이 사태에 책임이 있는 것은 아니다. 기껏해야 그것은 상태가 좋지 않다는 전조 증상일 뿐이었다. 오랫동안 어려움을 겪었던 포르투갈에서는 사람들이 기묘한 결과를 감지했다. 리스본 주재 에스파냐 대사는 1556년 10월 1일에 "이 나라는 병들어 있고 다수의 지역에서 많은 사람들이 자신들이 섭취했고 여전히 섭취해야 하는 끔찍한 음식 때문에 병들어 죽어가고 있다. 올해는 지난해보다 빵이 더 줄어들었고, 신이 이 사태를 해결해주시지 않는다면 모두가 미래를 불안해 할 것이다. 이곳 리스본에는 바다를 통해 프랑스로부터 들어왔던 빵도 현재 줄어들었다. 그러나 모든 것이 곧 잘 될 것이다"라고 기록했다.[326]

펠리페 2세가 1580년에 합병할 당시 포르투갈은 안에서부터 썩은 나라였고, 너무나 무거운 짐이었다. 그러나 영양 결핍과 질병은 관련이 있었다는 것을 상기하자. 왜냐하면 그것은 객관적인 사실이기 때문이다. 16세기 말 유럽 전체의 후퇴에 앞서서 에스파냐를 강타한 전염병은 이를 잘 설명한다. 이러한 위기는 근본적인 균형을 뒤흔들었다.

투르크 밀 교역의 급성장 : 1548-1564년

세기 중반에 들어 이탈리아에서 농업 생산의 위기가 발생했다.[327] 이탈리아 반도는 연이은 흉년, 명백한 곡물 공급의 부족, 물가 상승을 경험했다. 이러한 어려움의 이유는 명확하지 않았다. 인구 과잉, 나쁜 기후 조건, 농업투자의 감소, 외국과의 전쟁. 모든 일이 일어날 수 있었고 게다가 더한 일도 추가적으로 발생했으며 베네치아 같은 안전지대조차 피할 수 없었던 "밀과 그밖의 다른 곡물 부족으로" 인해서 사태는 더욱 악화되었다.[328] 어쨌든 이탈리아는 때로는 혹독했던 어려움을 해결할 쉬운 처방책을 찾아냈다. 그것은 은화로 곡물을 구입하는 것이었다. 이탈리아의 대형 곡물선과 라구사의 곡물선이 곡물을 들여오기 위해서 레반트 항구와 투르크 시장을 찾아갔다.

이 교역이 활성화되자, 선박의 평균적인 수송능력은 600톤 정도로 증대되었고, 곧이어 600톤을 상회하게 되었다. 이 대형 선박들 중에서 콘스탄티노플에서 이집트의 알렉산드리아로까지의 긴 수송을 전담하는 오스만 제국의 선박들이 있었다는 것은 예상 밖의 일이었다. 오스만 선박들 중에서 대재상 루스템 파샤 소유의 선박이 1551년 12월, 잔 프리울리의 물건을 싣고 베네치아에 입항했고, 베네치아 정부는 정박세를 면제해주었다.[329] 게다가 이 시기에는 소유한 농지에서 밀을 생산하여 돈을 벌려는 투르크의 고위관리들이 곡물 교역에 활발하게 참여했다. 투르크는 특히 초기에 잉여 곡물을 어떻게 처리해야 할지를 몰라서 곡물을 사달라고 요구하는 입장이었다. 1551년 9월 4일, 베네치아 바일로는 "우리 상인들이 신중하면 할수록 더 유리한 조건을 확보할 수 있을 것입니다. 왜냐하면 귀족들만큼이나 일반인들도 많은 밀을 가지고 있고, 황제와의 전쟁 때문에 베네치아와 라구사 상인들 이외에는 밀을 구매할 다른 상인들이 없기 때문입니다"라고 편지를 썼다.

시난 파샤가 트리폴리 원정에서 영광스러운 승리를 거둔 1551년, 베네치아는 이 항구도시들로부터 적게는 30만에서 많게는 40만 스타이오(2,400만에서 3,200만 리터, 대략 18만에서 24만 퀸탈)의 곡물을 수입했다. 여기에 다른 화물, 특히 제노바 선박의 화물을 추가하면, 아마 이 해에 투르크로부터 수입된 밀은 50만 퀸탈에 이를 것이다. 불행히도 우리는 제노바 선박에 대한 정확한 정보를 가지고 있지 않다. 오스만 제국의 모든 항구들이 이 수출에 동참했다. 이집트 항구에서 약간의 곡물이, 그리스 항구에서 많은 양의 곡물이, 마르마라 해의 항구에서는 상당히 자주, 흑해 연안의 바르나에서도 때때로 곡물이 유럽으로 수입되었다. 원칙적으로 가죽이나 양모를 선적하기 위해서 로도스토[터키 북서부의 테키르다]로 가야 했던 라구사 선박들은 몰래 볼로스 항에 정박했고 그곳에서 밀을 선적했다. 이 모든 것은 주로 콘스탄티노플에 자리잡은 베네치아 상인들에게 꽤 훌륭한 사업이 되었다. 베네치아 상인들 중에서는 안토니오 프리울리의 활동이 두드러졌다. 레반트에서 구입해서 이탈리아에서 판매해서 얻은 가격 차이가 2배, 2.5배 때로는 3배였기 때문에 상인들은 이 장사에서 "손해를 볼 수 없었다."

그렇지만 이탈리아 도시들이 상인들에게 선금과 사업 수당을 제공하고 판매 가격을 보장했던(이는 처음에는 곡물 구입에 필요한 현금을 확보하는 것이 매우 어려웠음을 보여주는 증거이다) 이 특권적인 교역은 베네치아와 라구사뿐만 아니라 의심의 여지없이 다른 곳에서도 항상 뜻밖의 불행한 결과를 초래했다. 선적항에서 수요가 지나치게 많으면 밀 가격이 빠르게 올라갔다. 곡물 교역은 여전히 수지맞는 장사였지만, 아마 베네치아 구매상들에게는 이전의 매력이 상실되었을 것이다. 왜냐하면 1554년 10월 24일, 베네치아 원로원은 밀만 싣고 베네치아로 입항하는 외국 선박에게는 베네치아 선박에게 물리는 정박세보다 높지 않은, 즉 동일한 세금을 내도록 허용했기 때문이다.[330] 적어도 이 조치는 베네치아가 엄청난 규모의 선단을 보유하고 있었음에도 불구하고, 레반트로부터 베네치아로 곡물을 수송하는 데에 어려움을 겪었음을 보여준다.

1555년 이후 밀은 이집트뿐만이 아니라 콘스탄티노플 그리고 시리아 할 것 없이 부족해졌고, 가격은 계속해서 올랐다. 1550-1551년에 킬로당 51-55악체였던 밀 가격은 1554-1555년에 63-65악체로 올랐고, 1557-1559년에는 100악체가 되었다.[331] 동시에 1555년 오스만 제국은 첫 번째 수출 금지령을 선포했다. 그런 연유로 오스만 제국의 갤리 선들이 주요 곡물 선적항 주변에서 유럽 선박들을 자주 공격했다.[332] 갑자기 밀수가 증가했고, 불법 거래는 크레타 섬의 카니아에서 돌파구를 찾아 그곳에서 밀거래가 성행하게 되었다. 스테파노 타라보토나 마르키오 디 포조 같은 전문가들이 그곳에서 활동했다. 카이크 선들과 카라무살리 선들이 밀거래된 밀을 유럽의 대형 선박에게 제공했다. 금화와 은화는 해결할 수 없을 것같이 보였던 많은 문제들을 해결해주었다. 1559년 10월 14일, 피에로 데 메디치는 코시모 1세[1519-1574]에게 쓴 편지에서 "베네치아가 교묘한 술책으로 오스만 제국으로부터 네그로폰테[에보이아 섬]를 봉토로 받을 것이라는 소식을 확실한 정보원을 통해 들었습니다. 베네치아인들은 그 대가로 엄청난 공물을 제공했고, 그 대가가 너무 커서 그만큼의 큰 수익을 얻기는 힘들 것입니다. 이 모든 것은 프랑스나 에스파냐를 통하지 않고 자신들이 필요로 하는 밀을 얻기 위해서입니다"라고 썼다.[333] 그것은 카토-캉브레지 조약[1559년] 직후에 나왔던 단순한 비방이었다. 당시 오스만 제국은 밀 수출을 막는 두 번째 금지령, 즉 정선(停船) 요구 위협 공격 명령을 내렸으나, 이 명령은 밀무역 행위를 종식시키지는 못했다. 1562년, 1563년, 1564년에 베네치아 정부가 공화국과 자국 상인들의 이익을 지키고자 여러 차례 자국 상인들의 안전을 보장했기 때문에 베네치아 상인들은 "목숨을 무릅쓰고" 레반트에서 장사를 하려고 계속해서 레반트를 찾았다.[334]

그러나 분명히 1561년부터 어려움은 더 커졌다. 사고들이 발생했다. 화물을 싣고 있건 비어 있건 상관없이 선박들은 항해 도중에 나포되었고, 화물 없이 돌아오는 선박들도 있었다. 베네치아 정부는 1564년에 크레타 섬의 스테파노 타라보토에게 카니아를 통한 비합법적인 무역을 활성화시키는 임무를 맡겼지만, 큰 성공을 거두지 못했다. 하는 수 없이 베네치아 갤리선들은 라구사의 라운드쉽을 나포했다(1563년 12월, 1565년 3월, 1566년 1월). 알려진 것만 해도 6번의 나포가 있었고, 2년 남짓한 기간에 총 3만 7,000스타이오에 약간 못 미치는 양, 즉 2만2,000퀸탈의 곡물을 빼앗았다.[335] 이러한 대량 약탈도 어려워진 상황을 완전히 타개할 정도는 아니었다. 투르크 소맥 무역의 전성기는 오래가지 않았다.

따라서 이탈리아가 자신들이 일상적으로 먹는 빵 문제를 다른 방식으로 해결해야 했던 것은 오스만에서 곡물 부족이 시작되었기 때문이다. 한 역사가는 그중에서도 1564년부터 1568년까지의 시기, 1572년부터 1581년까지의 시기, 1585년부터 1590년까지의 시기가 매우 비참한 시기였음을 확인했다. 그렇다고 그 시기들 사이의 시기에는 곡물이 풍족했음을 의미하는 것은 아니다. 거대 도시인 콘스탄티노플에서는 모든 불행들이 집중되었다. 밀 부족, 물가 앙등, 가공할 기근, 마지막으로 전염병이 발생했다. 콘스탄티노플 주재 베네치아 바일로의 편지에 따르면, 1561년부터 1598년까지의 94개월(합해서 모두 8년 가까이 되는 기간이었다) 동안 전염병이 돌았는데, 이 수치조차도 실제보다는 낮았다.[336] 이러한 증언들은 중요하지만 문제의 본질을 감출 위험이 있다. "카롤링거 왕조 방식"의 종신 영지(일종의 "은대지")에 기반한 이 세련되지 못한 오스만 제국은 다른 세계와 접촉하게 만들었던 승전들(1516년 시리아 정복, 1517년 이집트 정복, 1522년 로도스 섬 정복, 1540년 벨그라드 정복, 1541년 헝가리 정복) 덕분에 그리고 몇 년 동안 급성장한 밀 교역 덕분에 오래된 관계망을 무너뜨릴 정도로 이미 매우 강력해진 화폐경제에 휘말려 들어갔다. 그러나 아직 화폐경제는 진정으로 새롭고 근대적인 구조를 창조할 만큼 강력하지 못했다. 평가절하, 가격 상승, 자유로운 화폐 축적, 사치품 수입 확산 등을 동반한 화폐경제가 낡은 경제에

덧씌워져 있었다. 이러한 화폐경제는 내부에 화폐경제로부터 벗어나 있는 섬들과 작은 섬들을 만들었다.

밀 위기와 화폐 위기는 상속 소유권의 발전을 크게 촉진시켰다. 서양에서는 "은대지(beneficium)"에서 "봉토(fief)"로의 이행, 즉 국가의 선의에 좌우되는 불완전한 소유권에서 당시 폴란드나 모스크바 공국의 장원에서 잘 드러났던 완전한 소유권으로의 이행이 일어났다. 역사가들은 16세기부터 18세기 사이에 일어난 "재봉건화(reféodalisation)"—적합하지 않은 용어이다(그러나 어떤 단어로 대체할 수 있을까?)—현상에 대해서 이야기하는데, 이와 유사한 현상이 투르크에서도 발생했다. 그러나 아직은 연구가 부족하기 때문에 이를 어떻게 지칭해야 할지 모르겠다. 부슈–잔트너의 선구적인 책[337]은 (그러나 16세기 말과 17세기 초에) 토지 개간사업 덕분에 곡창지대에 치프틀리크(čiftlik : 농노가 있는 농장)가 만들어졌음을 보여준다. 외메르 루트피 바르칸과 그의 제자들은 그들이 수행한 방대한 연구를 통해서 이런 근대적 소유권의 확산이 급성장한 곡물 교역에 참여하여 이익을 얻은 황후와 파샤들에게 유리하게 작용했음을 밝혀냈다. 몇몇 예외를 제외하면 그들은 "백성들"에게는 유럽 구매자들에게 밀의 판매를 금지하고 자신들이 판매를 독점했다. 우리는 이러한 변화가 어느 정도였는지를 짐작만 할 뿐이다. 서유럽에서처럼 투르크에서도 "가격혁명"과 농업혁명이 있었다. 다른 곳과 마찬가지로 오스만 제국에서도 인구 증가가 이 혁명들을 추동했다.

이것은 비교의 역사에서 매우 중요한 의미를 가지기 때문에 투르크 문제를 명확하게 조사하지 않고서는 지중해 전역에 적용할 수 있는 결론을 내리기가 망설여진다. 지금까지 우리는 투르크의 곡물시장이 활성화되었다가 이후 쇠퇴한 이유를 잘 모른다. 인구 증가가 분명히 그 이유의 하나일 것이다. 국경에서의 전쟁과 군대는 도시와 마찬가지로 잉여 식량을 소비했다.[338] 경제적, 사회적 혼란도 원인일 것이다. 이후의 연구들이 그 원인을 좀더 명확히 밝힐 수 있을 것이다. 그러나 큰 변화들이 1560년대 이후에 나타났다

는 것은 확실하다.[339]

자국에서 생산된 빵 먹기: 1564년부터 1590년까지 이탈리아의 상황

"사실 1560년 이후 시작되어 1570년에는 분명해진 레반트 곡물시장의 폐쇄로 인해서 이탈리아는 증가하는 인구를 먹여 살리기 위해서 이전의 곡물 공급지를 다시 찾을 수밖에 없었다."[340] 1564년부터 1590년까지 일어난 극적인 그러나 과장된 사건들에도 불구하고, 이탈리아는 살아남았다. 그러나 그것은 일부 이탈리아를 의미하는데, 그런 의미에서의 기생적인 대도시들―로마, 제노바, 베네치아―은 가장 힘든 위기를 겪었지만, 시련을 이겨냈다. 세 가지 설명이 가능하다.

1. 이 지역들은 아직은 곡물이 넉넉한 다른 이탈리아 지역의 과잉 생산량을 수입했다. 시칠리아 섬, 풀리아 지방, 로마니아 지방, 에밀리아-로마냐 지방, 아브루치 지방, 코르시카 섬[341]이 과잉 생산지역이었고, 때로는 사르데냐 섬도 곡물이 남았다. 이곳들은 여전히 낙후되어 있었고, 때로는 상인들의 상업 활동에 개방되어 있지 않았다. 제노바, 로마, 베네치아의 사례는 충분히 설명의 근거 자료가 된다. 베네치아는 곡물 부족분을 보충할 수 있는 작은 공급지역들을 추가로 확보하고 있었다. 불확실하지만 바이에른 지방의 밀을 확보할 수 있었고, 아드리아 해의 투르크령 항구도시들에서 곡물을 구입할 수 있었으며, 공급량도 얼마 되지 않았고 사람들이 달다고 불평했던 저급한 품질에도 불구하고 알바니아의 밀은 구세주와 같았다. 알바니아 지방에서 곡물 구매상들은 어떤 방해도 받지 않았다. 알바니아의 토지 소유자인 귀족들은 폴란드 지주들과 같은 방식으로 대응했으며, 화폐경제의 침투가 미약했기 때문에 곡물 가격은 거의 변하지 않았다. 그것은 고전적인 패턴의 식민지 교역이었다.

2. 그리고 과거보다는 훨씬 더 밀 이외의 다른 곡물에 의존할 수 있었다. 이를 증명하는 것은 매우 중요하지만, 명확한 증거를 찾기는 어렵다. 기술

역사학사에서는 계속해서 이를 증명하려고 한다. 예를 들면, 베네치아에서는 새로 수확을 하기 직전인 1604년 7월, 창고에는 밀과 동일한 양의 기장이 남아 있었다.[342] 기장은 헝가리 남부로부터 수입한 고기처럼, 잠두콩, 완두콩, 렌틸 콩 등의 콩 종류처럼, 또한 호밀처럼 가난한 사람들이 먹는 양식이었다. 기장은 앞으로도 몇 세기 동안 계속해서 가난한 사람들이 연명할 곡물이었다. 게다가 밀보다 보관이 잘 되는 (흔히 10년 이상 보존되는)[343] 기장은 베네치아의 "육지 영토," 달마티아, 레반트에서는 탁월한 군용 식량이었다. 또한 북이탈리아에서 오래 전부터 재배해온 작물들 중 하나였다. 1372년[344] 극적인 키오지아 전투에서 제노바의 공세로 궁지에 몰린 베네치아는 창고에 있던 1만 스타이오의 기장 덕분에 살아남을 수 있었다. 기장은 16세기에는 보조적인 곡물이 아니라 가난한 사람들의 주식이었다. 1564-1565년 겨울에 베네치아에서 얼마 떨어지지 않은 비첸차에서는 밀이 생산되지 않았기 때문에 "거의 모든 사람들이 기장을 먹고 살아야 했다."[345] 베네치아에서 1569년 10월에 시작되어 다행히도 풍년이 들었던 1570년의 수확기까지 지속된 식량 부족으로 인해서 산 마르코 광장과 리알토에 위치한 밀가루 담당 관청은 비축용 밀가루를 매일 나누어주게 되었다. 밀가루 배급권으로 매일 1인당 2개의 빵을 받을 수 있었다. 반은 밀가루 빵이고 반은 기장 빵이었다.[346] 20년 후인 1589년에도 여전히 베네치아에서는 수확 전에 밀 가격이 급상승해서 5, 6, 7두카트에 육박했다. 정부는 제빵업자에게 밀 4분의 3과 쌀 4분의 1 비율로 쌀 빵을 만드는 것을 허용했다. 그러나 "이 빵은 너무 달아 식욕을 자극했기 때문에 이 해결책은 곧바로 철회되었다. 베네치아 정부는 가난한 사람들의 진정한 이익을 우선적으로 보호하기 위해서 기장 빵을 구워 가난한 사람들에게 판매하도록 명했다. 그것은 지독하게 맛이 없었다."[347] 1590-1591년에는 상황이 더욱 어려워졌고, 1592년에는 상황을 개선하기 위해서 레반트, 영국 그리고 바이에른 지방으로부터 밀을 수입해야 했다. 그러나 이 해는 상황이 덜 심각했다. 왜냐하면 이전 시기의

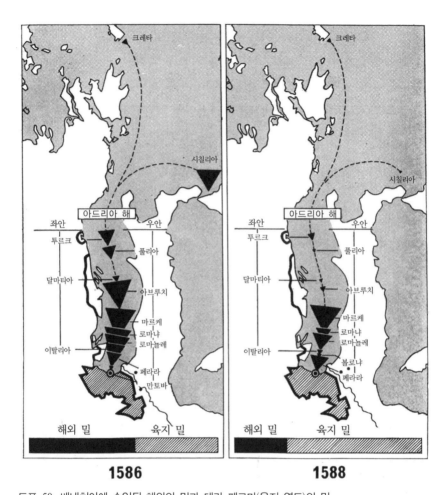

1586　　　　　　　　　**1588**

도표 50. 베네치아에 수입된 해외의 밀과 테라 페르마(육지 영토)의 밀
코레르 미술관, 217에 의한다. 베네치아는 항상 자국의 밀과 해외 밀을 식량으로 했다. 16세기
말에는 해외 밀이 더 이상 큰 역할을 하지 못한다(예를 들면, 1588년). 베네치아의 육지 영토의
곡물 생산 노력은 16세기에도 계속되었는데, 그것이 베네치아 경제의 주요한 특징 중의 하나인
것은 의심할 여지가 없다. 그리고 수입 밀 중에서는 아브루치 지방 및 북이탈리아의 밀이 중요한
역할을 한 것에 주목하자. 나폴리와 시칠리아 밀은 점점 더 줄어들었다. 이때가 되면 레반트와
서지중해로부터는 더 이상 밀이 수입되지 않는다(에밀리아 지방은 로마냐 지방의 북쪽에 있으며,
정확하게는 에스테의 로마냐, 즉 루고와 바냐카벨로의 영토이다).

경험에서 배운 정부는 처음부터 제빵업자들에게 "기장, 호밀, 다른 혼합 곡
물 등 곡물에 상관없이 그리고 어떤 무게 제한도 없이 빵을 만들 수 있도록"

허락했기 때문이다. "그래서 베네치아 시에서는 모든 크기의 혼합 곡물 빵이 판매되었고 제빵업자는 더 많이 팔기 위해서 크고 좋은 빵을 만들려고 노력했다."[348]

따라서 어려운 시절에는 보조 곡물들도 베네치아에서 그 나름으로 중요한 역할을 했다. 다른 시기에도 가난한 사람들은 보조 곡물을 어느 정도 일상적으로 구매했다고 가정하는 것은 너무 성급한 결론이 아닐까? 이러한 소비가 많았다고 가정하는 것은 베네치아 곡물 수급에 관한, 겉으로 보기에는 서로 모순되어 보이지만, 정확한 수치 자료들을 서로 조화시키는 데에 도움을 줄 것이다. 첫 번째 자료는 마리노 사누도의 자료이다. 베네치아는 1511년 10월부터 1512년 8월 말까지 모두 11개월 동안 100만 스타이오 이상(정확히 1,080,721스타이오)의 밀을 받아 창고에 저장했다. 이 11개월의 월평균을 기준으로 1년 수입량을 계산하면, 대략 120만 스타이오라는 수치가 나온다. 모두 합해서 거의 70만 퀸탈에 해당하는 엄청난 양이었다.[349] 1548년, 1552년, 1555년과 1556년에 관한 기록들은 좋은 해와 나쁜 해를 합한 연평균이 밀가루 656,970스타이오였음을 보여준다(이 수치는 밀로 계산하면 좀더 많은 수치가 된다). 결국 1604년에 도시의 소비량은 밀 515,257 스타이오였다.[350] 반면 그 사이에 인구가 감소하지 않았기 때문에 두 가지 설명이 가능하다. 상대적으로 빵 소비가 감소했거나 아니면 빵을 굽는 데에 사용된 곡물 중 밀의 비중이 감소했거나. 두 번째 설명이 더 설득력이 있는 것 같다.

3. 마지막은 전체적인 설명인데, 가장 중요하다. 이탈리아는 자체 생산을 늘려서 자신을 구했다. 그것은 아마도 1450년 이후 시작되어 장기간 계속된 현상이었다. 이러한 농업 생산 증가는 우리가 이미 알고 있는 여러 방식의 결과였다. 구릉지 정비, 산의 경사면 개간, 다양한 크기의 평야의 정비, 곡물 재배와 목축 병행 등이다. 곡물 재배가 목축과 곡물을 먹고 사는 가축들을 몰아냈다. 왜냐하면 인간을 위해서 더 많은 땅이 항상 필요했기 때문

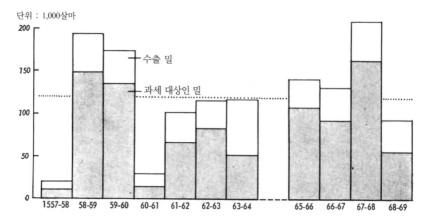

단위 : 1,000살마

도표 51. 시칠리아의 곡물 수출

시망카스 문서보관소의 기록에 근거했다. 색이 있는 부분은 관세를 지불한 수출 밀이고, 흰색 부분은 관세를 지불하지 않은 밀이다. 점선으로 표시되어 있는 이 수치는 평균 수출량으로 대략 12만 살마 정도였다. 연도별로 수출량이 다른 것은 수요 변동보다는 수확량의 차이에서 기인한 것이었다. 시칠리아는 3년 내지 4년에 한 번씩 수확이 좋지 않았다. 17세기에도 수출량은 평균적인 수준을 유지했고, 시기별로 동일한 약간의 변동이 있었을 뿐이다.

이다. 곡물 재배의 필요성은 삼림을 파괴했고 야생동물을 소멸시켰으며 가축의 수를 줄였다. 그것은 옛날부터의 방식이었다. 13세기 롬바르디아 지방에서의 개간 사업은 밀을 재배할 수 있는 땅을 확대했고 양의 수를 감소시켰다. 프란코 보를랜디[351]는 여기에서 모직물 위기의 원인의 하나를, 그리고 반은 모직이고 반은 면직인 혼방직물 푸스티안(fustian), 즉 최초의 모직물 대용품이 성공한 원인을 찾았다는 점에서 옳았다.

이러한 과정들의 진행에 의해서 농촌 풍경은 변해갔다.[352] 고대부터 그냥 방치되어 목초지 정도로 사용되던 야산은 중세의 인구 폭발 시기에 거듭된 개간에 의해서 정복되었다. 개간된 땅에는 포도나무를 보호하고 가축들을 먹일 잎사귀를 제공하는 나무가 심어졌다. 16세기에는 이러한 토지 개간사업이 산 정상으로까지 확대되었다. 나는 산 정상까지도 경작되고 있는 이탈리아에 관한 프란체스코 귀차르디니의 말을 인용한 바 있다.[353] 1580년에 몽테뉴는 루카의 온천 지역에서 본 광경에 놀랐다. "모든 산들은 작물이

322

재배되었고, 밤나무와 올리브 나무로 뒤덮여 정상까지 모두 녹색입니다. 그리고 산에 심은 포도나무는 산을 원형으로 그리고 층층이 둘러싸고 있습니다. 약간 높은 바깥쪽 경계 부분에는 포도나무가 있고, 안쪽에는 밀이 자랍니다."[354] 그러나 이탈리아인들이 체계적으로 농지 개간을 확대한 곳은 바로 낮은 습지 지역이었다.

이러한 진전은 점점 더 많은 노동력과 자금을 필요로 했다. 따라서 도시로부터 큰 투자를 이끌어냈다. 최근에 귀족이 된 부르주아 출신의 소유주들은 토지를 이용해서 돈을 벌거나 아니면 안전하게 토지에 투자하거나 했다. 이러한 과정에서 그들은 중요한 문제에 직면했다. 그것은 많은 농민들을 훈련시키고 이용하는 것, 즉 일상적인 용어로 표현하면, 농민들의 노동력 중에서 "가장 가치 있는 것"을 수탈하는 것이었다. 불행히도 우리는 이 복잡한 전개에 대해서 매우 불완전하게밖에 알지 못한다. 루지에로 로마노[355]는 우리가 많이 인용하는 그의 글에서 15세기와 16세기 초의 초기 토지 투자는 수익이 매우 높았다고 주장한다. 초기에는 소규모 투자로도 충분히 많은 수익을 기대할 수 있었다. 사실 이것은 바스코 다 가마의 귀환 이후 리스본에서 형성된 초기 상업 자본주의의 양상과 동일했다.[356] 벨저 가문과 푸거 가문의 시대에 전성기를 맞은 초기 상업 자본주의와 동시대의 토지 자본주의의 행복한 시작이었다. 그 이후 상황은 나빠졌다.

이 모든 것은 명백히 가설이다. 베네치아의 경우 주로 저지대와 습지의 미개간 토지에 대한 투자는 기록이 믿을 만하다면, 1550년대 이전에는 거의 일어나지 않았다(베네치아는 이탈리아의 다른 곳보다 상황을 더욱 정확하게 알 수 있는 기록은 많지만, 아마 이런 종류의 투자에서는 뒤처져 있었을 것이다). 그때에 가서야 농민과 토지 소유주 간의 사회적 갈등이 분명하게 나타났다. 이제 사회 하층민의 토지 관련 범죄가 고위 지배계층의 정치적 범죄의 뒤를 이었다. 16세기 말이면 이러한 문제들이 잠재되어 있었던 사회적 혁명을 초래했다. 왜냐하면 그것은 약탈행위의 진면목이기 때문이다. 이 점에 대해서는 이후에 다시 검토하겠지만,[357] 16세기가 진행될수록 이러한 혼란을 보여주는 기사들은 점차 늘어났다. 역사가들은 이 시점에서 베네치아의 엄청난 부가 상업 투자에서 이탈해서 이익이 있건 없건 브장송의 환어음을 이자를 받고 대부하는 사업 그리고 더 나아가 시골 농지나 비용이 드는 토지 개간사업으로 이동했다는 느낌을 가지게 된다. 자본주의 이전 시대의 고적적인 주기가 종결되었다.

이 모든 역사는 명확하지도 않고 결코 증명된 것도 아니다. 이탈리아 밀의 역사 뒤편의 배경 같은 것이다. 그렇지만 그 역사는 우리에게 밀의 역사가 어떻게 흘러갔는지에 대한 암시를 줄 수 있다. 그러나 우리의 정보는 결론을 내리려는 순간 우리를 배신한다. 농업 경기가 전환한 것은 확실히 1550년 이후였고, 아마 1600년 이전은 아니었을 것이다. 그리고 토지 소유자들의 상황은 동일하지 않았다. 토지 소유자들은 승리했다. 왜냐하면 카스티야에서처럼 이탈리아의 농민들도 패배했기 때문이다. 어쨌든 많은 급격한 변화에도 불구하고, 이탈리아 농민들의 광범위한 노력과, 이익을 쫓는 토지 소유자들의 탐욕 덕분에 1564-1590년에, 실질적이든 외형적이든, 식량 공급의 균형이 유지될 수 있었다는 것은 의심의 여지가 없다.

마지막 위기 : 1590년 이후의 북유럽의 밀

지중해 곡물 수급의 온갖 어려움은 이미 오래 전부터 북유럽 밀의 대량 유입을 예고했고, 네덜란드 범선, 한자 동맹 범선, 잉글랜드 범선이 1590년대부터 발트 해 연안 지역으로부터 지중해로 북유럽 밀을 대량으로 들여왔다. 이것이 북유럽에서 온 첫 번째 밀은 결코 아니었다. 이베리아 반도는 말할 것 없이 제노바도 이미 15세기 중반 이후 북유럽의 밀을 수입했다.[358] 1527년 베네치아는 플랑드르나 잉글랜드로부터 밀을 들여왔다.[359] 마찬가지로 1530년경 스트로치 가문도 북유럽의 밀을 로마에 공급했던 것 같다.[360] 1539년 10월에 안트베르펜에서 활동하던 곤차가 가문의 대리인은 밀을 선적한 16척의 대형 선박들이 이탈리아(제노나, 피렌체, 루카)를 향해 출발했다는 소식을 전했다. 그는 사전에 그 밀이 보존이 잘 된 상태는 아니라고 말했다.[361] 아마 1540년대 이후부터 코시모 데 메디치는 플랑드르로부터 밀을 수입했던 것 같고, 토스카나 지방은 적어도 1575년에는 브르타뉴의 밀을 구입하려고 노력했던 것 같다.[362] 우리가 우연하게 알게 된 이런 선적 사례들 이외에 다른 10내지 20건 정도의 사례들은 기록되지 않았던 것 같다.

그러나 이러한 움직임은 1586년부터[363] 특히 이탈리아를 강타했던 일련의 흉작이 있은 연후에 규모가 커졌다. 그 피해는 누적되었다. 1590년의 상황은 비극적이었다. 토스카나 대공은 곡물을 구하기 위해서 처음으로 단치히로 사람을 보냈고,[364] 뒤이어 베네치아가 그해 겨울에 사람을 보냈다.[365] 1590-1591년 이후 확실히 북유럽의 곡물을 실은 선박들이 리보르노[366]와 제노바[367]에 도착했다. 1591년 베네치아의 서기관 오토본은 단치히에서 5척의 선박을 베네치아로 보냈다. 같은 해 6월에 한 피렌체 상인은 "비가 정말 많이 와서 지난해처럼 수확이 걱정스럽습니다. 밀, 적어도 평야의 밀은 땅 위에 쓰러져 마르지도 않은 채 매우 축축해져 썩어가고 있습니다"라고 썼다.[368] 여기에서 다시 한번 기후가 부분적으로 흉작에 대한 책임이 있다는 점을 언급할 필요가 있다. 9월에 동일한 상인이 단정적인 답을 제시한다. "밀 부족으로 매우 힘든 해를 보내야 합니다. 가장 좋고 확실한 방법은 함부르크와 단치히로부터 밀을 수입하는 것입니다."[369]

그렇게 해서 북유럽의 밀을 실은 선박들의 여정이 시작되었다. 1592-1593년 이전에는 대량의 밀이 들어오지 않았다. 리보르노 항구의 기록에 따르면, 1593년 거의 1만6,000톤의 북유럽 밀과 호밀이 수입되었다.[370] 그 중 절반은 토스카나 대공의 것이었고, 나머지는 루카의 부온비시 가문, 볼로냐의 루키니 가문, 피렌체의 베르나갈리 가문, 부오나코르시 가문, 비아코랄리 가문, 비아키넬리 가문, 카포니 가문, 란프란키 가문, 베르치겔리 가문, 오를란디니 가문, 멘데스 가문, 시메네스 가문, 리카솔리 가문, 멜린키 가문, 바르디 가문, 구아르디 가문, 타디 가문, 마세이 가문의 상인들의 소유였다. 필요하다면 항구 기록[371]에 나오는 수입업자의 목록(몇몇 가문은 철자가 정확하지 않을 수도 있다)은 곡물 교역이 얼마나 넓게 분산되어 있었는지를 보여준다. 1590년부터 1594년까지 리보르노의 곡물 수요는 잉글랜드, 단치히와 네덜란드에게 200만 에퀴 이상의 금액을 지불해야 할 정도로 매우 많았다.[372] 1596년에도 수요는 여전히 많았고, 대공은 다시 폴란드와 단치히로 대리인을 급파했고 북유럽에서의 모든 곡물 거래를 손에 넣으려고 노력했다.[373] 대규모 교역이 시작되었고 토스카나 대공은 막대한 자본 덕분에 점점 더 이 곡물 교역을 장악해갔다. 리보르노 항구는 곡물의 대량 유입 덕분에 괄목할 만한 성장을 이룩했다. 리보르노는 다른 이탈리아 도시들에 비해서 모든 종류의 장점을 가지고 있었다. 단치히의 선원들은 리보르노는 지브롤터로부터 일주일 정도의 거리에 있고 순풍을 타고 지브롤터 해협을 통과해서 리보르노로 항해할 수 있다고 말했다. 돌아가는 길에 그들은 리보르노 항구에서 명반을 선적했고, 1-2주일 후에 에스파냐에서 소금을 실었다. 베네치아로 가는 것은 완전히 다른 사업이었다.

그러나 모든 선단이 참여했던 리보르노로의 항해에 위험이나 장애물 때로는 유혹이 전혀 없었던 것은 아니었다. 영불해협을 통과하거나 스코틀랜드를 경유하여 브리튼 제도를 우회할 때에는 통행을 허용하지 않았던 잉글랜드와 충돌하거나 악천후를 만날 수도 있었다. 에스파냐의 항구에서는 억류되기도 했다. 지중해에서는 바르바리 해적들이 출몰했다. 당시 리스본이나 카디스 또는 세비야 항구에서 밀이 조금이라도 상하려고 하고, 유능한 영사관 당국이 허용해주기만 하면, 상인들은 그 곡물을 하역해서 팔아치우고 가능한 한 빨리 귀환하고자 했다. 결국 리보르노와 이탈리아 도시들이 북유럽의 가난한 도시들을 쥐어짤 수 있었던 것은 사전에 선금으로 곡물 값의 절반을 지불할 수 있었던 자금력 덕분이었다. 물론 토스카나와 주변 지방들만이 새로운 곡물 공급지를 필요로 했던 것은 아니었다. 이탈리아 전체가 이러한 상황에 익숙해졌고, 항구와 수요에 따라 북아프리카를 포함한 모든 서지중해 지역도 이러한 상황에 익숙해졌다.

곡물 부족으로 시작된 이 사업은 충분히 높은 수익을 가져다주는 것으로 판명되었다. 메디나 델 캄포의 상인 시몬 루이스는 초기에 이 사업에 대해서 매우 회의적이었다. 그는 1591년 4월 24일, 피렌체에 있는 대리인에게 쓴 편지에서 "나는 이탈리아에 빵이 부족하다는 점에 매우 유감이네. 신께서 이를 해결해주시길 빈다네. 내 생각에 플랑드르와 단치히로부터 수송되어 들어오는 밀은 좋은 상태일 것 같지 않네. 왜냐하면 밀이 세비야에 도착하면서 이미 상했기 때문이지. 그곳까지 가는 도중에 무슨 일이 벌어질지! 일반적으로 바다로 밀을 수송하는 것은 좋은 사업이 아니네. 나는 이 사업을 잘 아는데 비용이 너무 많이 들어가는군. 모든 것은 밀과 함께 같은 배를 타고 항해하는 선원들에게만 이익이 될 뿐이네. 나는 누가 이 사업에서 많은 돈을 잃을지 잘 알고 있네"라고 썼다.[374] 시몬 루이스는 리스본에 곡물을 공급하던 젊은 시절의 경험을 이야기한 것이다. 그러나 그는 틀렸다. 오토본이 베네치아로 보낸 5척의 선박 중에 3척만이 베네치아에 도착했고,[375] 다른 1척은 리스본에서 화물을 하역해야 했으며, 다섯 번째 선박은 사라졌다. 그러나 상인의 관점에서 보면 그 사업은 약간의 수익을 가져다주었다. 시메네스 가문, 특히 안트베르펜의 페르난두 시메네스는 이 사업 초기에 대규모의 계약을 함으로써 투자금의 3배의 수익을 올렸다.[376] 페르난두 시메네스는 토스카나 대공과 맺은 계약을 유지하기 위해서 동업자였던 베가 가문과 안드라데 가문을 사업에 동참시켰다. 북유럽의 곡물을 수송하는 사업에는 수송, 수송료, 밀 구매뿐만 아니라 안트베르펜(먼저)과 북유럽의 다른 지역들로 엄청난 자본을 옮기는 일 등이 포함되었다. 이러한 것들은 우리가 오토본의 수송에 관해서 이야기했던 것이며, 제노바의 식량 담당관이 발행한 환어음의 사본이 보여주는 것이기도 하다. 이런 사업을 통해서 이익

을 얻는 것이 가능했다.[377]

그러나 1590년에 시작된 위기가 완화되지 않고 계속된 것은 아니었다. 새로운 세기로 접어들수록 위기는 완화되었던 듯하다. 어려운 시기에 북유럽으로부터 곡물 공급이라는 도움을 받았던 이탈리아와 그 내해 지중해는 이후 계속해서 자급자족을 해나갔다. 1600년 이후에는 옥수수가 들어와서 많은 도움을 주었다.[378] 그렇다고 문제가 해결된 것은 아니었다. 북유럽의 밀에 대한 새로운 연구가 필요하다. 연구의 대상 시기를 17세기까지로 확대하고 내 생각으로는 아마 1607-1608년 이후 기울기 시작한 것으로 판단되는 북유럽 곡물의 수입 그래프를 온전하게 복원시킬 필요가 있다. 그리고 조금 후에 부분적으로 시도하겠지만, 이 그래프를 역사적 맥락 속에서 파악할 필요가 있다. 왜냐하면 북유럽으로부터 밀만 들어온 것이 아니었기 때문이다.

시칠리아는 시칠리아로 남다

여기에서 우리의 관심을 끄는 것은 북유럽의 밀이 아니라 지중해 자체이다. 우리의 관심은 지중해의 구조, 그 중심에 위치한 이탈리아이지 콩종튀르나 에피소드가 아니다. 사료와 역사가들의 주장에 설득당한 나는 어제까지만 해도 이 책의 이전 판본에서 이러한 사건을 지중해의 쇠퇴로 과장했었다.[379] 그러나 이제 나는 이러한 쇠퇴가 특히 이탈리아에서는 매우 나중에 발생한 것으로 본다. 큰 경제적 역전현상은 1620-1621년 이전에는 일어나지 않았고, 전염병으로 인한 큰 생물학적 변화도 1630년 이전에 일어나지 않았다.[380]

이전 판본에서 나의 핵심 주장은 내가 시칠리아 섬의 파산과 시칠리아 밀의 파산이라고 부른 것이었다. 나는 시칠리아 밀의 파산에 대해서 확신할 만한 논거들을 가지고 있었다. 그러나 시칠리아 밀의 파산은 없었다.

두 가지 종류의 논거에 의해서 나는 그것을 믿게 되었다. 우선 1590년 이후의 흉년과 시칠리아의 기근이었다. 1591년 의심의 여지없이 기근이 있었다. 시칠리아에서 곡물 부족은 심각했다. 터무니없는 가격이 당연한 것처럼 보였고, 팔레르모에서 밀 가격은 78타리(tari) 10이었다. 기근으로 굶어 죽은 사람들이 길거리에 널려 있었다. 당시 사람들의 이야기에 따르면, 무분별한 세금과 흉년의 결과였다. 1살마의 밀 가격은 40에퀴에 달했고, 이는 인간의 기억에서는 결코 볼 수 없었던 일이었다. 당시 사람들은 밀을 "핏값으로", 즉 매우 비싸게 판매하는 부자들이 있었다고 증언한다. 시장 가격보다 저렴하게 곡물을 팔던 팔레르모와 메시나는 엄청난 빚을 지게 되었는데, 메시나의 빚은 10만 두카트 이상이었다.[381] 상황은 1595년까지 회복되지 않았다.

이것은 사태를 극적으로 묘사하고 싶은 욕구를 자극한 첫 번째 증거였다. 때마침 나는 역사와 지리를 결합하고 시칠리아를 중점적으로 다룬 한스 호흐홀처의 연구를 알게 되었다.[382] 그는 오스트리아가 시칠리아 섬을 짧게 영유했던 1724년의 오래된 통계자료를 책 초반부에 첨부했다. 이 자료는 빈 문서보관소에서 찾은 것이었다. 그 자료는 메시나로 **수입된** 밀에 관한 것이었다. 1592년에 시작된 이 곡물 수입은 1640년에 정점에 달했고 이후 줄어들어 1724년에는 거의 사라졌다. 이 문서는 문제를 해결해주었다. 시칠리아가 16세기 말 이후 외부로부터 곡물을 규칙적으로 수입했다면, 그것은 시칠리아가 더 이상 서지중해의 곡창이 아니었음을 의미한다. 그러나 시칠리아의 기록은 그 반대 현상을 보여준다. 나는 1951년에 시칠리아 관련 항목을 다룬 시망카스의 카탈로그가 출판된 덕분에 그에 대한 증거를 손에 넣을 수 있었다. 이 문서들 중 17세기 관련 문서를 연구한 결과, 명확한 결론을 얻게 되었다.[383] 시칠리아는 17세기에도 변함없이 밀을 수출하고 있었다. 유일한 해결책은 빈 문서보관소에서 핵심적인 사료를 가까이서 살펴보는 것이었다.[384] 나는 이 문서들을 촬영한 사진을 보고 매우 놀랐다. 이 숫자 목록에 대한 기존의 해석은 이상할 정도로 믿을 수 없는 오해에

N° 3.

Nota delli Introyti, et arrendamenti delle due Gabelle
una di grani 25: e l'altra di gn̄i 5: che si pagano
sopra ogni libra di seta, che si estrahe cossì a
matassa, che opevata, e tinte in Japone bianche
dal Porto di Messina corse secondo l'Impositione
de loro tempi cioe —

Dal primo Gennaro per tutto xbre 1592 liberato l'anno per - - - - - - - - - - - - - - - 7	15680:	—	
Dal p.mo Senn.o per tutto xbre 1593 come sopra per 7	15680:	—	— —
Dal p. Senn.o per tutto xbre 1594: come sopra per 7	15680:	—	
Dal p. Senn.o per tutto xbre 1595 come sopra per 7	15680:	—	
Dal p. Senn. per tutto xbre 1596: liberato l'anno per 7	16067:	6.	— —
Dal p. Senn. per tutto xbre 1597: come sopra per 7	16067:	6.	— —
Dal p. Senn. per tutto xbre 1598: come sopra per 7	16067:	6.	
Dal p. Senn. per tutto xbre 1599: come sopra per 7	16067:	6.	
Dal p. Senn. per tutto xbre 1600: liberato l'anno per 7	16835:	2.	8: —
Dal p. Senn. per tutto xbre 1601: come sopra per 7	16835:	2.	8. —
Dal p. Senn. per tutto xbre 1602: come sopra per 7	16835:	2.	8. —
Dal p. Senn. per tutto xbre 1603: come sopra per 7	16835:	2.	8. —
Dal p. Senn. per tutto xbre 1604: liberato l'anno per 7	19175:	3.	14. 4
Dal p. Senn. per tutto xbre 1605: come sopra per 7	19175:	3.	14. 4
Dal p. Senn. per tutto xbre 1606: come sopra per 7	19175:	3.	14. 4
Dal p. Senn. per tutto xbre 1607: come sopra per 7	19175:	3.	14. 4
Dal p. Senn. per tutto xbre 1608: lib: l'anno per 7	20712:	—	— —
Dal p. Senn. per tutto xbre 1609: come sopra per 7	20712:	—	— —
Dal p. Senn. per tutto xbre 1610: come sopra per 7	20712:	—	—
Dal p. Senn. per tutto xbre 1611: come sopra per 7	20712:	—	— —
Dal p. Senn. per tutto xbre 1612: lib: l'anno per 7	19611:	2.	— —
Dal p. Senn. per tutto xbre 1613: come sopra per 7	19611:	2.	— —
Dal p. Senn. per tutto xbre 1614: come sopra per 7	19611:	2.	— —
Dal p. Senn. per tutto xbre 1615: come sopra per 7	19611:	2.	— —
Dal p. Senn. per tutto xbre 1616: liberata l'anno per 7	20100:	15.	3. —
Dal p. Senn. per tutto xbre 1617: per 7 20100: 15. 3.			
Gabella di ona 5: lib: l'anno per 7 3880: 1. —			
Dal p. Senn. per tutto xbre 1618: come sopra per - - 7	23980:	16:	3. —
Dal p. Senn. per tutto xbre 1619: come sopra per - - 7	23980:	16.	3. —
Dal p. Senn. per tutto xbre 1620: ona 25: lib.ta per - - - - - - 7 21300: —	23980:	16.	3. —
Gabella d'ona 5: per - - - 7 3880: 1.			
Dal p. Senn. per tutto xbre 1621: 25:0. ma si per - - - 7 21300: —	25180:	1.	— —
Gabella di ona 5: per - - - 7 4301:24			
	25601	24.	— —

도표 52. 시칠리아에서는 1593년 이후 밀이 수입되었던 것이 아니라, 비단이 수출되었다.
빈 문서보관소의 자료(Haus-Hof-und Statts-Archiv, col. Siciliana 6, Dogana di messina, 메시나,
1724년 10월 31일)

근거해 있었기 때문이다. 재정 수입, 세입을 의미하는, 이 문서에서는 관세를 의미하는 introyte라는 단어가 수입상품으로 잘못 이해되었다. (이 문서에서 타로[taro]라는 화폐의 하위 단위를 뜻하는) 그라니(grani)라는 단어가 곡물로 오역되었고, 그 때문에 문서는 명확히 **수출**, 더구나 **비단 수출**— 생사와 표백한 비단 — 에 관한 것인데, 밀(그라니)이 메시나로 수입된 것으로 오해되었던 것이다. 문서는 그 첫 번째 줄부터 그것이 비단 수출에 관한 것임을 보여준다.

이러한 오해를 제거하면 문제는 다시 명확해진다. 시칠리아의 곡물시장은 최고 전성기에도 작황에 따라서 심한 변동을 겪었다. 1590년부터 1677년까지 여러 차례 흉년이 들었다. 1550-1554년, 1575-1580년, 1605-1608년, 1634-1641년, 1668-1677년의 시기가 그러했다.[385] 이러한 맥락에서 볼 때, 1590년부터 1595년까지의 침체는 정기적으로 발생하는 재앙일 뿐이었다. 결코 전형적이었다고 말할 수 없는 이 어려운 시기들을 제외하면, 시칠리아의 밀은 계속해서 아드리아 해와 서지중해 지역으로 수출되었다. 그리고 나의 계산이 틀리지 않았다면, 매우 오랫동안 평균적인 수준을 유지했던 이전 시기의 평균 수출량인 연간 15만 살마, 즉 30만 퀸탈의 곡물이 수출되었다. 정확한 수치는 모두 시칠리아 문서보관소에서 찾아야 할 것이다. 시만카스에서는 그러한 수치는 불행히도 때때로만 기록되어 있을 뿐이다.

그러나 적어도 그 문제는 해결되었다. 시칠리아는 17세기에도 밀을 수출하는 섬으로 남아 있었고, 곡물 상인들은 시칠리아가 곡물 생산을 포기하는 것을 막았고, 지나치게 목축이나 과수 재배에 집중하는 것도 막았다(우리가 말하지 않았던 보리도 나폴리와 에스파냐로 수출되어 그곳에서 말의 먹이로 사용되었으며 때로는 인간을 먹이기도 했다). 이곳 시칠리아에서 농지는 행정제도와 자본주의적 시스템에 의해서 보호를 받았다. 이에 대해서 우리는 간단한 설명만을 했고, 이 문제는 그 자체로 향후 역사가의 관심을 끌 것이다. 나는 16세기와 17세기의 "국민 소득"을 연구하는 데에 시칠리아의 사례보다 더욱 좋은 사례가 존재할 것이라고 믿지 않는다. 시칠리아의 경우에는 노동력, 경작에 이용하는 가축, 지대, 국가의 세입 등 모든 것들이 기록되어 있다. 1694년 1월부터 6월까지 작성된 문서에는 시칠리아 밀을 발송한 사실과 밀의 최종 목적지, 수송 선박의 이름, 가격, 관세, 상인들의 이름이 함께 기록되어 있다. 이 문서는 그들 상인들 중 일부에게 이익이 집중되었음을 알 수 있는 기회를 제공한다. 그들 각자는 마치 항구가 자신의 영지인 것처럼 항구의 주인 행세를 했다. 그들은 진정한 의미에서의 곡물 귀족이었다. 1699년에 곡물이 프랑스로 수출되었는데, 그 세부적인 내용이 흥미롭다. 같은 해에 플랑드르 지방으로 곡물이 수출되었던 사실은 더욱 흥미롭다.[386]

그러나 세부적인 내용은 내버려두자. 16세기에 그리고 다음 세기에도 아주 오랫동안 시칠리아 전체는 구체제의 모든 물질생활에 내재되어 있던 어려움에도 불구하고 그런 대로 잘 버텨냈다. 17세기에 견직물 수출은 1619년부터 쇠퇴하기 시작했다.[387] 소맥 교역은 계속되었다. 선박들은 활발하게 시칠리아 연안을 항해했고 때로는 레반트나 가까운 튀니지에 들렀으며, 시칠리아 항구에 적어도 1664년까지는 상당한 양의 은을 수송해왔다. 결국 견직물 산업은 메시나와 카타니아에서 번성했는데, 아니 오히려 부활했다. 적어도 시칠리아 섬에서 지중해 교역의 쇠퇴는 그렇게 일찍 일어나지 않았다.

밀의 위기에 관하여

결론적으로 밀의 위기들은 서로 유사하다. 이슬람 세계에 관한 문서가 이러한 위기들을 더욱 분명히 보여줄 수 있다면, 위기들의 유사성은 더욱 명확해질 것이다. 위기들은 이슬람 세계로도 스며들었지만, 일반적으로 이를 감지하기는 어려웠다. 곡물 위기는 분명히 인구 변동의 패턴을 따랐으며, 인구 변동의 영향은 1550년이나 1560년 무렵까지는 긍정적이었다. 인구가 늘어날수록 곡물 생산도 늘어났다. 그러나 수확체감의 법칙이 작용되기 시작했다. 15세기와 16세기 "초"에는 별 어려움 없이 충분한 곡물이 생산되었지만, 얼마 지나지 않아 어려운 시절이 찾아왔고, 어려움은 더욱 심해졌다. 서유럽에서 곡물 생산의 위기는 더욱 안전하고 생산력이 높은 포도나무와 올리브 나무 재배와의 경쟁으로 인해서 발생하기도 했다. 교역의 성장, 늘어난 인구, 차별적인 가격 상승, 때로는 사회적 요인들도 이러한 곡물 위기의 원인이었다.[388] 시리아에 관한 한 문서[389]가 "지금까지 결코 본 적이 없었다"라고 이야기한 이러한 어려움에 대한 대응은 획득한 부의 정도에 따라서 달라질 수밖에 없었다. 먼 곳에서 밀을 사올 수 있었다는 것은 상당한 부를 가지고 있었다는 명백한 증거라는 것을 말할 필요가 있을 것이다. 곡물 위기는 가난한 사람에게는 끔찍한 재앙이었다.

3. 교역과 수송 : 대서양의 범선들

대서양의 범선들이 연속해서 두 차례 지중해로 들어온 사실보다 지중해 교역을 판단할 수 있는 더 좋은 기준, 즉 척도는 없을 것이다. 왜냐하면 대서양 선박이 대규모로 지중해로 들어온 것은 두 차례였기 때문이다. 첫 번째 진출은 대략 1450년부터 1552년 사이에 있었고, 두 번째 진출은 1570년부터 좀더 정확히는 1572-1573년부터였다(두 차례의 진출 사이에는 차이점과 유사점이 있었다). 전적으로 북유럽 선박으로 이루어진 두 번째는 내해인 지중해의 항로와 장점을 이미 잘 알고 있었다.

나는 지중해의 역사에서의 이런 중요한 발전들에 관한 설명을 이미 제기했다.[390] 외지의 선박들이 지중해로 진출한 것은 상호 경쟁만큼이나 지중해의 경제적 성장이 가져온 일거리 증가 덕분이었다. 경쟁이 증가한 것은 분명했다. 요컨대 이 새로운 진출은 경제적 번영의 증거였다. 경제 성장기에 지중해는 상품, 특히 부피가 나가는 상품을 수송하는 것 이외에도 여러 가지 일거리들을 제공했다. 진정 상황이 그러했다면 대서양 선박의 지중해 진출은 사건을 묘사하는 역사가 통계학자에게 제공할 수 있는 훌륭한 판단 척도인 셈이다. 사실 거의 20년에 걸쳐 대서양 선박들의 지중해 진출이 중단된 적이 있었다. 이 16세기 중반이 지중해의 번영이 중단된 시기였을까?

1) 1550년 이전 : 첫 번째 지중해 진출

대서양의 범선들이 처음으로 지중해로 진출한 과정을 정확히 알기는 쉽지 않다. 어느 정도는 이 불쌍한 악마들이 자신들의 흔적을 거의 남겨놓지 않았기 때문이고, 일정 정도는 이 선단에 이베리아 반도와 북유럽의 선박들이 섞여 있어서 항상 이들을 서로 구분해서 정확한 운행 일자를 알 수가 없기 때문이다.

바스크, 비스카야와 갈리시아의 선박들

이베리아 반도의 대서양 연안지역의 선원들은 아마 13세기 말부터 지중해에 진출했을 것이다. 그들의 수가 늘어나는 1450년 이후 그들은 이미 지중해 바다에 매우 익숙해져 있었고, 서지중해 북부와 남부 해안을 오가면서 제노바와 바르셀로나 상인들의 수송을 담당했다. 그들은 단지 수송업자였을 뿐 그 이상은 아니었다.[391] 제노바에 잘 알려져 있던 일부 바스크 출신의 상인들은 소규모의 거래(특히 모직물 거래)에 만족했다. 그들의 업무는 평판이 결코 좋지 않았던 선장들의 요구를 들어주고 선장들에게 운항에 필요한 자금을 빌려주는 것이었다.

경기가 좋을 때에는 이 제법 큰 범선들은 익숙한 서지중해를 넘어 동지중해로까지 진출했다. 1495년 무렵에는 이 선박들이 제노바, 말라가, 그리고 카디스로부터 키오스 섬까지 직항해서 키오스에 대서양의 설탕을 공급했다.[392] 이러한 수송은 수년간 계속되었다. 동시에 이 선박들은 잉글랜드와 플랑드르까지 운항했을 것이다. 1532년[393] 한 베네치아인은 비스카야 지방(가장 넓은 의미에서)은 카를 5세의 왕관의 보석, 곧 해군력의 정수였으며, 카를 5세는 "비스카야 지방에서 원하는 만큼의 선박을 징발할 수 있다"고 말했다. 사실 비스카야인들은 1569년까지 플랑드르 노선을 운항했고,[394] 그 이전 시기에는 갤리온 선을 이용해서 장거리 인도 노선을 오갔던 항해자들이었다.[395] 오랫동안 지중해를 오갔던 이 "유랑자들"은 모든 종류의 거래에 관여했고, 1480년부터 1515년까지 "마르세유 포도주를 런던으로 수송하기도 했으며, 아일랜드 가죽 제품을 마르세유로 수송하기도 했다."[396]

지브롤터 해협을 지나 처음으로 지중해에 진출한 선박들은 오랫동안 지중해에 머물렀고, 특히 마르세유, 바르셀로나[397] 그리고 제노바 주변과 에스파냐의 긴 해안 지역에서 주로 활동했다. 16세기의 기록에서도 그 선박들은 여전히 지중해에서 활동하고 있었음을 확인할 수 있지만, 이전 시기에 비해서 드물어졌고, 이미 지중해를 떠난 경우도 있었다. 예를 들면, 1507년 2월, 한 비스카야 선박이 마르세유 항구에 입항해서 포도주를 플랑드르와 잉글랜드로 수송할 준비를 했다.[398] 1510년 또다른 선박은 이탈리아 바리에서 안트베르펜으로 한스 파움가르트너의 상품을 수송했다.[399] 1511년에는 한 비스카야 나베 선이 커지를 라구사로 가져갔다.[400] 나폴리의 기록에 따르면, 에스파냐가 심각한 밀 위기를 겪던 1521년에 비스카야 출신의 상인과 선원들이 풀리아 지방의 밀을 이베리아 반도에 공급했다.[401] 그리고 1526년에[402] 혹은 1527년 1월에 포르투갈에서 정어리와 참치를 메시나로 수송하기도 했다.[403] 1530년에는 소금을 실은 2척의 비스카야 나베 선들이 바르바로사[오스만 제국의 해적 출신 제독]에 의해서 침몰되었다.[404] 1532년에는 한 비스카야 범선이 바르바리 해적들에게 쫓겨서 알리칸테까지 가게 되었다.[405] 1531년, 1535년 그리고 1537년 에스파냐에서 이탈리아로 가는 노선에서 그 선박들에게는 모든 것이 끝난 것처럼 보인다. 항구 기록이 총 12척의 비스카야 나베 선들만을 보여주기 때문이다.[406] 그리고 이후에도 그 정도였다.[407] 아마 활발한 지중해 노선에서 그들을 더 이상 볼 수 없게 된 것은 16세기 중반에 가서였고, 그것이 대서양 선박의 첫 지중해 진출의 끝이었다.

포르투갈인들

포르투갈이 세우타 항구를 점령하여 지중해의 문을 활짝 연 이후로 포르투갈 선박들은 지중해에서 비스카야 선박만큼이나 많아졌고 얼마 지나지 않아 그들만큼 활발하게 활동했다. 포르투갈의 함대들[408]이 지중해로 진출하기 이전부터 포르투갈 상선들은 지중해 수송에 참여했고 포르투갈 해적들도 지중해에서 활동했다. 포르투갈 해적들은 1498년 11월, 크레타 포도주를 싣고 가던 베네치아 선박을 나포했다.[409] 1501년 10월에는 바르바리해안에서 제노바 선박을 나포했다. 나포된 무어인 승객들은 자유를 되찾으려면 포르투갈 해적들에게 많은 몸값을 넘겨주어야 했다.[410] 당연히 포르투갈 해적들은 상업 도시들에 수송 서비스를 제공했다. 그들은 발렌시아, 발레아레스 제도, 마르세유 등지에서 활동했고, 비록 제노바가 포르투갈 해적들의 제안을 거절하지 않았으나, 제노바보다는 피렌체가 훨씬 더 많이 그들을 이용했다.[411] 얼마 지나지 않아, 즉 1480년대나 1490년대 이후부터 포르투갈 범선들은 리스본에서 선적한 가죽(아직은 낙후된 포르투갈 경제의 증거), 안달루시아의 밀, 이비사의 소금, 에스파냐와 이탈리아의 명반, 마데이라와 다른 대서양 섬들의 설탕을 서지중해 전역을 오가면서 수송했다. 설탕 교역을 자신의 신민들에게만 허용하겠다는 마누엘[마누엘 1세] 국왕의 칙령(1498년 8월 21일) 이후 설탕 수송은 더욱 활성화되었다.[412] 공식적인 수출 허가 기록에 따르면, 15세기 말 매년 4만 아로바[arroba : 에스파냐와 포르투갈의 중량 단위로 10-16파운드에 해당한다]의 포르투갈 설탕이 플랑드르 지방으로, 7,000아로바가 잉글랜드로, 6,000아로바가 리보르노로, 1만 3,000아로바가 제노바로, 2,000아로바가 로마로, 1만5,000아로바가 베네치아로, 2만5,000아로바가 콘스탄티노플과 키오스 섬으로 수출되었다.[413] 대형 캐러벨 선이 베네치아로 설탕을 수송했다.[414] 포르투갈 선박들은 점점 더 커져서 지중해 전체를 아우르는 교역에 참여했던 것 같다. 왜냐하면 포르투갈 선박들은 매우 일찍부터 키오스, 콘스탄티노플, 레반트와 이집트를 오갔기 때문이다. 포르투갈이 가벼운 캐러벨 선을 이용하여 지중해에서 설탕을 수송했던 사실은 바스코 다 가마의 인도 항로 개척보다 훨씬 이전에 포르투갈이 성공했음을 설명해준다.

비스카야인들의 경우에서처럼 우리는 포르투갈인들이 정확히 언제 내해인 지중해에서 사라졌는지를 알지 못한다. 우연하게 이들을 언급한 기록들이 남아 있다. 1535년에 미노르카 섬 근처에서 2척의 캐러벨 선이 항해 중이었는데 그중 1척은 투르크의 바르바로사에게 나포되었고, 아마 다른 1척은 인명과 화물을 잃어버렸던 것 같다.[415] 1536년 1월 15일, 마르세유에서 한 잉글랜드 상인이 포르투갈인 주앙 리베레에게서 선박을 구입했다.[416] 1549년에는 2척의 포르투갈 선박이 베네치아에 입항했다.[417] 이러한 단편적인 사건들과 몇몇 다른 이야기들이 오해를 불러일으켜서는 안 된다. 확실히 포르투갈의 행운은 16세기 중반이 되면 거의 끝나갔다. 다른 나라의 선박과 선원들이 수송 서비스를 제공했고, 내 생각으로는 포르투갈 선박의 수송은 헤라클레스 기둥[지브롤터 해협]의 동쪽보다는 서쪽에서 더 많은 수익을 가져다주게 되었다. 지중해에서 일거리가 줄어들지 않았다면 말이다.

노르망디인과 브르타뉴인

무대에 늦게 입장한 노르망디와 브르타뉴 사람들의 뒤를 곧바로 이어받은 사람들은 없었다. 그러나 그들은 에스파냐와 포르투갈의 대서양 해안 지역에 매우 일찍부터 진출해 있었다. 1466년 이후부터는 산 루카르 데 바라메다에 브르타뉴인들의 거주 구역이 존재했다.[418] 아마 이탈리아어로 베르토네(bertone)라는 단어처럼 에스파냐어로 베르톤(berton)이라는 단어도 16세기 내내 일반적으로 북쪽에서 온 사람들을 지칭하는 말이었던 것 같다.

그러나 해적 행위가 그들이 당시에 지중해로 진출했음을 보여주는 증거라면, 아마 1496-1497년이나 1502년의 이탈리아 전쟁이 그들을 지중해로 유인했음에 틀림없을 것이다.[419] 1497년 1월, 몇 척의 브르타뉴 선박이 마요르카 섬 부근에서 해적질을 했다.[420] 그러나 브르타뉴 사람들이 곧바로 교역에 참여했던 것 같지는 않다. 1500년에 베네치아에 관한 질문을 받은 그들은 그 지역에 전혀 가본 적이 없다고 대답했기 때문이다.[421] 1540년 지브롤터에서 브르타뉴 선박 2척이 목격되기까지는 40년을 기다려야 했던 것이다.[422] 바람만 불면 그들은 지중해로 들어올 수 있었다. 그러나 그들은 대서양 선박의 두 번째 지중해 진출 직전에야 지중해 교역에 참여하게 되었고, 당시에도 에스파냐 동쪽의 항구들까지만 진출했다. 1567년 브르타뉴 선박 1척이 알리칸테에 오고 있었다.[423] 1570년 11월이나 1571년에는 또다른 브르타뉴 선박이 말라가에 있었고, 이 바론 호에는 선장 기욤 포티에와 상인 에티엔 샤통과 프랑수아 팽이 승선하고 있었으며, 마직물과 수천 퀸탈의 생선이 선적되어 있었다. 그들은 상품들을 전부 팔고서 4,000에퀴어치의 건포도와 다른 상품들을 구매했고, 브르타뉴로 돌아갈 준비를 하고 있었다. 당시 말라가의 왕실상인(proveedor)은 그 선박에 대해서 출항 정지 명령을 내리고 상인 중 한 명을 수감하고 국왕의 사업을 위해서 이 선박을 오랑이나 페뇬 데 벨레스로 보내려고 했다. 프랑스 대사는 이러한 행위는 양국 간의 조약에 위배되며 "비슷한 프랑스 선박들이 말라가에서 징발된 것이 이번이 처음은 아니다"라고 썼다.[424] 1571년에 처음으로 생말로의 선박이 이탈리아의 치비타베키아 항에 입항했다.[425]

이 평범하고 크게 이목을 끌지 않았던 방문자들 가운데 노르망디인들은 다른 방문자들에 비해서 자신들에 관한 이야기를 더 많이 남겼다. 1499년 그들의 대형 선박 중 1척인 막달레나 호는 알메리아[에스파냐 남부]에서 포르투갈 해적에 의해서 나포당했다.[426] 10년 후, 노르망디 범선들은 루앙의 직물산업에 필요한 명반을 선적하기 위해서 정기적으로 지중해를 오갔다.

에스파냐산 명반은 마자론에서, 교황령에서 채굴한 명반은 치비타베키아 항구에서 선적되었다. 노르망디 상인들이 1522년, 1523년, 1527년, 1531년, 1532년 1534년, 1535년, 1536년, 1539년[427] 지중해의 명반 교역에 참여했음을 확인할 수 있다. 작은 노르망디 범선 수십 척이 노르망디 공증인 문서와 치비타베키아의 항구 기록에도 나온다. 정박 중에 사건사고가 없지는 않았다. 카르타헤나 항구에서 정어리, 염장 생선과 다른 많은 상품을 선적한 3척의 노르망디 소형 선박은 1535년 2월 3일, 리보르노와 치비타베키아 항구로 출항하려다가 징발당했다. 그중 2척은 모두 이름이 마리아 호였는데, 그중 1척은 디에프에서 다른 1척은 생 발레리 앙코에서 왔다. 세 번째 선박인 라 루브 호도 디에프에서 왔다.[428] 좀더 일반적인 운항노선은 디에프에서 온 백합 호(1536년 5월 22일, 80톤)의 노선이었다.[429] 백합 호는 "리보르노와 치비타베키아"까지 가서 명반을 선적했고, 르아브르, 런던, 안트베르펜과 루앙에서 명반을 하역했다. 그리고 루앙의 라 프랑수아즈 호(1535년 10월 2일)의 운항노선이 있는데, 이 배는 마르세유, 빌프랑슈, 리보르노, 나폴리, 메시나와 팔레르모 항구를 차례로 들렀다.[430]

결국 노르망디 선박들은 계약을 통해서, 아니면 우연하게 다른 노선에도 참여하게 되면서 북아프리카까지 진출했다. 북아프리카에서는 네그로 곶 근처에서 산호를 선적했고, 최종적으로 정상적인 항로의 최종지점인 레반트까지 진출했다. 그러나 레반트 진출은 1535년이나 1536년 이전에는 없었던 일이었다. 1539년[431] 디에프의 라 그랑드 마르티누 호는 마르세유, 키프로스, 콘스탄티노플과 살로니키 노선을 운항했다.

상대적으로 나중에 지중해로 진출한 노르망디 선박들은 지중해에서 오랫동안 활동했다. 치비타베키아 항구는 1545년부터 1552년까지 그들에게 계속해서 일거리를 제공했다. 게다가 원거리 수송은 그들을 지중해 동부와 남부로 진출하게 했다. 울루지 알리[432]에게 나포되었던 한 디에프 선박은 1560년에 결국 흑해에서 투르크인들을 위해서 운항되다가 사라졌다. 1561

년 또다른 선박은 발레아레스 제도 근처에서 에스파냐인들에게 나포되었다. 우리는 이 선박이 디에프를 출발해서 북아프리카의 바르바리 지방으로 항해 중이었으며, 툴롱에서 뱃길 안내인을 태웠고, 프랑스 사람들의 설명에 따르면 이 안내인은 아무도 모르게 이슬람 세계로 수출이 금지된 밀수 상품인 노를 선적했음을 알게 되었다. 또한 납과 포탄도 실려 있었는데, 프랑스 제독에 따르면 이것은 아프리카가 아니라 디에프로 가는 것이었다. 그러한 설명은 한번 정도는 눈감아줄 수 있는 사안일 수도 있었겠지만, 의심 많은 샹토네 사람에게는 설득력이 없어 보였다.[433] 디에프를 출발해서 리보르노 항구로 입항한 좀더 운이 좋았던 또다른 선박들이 있었다. 그중 선장 르 프리외르가 이끈 르 코크 호는 1574년 1월 4일 리보르노 항구에 도착했는데, 배에는 납, 수 톤의 청어, 가죽, 주석, 모직물과 디에프의 영광을 보여주는 20,880개의 브라질 우드가 선적되어 있었다.[434] 선장 제라르가 이끈 생 폴 호는 1578년 2월 22일 리보르노 항구에 도착해서 루카 상인들에게 청어, 콩, 연어, 아마, 대마, 린넨과 (4,700개의) 브라질 우드를 인도했다. 그러나 이것은 매우 뒤늦고 예외적인 지중해로의 항해였다. 이 선박들은 잉글랜드 선박의 "두 번째" 지중해 진출을 당해내지 못했다. 우리는 잉글랜드 선박의 강력한 첫 번째 지중해 진출이 어떠했는지를 정확히 알고 난 연후에야 두 번째 진출을 명확히 이해할 수 있을 것이다.[435]

플랑드르 선박

플랑드르 선박(10분의 9는 네덜란드 선박)에 관해서는 몇 단어면 충분할 듯하다. 플랑드르 선박은 1535년 튀니스 공략과 그후 1541년 알제 공략에서 카를 5세의 함대에 소속되어 지중해로 대거 진출했다. 그중 1척은 1535년에 바르셀로나에 정박했던 것으로 확인되었다. 1550년 이후 플랑드르 선박의 지중해 항해는 드물어졌다. 화물선 산타 피에타 호는 1560년 6월 베네치아에서 매각이 끝나 베네치아 항구에 정박 중이었다. 산타 피에타 호 이

외의 다른 선박들도 베네치아로 들어왔다.[436] 한 플랑드르 선박(혹은 홀란드 선박)은 1566년 6월 100문의 대포를 카르타헤나 항구로 들여왔다.[437] 우리는 1571년 홀란드 출신의 조안 질레가 선장이었던 홀란드 선박이 카디스와 리보르노를 향해서 안트베르펜 항구를 떠났다는 사실을 다시 한번 운 좋게도 확인할 수 있다. 이 선박에는 이탈리아 상인들(전부는 아니었지만, 대부분이 피렌체 상인들이었다)이 타고 있었고 이탈리아 상품이 실려 있었는데, 선장은 라 로셀로 가서 선적된 화물을 도적질하여 모두 팔아버렸다.[438]

잉글랜드 범선의 첫 번째 지중해 진출

리처드 해클루트의 주장을 따른다면, 잉글랜드 범선의 첫 번째 지중해 진출 시점은 1511년이었다. 사실 이 해는 레반트 지역에서 수송사업이 번성하기 시작한 시기였다. 번성기 이전에 크게 두드러지지는 않았지만, 잉글랜드 선박은 지중해로 진출하기 위해서 오랜 준비를 했었다. 2건의 제노바 공증 증서[439](1412년 8월 30일과 10월 6-7일)에 제노바 항구에 입항한 것으로 기록되어 있는 잉글랜드 선박이 이후 몇 세기 동안 펼쳐질 활약의 본격적인 시작을 알리는 것은 아니었다. 10년의 간격, 즉 1446년부터 1456년 사이에 벌어진 브리스톨 출신의 상인 로버트 스터미[440]의 두 번의 사업 여행도 새로운 시작을 뜻하지 않는다. 그가 임대한 코그 선 앤 호가 처음으로 160명의 순례자를 화물과 함께 예루살렘으로 수송했다. 화물은 양모, 모직물과 주석이었다. 앤 호는 야파에 도착해서 순례객들을 내려주었고 그들은 육로를 이용하거나 다른 선박을 이용하여 귀환했다. 12월 23일, 폭풍우를 만난 앤 호는 메토네 근처에서 난파했고, 37명의 선원들은 배와 함께 사라졌다. 10년 후에는 로버트 스터미가 캐서린 스터미 호를 타고 직접 레반트로 떠났다. 그의 여행은 1년 이상이 걸렸다. 그는 "레반트의 여러 지역들(더 이상은 알 수 없다)을 돌아다닌 연후인" 1457년에 "피망과 다른 종류의 향신료"를 구했고, "잉글랜드로 가져가서 씨를 뿌리고 모종을 심을 계획이었다." 이는 명성을 얻기 위해서였다. 그러나 이 사업 여행은 이번에는 폭풍우가 아니라 제노바 상인들의 질투 때문에 비극적으로 끝났다.[441] 이 잉글랜드 상인 스터미를 몰타 섬 근처에서 기다리고 있었던 제노바인들은 그의 선박을 약탈했다. 스터미 자신은 이 모험 도중에 사라졌다.

1461년에 잉글랜드 상인들은 나폴리에서 프랑스 상인들과 함께 독일 상인들과 공동으로 영사관을 개설했다.[442] 같은 해에 잉글랜드 상인들은 자력으로 마르세유에 잉글랜드 영사관을 열었다.[443] 20년 후에는 중요 영사관을 피사에 개설했다. 이는 의심의 여지없이 잉글랜드 상인들이 레반트 지역에서의 제노바와 베네치아 두 나라의 독점체제에 도전하고 피사, 피렌체와 토스카나 지방과의 관계를 증진시키려고 했다는 증거이다. 거슬러올라가면, 1446년에 로버트 스터미 역시 피사를 기항지로 이용했다는 사실을 알 수 있다.[444]

그럼에도 불구하고 잉글랜드의 진출은 느리게 진행되었다. 의심의 여지없이 지중해로 들어온 다른 모든 신참자들과 마찬가지로 잉글랜드 상인들도 다른 상인들의 도움을 받았고 이에 대해서 대가를 지불해야 했다. 매우 소중한 제노바의 해상 관세 기록은 이러한 사실을 보여준다.[445] 그러나 우리는 이런 느린 발전 과정과 부피가 많이 나가고 가격이 저렴한 상품을 원거리로 수송하는 과정에서 이들이 이용했던 수많은 서비스들에 대해서 충분한 증거 자료를 가지고 있지 않다. 잉글랜드 상인들은 다른 상인들보다 더 신속하고 더 적은 비용으로 레반트에 진출해서 향신료를, 크레타에 진출해서 포도주를 구입할 수 있었다. 그러나 그들이라고 해서 모든 것을 하루 아침에 이룬 것은 아니었다. 예를 들면, 그들은 1535년 이전에는 바르셀로나에 진출하지도 못했다.[446] 납, 주석, 염장 생선, 농촌에서 만든 모직물 등과 같은 그들의 상품들이 현재까지 우리가 생각하는 것보다 훨씬 더 대규모로 지중해에 침투한 것은 16세기 초였다.[447]

번영의 시기(1511-1534)

1511년부터 1534년[448] 사이에 레반트까지 항해했던 선박의 이름, 선박의 이력 그리고 항해 일정에 관해서는 잘 알려져 있다. 크리스토퍼 캠피온 호, 메리 조지 호, 메리 그레이스 호, 트리니티 호, 매슈 오브 런던 호와 몇몇의 다른 선박들은 브리스톨과 런던을 출발해서 시칠리아 섬, 크레타 섬, 키오스 섬, 때로는 키프로스 섬과 시리아의 트리폴리와 베이루트를 정기적으로 운항했다. 이 선박들은 모직물과 "다양한 색깔의 커지"를 지중해로 가져갔고, 돌아오는 길에 후추, 향신료, 비단, 캠릿[camlet : 고가의 모직물], 맘지 포도주, 무스카텔 포도주, 올리브 유, 면화, 양탄자 등을 가져왔다. 이 선박들은 자주 지중해를 오갔다. 다행히도 키오스 섬의 마호나[mahonna : 제노바 상인들이 만든 일종의 컨소시엄]의 회원들은 1531년 1월과 2월에 제노바로 보낸 편지에서 우리는 이집트와 시리아에서 오는 잉글랜드 상선으로부터 몇 가지 상품(매우 좋은 상태는 아니었다)을 인도받았다고 썼다.[449] 분명히 잉글랜드 상인들이 레반트 지역에서 장사를 하면서 자국 선박만을 이용한 것은 아니었다. 그들은 자주 상품 수송을 베네치아 "갤리어스 선"이나 라구사, 크레타, 에스파냐, 때로는 포르투갈의 라운드쉽에 맡겼다.[450]

잉글랜드 상인들은 지중해의 한 끝에서 집합지 역할을 했던 키오스 섬에 1552년까지 "대리인"을 두었다.[451] 여행기와 탐험기를 수집했던 리처드 해클루트는 1534년 런던에서 통 수리공으로 고용되어 매슈 곤슨 호에 승선했던 존 윌리엄슨으로부터 그해 크레타 섬과 키오스 섬까지 갔던 항해 이야기를 1592년에 들었다.[452] 100명의 승객을 태운 300톤급 곤슨 호는 당시 기준으로 상당히 큰 선박이었으며, 160톤급의 "소형 선박"인 홀리 크로스 호와 함께 항해했다. 두 선박은 긴 항해를 마치고 1년 후에 올리브유와 포도주를 싣고 귀환했다. 도착 당시 포도주와 올리브유를 담은 통이 매우 훼손되어 하역하기 전에 새로운 통에 옮겨담아야 했다. 그러나 상품, 특히 맘지 적포도주는 상태가 아주 좋았고, 한 노인은 잉글랜드에서 그처럼 좋은 포도주를 보기는 매우 드물다고 이야기했다. 그외에도 투르크의 양탄자, 향신료와 면화도 있었다. 홀리 크로스 호는 항해 도중에 심하게 훼손되어 부두에 방치되었고 다시는 운항을 하지 못했다.

해클루트가 수집할 수 있었던 많은 편지와 문서들 그리고 그의 습관적인 정확한 관찰 덕분에 르네상스 시대에 잉글랜드 선박이 지중해와 오리엔트로 가는 문턱까지 얼마나 자주 항해했는지를 알 수 있다. 지중해와의 교역은 1511-1534년에 번성했으며, 1552년 "아니면 그보다 약간 이후까지" 지속되었고, 그후 갑자기 중단되었다. "그만두어버린 것이다."[453] 우리가 해클루트의 콜렉션에서 추적할 수 있는 마지막 항해는 1551년 "소형 선박" 오처 호의 항해였다. 선장 로저 보드넘은 항해 도중에 많은 사건들이 발생했다고 이야기했다.[454] 1551년 1월 잉글랜드를 출발한 선박은 봄에 크레타에 정박 중이었고, 그곳으로 밀을 실은 다수의 투르크 범선들이 모여들었다. 이 잉글랜드 상선은 키오스 섬으로 화물을 수송할 예정이었던 소형 상선들과 함께 레반트에서 가장 활발한 상업 중심지 가운데 하나인 키오스 섬으로 갔다. 키오스 섬은 제노바 상인들이 있었고 유향 수지를 생산했고 비단 이불을 제작했으며 많은 선박들을 보유하고 있었다. 이 잉글랜드 상선은 북아프리카의 트리폴리로부터 귀환 중이던 개선 함대보다 먼저 오고 있었던 투르크의 갤리 선을 피하기 위해서 서둘러 키오스 섬을 떠났다. 배는 크레타로 향했고 그곳에서 산으로 "추방당한 사람들"을 보았다. 그들은 섬을 방어하기 위해서 싸울 준비가 되어 있었는데, 무릎까지 오는 장화를 신고 있었고, 단검, 활과 화살로 무장하고, 술을 "도를 넘어서" 마셔댔다. 다음 기항지들은 자킨토스, 메시나, 카디스, 그리고 잉글랜드였다. 세부적인 이야기들은 매우 흥미롭다. 이 항해에 참여했던 리처드 챈슬러는 2년 후인 1553년 러시아 북부에 위치한 드비나 강 어귀까지 가야 했다. 그러나 여행기에서 잉글랜드의 지중해 항해가 왜 중단되었는지를 납득할 수 있는 설명은 찾을 수 없다. 1552년 레반트 항해를 위해서 용선한 뤼베크의 예수 호와 매리 곤슨 호의 항해에 관해서도 정확하게 알려진 바가 없다.[455] 1553년 존 로크의 예루살렘 항해 여행기는 많은 관심을 끌기는 하지만, 하나의 고립된 사례일 뿐이다. 잉글랜드 상선이 카디스에서 그를 내려두고 가버린 이후 그는 베네치아로 갔고 그곳에서 성지로 가는 베네치아 공화국의 순례선을 탔다. 돌아오는 길에는 다수의 항구에 들렀고 이곳에 대해서 그리고 북유럽의 순례객인 플랑드르와 독일 사람들에 대해서 생생하게 묘사했다. 이 순례객들은 지중해의 포도주에 만취해 단검을 들고 끊임없이 떠들어댔다.[456]

리처드 해클루트는 잉글랜드가 지중해로부터 물러난 이유를 설명하기 위해서 1566년 키오스 섬의 함락과 1571년 키프로스 섬의 함락이라는 2개의 함락을 원인으로 제시했다. 잉글랜드 역사가들은 이 설명을 받아들인다.[457] 그러나 1552년부터 1566년까지의 중단 사태는 어떻게 설명할 수 있을까? 사실 잉글랜드 선박의 지중해 항해 중단(1552-1573)은 크게 투르크의 팽창(1538-1571)과 일치하지만, 그것으로 모든 것이 설명되지는 않는다.

우선 잉글랜드 선박이 지중해 항해를 중단한 데에는 경제적인 이유들이 있었다. 그 원인은 1540-1545년까지 지속된 세계경제의 전반적인 후퇴와 16세기 중반의 부인할 수 없는 잉글랜드 경제의 위기에 있었다는 것은 분명하다. 잉글랜드의 위기는 잘 알려져 있지 않았는데, 왜냐하면 16세기 중반부터 이에 관한 논의가 시작되었고, 챈슬러의 해외 개척여행을 계기로 아마 1552년 최종적으로 결성된[458] 모험상인 조합의 형성과정을 설명할 때마다 이에 대한 원인으로 잉글랜드 위기가 거론되었기 때문이다. 이 해외 개척여행은 초기에는 북쪽의 위험한 노선을 통해서 중국과 그 향신료를 목표로 해서 가는 것이었다. 그 결과 레반트를 경유하는 교역로를 우회하려고 이용했던 러시아 교역로가 우연하게도 활성화되었다.[459] 원래부터 이 사업은 경기 침체, 잉글랜드 상품의 가격 하락, 잉글랜드 제품에 대한 해외 수요 감소와 그 결과로서의 교역량 감소와 중요한 식민지 농산물의 불충분한 수입 등의 문제점들을 개선하기 위해서 이루어진 것이었다. 아마 잉글랜드 상인들의 활동 중심지에서의 교역 조건을 조사해보면, 왜 런던 상인들에게 지중해로의 항해가 더 이상 수익을 가져다주지 못했는지를 이해할 수 있을 것이다. 바로 그것이 그들이 지중해를 포기한 이유이기 때문이다. 투르크에게 책임을 묻는 것은 논리적이지 않다. 장애물은 오히려 지중해 수송업자들 간의 경쟁, 유럽 대륙 횡단 노선과의 경쟁 그리고 이 어려운 시절의 전반적인 콩종튀르였다.

2) 1550년부터 1573년까지

지중해는 지중해인의 것이다

잉글랜드 사람들과 동시에 지브롤터 해협 너머에서 지중해로 들어온 모든 침입자들이 지중해에서 사라졌다. 그들은 이상할 정도로 한꺼번에 지중해에서 사라졌다. 약간의 흔적이라도 남아 있다면, 그것은 디에프 선박 1척, 브르타뉴의 소형 선박 1척, 생말로의 범선 1척 정도이다. 갑자기 지중해에서 북유럽인들이 사라진 것은 사실이었다. 지중해는 다시 스스로 모든 수송 업무를 맡았고, 이러한 과정은 약 20년 넘는 기간, 즉 1553년부터 1573년까지 진행되었다. 소금, 곡물, 양모, 거추장스러운 가죽 수송 등 모든 대량 수송은 라구사와 베네치아의 상선들이 전담했다. 라구사 선박들은 그 역할이 더욱 커졌고, 그래서 카를 5세가 1535년 튀니스 원정 이후 1541년 알제 원정에 이끌고 갔던 선단에도 참여했다. 베네치아의 나베 선의 수도 분명하게 증가했다(그 총 톤수는 1498년 2만6,800보테, 1560년 2만9,000보테, 1567년 5만3,400보테였다).[460] 이 수치들은 설득력 있는 해석을 하고 있다. 베네치아가 대서양 선박이 떠난 빈자리를 메웠다. 라구사에서도 동일한 사실을 확인할 수 있다. 화물 선단의 규모는 1540년경 2만 카로(carro) 정도였다가 1560년부터 1570년 사이에는 3만5,000카로로 증가해서 최고점에 달했다.[461] 모든 라운드쉽은 건조되자마자 현장에 투입되었다. 이러한 사실은 지중해의 대형 범선들이 다시 멀리 떨어진 대서양은 물론 북해까지 진출했음을 보여준다.

사실 유럽 남부의 지중해인들은 이런 항해를 완전히 포기한 적이 없었다.[462] 1533년 베네치아에서 중단한 것은 정부가 주도한 공적인 항해였을 뿐이고 사적인 항해는 아니었다. 1547년 한 프랑스인의 편지에는 "베네치아의 대형 범선들"이 머지않아 대서양으로 출항할 것이라는 내용이 언급되어 있다.[463] 같은 사람이 쓴 편지에는 1548년 3월 여러 척의 라구사 대형 선박 혹은 베네치아 대형 선박들이 사우샘프턴 항구에 도착한 사실이 쓰여 있다.[464] 1550년 이후 지중해 선박의 대서양 항해가 증가했고, 1560년대 이후에는 더욱 늘어났다. 1551년경[465] "베네치아의 가장 중요한 신사들"인 알레산드로 콘타리니, 주스티니아노 콘타리니와 알비제 포스카리니는 프랑스 국왕이 잉글랜드로 항해 중이던 자신들의 선박 1척을 나포했다고 불평했다. 1552년 5월, 네덜란드에서는 10내지 12척의 선박이 출항 준비를 하고 있었다. "일부는 비스카야 선박이고, 일부는 포르투갈 선박이며 나머지 일부는 라구사 선박으로 구성된 이 선단은 잘 정비되어 있었고 장비도 잘 갖추고서⋯⋯" 준비하고 있던 "본대와 합류하려 하고 있었다."[466] 1552년 10월 17일, 런던 주재 베네치아 영사로부터 좋은 소식이 들려왔다.[467] 1553년부터 1565년까지 13척의 제노바 선박들(그중 일부는 500톤의 화물을 선적할 수 있었다)이 명반을 치비타베키아 항구에서 플랑드르로 수송했다.[468] 1556년 6월 20일 베네치아에서는 런던 주재 영사를 선출할 방법을 의논하기 위해서 "런던으로 항해한 상인들"이 소집되었다.[469] 1557년 12월 3일, 우르크 선(hourque)의 선장인 제노바인의 사기행각에 대해서 불평한 것은 바로 제노바 정부였다. 선장은 계약대로라면 서쪽에서 출발하여 리보르노와 제노바 항으로 귀환해야 했지만, 카디스를 경유하여 나폴리로 가버렸다.[470] 1558년 5월 프랑스인들이 르 아브르 항 근처에서 베네치아 선박을 나포했다.[471] 피렌체 선박 산타 마리아 데 라 눈치아타 호가 1562년 12월

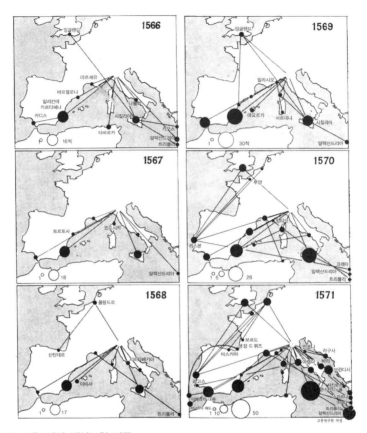

도표 53. 제노바의 해상보험 기록

A.d.S. Genova, San Giorgio Securitatum, 1565-1571.

제노바에서 작성된 이 해상보험 기록 덕분에 1566년부터 1571년까지 연속해서 6개의 지도를 작성할 수 있다. 전체적인 첫 인상은 교역이 증가했다는 것이다. 제노바 보험업자들의 고객이 늘어났는데, 특히 키프로스 전쟁과 베네치아의 위기 덕분에 오래된 경쟁자의 사업 일부를 차지할 수 있었던 1571년에 늘어났다. 1571년의 지도는 예외적인 수치를 보여준다. 그것은 제노바의 교역량에 일부 베네치아의 교역량이 합해진 것이다. 아드리아 해, 레반트, 대서양, 영불 해협, 북해로의 항해가 보험 가입의 대상이었다. 물론 이 보험들은 제노바의 교역량보다 적을 수도 있고 많을 수도 있다. 하지만 우리는 알리칸테와 팔레르모가 제노바의 주요 기항지였고, 레반트 방향으로의 항해가 그렇게 활발하지 않았음을 알 수 있다. 기록에 나오는 많은 지표들을 단순화시킬 필요성 때문에 세 개의 출발지(제노바, 리보르노 그리고 베네치아)를 하나로 합할 수밖에 없었다. 두 가지 점에 주목해야 한다. 하나는 제노바 자본가들이 베네치아의 해상보험 분야에서 성장했다는 것이고, 다른 하나는 지중해 선박들이 제노바, 베네치아, 리보르노를 대서양 그리고 북유럽과 연결하는 노선을 오갔다는 것이다. 마지막 지도에 나오는 마렘마는 토스카나 지역이다.

(1568년 도표 옆 부분 번역: 제노바, 리보르노 그리고 베네치아에서 출발하는 노선들의 경우에는 하나의 출발점만을 설정했다.)

18일 안트베르펜을 떠나 1563년 2월 15일 리보르노 항구에 도착했다.[472] 출간되지 않은 프란체스코 데 몰린의 일기는 그가 자코모 포스카리리와 자코모 라가초니 소유의 대형 범선을 타고, 1566년 3월 21일 베네치아를 떠났다는 사실을 보여준다. 그 선박은 자킨토스로 가서 건포도를 배에 가득 실었다. 프란체스코는 "내가 보기에 1,000보테나 되는 큰 선박에 한 가지 상품만 선적하는 것은 주목할 만한 일인 것 같다"라고 썼다. 배는 몰타, 마요르카, 말라가, 카디스, 리스본을 경유하여 최종적으로 마르카타[영국의 마게이트]에 도착했다.[473] 그곳에서 하역한 상품은 런던으로 보내졌고, 배는 10월에 다시 출항했다. 항해 도중 겪은 불행은 에스파냐 왕실이 배의 상업 운항을 중단시키고 차출해서 플랑드르로 다시 보내버렸기 때문이었다. 이 불행한 사건은 더 이상 우리의 관심사는 아니다. 카디스로 보낼 상품과 잉글랜드로 가져갈 크레타 포도주를 운송 중이었던 "베네치아의 라운드쉽" 또한 1567년 7월 말라가에서 징발당할 뻔했다. 1569년에 6척의 베네치아 선박들이 대서양으로 항해 중이었다.[474] 이 선박들의 적재량은 알려져 있기 때문에, 지중해 선박의 대서양 무역의 규모를 가늠할 수 있다. 같은 해 (1569)에 2척의 선박이 라 로셀의 위그노 해적들에게 나포되었다 (1,200톤의 나베 선인 주스티니아 호는 13만 에퀴어치의 화물을 수송하고 있었고, 그밖에도 소금 속에 70문의 대포를 숨기고 있었다. 다른 작은 배는 베르지 호였다).[475] 이 사건은 서류를 주고받는 소송으로 이어졌고, 우리에게는 베네치아 공화국과 대서양의 섬 잉글랜드 사이의 교역이 중단된 이유를 정확히 알려주는 보충 자료이기도 하다. 우리는 놀라지 않고도 지중해로 돌아오는 화물 속에 모직물 커지가 있음을 알 수 있다.[476] 이 세부적인 내용을 네덜란드에 있던 알바 공작의 밀정들이 놓칠 리가 없었다.[477] 알바 공작은 8월 편지에서 에스파냐와의 전쟁의 위험을 직감한 잉글랜드가 자국 모직물을 베네치아와 라구사 상선을 이용하여 수출했다고 말했다. 항해 중에 발생하는 사고와 해적의 습격들을 제외하면 이들 지중해 선박들은 지중해뿐만 아니라 대서양에서도 중립국이라는 특권을 가지고 있었다. 1569년 5월 런던에서 에스파냐 대사는 베네치아 선박들에게 가능한 한 빨리 잉글랜드를 떠날 것을 종용했다.[478] 왜냐하면 잉글랜드를 굴복시키기 위해서는 베네치아와 라구사 선박을 운항하지 못하게 만들 필요가 있었기 때문이다. 신교도인 위그노들이 에스파냐를 도왔다는 사실은 매우 이상하다.[479]

그러나 지중해의 교역이 다시 부활한 것은 전반적인 상황 변화 덕분이었다. 대략 1550년부터 1570년까지 아니면 보다 정확하게는 1575년까지의 콩종튀르는 명백한 후퇴의 징후를 보여주고 있었다. 사업은 어느 업종이든 어려웠다. 그러나 각국은 자신의 필요를 스스로 해결해야 했다. 나머지 국가들은 침몰했지만 부자 나라들은 위기를 극복했기 때문에 정복자처럼 보였다. 지중해의 대형 선박들은 일상적으로 겪었던 재앙에도 불구하고, 내해[지중해]와 외해를 연결하면서 어려움을 극복했다. 이후 다시 경제적으로 좋은 시절이 찾아왔다. 우리가 매우 단순한 결론의 유혹을 뿌리칠 수 있다면, 지중해 선박의 대서양 운항을 중단시켰거나 아니면 드물게 만들었던 원인은 바로 경기 회복이었다. 16세기가 끝날 무렵에 일어난 놀라운 경제 호황 덕분에 부유한 국가들은 다시 한번 일부 사업들을 그만둘 수 있는 사치를 누릴 수 있었다. 잉글랜드 선박, 그 뒤를 이어 홀란드 선박들이 다시 지중해를 찾았고, 이번에는 16세기 첫 반세기에 비해서 훨씬 그 수가 증가했다.

1572-1573년 영국인들의 지중해 귀환

잉글랜드 선박들은 적어도 1573년에는 지중해에 다시 나타났다. 우리가 잉글랜드 선박이 처음으로 리보르노 항구에 들어온 시점으로 간주하는 해가 바로 1573년이다. 아니면 좀더 일찍 지중해로 돌아왔을까? 아마 잉글랜드 어선 1척이 1572년 치비타베키오 항에 입항했던 것 같다.[480] (잉글랜드 출신의 선장 조반니 스코토가 이끈) 라 론디네 호[481]는 런던과 사우샘프턴에서 화물을 선적했고, 커지 모직물 세 자루, 가공 처리한 주석 두 통, 면직물 몇 필, 37개의 부서진 종(鐘), 5개의 온전한 종, 380덩어리의 납과 염장한 혓바닥 고기 한 통을 1573년 6월 25일에 리보르노 항구로 가져왔다. 우리가 보는 것처럼 매우 소박한 화물이었다. 슈테를리히가 선장이었던 "비탄의 산타 마리아 호"는 카디스에서 선적한 화물을 가지고 7월 20일에 리보르노 항구에 들어왔다. 1573년 12월 16일, 리보르노 항구에 도착한 "날아다니는 사슴 호"는 런던으로부터 납, 수산화나트륨, 모직물, 주석을 가져왔다. 세부적인 내용은 언급할 가치가 있는데, 이 모든 상품들은 제노바 상인들에게 인도할 것들이었다. 이 화물을 수송했던 이 3척의 선박들만으로도 잉글랜드의 중요한 교역품이 어떤 것이었는지를 알 수 있다. 즉 모직물, 납과 주석이었다. 이후에 여기에 헤아릴 수 없을 정도로 많은 양의 청어와 대구 그리고 연어가 추가되었다. 잉글랜드와 지중해를 연결하는 교역은 더 이상 중단되지 않았다. 리보르노 항구 기록에는 1573년에 3척의 잉글랜드 선박이, 1574년에는 9척의 선박이 언급되어 있다. 1575년에는 오직 2척(그러나 그 증거는 불충분하다), 1576년 3척, 1578년 5척, 1579년 9척, 1580년 2척, 1581년 13척, 1582년 10척, 1583년 4척, 1584년 6척, 1585년 8척, 1590-1591년 6척, 1591-1592년 3척, 1592-1593년 16척. 잉글랜드인들은 지중해로 다시 돌아왔다.

지중해로 들어오는 관문인 에스파냐의 상황은 결코 이러한 귀환을 가능하게 하지 않았고 그 이유를 설명하지도 못하여 지중해의 상황도 거의 마찬가지였던 것 같다. 16세기 중엽 라운드쉽의 돛과 의장(艤裝)이 개선되었고, 그 덕분에 갑작스럽게 기후가 변화하는 바다에서 배를 조정하기가 이전보다 쉬워진 덕분이었을까? 아니면 리보르노 항구 기록이 우리에게 보여주는 것(청어, 납과 주석을 하역한 것)을 믿는다면, 지중해가 단식과 사순절의 금식이라는 배고픔을 달래고 무기 부족을 해결하기 위해서 잉글랜드 상품을 더 많이 필요로 했던 것일까? 우리는 이 시기에 청동 대포가 철 대포를 대체하기 시작했음을 알고 있다. 어쨌든 주석과 납의 수요는 기독교 지배하의 지중해 세계에서만큼이나 이슬람 세계와 러시아에서도 매우 광범위했음이 분명하다. 1580년 이후 시칠리아 섬을 들르는 잉글랜드 선박들은 대포 주조에 필요한 주석을 콘스탄티노플에 공급하러 간다는 의심을 받았다.[482] 잉글랜드 선박들은 나폴리에도 주석을 공급했는데,[483] 몰타 섬에서는 환대를 받았다. 이러한 환대는 1581년에 철, 강철, 청동과 주석을 싣고 있었던 (선장 피터 베이커가 이끈) 잉글랜드 소형 범선 로 호와 1582년에는 소형 범선 레이널즈 호가 초기에 몰타 섬과 조금은 불편한 접촉을 한 이후의 일이었다.[484] 몰타 기사단은 그해 7월에 잉글랜드 상인들에게 밀수를 하지 않는다는 조건으로 섬에서 자유롭게 거래하고 레반트 지역으로 가는 것도 허용했다. 이러한 혜택은 자연스럽게 화약, 화승총, 초석, 주석, 강철, 철, 구리, 평범한 흰색 커지 모직물, 거친 마직물, 철재 총알과 포탄, 고급 숫돌, 목재와 갤리 선의 돛대 등의 잉글랜드 상품을 계속해서 구매하게 만드는 계기가 되었다. 또한 잉글랜드 상인들이 "뉴캐슬의 석탄"이라고 부른 로세타(rosetta), 즉 석탄도 취급했다. 이것은 잉글랜드 석탄의 역사에 추가할 수 있는 작은 에피소드이다.

그러나 잉글랜드인들이 지중해로 다시 돌아온 것은, 특히 1576년부터 1578년까지 토스카나 대공이 잉글랜드인들을 리보르노 항구로 불러들인 것처럼, 지중해의 호출에 대한 응답이었다.[485] 잉글랜드에서 활동했던 마지막 이탈리아의 대은행가이자 거상이었고 종교개혁에 헌신한 제노바 상인 호라치오 팔라비치노의 부름도 마찬가지였다.[486] 그는 다른 제노바 상인 바티스타 스피놀라와 동업해서 (당시 펠리페 2세와 관계를 단절했던) 플랑드르의 여러 주들에 35만 플로린을 대출해줄 것을 약속했다. 런던 시가 이를 보증하고 이서했다. 그 대가로 호라치오 팔라비치노는 6년 동안 명반 수입 독점권을 확보했다. 이 독점권은 펠리페 2세의 명반 교역에 타격을 줄 수 있었다. 따라서 에스파냐는 이에 반발할 만한 두 가지 이해관계가 있었다.

바로 에스파냐의 명반 교역을 보호하고, 동시에 반란 세력들이 큰돈을 벌지 못하도록 하려는 것이었다. 에스파냐는 반란 세력이 돈을 벌면 그 이익이 누구에게 돌아갈지를 이미 잘 알고 있었다. 이러한 어려움을 미리 내다본 팔라비치노는 자신이 제노바, 밀라노와 에스파냐 항구들에 보관 중이던 명반을 즉시 북유럽으로 옮겨갈 생각을 했다. 여름이 끝나갈 무렵 그는 7,000 칸타르급의 선박 산타 마리아 인코로나타 호를 남쪽의 알리칸테, 카르타헤나와 카디스로 보내서 그곳에서 자신의 명반 일부를 선적하도록 했다.[487] 이러한 사실을 미리 알게 된 에스파냐 국왕은 밀라노에서는 이에 대한 조사를 진행했고, 에스파냐에서는 명반을 싣고 가는 선박들을 중간에서 나포할 준비를 했다.[488] 펠리페 2세가 덫을 놓았지만 팔라비치노는 알리칸테로부터 이 위험에 대해서 통보받았다. 또한 팔라비치노는 잉글랜드 선박들에게 이 중요한 명반을 수송하는 임무를 맡기기로 결정했다. 사실 잉글랜드 선박들은 돌아가는 길에 어떤 사고도 없이 알리칸테에 들렀고, 1579년 3월에 7척의 선박은 1만4,000칸타르의 명반을 런던까지 수송해왔다(이것은 배 1척당 평균 2,000칸타르, 즉 대략 100톤가량을 수송했음을 의미한다). 모두 합하면 6만 에퀴가 넘는 금액이었다. 다른 한편 우리가 다른 문서의 의미를 과장해서 해석하지 않는다면, 아마 팔라비치노는 독일을 경유해서 플랑드르 지방으로 추가로 2,000칸타르의 명반을 발송했었던 것 같다.[489]

잉글랜드 선박의 귀환을 증명할 또다른 문서는 1580년 1월 26일자 베네치아 원로원의 포고였다.[490] 이 문서는 다시 한번 레판토 해전 이후의 위기를 문제삼는다. 원로원 의원들은 "마지막 전쟁 전에 우리 베네치아 상인들은 일상적으로 서쪽 바다(잉글랜드)에서 장사를 했고, 케팔로니아 섬, 자킨토스 섬과 칸디아 섬(크레타 섬)으로 가기 위해서 우리 선박들을 용선했으며 그곳에서 서쪽으로 가져갈 건포도와 포도주를 선적했고, 돌아오는 길에는 커지 모직물, 모직물, 주석과 다른 상품들을 이 도시로 가져왔다"고 말했다. 풍년에도 흉년에도 매년 평균 5척 내지 6척의 선박들이 그렇게 북해로 갔다. 그러나 레판토 해전 이후(즉 1571-1573년 이후) 이 항해는 완전히 중단되었다. 이제 "외국의" 선박들은 직접 베네치아 지배하의 이 섬들로 와서 그곳에서 건포도와 새 포도주를 선적했다. 이 섬들에 거주하는 일부 베네치아인들이 커지 모직물, 모직물, 주석과 대서양의 화폐를 받고서 건포도와 새 포도주를 판매하는 일에 가담했다.

따라서 1571-1573년의 베네치아 위기의 이야기를 다시 살펴보아야 한다. 베네치아의 위기가 오리엔트에서 활동하던 마르세유 상인들에게 일시적이지만 눈에 띄는 이익을 주었던 것처럼, 잉글랜드 상인들을 지중해로 불러들이기도 했다. 그러나 베네치아는 레반트에서처럼 신속하게 자신의 지위를 회복할 수 있었다. 만약 베네치아가 그렇게 하지 못했다면, 그것은 1575년 무렵 경기가 다시 회복세로 접어들었고 우리가 이미 지적한 것처럼 경기 회복으로 베네치아 상인의 상업 활동이 변화했기 때문일 것이다. 물론 여전히 16세기 말까지 몇몇 베네치아 선박들이 대서양에서 활동하고 있었다. 우연한 사건 덕분에 우리는 1582년 베네치아 선박 2척에 대한 언급을 찾을 수 있다. 그것은 100명의 불쌍한 포르투갈 사람들이 "거의 벌거벗은 채로" [포르투갈령 아조레스 제도의] 테르세이라 섬에서 잉글랜드로 송환된 사건이었다.[491] 1589년 10월, 산타 마리아 디 그라치아 호(베네치아 아니면 라구사 선박)는 잉글랜드로 가져갈 포도주를 다시 칸디아[수도 이라클리온을 뜻한다]와 레팀논[칸디아의 한 주]에서 선적했다.[492] 그러나 전체적으로 우리가 이미 설명했듯이, 지중해의 다른 대부분의 대도시들처럼 베네치아도 점점 더 "외국" 선박을 용선하고 선원을 고용하게 되었다. 이런 용선과 선원 고용이 북대서양의 선박들이 지중해로 다시 돌아오게 된 이유를 가장 잘 설명해준다.[493]

잉글랜드와 투르크의 교섭 : 1578-1583년[494]

잉글랜드 상인들에게는 레반트 시장으로의 진출이 남아 있었다. 해클루트는 잉글랜드의 레반트 시장 진출이 1575년에 진출을 결심한 두 런던 출신 상인 에드워드 오즈번과 리처드 스테이퍼의 업적이라고 주장한다. 그들은 자비로 두 대리인 존 와이트와 조지프 클레멘츠를 콘스탄티노플로 파견했고, 두 대리인은 폴란드 루트를 따라가던 도중 1578년 9월에 리보프에서 오스만 제국의 대사 아흐메트 차우슈의 일행에 합류했고, 그는 그들이 10월 28일 목적지에 안전하게 도착할 수 있도록 도와주었다. 그들은 술탄이 잉글랜드 여왕에게 보내는 1579년 3월 15일자의 친서를 전달받았다. 콘스탄티노플에 있는 에스파냐의 대리인 조반니 마를리아니보다 그 협상에 대해서 더 잘 파악하고 있었던 런던의 베르나르디노 데 멘도사는 1579년 11월 잉글랜드 여왕이 프랑스를 통해서 술탄의 친서를 받았다고 기록했다. 친서에서 술탄은 여왕에게 많은 약속을 했으며, 여왕에게 신실한 기독교도인 프랑스 국왕과 더욱 긴밀하고 우호적인 관계를 유지하고 앙주 공작과 결혼할 것을 제안했다(분명히 프랑스인들이 편지에 이러한 조언을 넣도록 관여했을 것이다). 편지에서 술탄은 육로나 해로를 통해서 오스만 제국으로 들어오는 여왕의 상인들에게 최상의 대우를 해주겠다고 덧붙였다. 멘도사는 사실상 투르크인들이 이 결혼에 관심이 없다고 기록했다. 투르크인들이 관심을 가진 것은 "잉글랜드 상인들이 몇 년 전부터 레반트 지역으로 들여왔던 주석이었습니다." 주석이 없으면 "대포를 주조할" 수가 없다. 게다가 2만 에퀴 가치 이상의 주석을 실은 5척의 선박이 레반트를 향해 런던을 출발하려고 하고 있었다.[495] 1579년 9월 25일자 여왕의 답서를 전달하는 임무는 리처드 스탠리가 맡았고, 그는 프루던스 호에 탑승했다.[496] 시간이 무르익었다. 포르투갈 왕위를 계승하게 되자, 펠리페 2세는 이에 대한 준비로 매우 바빴다. 엘리자베스 여왕은 다른 무엇보다도 이를 우려하고 있었다. 여왕에게는 투르크의 도움을 받는 것이 문제의 해결책이었다. 여왕은 협상이 진행되는 과정에서 투르크 함대의 파견을 요구하기까지 했다.

어쨌든 잉글랜드는 1580년 6월에 첫 번째 협약에서 35개의 조항을 보장받았다. 그중 하나는 잉글랜드 상인들이 자국 깃발 밑에서 자유로운 상거래를 할 수 있게 된 것이었다. 잉글랜드인들은 레반트 지역에서 권위와 영향력을 상실해가고 있던 프랑스인들의 반대에도 불구하고 모든 것을 얻어냈다고 말했으며, 프랑스인들은 잉글랜드가 "죽은 메흐메트 파샤"를 매수해서 모든 것을 얻어냈다고 말했다.[497] 프랑스인들은 투르크인들의 약속에 따라서 새로 레반트 지역으로 들어오는 선박들은 프랑스 깃발을 달고 항해해야 한다고 믿는 착각을 했다.[498] 잉글랜드인들은 이 특혜를 확고하게 유지하고 더 이상 놓치려고 하지 않았다. 1580년 11월 배교자인 듯한 이탈리아 출신인 투르크 대사가 잉글랜드에 도착했다.[499] 1581년 9월 11일 엘리자베스 여왕은 에드워드 오즈번, 리처드 스테이퍼, 토머스 스미스, 윌리엄 개릿과 그 외의 몇몇 사람들을 위해서 "레반트 회사"를 설립했다. 그 회사의 설립은 레반트 지역에서 일정 정도 자유롭게 활동하고 있었던 잉글랜드 상인들 그리고 레반트 회사에 준하는 조직으로 베네치아와의 무역을 하고 있었던 상인들과 큰 마찰을 불러일으켰다. 그러나 모스크바 사업이 흔들리고, 1582년 덴마크 선박들이 무력으로 상크트 니콜라스 만과의 교역을 방해하고 있는 상황에서 이 대규모로 조직된 새로운 교역의 이익이 때마침 나오기 시작했다.[500] 1582년 수전 호는 여왕이 술탄에게 보내는 선물과 친서를 싣고 콘스탄티노플을 향해 런던을 떠났다.[501] 친서는 여왕이 새로운 오스만 제국 대사로 임명한 윌리엄 헤어번(William Hareborn)[502]이 가져갔다. 프랑스 사람들의 보고서에서, "기욤 아르브롱(Guillaume Harbron)"이라고 부르는 이 사람은 잉글랜드의 대의를 실현할 수 있는 강건한 선구자였다.[503] 시칠리아는 1583년 3월 15일에야 이 배의 항해 소식을 알게 되었고 그때는 이미 배가 에게 해에 도착해 있었다.[504]

5월 3일, 윌리엄 헤어번은 술탄의 손에 입을 맞추었고, 드 메스는 "이전에 여기에 왔던 국왕의 대사들과 똑같은 영예를 받았다"고 썼다.[505] 결국 프랑스인들도 베네치아인들도 헤어번과 헤어번이 오리엔트에 임명한 영사들에 맞서 아무것도 할 수 없었다.[506] 헤어번은 "사악하고 위선적인 사람들"인 프랑스 사람들과 베네치아 사람들을 "경계해야" 한다고 생각했다.

잉글랜드 항해의 성공

처음부터 레반트 회사는 사업에 크게 성공했다. 1581년 9월 11일 특허권을 받아 처음으로 사업을 시작한 레반트 회사는 300퍼센트에 달하는 이익을 거두었다.[507] 레반트 회사는 1583년에 설립된, 레반트 회사와 유사한 베네치아 회사와 합병한 1592년 1월 이후에 더 두드러진 발전을 했다.[508] 1595년 이후 레반트 회사는 15척의 선박과 790명의 선원을 확보했다.[509] 레반트 회사는 알렉산드레타, 키프로스, 키오스, 자킨토스를 자주 들렀고, 베네치아와 알제에는 이보다 적게 들렀다.[510] 1599년에 레반트 회사는 평소에 운영하던 선단에 16척의 선박을 추가로 도입했다.[511] 이러한 성공에도 불구하고 레반트 회사는 여전히 생존해 있었던 엘리자베스 여왕으로부터 1600년 12월 31일[512] 특허권을 갱신하기 직전에 그리고 엘리자베스 여왕을 이은 제임스 1세의 치세 초기인 1605년 12월 31일[513] 특허권을 갱신하기 직전에 회사의 어려움을 과장하고 위기를 겪고 있다고 호소했다. 물론 어려움은 존재했다. 긴 항해, 1604년까지 계속되는 에스파냐의 적대감, 바르바리 해적들로 인한 위험, 자신의 지위를 결코 포기할 리가 없었던 베네치아와 마르세유의 강력한 방해, 말할 것도 없는 투르크의 홀대 그리고 회사가 콘스탄티노플에 대사를, 바르바리 지역과 레반트 지역에 영사관을 유지하기 위해서 지불해야 하는 무거운 부담들이 있었다. 그러나 잉글랜드는 상인들의 인내, 그들의 우수한 선박과 저렴한 직물, 우수한 조직력 덕분에 성공할 수 있었다. 잉글랜드인들은 마르세유인들이 수백 척의 소형 선박을 가지고 레반트와 지중해에서 어렵게 달성했던 것을 수십 척의 선박으로 이루어냈다.[514] 1591년 이후부터 잉글랜드가 도입한 독창적인 선단 제도가 이러한 성공에 기여했음을 고려해야 할 것이다. 콘스탄티노플과의 흑자 교역에서 얻은 자금과 (직물의 질과 양을 항상 속이려고 했던 베네치아와 프랑스 상인들과 비교되는) 잉글랜드 상인들의 정직함도 이러한 성공에 일정 정도 기여했을 것이다.

이미 해클루트가 제안했고 역사가들이 수용한 이 주장들은 설득력이 있다. 그렇기는 하지만 다른 원인은 없었을까? 우리가 향신료 무역을 다루면서 이미 지적한 레반트 무역의 부활 또한 잉글랜드 상인들을 지중해로 이끌었다. 오래된 지중해의 상사들은 대서양 지역의 끔찍한 전쟁 덕분에 다시 한번 이익을 거둘 수 있었다.[515] 1583년부터 1591년까지 잉글랜드 출신의 대리인들이 시리아 노선을 경유해서 인도양, 페르시아, 인도, 수마트라까지 진출했던 것은 우연이 아니었다. 이 유랑자들은 우리에게 근동과 극동으로 가는 길을 멋지게 묘사한 기록을 남겼다. 두꺼운 모직물을 팔았던 잉글랜드 상인들은 더운 나라인 이집트에서는 현금으로만 유익한 거래를 할 수 있었다. 또한 이집트에서 잉글랜드 상인들은 끈기 있고 노련한 프랑스 상인들과의 경쟁에서 실패하기도 했다.[516] 따라서 잉글랜드 상인들은 특히 시리아와 시리아를 횡단하는 노선에 관심을 기울였고 이에 참여하기를 열망했다. 그들은 그곳에서 상품 대 상품을 맞바꾸는 물물교환을 할 수 있었고, (홀란드에 의한) 두 번째 희망봉 발견도 단번에 이 교역을 중단시키지 못했다. 게다가 1600년에 설립된 동인도 회사는 레반트 회사의 딸이거나 동생이었음을 기억하자.[517]

지중해 한가운데에 위치한 리보르노 항구의 기록은 북유럽 사람들이 더욱 크게 성공했음을 숫자로 증명한다. "서쪽 바다"에서 리보르노 항구로 들어오는 선박들이 가져온 상품 기록을 토대로 이 사실을 알 수 있다(이 기록은 더 이상 상세하지 않으며, 잉글랜드 선박과 홀란드 선박을 혼동하기도 한다).[518] 1598년 10월부터 12월까지 납 5,000통, 훈제 청어 5,613통, 메를루사 268,645마리, 건어물 513자루가 리보르노 항구로 들어왔다.

16세기 말의 상황

16세기 말에 잉글랜드 상인들은 이슬람 국가나 기독교 국가 상관없이 지중해 전역에서 활동하고 있었다. 그들은 지중해로 연결되는 모든 육로를 통해서 혹은 지중해에서 유럽으로 가거나 인도양으로 가는 모든 육로를 통해서 여행했다. 1588년 이후에는 몰다비아와 왈라키아 지방도 잉글랜드 상인들을 불러들였다.[519] 이미 몇 년 전부터 런던은 큰 계획을 세우고 있었다.[520] 1583년은 상징적인 성공을 거둔 해였다. 1583년에 헤라클레스 호는 잉글랜드 상인들이 트리폴리로부터 잉글랜드 섬의 항구로 들여왔던 화물들 중에서 가장 많은 양의 화물을 들여왔다[521](그것은 헤라클레스 호의 두 번째 항해였다). 에스파냐, 그리스, 마르세유 출신의 항해사들은 지중해로 새로 들어온 사람들이 항구를 하나씩 결국에는 지중해 바다 전체를 장악할 수 있도록 도와주었다. 우리는 이러한 연이은 성공이 언제 시작되었는지를 정확하게 알 수는 없다. 왜냐하면 처음에 지중해로 진출할 때에는 일반적으로 신중하고 조심스럽게 접근했기 때문이다. 따라서 마르세유는 1590년 11월 26일, 잉글랜드 선박 2척이 마르세유 항구로 들어오는 것을 허용하기로 결정했다. "마르세유 시는 납과 동시에 주석이 필요했기 때문에 어려운 상황에서도 두 선박에 실려 있는 상품이 선장과 서기와 함께 마르세유에 입항하는 것을 허용하기로 결정하고 명령했다. 그들이 상품을 판매하고 마르세유 주민들과 자유롭게 교섭하며 상품을 구입하고 자신들이 원하면, 이 두 선박에 수출이 금지되지 않은 상품을 선적할 수 있도록 허용했다."[522] 잉글랜드 선박들이 마르세유 항구에 들어온 것은 처음이 아니었다. 잉글랜드 선박들은 1574년 이후부터 마르세유와 교역하고 있었지만, 합법적으로, 공식적으로 마르세유 항구의 입항이 허용된 것은 이때가 처음이었다.

겨우 몇 년 만에 이렇게 큰 진전을 이루다니! 한 제노바 문서는 1589년 이후 지중해 전역을 포괄하는 대규모 잉글랜드 정보망이 구축되었음을 보여준다.[523] 콘스탄티노플에는 윌리엄 헤어번(사실 그 시기에 그는 런던에 있었다[524])이, 알제에는 존 팁턴이, 몰타에는 존 루카스가, 마지막으로 제노바에는 리처드 훈토가 있었다. 훈토(Hunto)라는 이탈리아식 성(姓)을 가진 리처드는 제노바인들에게 호라치오 팔라비치노의 밀정(에스파냐어로 작성된 문서에는 인텔리겐세로[inteligencero]로 표기되었다)이라는 오명과 함께 "매우 사악하고 타락한 적," 모든 가톨릭의 적이라는 인상을 주었다. 1590년 1월 잉글랜드인들은 에스파냐의 새로운 대리인 후안 에스테파노 페라리가 거래를 하지 못하도록 방해한 것을 기뻐했다. 잉글랜드인들은 이미 지중해에서 자신들의 정책을 펼칠 수 있을 정도로 충분히 지중해 교역에 참여하고 있었다. 물론 그것은 권력과 무력에 의존한 것은 아니었다. 그들은 기만적이 아니라 매우 유연하게 이 게임에 참여했다(그러나 기만적이 아닌 사람이 있었을까?). 이것은 이슬람과 기독교 세계라는 두 개의 판 위에서 하는 게임이자, 해적질이라는 세 번째 판 위에서 하는 게임이기도 했다.

잉글랜드인들은 이곳 지중해에서 활동하던 초기부터 이미 해적이었고 그것도 가장 나쁜 해적이었다.[525] 1581년에 이미 잉글랜드 범선 1척이 투르크인들을 상대로 해적질을 했다.[526] 20년 후인 1601년 런던의 한 보고서는 베네치아, 제노바와 여타 도시들이 잉글랜드 범선의 해적질과 그들이 약탈한 물건을 바르바리 도시들에 되파는 행위에 대해서 개탄하고 있음을 보여준다.[527] 1604년 에스파냐와 잉글랜드 사이의 평화협정 이후 리보르노 항구는 은퇴한 잉글랜드 해적들이 선호하는 은거지가 되었다.[528] 사실 해적질은 약자들의 무기였다. 16세기 말 잉글랜드의 해적질은 부유한 선박과 도시들의 바다였던 지중해에서 잉글랜드인이 아직은 작은 역할밖에 하지 못했음을 보여준다. 지중해가 잉글랜드인의 바다가 되는 패러독스가 만들어지기까지는 몇 세기가 더 걸렸다. 잉글랜드 함대가 지중해로 들어온 것은 1620년에 가서였고, 제노바에 섬나라 잉글랜드 상관의 지점[529]이 설치된 것도 1630-1640년에 가서였다.

한자 동맹과 홀란드 상인들의 지중해 진출

잉글랜드 상인들이 지중해로 진출한 것은 주석 교역과 관련이 있었다. 한자 동맹(Hansa Bund) 선박과 홀란드 선박이 처음으로 지중해로 대거 진출하게 된 것은 지중해 사람들이 대서양의 밀을 구입하면서부터였다. 지중해를 지키는 어설픈 문지기였던 에스파냐인들의 서투르고 비효율적인 정치가 이 일에 일정 정도 책임이 있지만, 그보다는 밀이 한자 동맹과 홀란드 상인의 지중해 진출의 원인이었다.

한자 동맹과 홀란드 상인들의 관심을 환기시킨 것은 1586년부터 1590년까지 발생한 이탈리아 반도의 흉작이었다.[530] 그들은 뤼자크,[531] 융[532]과 베티엔[533]이 근거를 가지고 추측한 바와 같이, 아마 유대인 도매상과 중개상들의 도움을 받았을 것이다. 그러나 이런 것들은 조사 중인 세부적인 내용이다. 마찬가지로 지중해 진출을 주도한 것은 단치히, 뤼베크와 함부르크였다. 오래 전부터 대규모 곡물 교역을 전문적으로 해왔으며 큰 밀 시장 어귀에 위치한 이 항구들이 지중해의 부름에 응답한 것보다 자연스러운 일은 없을 것이다. 1590년 토스카나 대공이 서기를 동반한 자신의 대리인 리카르도를 파견한 곳이 바로 단치히였다. 임무는 폴란드 곡창지대로부터 곡물을 뤼베크로, 그 다음에는 홀란드, 프랑스와 잉글랜드로 들여오는 것이었다.[534] 그해 대공이 한번에 100만 두카트에 이르는 엄청난 주문을 북유럽에 발주하자 지중해로 밀을 수송하려는 대서양 선박들의 첫 지중해 진출이 시작되었다. 이후 교역은 대규모로 진행되었다. 일부 역사가들은 1591년에 13척의 범선이 에스파냐 국왕이 발부한 통행증을 가지고 있었음에도 불구하고 에스파냐 앞바다를 항해하는 도중에 운행 정지당했다고 주장한다.[535] 40척의 선박이 리보르노 항구에 도착했다.[536] 거래를 위한 교섭이 많았음을 고려할 때, 모든 북유럽의 국가들[537]이 지중해의 부름에 응답했다는 것이 놀랄 만한 일은 아니었다. 1593년 리보르노 항구로 들어온 선박의 입항 기록에 나오는 것처럼 홀란드, 한자 동맹과 잉글랜드 선박들도 곡물 수송에

1593년에 리보르노 항구로 수입된 북유럽의 밀 : 수송선박 기록(Mediceo 2079, fos 150 뒷면에서 169 뒷면까지)

		출항한 선박	화물을 싣고 온 선박
암스테르담과 젤란트		12	28(이 중 1척이 젤란트에 들어왔다)
잉글랜드		7	7
한자 동맹	뤼베크	4	3
	엠덴	5	3
	함부르크	16	12
	단치히	9	11
안트베르펜과 플랑드르		4	0
노르웨이		2	0
리가		1	1
지역 불명		13	8

73척의 선박들이 리보르노 항구에 입항했다. 1월 6일(2척), 1월 9일(1척), 1월 12일(5척), 1월 13일(37척), 1월 13일(4척), 1월 16일(1척), 1월 20일(8척), 1월 26일(3척), 1월 31일(1척), 3월 11일(1척), 3월 14일(2척), 4월 1일(1척), 4월 29일(1척), 5월 3일(1척), 5월 5일(1척), 5월 6일(2 척), 5월 12일(1척), 5월 15일(1척). 1593년의 선박들의 경우 항해 기간에 관해서는 아무 말도 언급되어 있지 않다. 그러나 1609년에서 1611년까지의 경우 실제 항해 기간은 다음과 같다. A. 암스테르담-리보르노(12주일, 6주일, 5주일, 5주일, 8주일, 32일, 16주일. B. 단치히-리보 르노(14주일). C. 런던-리보르노(4주일, 8주일). D. 브리스틀-리보르노(12주일). E. 플라이무 스-리보르노(28일).

이 표에서 이끌어낼 수 있는 결론은 자명하기 때문에(항해 기간의 차이, 겨울 항해의 우세, 곡 물 재분배 시장으로서 암스테르담의 역할이 눈에 띈다는 점), 독자들이 스스로 판단해보시라. 하지만 다음의 세 가지 사실을 언급할 필요는 있다. 첫째 1593년 6척의 잉글랜드 선박들이 늘 하듯이 납, 주석, 청어를 선적했지만, 그 선단에는 홀란드 선박 1척(잉글랜드에서 선적)과 리스 본에서 상품을 선적한 "검은 독수리 호"라고 불리는 엠덴 선박 1척이 합류했다. 둘째 북유럽 사람들은 이 해에 리보르노 항구에 총 15,000톤 이상의 곡물(호밀과 밀)을 하역했는데, 이 수치 는 이 북서 유럽의 범선들이 대략 평균 200톤을 수송했음을 의미한다. 셋째, 선박의 이름들이 종교와 무관한 이름이 절대 다수였다.

참여했다.

밀에서 향신료로 : 홀란드 상인들의 지중해 장악

한자 동맹과 홀란드 상인들이 동시에 지중해로 진출했지만, 홀란드 상인 들만이 지중해를 정복했다. 루트비히 보이틴은 자신의 책[538]에서 이 두 북유럽 민족들 간의 경쟁을 분석해서 이를 설명한다. 17세기 초 한자 동맹의 상인들은 경쟁에서 제거되었고, 그들의 선박은 거의 더 이상 말라가에 기항하지 않았다.[539]

이러한 패배의 원인을 밝히는 문제가 남아 있다. 의심의 여지없이 이베리아와 북유럽 간의 전쟁이 진행되는 동안에 중립이라는 유리한 입장을 고수할 수 있었던 한자 동맹의 상인들은 1604년과 1609년 두 세력 간의 협정이 체결된 이후 이러한 이점 자체가 줄어들고 있음을 느꼈다. 18세기 유럽 내의 전쟁 덕분에 한자 동맹의 상인들이 다시금 지중해에서 교역을 확대할 수 있었을까? 그러나 16세기 말에는 다른 많은 이유들이 있었다. 한자 동맹의 상인들은 에스파냐와 교역하고 있었고, 에스파냐가 그들에게 제공하는 대서양 수송사업도 담당했지만, 자신들을 레반트 지역으로까지 끌어들일 수 있었던 후추와 향신료가 필요했던 것은 아닐까? 아니면 해양 도시들 배후에는 제조업이 번성하지 않았거나 독일 남부와 베네치아, 제노바 간에 우선적인 교역관계가 있었기 때문이었을까? 아니면 화폐가 부족했기 때문이었을까? 이 부분에 대한 설명을 해야겠지만, 역설적이게도 1615년 그리고 의심의 여지없이 그것보다 좀더 이른 시기에[540] 용연향, 수은, 진사(辰砂), 구리, 철 등의 독일 상품들을 시리아로 가져온 것은 홀란드 상인들이었다. 나는 한자 동맹의 상인들의 낡은 조직체계가 원인이었다고 생각하지는 않는다. 지중해 전역에는 선주들과 보험업자들이 널려 있었다. 선박이 문제였을까? 한자 동맹의 상인들은 모든 크기의 선박들을 보유하고 있었다.

어쨌든 당시 홀란드인들은 승리했으며 1597년경에는 바다의 동쪽 끝까지 갔다. 그 해에 에스파냐의 적이었던 발타자르 무수롱은 프랑스의 깃발을 단 선박 1척을 시리아의 트리폴리로 파견했다.[541] 그 다음 해에 모든 홀란드의 선박들은 프랑스 국왕 앙리 4세로부터 프랑스 깃발을 달고 오스만 제국의 항구에서 거래할 수 있는 권리를 확보했다[542](그들은 1612년에 가서야 첫 공식 협정서를 얻었다). 1599년 베네치아 영사는 그해 10만 에퀴 이상의

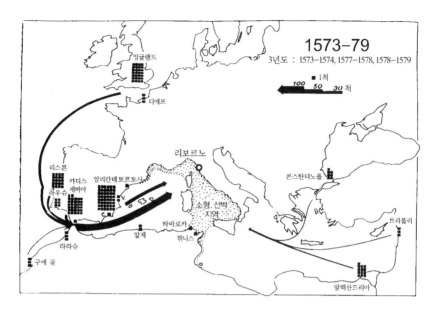

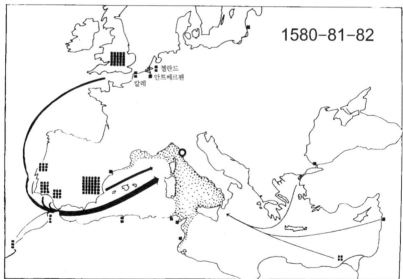

도표 54. 리보르노 항의 북유럽 선박의 증가(1573-1593)
F. 브로델, R. 로마노 공저, 『리보르노 항에 입항한 선박과 상품』에 의한다. 이 4장의 지도는
리보르노에 들어온 교역량의 급속한 증가를 증명한다(각 지도는 3년 동안의 교역량을 종합한
것이다).

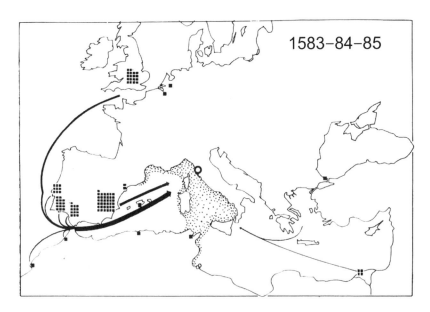

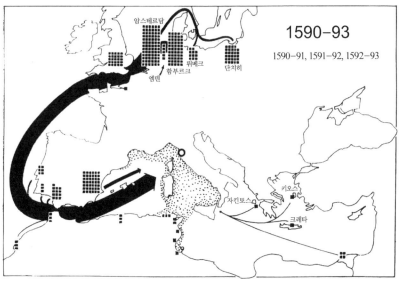

레반트의 중요성은 결코 크지 않았으며, 훨씬 더 감소하고 있었다(어떤 종류의 짐은 매우 큰 가치를 가지고 있었다). 숫자로 중요성을 따질 경우, 서방에서는 처음에는 주로 에스파냐와 포르투갈에서 온 선박들이었는데, 영국해협과 북해에서 온 소형선들도 있었다. 이 패턴은 1590-1593년의 북유럽의 곡물선들이 대거 들어옴으로써 붕괴되었다.

현금을 실은 "플랑드르" 선박 한 척이 "추가로 들어왔으며," 게다가 베네치아 교역에 적지 않은 타격을 주었다고 보고했다.[543] 베네치아 영사는 홀란드 상인들이 시리아에서 계속 활동할지를 알고 싶어했다. 왜냐하면 홀란드 "영사"가 자국 상인들의 발전이 인도양에서 계속해서 이루어진다면, 시리아에 있는 홀란드 상인들은 시리아를 떠날 것이라고 선언했기 때문이다. 베네치아인들은 그들이 떠날 때 기꺼이 잘 가라고 했을 것이다. 그러나 1595년 하우트맨[최초의 동양 파견 네덜란드 함대 사령관]의 성공적인 희망봉을 통과하는 항해, 1597년 자바 점령, 코모로 제도의 승인, 1598년 모리셔스 섬 점령,[544] 그리고 1598년 제2함대의 귀환 등에도 불구하고 홀란드 상인들은 시리아에 계속 남아 있었다. 홀란드가 인도양을 효과적으로 정복해서 인도양 교역의 흐름을 장악하고, 원방회사(遠方會社, Van Verne)가 1602년에 동인도 회사로 발전할 때까지는 몇 년의 시간이 필요했다. 다른 한편 홀란드인들은 지중해로 가는 고가의 향신료 무역을 막을 수는 있었지만, 여전히 비단과 면사 교역을 위해서 레반트에 매력을 느꼈다(홀란드 상인들은 곧 비단 교역을 페르시아 만으로 우회시키려고 시도했지만, 즉시 성공을 거두지는 못했다).

따라서 홀란드 상인들은 지중해에서 여전히 활발하게 움직이는 벌들이었다. 하지만 몸이 너무 무거워서 창문에 부딪혔을 때는 창문을 깨뜨릴 정도였다. 이 벌들의 지중해 진출은 소란스러웠고 난폭했다. 왜냐하면 포르투갈인들의 이야기처럼 그들이 가장 잔혹한 해적이었기 때문일까? 포르투갈인들은 자신들의 도시인 파로가 홀란드인들에게 약탈당한 후에 그 소식을 알게 되었다는 이유로 홀란드인들로부터 돈을 받기도 했다.[545] 아니면 홀란드인들은 대서양에서 했던 것처럼 이미 다른 세력들이 차지하고 있던 지중해에서 기존 세력을 쫓아내고 자신들의 영토를 확보해야 했기 때문일까? 13-14세기에 지중해로 늦게 진출하여 지중해 전역에서 해적 행위를 하면서 무력으로 문호를 개방시켰던 카탈루냐인들도 당시 그렇게 약진했다. 잉글랜드인들도 다르지 않았다. 잉글랜드의 대포가 지브롤터 해협을 개방하고 에스파냐 갤리 선에 맞서 자신을 방어하는 데에만 사용된 것은 아니었다. 잉글랜드인은 투르크 선박, 프랑스 선박, 이탈리아 선박을 가리지 않고, 탈취할 가치가 있는 것이라면 모든 것을 무차별적으로 공격했다. 그리고 그들은 곧바로 악평을 듣게 되었다. 홀란드인들도 지중해에서 자주 해적질을 했다.[546] 일찍부터 그들은 바르바리 해적들과 연합했다. 나는 그들이 큰 항구인 리보르노를 중심으로 대서양에서의 불법 교역과 해적질을 조직함으로써 바르바리 해적질의 형태를 변화시켰던 사실을 추가로 언급하고자 한다(곧 알게 될 사실이다).[547] 하여간 1610년[548] 인도양에서 온 2척의 선박이 토스카나 항구에 도착했다. 지중해 선박이었을까, 아니면 홀란드 선박이었을까? 그것이 어느 나라 선박인지는 정확하지 않지만 공증인은 이 선박들의 엄청난 화물을 열거하느라 종이 한 장을 모두 새까맣게 만들었다. 게다가 베네치아 공화국과 암스테르담은 종종 프랑스 국왕을 매개로 의심스러운 관계를 맺었는데, 그로 인해서 풀기가 쉽지 않은 복잡한 실타래에 휘감기게 되었다. 당시 베네치아에는 인도를 포함하여 세상의 모든 지역을 포괄하는 해상보험이 기록되어 있었다.[549] 이는 홀란드인들이 한 것일까? 그러나 우리는 그 증거를 가지고 있지 않다.

홀란드가 지중해라는 작은 지역과 여타 지역에서 어떤 역사를 만들었는지를 완전히 이해하는 것은 매우 어려운 일이다. 세계적인 차원에서 홀란드의 영광은 16세기 말 이후부터 두드러지기 시작했다. 그러면 왜 펠리페 2세의 무적함대를 무찌른 엘리자베스 여왕의 함대의 승리가 논리적으로 당연해 보이는 잉글랜드의 승리로 이어지지 않았을까? 잉글랜드는 승리했지만, 홀란드도 곧바로 자국의 인력, 교역품과 선박을 먼 동인도와 중국까지 그리고 세계 전역으로 보냈다. 이것은 17세기 중반까지 이어졌다. 수긍할 수 있는 유일한 설명은 다음과 같다. 네덜란드의 가톨릭 지역과 이웃하고 있었으며 끈질기게 에스파냐의 문호를 개방하려고 했던 홀란드는 섬나라 잉글랜드에 비해서 이베리아 반도와 아메리카의 귀금속에 더 쉽게 접근할 수 있었다. 에스파냐는 아메리카의 귀금속이 없었다면, 상업을 어떻게 활성화시켜야 할지도 몰랐을 것이다. 왜냐하면 참을성 있게 에스파냐로부터 획득한 8레알 은화가 없었다면, 홀란드가 7개의 대양에서 상업 활동을 할 수는 없었을 것이기 때문이다. 17세기 초 잉글랜드에서는 오스만 제국으로 막대한 상품을 수출한 덕분에 수지균형을 맞출 수 있었던 레반트 회사가 상당한 양의 현금 유출이 없으면 유지가 불가능한 동인도 회사보다 더 높은 수익을 내고 있다고 평가했다.[550] 에스파냐와 홀란드 사이에는 은을 매개로 한 유대관계가 있었고, 이러한 관계는 1609년부터 1620년까지의 평화로 더욱 강화되었다가, 운명의 수레바퀴가 홀란드에게 유리하게 돌아가던 17세기 중반에 에스파냐의 모든 부가 무너진 것처럼 이 관계도 단절되었다. 이것이 단순한 일치일까?

어떻게 홀란드인은 총 한 방 쏘지도 않고 1570년부터 세비야를 장악할 수 있었을까?

17세기 잉글랜드인과 홀란드인의 빛나는 승리는 세계적인 차원에서만 온전하게 이해될 수 있다. 무엇보다도 그 승리는 선박을 건조하고 운행하는 기술에서 연속적으로 이루어졌던 발전과 관련이 있었다. 우리는 이미 이 문제를 다룬 바 있다.[551] 무장을 잘 갖추고 훈련이 잘 되어 있었던 100톤에서 200톤에 이르는 북유럽의 범선이 출현한 것은 세계 해양사에서 하나의 전환점을 의미했다. 대서양에서의 항해는 무적함대 시기[1558]부터 트라팔가르 해전 시기[1805]까지의 기간보다도 1500년부터 1600년까지의 기간에 더 많은 진보를 이루었다.[552] 북유럽인들은 선원을 늘리고, 화력을 증강시키고, 선박 조정을 좀더 수월하게 하기 위해서 갑판 위를 정리함으로써 자신들의 범선의 방어력을 보강했다. 랠프 데이비스는 내 판단으로는 참으로 중요한 연구에서 이 점을 언급한 적이 있다.[553] 수치 측정이 가능한 경우에 선박의 선적량에 비례하여 탑승할 수 있는 평균 선원의 수는 내해인 지중해보다는 북대서양이 더 많았다.[554] 탑승 선원들이 많아서 좀더 적은 양의 화물을 수송해야 하는 단점은 좀더 높은 안전과 그 덕분에 낮아진 보험료 부담으로 보상되었다.[555] 고비용의 지중해의 갤리 선은 17세기에도 종종 놀랄 만한 반격을 하곤 했다. 범선은 바람이 돛을 부풀려서 항해할 수 있는 경우에만 강자였다.[556] 바람이 불지 않는 고요한 바다에서 갤리 선은 움직이지 못하는 범선의 측면으로 민첩하게 다가가 승리를 거둘 수 있었다.

그러나 그러한 경우는 예외적이었다. 전투력과 수송능력에서 대서양 선박의 우위는 의심의 여지가 없었다. 게다가 잉글랜드인과 홀란드인들은 매우 일찍, 예컨대 1588년 이전에도 이러한 사실을 알고 있었다. 그들에게 포르투갈의 뱃사람들은 "물에 젖은 암탉"일 뿐이었다.[557] 역으로 포르투갈 인들은 가난하고 불쌍한 사람들이 승리했다고 이야기했다. 포르투갈인들은 1608년에도 홀란드인들이 "비스킷 부스러기, 형편없는 버터, 돼지기름, 생선과 맥주에 만족하면서 먼 바다에서 몇 달 동안 항해한다"고 여전히 말했다.[558] 남쪽 사람들은 "그들처럼 빈곤하게 자라지 않았기 때문에" 보다 좋은 식사를 기대했다. 물론 북쪽 사람들의 성공에 대한 또다른 설명들이 있다.

자주 거론되는 아래의 설명들 또한 버리자. 그중 하나는 이베리아 반도가 지중해 출입문을 제대로 지키지 못했다는 것이다. 북유럽과 맞선 이베리아 반도는 폭풍우를 피하려고 대서양에서 자신이 감당하기 어려운 정책을 채택함으로써 결국에는 폭풍우가 맹위를 떨칠 수 있도록 내버려둔 꼴이 되었다는 것이다. 분명히 이러한 설명은 약간의 진실을 담고 있다. 세비야와 리스본의 주인이었던 에스파냐인들이 무역 금지령을 내리고 선박 운항을 중지시켰던 시기가 바로 1586년이었다.[559] 그러나 이러한 조치들은 이베리아 반도가 적과 활발하게 교역하는 것을 막지 못했다. 이 "대륙 봉쇄"는 효과가 없었다.[560] 그리고 모든 것은 이전처럼 계속되었고 거의 차이가 없었다. 따라서 우리는 사건의 연대기에 관해서 주의를 기울여야 한다. 잉글랜드인들은 에스파냐가 무역 금지령을 내리기 10년도 더 전에, 즉 1572-1573년부터 지중해로 진출했었고, 홀란드인들은 상당히 뒤늦은 1590-1593년에야 지중해로 들어왔다. 이 정도 규모의 경제적 역전 현상을 설명할 수 있거나 추론할 수 있는 것은 명백히 거시적인 차원의 경제 문제였다.

북유럽과 지중해는 16세기 말 훨씬 더 이전부터 적대적이었다. 네덜란드는 1566년 이후 에스파냐에 대항하여 들고 일어났고, 잉글랜드는 1569년 이후 에스파냐와의 해상교역을 중단했다. 그러나 이 "상호보완적인 적들"[561]은 서로가 없으면 살아갈 수 없었다. 이들은 서로 싸우고 그리고 나서 화해 협정을 공개적으로 또는 우회적으로 체결했고 그에 따라 화해하거나 서로에게 적응했다. 그래서 바다에서의 전쟁은 일어났다가 종결되었고 다시 일어났으며 항상 무대 뒤에서의 조정으로 완화되었다. 1566년부터 1570년까지의 사이에 중요한 변화가 있었다. 그때까지 대서양 교역에는 3개의 세력들이 참여했다. 북유럽인들(첫째는 홀란드 선박들[562]이, 둘째는 브르타뉴 선박들[563]이, 다음은 잉글랜드 선박들이, 그 다음은 한자 동맹의 선박들과 스칸디나비아 어선들[564]이 북유럽과 이베리아 반도를 오가면서 밀, 목재, 건어물과 염장한 생선, 납, 주석, 구리, 마직물, 모직물과 철물 제품 등을 공급했다). 그리고 에스파냐에서는 인도 항로를 조직했고 포르투갈에서는 대서양과 동인도를 연결시켰던 이베리아 반도인들, 마지막으로는 이탈리아인들, 특히 세비야에서 활동했던 제노바인들이 이 상품 교역에 자금을 댔으며, 아메리카로부터 들어온 은은 항상 뒤늦게 상품 수지 불균형을 메워주었다.

이 교역 시스템에서 두 번의 큰 고장이 있었다. 에스파냐 국왕으로부터 은 수출권을 확보했던 제노바 상인들이 1566년 이후 은 수출에 관심을 잃게 되었다. 당시까지 은은 북유럽에서 제노바 상인들의 결제 수단 역할을 했다. 그러다가 1569년부터 라레도에서 안트베르펜으로 가는 은 수송이 중단되었다.[565] 그렇다고 해서 대서양 교역이 중단된 것은 아니었으며 오히려 번성했다. 이 놀라운 사실이 설명의 열쇠가 된다.

에스파냐의 전문가들은 왕실 자문관들에게 대서양 교역을 완전히 중단하는 것은 말도 안 되며, 그것은 인도 항해와 교역을 크게 망치고 재정 수입을 축소시킬 것이라고 말했다. 1575년의 긴 보고서는 그렇게 이야기하고 있다.[566] 제노바의 대자본가들이 포기함으로써 세비야에 쌓여 있었던 이 상품은 새로운 후원자를 만났다. 이전 수년 동안에 큰돈을 번 네덜란드 상사들이 자신들의 상품을 선대했고, 인도 선단이 은을 싣고 돌아오면 대금을 받았다. 달리 말하면 세비야 상인들은 이제 위탁업자에 불과했고, 이 교역이 자신들의 통제를 벗어나는 것을 목격하며 중간에서 수수료를 챙기는 것에 만족해야 했다. 세비야 상인들은 자신들의 재산을 걸고 모험을 하려고 하지 않았다. 그들의 자본은 토지와 마을, 공채를 구입하거나 귀족처럼 세습할 수 있는 재산을 만드는 데에 사용되었다. 이러한 수동적인 역할을 하는 존재로 전락한 그들에게는 무위도식이 기다리고 있었다. 그들은 두려움 없이 이를 받아들였다. 그 결과 세비야는 정복당했고, 자신들이 알지 못하는 사이에 내부로부터 개미떼에 의해서 갉아먹혔으며, 모든 이익은 홀란드에 돌아갔다. 1572년에 시작된 고약한 전쟁에서 안트베르펜은 정치적인 자금의 수도가 되었다. 에스파냐 화폐가 거래되고 있었던 당시의 안트베르펜은 1953년 이전의 사이공과 같았다. 그러나 암스테르담은 안트베르펜 상인들을 암스테르담으로 불러들였으며 세비야를 넘어 에스파냐 지배 하의 거대한 아메리카 대륙에까지 그물을 펼쳤다. 수년간의 노력, 동맹, 명의 대리, 느리지만 계속된 세비야 시장의 쇠퇴, 자신의 영지였던 산 루카르 데 바라메다로부터 은을 수송하는 문제에 편의를 제공했던 메디나 시도니아 공작의 협조 등이 없었다면, 이 모든 것은 가능하지 않았을 것이다.[567]

16세기 말경이면 세비야 교역의 모든 내막이 드러났고, 1595년 여름 동안 에스파냐 국왕은 주의 깊게 조사하지 않을 수 없을 정도로 널리 퍼져 있었던 이 불법 교역을 단죄하기로 결정했다. 법학사(licenciado) 디에고 데 아르멘테로스가 루이스 가이탄 데 아얄라의 도움을 받아 왕의 명령을 수행했다.

이들은 홀란드인, 젤란드인, 잉글랜드인과 관련이 있는 것으로 의심이 되는 카스티야인, 포르투갈인, 플랑드르인, 프랑스인, 독일인들이 세비야에서 운영하는 63개의 상사를 조사했다.[568] 물론 디에고는 잉글랜드인, 홀란드인이나 젤란드인 중에서 체포할 사람을 한 명도 찾지 못했다. 아르멘테로스는 "그들이 에스파냐에서 믿을 만한 중개업자를 통해서만 거래를 한다는 것은 매우 잘 알려진 사실입니다"라고 기록했다. 2명의 조사관들은 서류와 장부가 있어서 그것들을 찾을 수 있는 경우에는 압수했는데, 일부 상인들은 장부를 끝까지 침대 밑에 숨겨두었다. 이 모든 서류들은 조사 임무를 맡은 5명의 회계 전문가들이 검사했다. 서류가 너무 많고, 내용이 복잡하고 모호해서 상품의 정확한 소유주를 찾아내기가 매우 어려웠다. 사실상 에스파냐에 충성하는 네덜란드의 주들도 반란을 일으킨 도서들과 상품 교역을 하고 있었다. 네덜란드 총독이 발급하는 특별 통행증을 확인할 수도 없었고, 전쟁 중이던 플랑드르의 두 지역에 이러한 제도를 강제하고 일반적으로 적용할 수도 없기 때문에 어떤 상품이 누구의 것인지 아는 것은 어려웠다. 에스파냐에 충성하는 주들로 하여금 됭케르크나 그라블린을 통해서 교역하도록 강제하는 것이 불가능했기 때문에 이러한 혼란이 발생한 것이었다. 이러한 혼란이 주변의 반란 주들과 도버 해협 너머로 번져나가는 데에는 얼마나 많은 시간이 걸렸을까? 그리고 에스파냐 왕실의 선박들은 도대체 어디에 있었을까? 따라서 조사관들은 조사를 진행하면서 증인들의 반감을 불러일으키게 되었을까? 어느 누구도 진실을 말하지 않았고 말할 수도 없었다. 조사를 받고 이런저런 상품을 몰수당한 상인은 자신의 동업자들이 몰수당한 자신의 상품에 대해서 보상을 해주리라는 사실을 잘 알고 있었다. 이것이 7월 12일 메디나 시도니아 공작과 2명의 조사관들이 공동으로 발송한 편지의 결론이었다. 이들을 대신해서 디에고 아르멘테로스가 편지를 썼다.[569]

동일인인 아르멘테로스가 한 달 뒤에 펠리페 2세의 보좌관을 지냈던 자신의 친구이며 보호자에게 보낸 편지에는 상황이 좀더 명확하게 드러난다.

어쨌든 이 보좌관은 정치적으로 중요한 인물이었다.[570] 아르멘테로스는 몰수한 서류에서 죄를 지은 상인들이 네덜란드의 반란세력들이나 잉글랜드 상인들과 거래를 하고 그들과 서신을 주고받았으며, 그들에게 자금을 보낸 사실을 수차례 확인했다. 그중에 한 뭉치의 서류 전부는 세 사람 모두 잉글랜드에 거주하고 있었던 프란시스코 데 코니케, 페드로 레이미에리와 니콜라스 바우대르트 그리고 암스테르담에서 활동하던 다비드 레이미에리와 관련된 것이었다. 잉글랜드에 있는 페드로 레이미에리에게 보낸 한 서신은 "우리 선단이 매우 혼란스런 상황에 처해 있고, 만약 선단이 이 상황을 벗어날 수 있다면 작은 수의 선박으로도 모든 것을 쉽게 다시 찾을 수 있을 것입니다"라고 알렸다. 페드로가 들은 이야기에 따르면, 이 상사(레이미에리와 그의 동업자)는 세비야의 상사 중에서 가장 부유했다. 6척의 선박이 이 상사 소유의 상품을 싣고 산 루카르 데 바르메다에 입항했고, 메디나 시도니아 공작은 이 상품들을 하역하는 것을 허락했다. 아르멘테로스는 그에게 이 사업은 1만2,000두카트어치의 사업이었음이 분명하다고 덧붙였다. 아르멘테로스는 다시 한번 "은 수출에서 우대를 받지 않거나 혜택을 받지 않고, 도움 없이도 산 루카르 데바 르메다에 들어오는 외국 상인들은 없을 것입니다"라고 덧붙였다. 공작이 믿을 만한 사람을 데리고 있었다면, 레이미에리의 사업에 관한 모든 정보들을 보고 받을 수 있었을 것이다. 그 동안 은 비밀로 해달라고 하면서 공작은 "제가 전하를 섬기면서 만들었던 적들을 더 이상 늘리지 않을 수 있도록" 해달라고 간청했다.

더욱 명백한 증거들이 있다. 다음해인 1596년[571] 카디스 만에서 잉글랜드 선단은 이 도시를 약탈하면서 "인도"로 가져갈 화물을 선적한 60척의 선박을 덮쳤다. 총 1,100만 두카트어치의 상품을 빼앗았다. 잉글랜드인들은 200만 두카트의 배상금을 지불하면 화물을 불태우지 않겠다고 제안했다. 하지만 메디나 시도니아 공작은 이 제안을 거절했고, 선박들은 불탔다. 상품은 불탔지만, 엄청난 손해를 입은 것은 에스파냐인들이 아니었다. 왜냐하면 그 상품은 에스파냐인들의 것이 아니었기 때문이다. 사실 부패, 악의적인 비난 그리고 부정한 관리들의 도시 세비야에 관해서는 책 한 권으로도 이야기를 다 담지 못할 것이다. 세비야에서는 은이 모든 것을 망쳐놓았다.

이 적나라한 모든 사실들에 의해서 우리는 결론은 아니더라도 적어도 기본적인 설명을 시도할 수는 있다. 세계사를 요동치게 한 것은 펠리페 2세의 관리들의 무능함이나 지브롤터 해협을 지키는 수비대의 명백한 위약함이 아니라 분명히 에스파냐의 국가적 파산이었다. 파산은 1596년에는 분명해졌지만, 파산 문제가 명확하게 드러나기 이전에도 은의 유통과 세계적 부의 분배체계를 뒤흔들었다. 급격히 팽창하고 있었던 홀란드는 밀과 다른 교역상품을 가지고 지중해로 진출했고, 그곳에서 무엇인가 보상받을 수 있는 것을 찾으려고 했으며, [인도네시아의] 순다 열도에서도 무엇인가 보상받을 수 있는 것을 찾으려고 했다.

호기심을 끄는 세부적인 내용으로는 리스본에서 왔건 아니면 자신들이 피난처로 삼았던 북유럽에서 왔건 대부분 신기독교도들이었던 포르투갈 상인들의 뒤를 이어 홀란드인이 특히 지중해 그리고 인도나 아메리카로도 진출했다는 것을 들 수 있다. 세비야의 "노획물"이 있었던 것처럼 리스본의 "노획물"도 있었을까? 이것은 또다른 중요한 문제이다.

지중해의 신기독교도들

암스테르담을 기반으로 하고 활동했던 북유럽과 대서양의 국제적 자본주의는 부유한 지중해를 내버려두지 않았으며 엄청난 규모로 지중해로 밀고 들어왔다. 후안무치하게 에스파냐를 약탈한 것처럼, 이 자본주의는 한창 젊고 야심만만한 자본주의 그리고 새로운 지역에서 신속하게 자신들의 동맹세력을 찾아낼 줄 아는 자본주의가 되고자 했다. 부유한 포르투갈의 마라노들은 항상 의도한 것은 아니었지만 홀란드인들에게 유리하게 그들에게 길을 내줌으로써 이 게임에 참가했다. 그래서 리스본과 안트베르펜의 시메네스 가문과 그들의 협력자들인 안드라데 가문과 베가 가문은 토스카나 대공을 위해서 1590년대부터 북유럽의 밀을 지중해로 수송해서 큰 수익을 얻었고, 이탈리아로 가는 후추 교역에도 참여했다. 그들은 1589년 이후 피렌체에 있는 발타사르 수아레스에게 향신료를 보냈다. 그후 그들은 이 카스티야 상인보다는 안토니오 구티에레스를 더 많이 활용했다. 포르투갈 출신인 안토니오는 피렌체에 정착한 지 얼마 되지 않았고, 1591년 5월 설탕 상자를 자신에게 보냈던 마누엘 다 코스타와 같은 다른 동향 상인들과도 곧 사업 관계를 맺었다.[572] 친구가 자신을 위해서 시메네스 가문에게 청을 해주기를 바랐던 발타사르 수아레스의 표현에 따르면, "이 향신료 무역"을 독점하고 있었던 이 포르투갈 상인들에 관해서[573] 시몬 루이스가 피렌체와 주고받았던 서신은 우리에게 여러 가지 이야기들을 들려준다. 시메네스 가문은 1591년에 일거에 500퀸탈의 후추를 이탈리아로 보냈다.[574] 그들은 1년 전에 600상자의 설탕을 실은 선박 1척이 브라질에서 리보르노로 들어오도록 했었다.[575] 그들은 모든 사업에서 성공했고, 알렉산드리아 후추는 때마침 공급이 달렸다. "그들이 손대는 사업마다 행운이 따랐다"고 발타사르 수아레스는 썼다.[576]

그들의 길을 따라 다른 포르투갈 상인들이 이탈리아로 진출했다. 1591년 2월, 그들 중에서 페르난데스 프란시스코와 호르헤 프란시스코가 피사에 자리를 잡을 예정이었다. 그들이 피사에 자리를 잡았다면, "모든 포르투갈 사업을 독점했을 것임에 틀림없다."[577] 같은 해 8월 발타사르 수아레스는 "내가 들은 바에 따르면, 시메네스 가문은 피사에 가문의 이름으로 상점을 개설하기 위해서 누군가를 파견하고, 당시 카디스에서 시메네스 가문의 사업을 관리하고 있던 세바스티안 시메네스 페네티케스 또한 피사로 급파하려고 합니다. 안트베르펜으로부터 루이 누네스의 아들이 오고 있고, 이들 모두가 부자들이기 때문에 대공은 그들을 끌어들이고 싶어하며, 그들에게 특혜를 줄 준비를 하고 있습니다"라고 편지에 썼다.[578]

이러한 세부적인 내용들은 어떤 콩종튀르가 있었음을 알려준다. 대서양 노선에서 후추를 판매하기가 어려워진 이후에 후추는 대서양에서 이탈리아로 그리고 이탈리아에서 독일로 유입되었다. 따라서 한동안은 포르투갈인들이 이탈리아로 이주해왔다. 베네치아 주재 펠리페 2세의 대사는 이렇게 들어온 유대인 출신의 포르투갈인들은 올 때에는 기독교 복장으로 왔다가 나중에 자신들이 유대인임을 밝히고 이 나라에서 유대인과 기독교인을 구별하는 붉은색 모자를 썼다고 말한다.[579] 그들에게 베네치아는 관용을 베풀었고 그들을 환대했고 지지했으며 보호했고 그들 사이의 경쟁에서 이익을 얻었다. 몇몇 사람들의 이름이 등장하는데 그렇게 잘 알려져 있지는 않았다. 루이 로페스와 디에고 로드리게스라는 이름의 수도사는 24년간 베네치아에 거주한 후인 1602년 5월에 베네치아 시민권을 요청했으며,[580] 포르투갈 출신의 유대인인 로드리고 디 마르시아노는 바르바리 지방의 구에 곳에서 설탕 교역을 시작했으며,[581] 플랑드르와 함부르크에서 온 다른 포르투갈 상인들은 레반트로 가기 위해서 베네치아에 들렀다. 당시 유대 상인들, 레반트 상인들과 서유럽 상인들은 상호 협력하여 콘스탄티노플에서부터 살로니카, 발로나, 베네치아 그리고 그 너머의 세비야까지 오가면서 장사를 했고 큰 수익을 거두었던 것 같다. 눈에 띄었든, 띄지 않았든 간에 그들의 부는 효과적이고 분명해 보였다. 이 수년 동안에 에스파냐, 토스카나와 몰타 섬의 해적들이 에스파냐 문서에서 유대인의 옷(ropa de judios)이라고 불렀던 유대인 상인 소유의 모든 상품들을 빼앗기 위해서 상선의 "군더더기를 빼는 데"에 노력했던 것은 우연한 일이 아니었다.[582]

그래서 다음과 같은 질문을 할 수 있다. 이러한 번영이 홀란드와 포르투갈의 신교도들 사이에 다소 공식적으로 이루어진 합의의 산물이었을까? 그럴 경우 대서양은 책임이 있다. 그러나 우리는 이를 확정할 충분한 근거를 가지고 있지 않다. 그러나 확실히 그것은 가능하다. 저자의 이름 없이 1778년 출간된 『홀란드의 부(La Richesse de Hollande)』는 반드시 진실을 말하지는 않지만 매우 훌륭한 책이다. 책에는 오류들이 섞여 있지만, 우리는 다음과 같은 주장을 확인할 수 있다. "홀란드에 피난 와서 세계 곳곳에 회계 사무실들을 만든 유대인들의 사례를 따라서 홀란드인들이 지중해 전역에 자신들의 기반을 마련하고 선박을 운행하기 시작했던 것은 1612년에 가서였다."[583]

북유럽인들의 지중해 진출과 지중해의 쇠퇴[*]

앞의 내용들을 집필한 뒤(1963), 북유럽의 선박, 선원, 상인과 상품이 내해인 지중해로 대규모로 진출한 사건에 대한 연구가 진행되어왔다. 좀더 정확한 사실들이 새롭게 밝혀졌다. 홀란드 사람들이 straatvaart,[584] 즉 지브롤터 해협을 경유하는 항해를 정성들여 준비했었다는 것과 같은 사실들이 밝혀졌다. 다니엘 반 데어 뮐렌과 자크 델라 파유와 같은 상인들의 서신이 증명하듯이, "상업 스파이들"이 홀란드 사람들에게 정확한 정보를 전달했다. 1584년 자크는 잉글랜드 모직물과 생선을 실은 선박을 런던에서 지중해로 보냈고, 이 선박은 돌아오는 길에 이탈리아에서 쌀, 과일과 포도주를 선적했다. 불행히도 돌아오는 중에 홀란드 해안에서 조난했다. 1588년 한 홀란드 선박이 아마 처음으로 바르바리와 레반트까지 항해하는 데에 성공했던 것 같다. 1590년에는 또다른 선박인 흑기사 호가 지중해에서 2년이라는 긴 항해를 통해서 경험이라는 좋은 교훈을 얻었다. 그들은 적대적인 에스파냐와 지중해 전역의 해적들을 고려해서 충분히 크고 무장을 잘 갖춘 적어도 30명 이상의 선원을 태운 대형 선박(150톤급)을 이용할 것을 조언했다. 그후에도 수년 동안 위험이 실재했기 때문에 리보르노 항구로 가는 선박을 위한 보험료는 상품 가격의 20퍼센트에 달했다. 게다가 홀란드 선박들은 타국 깃발을 달고 가짜 문서를 가지고 항해하는 조심성을 보였다. 나중에 프랑스에서 이야기되었듯이, 이 선박들은 복면선(navires masqués)이

---

[*] 이 부분은 제4판(1979)에서 브로델이 첨가한 것이다.

었다. 암스테르담에서 출발한 항해에 관해서[585] 우리는 충분히 완벽한 정보를 가지고 있다. 콘스탄티노플에 파견된 3부회의 첫 대사인 코르넬리우스 하가(1578-1654)에 관해서도 마찬가지로 충분한 정보를 가지고 있다. 1612년의 통상 조약은 하가의 손에서 네덜란드 연방공화국에게 유리하게 조인되었다.

분명히 이러한 세부적인 이야기들은 그 나름으로 중요한 의미를 가진다. 그러나 15년 동안의 연구를 통해서 얻은 새로운 자료는 이뿐만이 아니다. 내가 제4판에서 이러한 새로운 자료를 특별히 강조할 필요가 있다고 생각했던 것은 리처드 T. 래프의 종합적인 주장 때문이었다. 래프는 새로운 자료들에 근거해서 지중해가 17세기에 북대서양에 자리를 내주게 된 과정을 새롭게 조명했다.

래프의 첫 번째 주장은 지중해가 지배적인 위치에서 쫓겨난 것은 수익성이 있는 교역의 흐름을 북대서양으로 우회시킨 새로운 노선 때문이 아니라 무엇보다도 잉글랜드와 홀란드의 지중해 진출과 "상업혁명" 때문이었다는 것이다.[586] 상업혁명은 교역로의 변화뿐만 아니라 치열한 상업적 경쟁이 있었음을 보여준다. 사실 지중해의 부가 고갈된 것은 아니었다. 지중해는 다른 세력들의 수중에 들어간 것이었다. 사실 충분히 뒤늦은 시기인 1660년경(1663-1669년의 중간 시기)의 런던으로부터 수출되었거나 재수출되었던 모직물을 포함한 제조업 상품과 식품의 양은 다음과 같다(단위 1,000톤). 에스파냐와 포르투갈을 포함한 지중해 지역으로는 974(전체의 48퍼센트), (스코틀랜드와 아일랜드를 포함한) 유럽으로는 872(43퍼센트), 북아메리카와 서인도 제도와 동인도 제도로 193(9퍼센트)이 수출되었다. 비록 17세기 중반 런던이 세계 경제의 중심은 아니었지만, 이 수치는 17세기 초반 국제 경제의 규모에 대한 직접적인 증거 자료를 제공한다. 넓은 의미에서의 지중해(이베리아 반도를 포함하는 것이 옳다고 생각한다)는 여전히 교역과 수익을 창출하는 거대한 중심지였다. 잉글랜드의 우위가 처음 확립된 곳은 7개의 대양의 완전히 새로운 항로가 아니라 지중해였다. 바꾸어서 말할 필요가 있다면, 홀란드의 경우에도 이러한 이야기가 적용되기 때문에 북유럽의 우위라고 말하는 것이 더 나을 듯하다.

래프의 주장이 더욱 새로운 것은 그가 북유럽의 지중해 진출이 단지 지중해의 수송 업무를 "가로챘을" 뿐만 아니라 지중해 시장을 강제로 정복했던 것임을 논증했기 때문이다. 또한 북유럽이 이탈리아, 특히 베네치아의 제조업 제품을 체계적으로 모방했고, 이렇게 생산된 저렴한 제품을 통해서 조금씩 이탈리아의 제조업 제품을 시장에서 몰아냈음을 보여주었기 때문이다. 이것은 북유럽의 값싼 노동력 덕분이었다. 더욱이 공정하지 않고 거의 사기에 가까운 경쟁 때문이기도 했다. 왜냐하면 대량으로 생산된 저질의 "새로운 모직물"은 가짜 상표를 붙이고 가짜 봉인을 해서 레반트 시장에서 베네치아 모직물인 것처럼 판매되었기 때문이다. 한편으로는 그들은 어려움 없이 현지 시장으로 진출했고 다른 한편으로는 질 좋은 베네치아 상품의 오래된 명성을 떨어뜨리기도 했다. 게다가 콜베르 시기의 프랑스나 찰스 2세 시기의 잉글랜드가 그랬던 것처럼, 홀란드 역시 우수한 베네치아 장인들을 돈을 주고 데려갔다. 의심의 여지없이 당시 유럽 제일의 산업도시였던 베네치아는 자신의 우월한 지위를 하나하나 상실해갔다.

그러나 래프의 두 번째 주장은 17세기에도 베네치아의 경제는 겉으로 보기에도 그리고 실제로도 가장 어려웠던 시기였음에도 불구하고 중단 없이 지속되었다는 것이다. 16세기의 화려한 성장 이후에 베네치아는 경제적 부진을 경험했지만, 그것이 경제 수준의 전반적인 쇠퇴를 의미하는 것은 아니었다. 이러한 주장을 하는 것은 베네치아가 느리게 쇠퇴해갔다고 이야기했던 모든 베네치아 역사가들의 주장을 이번에는 구체적인 수치 증거를 손에 쥐고 방어하고 증명할 수 있기 때문이다. 나는 베네치아가 밀, 옥수수, 쌀, 뽕나무, 생사(가공한 비단), 목축 등 농업으로 전환하는 데에 성공했음을, 16-17세기 북부 이탈리아의 베네치아의 육지 영토가 발전했고 그곳에서의 산업 생산을 통해서 베네치아의 경제를 넉넉하게 떠받쳤음을, 베네치아 시장의 높은 상품 가격은 거래를 활성화시켰음을, 비록 외국 선박에 수송을 맡기기는 했지만, 17세기에도 여전히 지중해 항해는 지중해 제일의 항구 베네치아의 몫이었음을, 마지막으로 베네치아 돈의 위상이 여전히 막강했음을 확고하게 믿는다.

그러나 다시 한번 래프의 주장이 정확하고, 북유럽의 자본주의가 처음에 부를 축적할 수 있었던 것이 오래된 지중해 세계의 부 덕분이었다면, 지중해 또한 맹렬한 속도로 쇠퇴하지 않았을 것이다. 베네치아와 관련해서 쇠퇴라는 단어는 지나친 것 같다. 패는 다른 사람의 손에 넘어갔지만, 유럽은 하루아침에 그리고 단 하나의 이유로 중심을 바꾸지 않았다. 지중해의 운명은 근대의 문턱에서는 유럽 전체의 운명과 연결되어 있었고, 바로 거기에 즐거운 마음으로 얽혀들고 싶은 고전적인 논쟁이 자리하고 있다. 막스 베버의 이야기를 믿는다면, 북유럽은 자본주의를 발명한 종교개혁 덕분에 승리했다. 그러나 지나치게 널리 알려져 있어서 너무 자주 거론되는 이 베버의 명제를 전적으로 신뢰할 수는 없다. 『지중해』 제4판과 동시에 출판된 한 책[587]에서 나는 이 가설에 반대하는 입장을 취했다. 나의 시각을 공유하지 않더라도 이 책을 참조할 수는 있을 것이다. 물론 논쟁은 항상 열려 있다.

제4장

제국

16세기의 전반적인 정치 구도를 제대로 그리기 위해서는 상당히 먼 과거로 거슬러올라가야 한다. 그래야만 우리는 장기적 변화가 가지는 의미를 되새겨볼 수 있다.

14세기 말에 지중해는 도시들의 것, 다시 말하면 그 연안을 따라 흩어져 있는 도시국가들(États urbain)의 것이었다. 물론 그중에는 여기저기 상당히 균질적이고 상대적으로 큰 영토국가들(États territoriaux)이 있었다. 전형적인 의미에서의 왕국이라고 할 수 있는 나폴리 왕국(il Reame), 비잔틴 제국 또는 아라곤 연합왕국이 여기에 속한다. 그러나 이 나라들은 종종 몇몇 유력 도시들의 다소 넉넉한 의상일 뿐이었다. 사실 아라곤은 넓은 의미에서 바르셀로나의 역동성이 만든 것이고, 비잔틴 제국은 정확하게 말하면 콘스탄티노플과 테살로니키라는 두 도시의 교외 지역에 불과하기 때문이다.

15세기에 도시는 새로운 상황에 대처할 만한 능력을 이미 상실한 상태였다. 도시의 위기는 가장 먼저 이탈리아에서 15세기 초에 시작되었다. 50년 만에 어떤 도시들은 부상하고, 다른 도시들은 쇠퇴하면서 이탈리아 반도의 새로운 지도가 그려졌다. 위기는 심각한 사태로 번지지는 않았다. 왜냐하면 아마도 당시에 문제가 되었을 수도 있는 것, 즉 이탈리아 반도의 통일—나는 그것이 가능했으리라고 믿지는 않지만—을 이룩하지 못했기 때문이다. 나폴리, 베네치아, 밀라노가 차례로 이 과업에 실패했다. 시기상조였던 것이다. 배타주의가 너무 자주 개입했고, 내부 문제에만 급급했던 너무나 많은 도시들이 가뜩이나 어려운 통일 이탈리아의 탄생을 저지했다. 따라서 도시의 위기는 어중간한 상태에서 끝이 난 셈이다. 1454년 [베네치아와 밀라노 간에 이루어진] 로디의 평화(paix de Lodi)는 세력 균형을 고착화시켰고, 교착 상태를 만들었다. 이탈리아 반도의 정치 지도는 단순해지기는 했지만, 여전히 분할된 상태였다.

그러나 비슷한 위기가 지중해 전 지역에 걸쳐 나타났다. 사실 도시국가는 너무나 취약했고, 영토는 협소하여 당대의 정치적, 재정적 과업을 수행할 수 없었다. 그것은 시한부 선언을 받고 곧 사라지게 될 국가 형태였다. 1453년 콘스탄티노플의 점령, 1472년 바르셀로나의 함락, 1492년 그라나다의 멸망은 이러한 상황의 가장 명백한 증거들이다.[1]

반면 도시국가의 경쟁자인 영토국가는 넓은 영토와 많은 인구 덕분에 근대 전쟁에 필요한 막대한 비용을 감당할 수 있었다.[2] 영토국가는 용병부대를 유지했고, 값비싼 대포를 구입했다. 이 국가들은 대규모 해전이라는 사치 또한 누릴 수 있었다. 영토국가의 약진은 오랫동안 되돌릴 수 없는 현상이었다. 이 새 형태의 국가는 15세기 말에는 후안 2세의 아라곤과 루이 11세의 피레네 산맥의 이북 지역 그리고 콘스탄티노플의 정복자인 메흐메트 2세의 오스만 제국이었다. 그 뒤에는 이탈리아 원정을 감행한 샤를 8세 치하의 프랑스와 이사벨과 페르난도 공동 국왕 시대의 에스파냐가 여기에 해당한다. 이 국가들은 처음에는 지중해 연안에서 멀리 떨어진 내륙의 빈곤한 지역에서 세력을 키웠다.[3] 그리고 그곳에서는 도시라는 장애물도 드물었다. 이탈리아에서는 도시들의 부와 높은 인구밀도가 나라를 계속 분열시키고 약화시키고 있었다. 과거의 영화가 여전히 유지되는 한 그런 과거로부터 근대성이 탄생하기는 어려웠다. 결국 과거가 가장 두드러진 약점이 되었다. 우리는 이 사실을 1463년부터 1479년까지 벌어진 오스만 제국과 베네치아 사이의 제1차 전쟁을 통해서 확인할 수 있다. 이 전쟁에서 베네치아는 기술의 우세에도 불구하고 길쭉한 형태의 영토로 인해서 네그로폰테를 포기해야만 했다.[4] 1480년 오스만 제국에 의한 오트란토의 비극적인 점령에서도 이 사실을 확인할 수 있다.[5] 1494년 샤를 8세의 이탈리아 원정이 초래했던 격동의 초기 국면에서 이 사실은 훨씬 더 분명해진다. 나폴리 원정은 과거 그 어느 때보다 더 놀랍고 신속하게 진행된 침략 전쟁이었다. 마키아벨리에 따르면, 이 원정에서 침략자는 진군 경로를 마초 보급관에게 정하게 했을 정도였다. 위험이 지나간 뒤에야, 각각의 도시는 마음 편히 허튼소리들을 늘어놓을 수 있었다. 1495년 7월 말에 필리포 트론이라는 베네치아의 한 귀족이 그랬던 것처럼, 샤를 8세의 대사인 필리프 드 코민을 모욕할 수도 있었다. 필리포 트론은 심지어 사람들이 프랑스 국왕에 대해서 하는 말을 믿지 않는다고 말했다. 사람들은 "프랑스 국왕이 성지로 가려고 하는 것"이라고 떠들지만, "사실 그는 프랑스 왕이 이탈리아 전체의 지배자가 되려고 한다"고 생각했다.[6]

말은 그럴듯하다. 그러나 이탈리아 반도의 불행은 이제 막 시작되려는 참이었다. 이 불행은 반도가 가진 부, 유럽의 정치적 격랑의 중심부에 위치한 사실, 그리고 이것이야말로 모든 것을 설명할 수 있는 점인데, 바로 이탈리아의 복잡한 정치구조의 취약함, 즉 "이탈리아의 균형"으로 인한 것이다. 세기 초에 마키아벨리와 귀치아르디니로부터 세기 말의 파루타, 조반니 보테로, 아미라토에 이르기까지, 이 일련의 재앙과도 같은 사태로부터 교훈을 얻게 된 사상가들이 국가의 정치와 운명에 관해서 숙고하게 된 것은 모두 그럴 만한 이유가 있었던 것이다.

이탈리아? 이 나라는 분명히 정치가들에게는 기묘한 실험실이다. 그곳 사람들은 나름의 열정을 가지고 모두 정치에 관해서 떠들어댔다. 짐꾼들은 시장에서, 이발사는 그의 가게에서, 장인들은 선술집에서 목소리를 높였다.[7] 왜냐하면 국가 이성—이탈리아의 재발견—이란 한 사람의 심사숙고로부터 나오는 것이 아니라 집단적인 교훈에서 나오는 것이기 때문이다.[8]

마찬가지로 정치 분야에서의 너무나 흔한 잔혹함, 배신, 다시 불타오르는 사적인 복수욕은 옛 정부 형태가 무너지고 인간이 통제하지 못하는 상황이 계속되는 가운데 새로운 정치 형태가 재빨리 들어서던 시대의 징후이다. 그러한 시대에 정의는 부재하기 십상이며, 신생 정부는 긴급 사태와 폭력을 견디기 어렵다. 따라서 공포가 통치의 수단이다. 『군주론』은 살기 위한, 하루하루 살아남기 위한 기술이다.[9]

그러나 15세기에 이미 그리고 16세기에 들어서면 분명히, 일개 영토국가가 아니라 민족국가(États-nation)에 관해서 말해야 한다. 훨씬 크고 괴물 같은 집단들이 나타났다. 그것은 개별 국가들의 집단, 계승, 연합, 제휴의 형태이다. 제국(Empire)이라고 부를 수도 있겠다. 시대착오적이기는 하지만, 이 간단한 표현을 현재의 의미로 사용한다면 말이다. 이 표현 외에 다른 어떤 말로 이 괴물들을 지칭할 수 있겠는가? 1494년, 알프스 산맥 너머에서 이탈리아를 위협한 것은 단순히 프랑스 왕국이 아니라 명실상부한 프랑스 제국이었다. 나폴리를 정복하는 것은 이 제국의 첫 번째 목표였다. 그런 다음 지중해 중심부에서 머무는 것이 아니라 오리엔트로 달려가서 그곳에서 기독교를 수호하고, 로도스 섬의 기사단의 계속된 호소에 응하고 성지를 해방하는 것이었다. 이것이야말로 샤를 8세의 고도의 정책이었다. 필리포 트론의 말은 틀렸다. 그것은 십자군 정책이었으며, 지중해를 단숨에 아우르려는 것이었다. 신비주의를 가지고 있지 않은 제국은 없다. 서양 유럽에서 십자군이라는 이 신비주의가 없었다면, 제국은 나타나지 않았을 것이다. 카를 5세의 사례가 곧 이를 증명할 것이다.

가톨릭 공동 국왕 이사벨과 페르난도의 에스파냐 또한 "단일 민족국가"는 아니었다. 그것은 이미 군주라는 한 위격(位格)으로 통합된 왕국들, 국가들, 민족들의 연합이었다. 술탄 또한 그의 나라에 통합되거나 정복된 무슬림들과 피정복민 집단을 지배했다. 그러나 해상 모험이 최초의 근대적인 식민제국을 출범시키기 시작했으며, 그 수혜자는 포르투갈과 카스티야였다. 처음에는 당대의 가장 통찰력 있는 사람들조차 그 중요성을 잘 알아보지 못한 듯하다. 마키아벨리도 너무 가까이서 이탈리아의 혼란스러운 광경을 관찰하는 바람에, 그 상황을 멀리서 바라보는 것이 불가능했다. 이는 대체로 명석했던 관찰자들의 너무나도 심각한 약점이었다.[10]

16세기 지중해의 역사는 무엇보다도 정치적 성장, 즉 대국(大國) 등장의 역사였다. 우리는 이제 막 제국으로서의 윤곽을 갖추어나가던 프랑스가 어떻게 그 기회를 놓쳤는지 알고 있다. 그것은 여전히 후진적인 경제환경, 프랑스인의 기질, 신중함, 안전한 재산에 대한 선호 경향, 거대한 것에 대한 혐오 때문이었다. 그러나 일어나지 않아야 할 일이 일어났을 수도 있다. 에스파냐 제국이 제노바로부터 지원을 받았듯이(단번에 이루어진 일은 아니었다), 피렌체의 지원을 받은 프랑스 제국을 상상하는 것은 완전히 터무니없는 것이 아니다. 우리는 또한 이미 지중해로부터 반쯤 멀어져 있던 포르투갈이 (모로코의 몇몇 지역을 제외하고는) 지중해라는 공간 밖에서 어떻게 발전했는지를 알고 있다.

따라서 지중해에서 성장한 제국들은 동쪽에서는 오스만 왕조, 서쪽에서는 합스부르크 왕조 둘뿐이었다. 이미 오래 전에 레오폴트 폰 랑케가 지적했듯이, 두 제국의 성장은 하나의 동일한 역사이며, 이 거대한 역사는 여러 상황들이 겹쳐지며 우연히 탄생한 것이 결코 아니었다. 나는 술레이만 대제나 카를 5세가 (앙리 피렌이 주장했던 것처럼) 그냥 등장한 사람들이라고 생각하지 않는다. 인물이야 그럴 수 있겠지만, 그들의 제국은 그렇지 않았다. 나는 세력 균형이라는 영국 정책의 창시자인 토머스 울지[1475?-1530]의 지대한 영향력도 믿지 않는다.[11] 울지는 스스로 주장한 원칙을 어기고 1521년에 약자인 프랑수아 1세를 도우러 가는 대신에 강자인 네덜란드와 신성 로마 제국의 주인인 카를 5세를 지지하면서, 파비아에서의 카를 5세의 신속한 승리에 길을 열어주었고, 향후 200년 동안 이탈리아를 에스파냐의 지배 하에 들어가게 한 책임이 있는 사람이다.

개인들과 상황들의 역할을 부인하는 것은 아니지만, 나는 분명히 15세기와 16세기의 경제 호황과 더불어 거대한, 때로는 아주 거대한 나라, 즉 "대국"에 명백하게 유리한 콩종튀르가 있었다고 생각한다. 오늘날 사람들은 다시 이 일을 두고 미래가 그들의 것이었다고 말하기 시작한다. 마치 18세기 초에 표트르 대제의 러시아가 세력을 키우고, 루이 14세의 프랑스와 펠리페 5세의 에스파냐 사이에 적어도 왕조 간의 연합이 이루어지던 시대에 잠시 그러했던 것처럼 말이다.[12] 서양에서 일어난 일은 오리엔트에서도 일어났다. 1516년에 이집트의 수단이 자유도시 아덴을 포위하고, 세상의 이치가 그렇듯이 이 도시를 점령했다. 그러나 또한 세상의 이치가 늘 그렇듯이, 1517년에 오스만 제국의 술탄이 이집트 전체를 점령했다.[13] 모든 것은 항상 자신보다 몸집이 더 큰 것에게 잡아먹힐 위험이 있다.

사실 역사는 거대한 정치적 패권의 형성에 때로는 유리하고, 때로는 불리하게 돌아간다. 역사는 그것의 성장, 발전을 돕다가도 약화와 해체에 일조한다. 발전은 정치적으로 한 쪽 방향으로만 향하지 않는다. 돌이킬 수 없을 정도로 쇠망의 길을 가는 나라도 없고, 마치 "영토를 삼켜버리며 자신의 닮은꼴들을 먹어치우는" 운명이 지워진 것처럼 계속 발전하도록 예정된 나라도 없다.[14]

16세기에 두 제국은 가공할 만한 힘을 과시했다. 그러나 1550년부터 1600년까지 이미 퇴조의 준엄한 순간이 서서히 모습을 보이기 시작했고, 17세기에는 그 징후가 분명해진다.

1. 제국의 기원

제국의 비약적 발전이나 쇠퇴에 관해서 말할 때에 그 나라의 운명을 예단하지 않도록 주의를 기울여야 한다. 시대를 혼동하지 않아야 하고, 시간이 흘러 언젠가 거대하게 성장할 이 나라의 위대함을 지나치게 일찍 예견해서도 안 되고, 이 나라의 붕괴를 너무 빨리 예측해서도 안 된다. 물론 제국의 역사는 사건들만으로는 도저히 설명할 수 없다. 다만 진단과 검진만이 가능하며 그것은 의학에서처럼 언제나 오진의 가능성이 있다.

위대한 오스만 투르크 제국[15] : 소아시아에서 발칸 반도까지

투르크가 위대한 제국으로 성장하기까지는 3세기에 걸친 거듭된 노력, 오랜 투쟁, 기적들이 있었다. 16, 17, 18세기의 서양 역사가들이 집착했던 것은 바로 이 "기적의" 측면이었다. 소아시아의 불분명한 국경에서 벌어진 승패를 예측할 수 없는 수많은 전투들, 이 모험과 종교적 열정의 만남 속에서 성장한 오스만 제국의 역사는 얼마나 놀라운가![16] 소아시아는 단연코 신비로운 열정의 땅이었다. 그곳에서 전쟁과 종교는 불가분의 관계에 있었고, 호전적인 이슬람 교도들이 넘쳐났다. 주지하다시피 예니체리도 처음에는 강력한 아히 교단 그리고 나중에는 벡타시 교단과 연관되어 있지 않았던가? 바로 이러한 출발점이 오스만 제국이 모습을 갖추며 토대를 다지고 빠르게 발전해가는 데에 영향을 미쳤다. 작은 나라가 지정학적 위치로 인해서 발생한 사건들을 극복하며 격동의 시기에 살아남은 것은 분명히 기적이다.

살아남은 오스만 제국은 아나톨리아 반도에 위치한 국가들의 점진적인 변화를 이용했을 것이다. 오스만 제국의 성공은 그 근저에 서방 공략에 나서려는 투르키스탄 민족의 때로는 조용하지만 매우 강력한 기운과 관련이 있었다. 그것은 소아시아의 내부적 변화의 산물이었다. 즉 13세기에 그리스인과 정교도에 의해서 지배되었던 소아시아가 투르크의 계속된 침투와 이로 인한 철저한 사회적 붕괴, 그리고 무슬림 교단들의 놀라운 종교 전파 이후 투르크와 무슬림 지역으로 변모한 결과였다.[17] 종파들 가운데 일부는 혁명가들, 즉 "바바이 파, 아히 파, 압달 파 같은 사유재산 폐지론자들"이었고, 또 "다른 일부는 코니아의 메블레비 파와 같이 보다 평화적인 신비주의자들이었다. G. 후아르트 이후 최근에는 코프륄뤼자데가 이들의 포교에 관

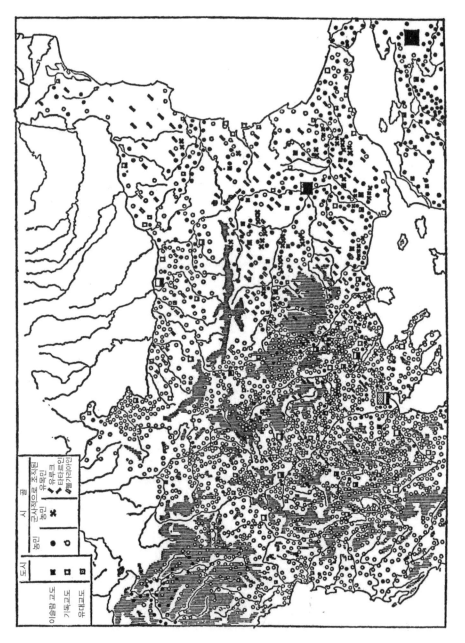

도표 55.

해서 연구했다."[18] 이들에 따르면 이때 프로파간다로 사용된 그들의 시편들이 서구의 투르크 문학의 서막을 열었다.

해협 저편에 대한 투르크의 공략은 유리한 상황 속에서 진행되었다. 14-15세기에 발칸 반도는 가난하지 않았다. 오히려 부유한 편이었다. 그러나 분열되어 있었고, 비잔틴, 세르비아, 불가리아, 알바니아, 베네치아, 제노바 사람들이 서로 다투고 있었다. 종교적으로는 정교와 로마 가톨릭이 맞서고 있었다. 사회적으로도 발칸 세계는 매우 취약했다. 그것은 진정 종이로 만든 성에 불과했다. 따라서 투르크의 발칸 정복이 놀라운 사회혁명의 덕을 보았다는 사실을 잊어서는 안 된다. 농민에게 고달픔만을 안겨준 영주 사회는 기습을 당했고, 스스로 붕괴했다. 정복은 토지에 대한 절대적인 지배자였던 대지주들의 최후를 의미했고, 어떤 측면에서는 "가난한 자들의 해방"이었다.[19] 소아시아는 수세기의 노력을 통해서 끈질기고 완만하게 정복되었다. 그리고 발칸 반도는 침략자들에게 저항하지 **않았던 듯하다**. 불가리아는 투르크인들에게 빠르게 정복되기에 앞서 심각한 농업 문제로 이미 붕괴되기 시작했다.[20] 그리스에서도 사회혁명이 발생했다.

세르비아에서는 토착 영주들이 사라지면서 농촌의 일부가 와크프(wakf : 이슬람 사원의 재산)에 통합되거나 시파히[sipahi : 투르크 輕騎兵]에게 분배

←도표 55. 16세기 초 발칸 반도의 인구

오스만 제국의 인구조사에 의거하여 오메르 루트피 바르칸이 작성한 이 지도에는 콘스탄티노플과 관련된 수치들이 누락되어 있다. 아마도 소실된 듯하다. 투르크인들은 지방을 국경 초소와 무엇보다도 중심 도시들로 표시했다. 지도에서 우리는 유루크 유랑민들이 평원과 로도피 산맥 같은 고원지대 그리고 스트루마 강과 바르다르 강 동부 산악지대에 대규모로 정착했음을 알 수 있다. 대체로 타소스 섬으로부터 소피아를 지나는 선이 투르크인들의 이주가 드물었던 기독교 지역과 트라키아에서 불가리아로까지 이어지는 무슬림 정착지대를 나눈다. 오메르 루트피 바르칸과 그의 제자들은 16세기 인구조사를 거의 완벽하게 분석했다. 인구조사는 인구의 대규모 증가를 보여주고 있으며, 우리가 이미 알고 있던 대로 아나톨리아 반도에 정착한 사람들 가운데 무슬림이 가장 우세했다는 사실을 확인시켜준다. 이 지도의 모든 표시는 250가족을, 즉 1,000명 이상의 사람들을 나타낸다. 보스니아 지역에서 무슬림들의 조밀한 거주분포를 확인하고, 살로니카 지역의 유대인 거주지의 크기에도 주목하자.

되었다.[21] 분배된 땅에 대한 권리를 세습시킬 수 없었던 시파히들이 처음에
는 노역이 아닌 현금 지대를 요구했기 때문에, 농민의 상황이 다시 나빠진
것은 한참 후의 일이었다. 게다가 사라예보 부근의 보스니아 지역에서는
부분적으로는 보고밀 파의 이단들이 창궐함으로써 수많은 개종자가 나왔
다.[22] 알바니아에서는 사태가 더욱 복잡했다.[23] 이곳에서는 지주들이 베네
치아 요새로 몸을 피할 수 있었다. 1501년까지 베네치아령으로 머물 수 있
었던 두라초가 그 예이다. 요새들이 무너진 뒤에야 알바니아의 귀족들은
이탈리아로 망명을 떠났고, 이들의 후손 중 현재까지도 이탈리아에 남아
있는 경우가 있다. 하지만 무사키 가문은 그렇지 못했다. 1600년에 나폴리
에서 마지막 자손이 죽은 이 집안에 대해서는 『무사키 가문의 역사(*Historia
della Casa Musachi*)』라는 소중한 책이 남아 있다. 조반니 무사키가 1510년
에 출간한 이 책은 한 집안을 넘어 한 나라, 한 지배계급의 운명을 보여준
다. 이 유서 깊은 가문은 알바니아의 무제키라는 지방에 있었으며,[24] 그곳
에서 광대한 영지를 소유하고 있었다.[25] 망명과 강제 이주에 관한 이 이야
기는 참으로 놀랍다. 물론 이 이야기가 발칸 반도의 모든 영주와 지주들에
게 해당되지는 않는다. 그러나 그들의 최후가 어떠했건 간에, 그들이 잠시
나마 살아남는 데에 성공했을 때에도, 전체적으로 문제는 크게 달라지지
않았다. 중요한 것은 투르크인들의 공세 앞에서 한 사회가 무너졌다는 것이
며, 부분적으로는 자멸했다는 것이다. "정복되는 것은 사람들이 그렇게 되
기를 바랄 때에만 가능하다"는 알베르 그르니에[1878-1961, 잡지 『갈리아』
의 창간인]의 말이 옳았다는 생각이 든다.

이러한 사회적 현실이 침략자의 약탈과 성공을 설명한다. 멀리서 빠르게
진격했던 투르크의 기병대가 길을 막고 수확을 망치고 경제를 혼란에 빠뜨
리면서 주력부대의 정복을 쉽게 만들었다. 산악지역만이 천하무적인 이 군
대의 공격을 잠시나마 피할 수 있었다. 우선 이들은 발칸 지역의 지세를
이용하여 마리차 강, 바르다르 강, 드린 강, 모라바 강 같은 도나우 강으로

향하는 지류들을 따라 나 있는 대로를 장악했다. 1371년에는 마리차 강변에 있는 체르노멘에서, 1389년에는 코소보폴레에 있는 샹 데 메를레스에서 승리했다. 1459년 포르트 드 페르 북쪽으로 진격한 그들은 "모라바 강과 도나우 강이 합류하고 베오그라드와 더불어 헝가리 평원으로 가는 길목인" 스메데레보에서 승리했다.[26]

그 정복자는 동부의 광활한 평원에서도 빠르게 승리했다.[27] 투르크는 1365년에 수도를 아드리아노플로 옮겼고, 1386년 불가리아 전체를, 그후에는 테살리아 전역을 정복했다.[28] 서부 산악지역에서의 정복과정은 이보다는 느리게 진행되었고, 그 결과 또한 사실상 정복이라기보다는 겉모습만 그러했다. 그리스에서 아테네는 1456년에, 모레아는 1460년에 점령되었고, 보스니아는 1462-1466년에,[29] 헤르체고비나는 "몇몇 산악 국가들의 왕들이 결사 항전을 펼쳤지만" 1481년에 정복되었다.[30] 베네치아 또한 투르크인들의 아드리아 해 접근을 오랫동안 저지할 수 없었다. 스쿠타리는 1479년에, 두라초는 1501년에 오스만 제국에 넘어갔다. 이러한 군사적인 승리에 뒤이어 또다른 정복이 진행되었다. 도로와 요새를 건설하고, 낙타 카라반을 조직하고, 식량 보급과 수송체계를 마련하여 물자의 수송을 불가리아인들에게 맡겼다. 특히 이번 정복은 투르크인들이 정복하거나 요새화하거나 건설했던 도시별로 진행되었다. 바로 이런 곳들이 투르크 문명을 전파시키는 진정한 중심지가 되었다. 투르크인들은 정복된 지역을 평정하고, 회유하고, 순화시켰다. 따라서 그곳을 폭력이 만연했던 곳으로 상상해서는 안 된다.

물론 투르크의 정복은 초기에는 피정복민에게 큰 피해를 입히며 진행되었다. 코소보 전투(1389) 이후 수천 명의 세르비아인이 노예로 전락하여 기독교 세계의 시장으로까지 팔려가거나[31] 용병으로 충원되었다. 그러나 이 정복자는 정치적 감각을 지닌 사람이었다. 1453년 콘스탄티노플에 초청된 그리스인들에게 메흐메트 2세가 거류지를 마련해준 사실이 이를 말하고 있다. 오스만은 발칸 반도의 거주자들이 제각기 자리를 차지할 수 있는 구조를 만들면서 이들이 정복자와 협력하고, 신기하게도 반도 곳곳에서 비잔틴 제국의 영화를 다시 진작시킬 수 있도록 했다. 이러한 정복은 하나의 질서, 즉 "팍스 투르키카(pax turcica)"를 재현했다. 익명의 한 프랑스인이 1528년에 쓴 기록을 인용해보자. "이 나라는 안전하다. 대로에서 유괴를 당했다거나 노상강도를 만났다는 말을 들어본 적이 없다.……황제는 노상강도도 도적도 결코 용납하지 않는다."[32] 그 시대에 카탈루냐나 칼라브리아[이탈리아 남부]에 대해서 이 같은 이야기를 할 수 있었을까? 이 낙관적인 말 속에는 어느 정도의 진실이 있었음에 틀림없다. 왜냐하면 기독교인들에게 오스만 제국의 질서 있는 모습은 경탄스러우면서도 불가사의하고 당혹스러운 것이 었기 때문이다. 또한 묵묵히 군율을 따르는 투르크 군대의 모습, 게다가 그들의 용맹함과 풍부한 보급, 군인들의 기질과 절도 있는 모습에 서양인들은 경탄을 금할 수 없었기 때문이다. 그렇다고 해서 이러한 발견 때문에 기독교인들이 이 이교자들을 증오하지 않게 된 것은 아니었다. "무슨 일에서이건 개보다 훨씬 나쁜" 이교도들이라는 말은 1526년의 것이다.[33]

그러나 투르크인들에 대한 판단이 점차 보다 공정해지기 시작했다. 투르크인은 신의 징벌임에 틀림없었다. 스위스의 프랑스어 권역에서 종교개혁가로 활동하던 피에르 비레는 1560년에 투르크인들에 관해서 다음과 같이 썼다. "신께서 투르크인들을 통해서 기독교인을 벌하신 것이라고 해도, 놀랄 일이 아닐 것이다. 예전에 유대인들이 신앙을 저버렸을 때, 그들을 벌하신 것처럼 말이다. 오늘날 기독교인들에게 투르크인들은 아시리아인들이자 바빌로니아인들이고, 신의 채찍이자 도리깨이며, 신께서 격노하셨음을 보여주는 것이다."[34] 그러나 세기 중반에 이르러 블롱 뒤 망 같은 사람들은 투르크인들의 덕목을 인정하게 되었다. 시간이 좀더 흐르면서, 사람들은 이 낯선 나라를 동경하기에 이르렀고, 이는 다시 서방 사회와 이 사회의 억압으로부터 벗어날 수 있는 절호의 기회가 되었다.

그러나 투르크인들의 성공을 설명하는 가운데 유럽의 결점과 약점을 지적하기 시작하면서 유럽인들의 태도는 한층 더 발전하게 되었다.[35] 라구사의 한 시민은 막시밀리안 1세에게 이렇게 말했다.[36] 유럽 국가들이 분열되어 있는 동안, "오스만 제국에서는 최고의 권위가 오직 한 사람의 수중에 들어갔습니다. 모든 사람들이 술탄에게 복종하며, 오직 술탄만이 통치합니다. 모든 수입이 그의 것입니다. 한마디로 말하면 그는 주인이고 다른 모든 사람은 그의 노예입니다." 베네치아인 아버지와 노예 사이에서 태어난 인물로서, 오스만 제국의 대재상 이브라힘 파샤가 오랫동안 총애했던 알로이시우스 그리티라는 한 출중한 인물이 1533년에 페르디난트[카를 5세의 동생]의 대사들에게 한 설명의 골자도 이와 같았다. 카를 5세는 술레이만 대제에게 맞서지 말았어야 했다. "카를 황제가 막강한 권력을 가진 것은 사실이지만 어느 누구도 그에게 복종하지 않는다. 독일인과 사악한 루터파의 저항이 그 예이다."[37]

오스만 제국의 힘이 무의식적으로 유럽의 취약함이라는 콤플렉스로 자리 잡은 것은 분명하다. 유럽 내부에서 발생한 심각한 불화로 오스만 군대는 헝가리까지 진격할 수 있었다. 뷔스베크가 한 다음의 말은 일리가 있다.[38] "베오그라드의 함락(1521년 8월 29일)이 최근에 발생한 이 수많은 참사들을 야기했다고 할 수 있으며 우리는 여전히 그 고통 속에 떨고 있다. 바로 그 불길한 문을 통해서 야만인들이 들어와 헝가리를 약탈했으며, 국왕 러요시가 사망하게 되었고, 부다를 잃고 트란실바니아를 내주게 되었다. 만일 오스만인들이 베오그라드를 함락시키지 못했다면, 그들은 헝가리로 쳐들어오지 못했을 것이다. 그들은 과거 유럽에서 가장 번창했던 나라들 가운데 하나였던 이 왕국을 황폐화시켰다."

사실 베오그라드가 함락된 해인 1521년은 프랑수아 1세와 카를 5세 사이의 오랜 충돌이 시작된 해였다. 그후 1526년 모하치 전투가 벌어졌고, 1529년 빈이 포위되었다. 이 큰 사건이 발생한 직후 『소식(Novelle)』을 썼던 반델로는 기독교 세계에 최악의 사태가 벌어질 것이라고 예상했다.[39] "기독교

제후들 사이에서 나날이 불화가 커져가면서 기독교 세계는 유럽의 한 지방 정도로 축소될 것이다.……" 유럽이 오스만 제국의 도약을 분쇄하려는 대신에 대서양이나 광활한 세계 탐험 같은 다른 모험들에 관심을 돌리지 않았다면, 분명히 그렇게 되었을 것이다.[40] 오래 전에 역사가들이 지적했듯이 말이다.[41] 잘못되었지만 여전히 사라지지 않고 있는 아주 오래된 설명, 즉 대발견의 시대를 야기한 것이 투르크의 공격이었을 것이라는 설명은 폐기되어야 한다. 사실은 그 역으로 대발견의 시대가 레반트에 대한 관심을 사라지게 함으로써 투르크가 큰 어려움 없이 이곳으로 세력을 확장하고 정착할 수 있었다. 어쨌든 1517년 1월 투르크가 이집트를 정복했을 때, 바스코 다 가마는 이미 20년 전[1498]에 희망봉을 돌아가는 여행에 성공했다.

시리아와 이집트를 점령한 투르크인들

오스만 제국의 발전에서 콘스탄티노플 함락—리하르트 부슈-잔트너는 이를 두고 약간의 과장을 섞어 단순한 "에피소드"라고 했다—보다 더 중요한 사건은 1516년의 시리아 정복과 1517년의 이집트 정복이었다.[42] 이 두 번의 성과는 한 번의 전쟁으로 달성된 것이다. 바로 이때부터 오스만 제국의 가장 위대한 역사가 구체적인 윤곽을 드러내기 시작했다.[43] 정복은 그 자체로서는 특별히 주목할 것이 없었고, 큰 어려움 없이 진행되었다. 북부 시리아에서의 국경 분쟁과 그 와중에 맘루크 술탄이 투르크인들과 페르시아인들 사이에서 중재에 나섰던 것이 결국 구실이 되었다. 대포를 비겁한 무기로 간주했던 맘루크 왕조는 1516년 8월 24일 알레포 부근에서 셀림 1세의 대포 앞에 무너졌다. 시리아는 단번에 적의 수중에 떨어졌고, 침략자들은 9월 26일 다마스쿠스에 입성했다. 새로 즉위한 술탄이 오스만 제국을 종주국으로 인정하기를 거부하자, 셀림은 이집트까지 군대를 진격시켰다. 맘루크 왕조는 1517년 1월 카이로 인근에서 또다시 투르크의 맹렬한 대포 공격을 받았다.[44] 또 한 번 대포가 정치권력을 만들어냈다. 프랑스, 모스크

바 공국,[45] 그리고 1492년 그라나다에서처럼 말이다.[46]

이집트는 어떤 저항도 없이 정복되었고, 기존 질서가 거의 그대로 유지되었다. 맘루크 왕조는 광대한 토지를 기반으로 하여 재빨리 핵심권력을 되찾았다. 3세기 후에 나폴레옹 보나파르트가 맘루크 왕조를 만나게 될 것이다. 토트 남작의 다음과 같은 지적은 옳다. "셀림 술탄의 법전을 검토해 보면, 이 지배자는 이집트를 정복한 것이 아니라, 맘루크 왕조와 공조했다고 보아야 한다. 실제로 왕국을 지배했던 24명의 베이를 그대로 둔 채, 술탄은 파샤를 총독 겸 평의회 의장으로 임명하여 이 24명의 베이들을 통솔하게 했다."[47] 이러한 언급은 1517년의 정복이 가지는 의미를 지나치게 과장해서는 안 된다는 것을 경고하고 있다.

그렇다고 해도, 이 얼마나 대단한 사건인가! 셀림 1세가 이집트에서 얻은 수확은 엄청났다. 무엇보다도 처음에는 얼마 되지 않았던 세금[48]이 계속 늘어났다. 오스만 제국이 에티오피아와 수단에서 채굴되는 아프리카의 금 교역에 참여했고, 그후에는 기독교 세계와의 향신료 교역을 조직할 수 있었던 것 또한 이집트를 통해서였다. 우리는 이미 금 교역이 가지는 의미에 관해서 살펴본 바가 있으며, 레반트 교역 전체에서 홍해 루트의 중요성에 대해서도 지적했다. 투르크인들이 이집트와 시리아를 점령했을 때는 바스코 다 가마의 항해 이후 시간이 꽤 흐른 뒤였기 때문에, 이 두 나라가 더 이상 극동으로 가는 유일한 통로는 아니었다는 것은 분명하지만, 그래도 여전히 중요했다. 이리하여 지중해 기독교 세계와 인도양을 가로막는 투르크인의 제방이 튼튼하게 완성되었다.[49] 동시에 콘스탄티노플이라는 거대 도시와 밀, 쌀, 잠두 생산지가 연결되었다. 이후 이집트는 투르크의 발전에 결정적인 역할을 하지만, 투르크를 타락시키는 요소였다고 말할 수도 있을 듯하다. 왜냐하면 이집트가 정치질서를 문란하게 만드는 관직 매매 관행을 오스만 제국 구석구석까지 퍼뜨렸다는 주장은 꽤 신빙성이 있기 때문이다.[50]

그러나 셀림 1세는 이집트를 정복하며 금만큼이나 소중한 자산을 얻었다. 그는 나일 강 유역의 지배자가 되기 전부터 자신의 이름으로 기도하게 했고, 무슬림의 영도자인 칼리프의 역할을 자처했다.[51] 이집트는 칼리프로서의 그의 자격을 확고히 해주는 계기가 되었다. 일설에 따르면, 맘루크인들에 의해서 이집트에 억류되어 있던 아바스 왕조의 마지막 후손이 셀림에게 모든 진정한 무슬림에 대한 칼리프의 권한을 양도했다는 것이다. 사실이건 사실이 아니건 간에, 술탄은 막강한 후광을 드리운 채 이집트에서 귀환했다. 1517년 8월에 그는 메카의 샤리프(장로)의 아들로부터 카바의 열쇠도 받았다.[52] 바로 이때부터 최정예 기병 호위대가 예언자의 초록색 깃발을 가지게 되었음에 틀림없다.[53] 1517년 셀림 술탄이 이슬람 공동체 전체에서 교도들의 영도자로서 위엄을 인정받게 된 것은 2년 후에 기독교 세계에서 에스파냐의 카를로스 1세가 신성 로마 제국의 황제[카를 5세]로 선출된 것만큼이나 떠들썩한 사건이었다. 16세기의 초의 이 날은 오스만 제국이라는 막강한 세력의 등장과 종교적 불관용의 도래를 알렸다.[54]

셀림 술탄은 전쟁에서 승리하고 얼마 지나지 않은 1520년에 아드리아노플로 가는 도중에 사망했다. 그의 아들인 술레이만이 별 다툼 없이 제위를 승계했다. 술레이만의 인품을 걱정하는 목소리가 없었던 것은 아니지만, 오스만 제국을 공고히 해야 할 영예로운 임무가 그에게 돌아갔다. 그리고 그는 이 일에 적임자였다. 시기가 좋았던 것은 사실이다. 1521년 그는 헝가리의 관문인 베오그라드를 점령했다. 1522년 7월에는 로도스 섬을 포위하고, 같은 해 12월 함락시켰다. 성 요한 기사단의 가공할 만한 막강한 요새가 무너지자, 레반트 전역이 이 젊은 술탄의 야망에 제물로 받쳐졌다. 이 넓은 지중해 연안을 호령하는 주인이 함대를 단 한 척도 가지고 있지 않았던 데에는 다 그럴 만한 이유가 있었다. 그의 신민들과 베네치아령 섬 거주자를 비롯한 그리스인들이 술탄이 필요로 하는 인적 자원을 제공할 것이기 때문이었다.[55] 이 위대한 성공들과 함께 시작된 술레이만의 통치가 앞서 이루어진 시리아와 이집트의 정복이 없었던들 그토록 빛날 수 있었겠는가?

내부에서 본 오스만 제국

우리는 지금까지 오스만 제국을 바깥쪽에서만 살펴보았다. 이런 방법으로는 오스만 제국을 온전히 살펴볼 수 없을 뿐만 아니라, 어디까지나 이방인에 의한 일방적인 해석에 불과하다. 콘스탄티노플과 터키의 어마어마한 문서보관소에 대한 조사가 이루어지면서 이러한 낡은 시각이 조금씩 바뀌고 있다. 제국의 힘을 보다 명확하게 파악하기 위해서는 이 거대한 기계를 내부로부터 이해해야만 한다. 왜냐하면 제국이 곧 약점을 드러내며 동요하기 시작하기 때문이다.[56] 그 방법은 통치술에 관한 검토이다. 삶의 한 방식이기도 한 통치술은 많은 것들이 복잡하게 뒤섞인 전 시대의 유산으로서, 종교적 규범과 사회적 질서 그리고 경제 상태를 반영하고 있다. 오스만 제국의 역사는 수세기에 걸친 다양하고, 때로는 모순되는 여러 경험들의 역사이다. 백년전쟁 초기에 푸아티에 전투(1356)가 벌어진 뒤 몇 년이 지나지 않은 시기에 소아시아로부터 발칸 지역에 이르는 곳에서는 "봉건" 체제가 시작되었다(1360). 봉건제(특권과 봉토)가 유럽 점령지에 확립되면서 지주 귀족층이 만들어졌다. 처음 한동안 술탄들은 이들을 그럭저럭 잘 통제할 수 있었다. 그러나 곧, 결국 승리하기는 했지만, 이들을 상대로 오랜 기간 동안 싸움을 벌여야 했다. 오스만 제국의 지배층은 술탄의 예속민으로서 계속해서 인적 구성이 바뀌었다. 술탄의 권력을 향한 노력이 오스만 역사의 큰 리듬을 만들었다. 이는 다시 검토하게 될 것이다.

에스파냐의 통일 : 이사벨과 페르난도 공동 국왕

오스만 제국 맞은편에서는 합스부르크 세력이 성장했다. 부르사나 아드리아노플의 술탄들이 오스만 제국의 탄생에 기여한 것처럼, 합스부르크 가문에 앞서 합스부르크 제국의 역사에서 중요한 역할을 한 사람은 에스파냐를 통일한 이사벨과 페르난도였다. 이들의 업적은 소위 백년전쟁 이후에 시작된 15세기의 발전 국면에서 도움을 받았고 진척되었다. 페르난도와 이사벨에 관한 기록을 모두 사실로 받아들여서는 안 된다. 이들의 업적을 과소평가하려는 것은 아니다. 다만 업적을 이루는 데에 그 시대와 다른 사람들의 도움이 있었음을 말하는 것이다. 에스파냐의 통일은 내란에 지친 나머지 평화, 안전한 교역, 생명의 보장을 염원하던 도시 부르주아지가 소망하고 갈구하던 바였다. 제1차 에르만다(Hermandad : 自警團)는 하나의 거대한 도시운동이었다. 도시들은 새로운 시대를 알리는 종을 울리며 이에 화답했다. 민주적인 전통이라는 놀라운 자산을 갖춘 도시들이 이사벨과 페르난도의 승리를 보장했다.

따라서 이사벨과 페르난도 공동 국왕의 역할을 지나치게 확대 해석해서는 안 되지만, 그들이 에스파냐를 통일하는 데에 중대한 역할을 했던 것은 분명하다. 1469년의 결혼으로 실현된 카스티야와 아라곤의 연합이 카스티야와 포르투갈 사이에서도 가능했으리라고 생각하는 역사가들이 있다.[57] 이사벨은 포르투갈과 혼인할지 아라곤과 혼인할지, 즉 대서양과 지중해 중에서 누구와 혼인할지를 두고 선택할 수 있었다. 실제로 이베리아 반도의 통일은 이에 우호적인 분위기 속에서, 달리 말하면 이를 위한 유리한 국면 속에서 무르익고 있었다. 포르투갈과 아라곤 가운데 하나가 선택될 수 있었다. 아라곤이 포르투갈에 비해서 뚜렷한 우위에 있지는 않았다. 1469년의 선택은 카스티야의 지중해로의 귀환을 의미했다. 그것은 왕국의 전통, 정책, 이해관계를 생각할 때, 어려움도 많고 굴곡도 많을 거대한 작전이었지만, 한 세대 만에 재빨리 이루어낼 수 있었다. 페르난도와 이사벨은 1469년에 혼인했다. 이사벨이 카스티야의 왕위에 오른 해는 1474년이었고, 페르난도가 아라곤의 왕이 된 해는 1479년이었다. 1483년에는 포르투갈의 위협이 사라졌고, 1492년에는 그라나다 정복이 완료되었다. 1512년에는 에스파냐령 나바라의 합병이 이루어졌다. 이러한 신속한 통일과정은 루아르 강과

센 강 사이의 지역에서부터 시작되어 느리고 어렵게 진행된 프랑스의 형성 과정과는 비교도 되지 않는 것이다. 그것은 나라의 차이가 아니라 시대의 차이였다.

에스파냐가 이처럼 빠른 시간 안에 통일이 되자, 제국은 신화를 필요로 했다. 그렇지 않았다면 그것이 더 놀라운 일이 되었을 것이다. 15세기 말에 종교적 부흥이 절정에 달했을 때, 히메네스 추기경의 에스파냐는 여전히 십자군 시대에 살고 있었다. 그라나다 정복은 더 말할 나위 없이 중대한 사안이었고, 몇 년 후 북아프리카를 향한 팽창 계획이 시작되었다. 에스파냐 남부 지역의 정복은 단지 이베리아 영토의 재정복만을 의미하는 것이 아니었다. 또한 이사벨과 페르난도 공동 국왕이 부유한 땅, 산업이 번성하고 인구가 많은 도시들을 가지게 되는 것만을 의미하지도 않았다. 그것은 이베리아 반도에 잔존한 이슬람 세력과의 끝없는 싸움에 오랫동안 묶여 있던 카스티야의 에너지가, 젊은 에너지가 바깥 세상의 모험을 향해 떠나도록 하는 것이었다.[58]

그러나 곧 에스파냐는 아프리카로부터 관심을 돌렸다. 1492년에 크리스토퍼 콜럼버스가 아메리카를 발견했다. 3년 후에는 페르난도 왕이 복잡한 이탈리아 문제에 휘말렸다. 역사가 카를로스 페레이라는 이 지나치리만큼 능란한 아라곤의 페르난도가 지중해 쪽으로 편향되어 있었다고 비판했다.[59] 이로 인해서 페르난도가 유럽 밖에 존재하는, 즉 아프리카라는 험준하고 헐벗고 가난한 땅과 에스파냐 지도자들에 의해서 최악의 모험에 맡겨진 아메리카라는 미지의 땅에 존재하는 에스파냐의 진정한 미래를 위해서 일할 수 없었다는 것이다. 그렇기는 하지만, 콩키스타도르(정복자)의 놀라운 모험이 가능했던 것 역시 바다 건너 지역을 개인의 주도 하에 맡긴 덕분이다. 우리는 해로 발견의 거대한 혁신에 주의를 기울이지 못했다고 해서 마키아벨리를 비판한다. 그런데 리슐리외와 경쟁하면서 늘 운이 없었던 그러나 위대한 인물이라고 해도 좋을 올리바레스 백공작 역시 여전히 서인도제도

의 중요성을 알지 못했다는 점을 생각해보자.[60]

　이러한 여건 속에서 아라곤의 정책은 너무나 자연스러운 것이었다. 그것은 아라곤의 전통을 반영하고 있었다. 아라곤은 과거 역사로 보나 경험으로 보나 지중해를 중시할 수밖에 없었고, 지중해에 면한 위치, 항해 경험, 그리고 지중해에 보유한 영토(발레아레스 제도, 사르데냐 그리고 시칠리아)로 인해서 이 바다에 매우 친숙했으며, 유럽과 지중해의 다른 국가들과 마찬가지로 이탈리아라는 풍요한 땅에 많은 관심을 가지고 있었다. 1503년에 가톨릭 왕 페르난도가 곤살보 데 코르도바의 활약으로 나폴리를 점령했을 때, 그는 막강한 지위와 부유한 왕국을 차지하게 되었다. 이 승리는 아라곤 함대의 승리이자 위대한 지휘자와 함께한 에스파냐 테르시오(보병연대)의 탄생을 의미했는데, 이 부대는 세계사에서 마케도니아 팔랑크스(밀집군단)나 로마 군단의 탄생에 버금가는 위치를 차지하는 것이었다.[61] 에스파냐의 지중해에 대한 관심을 이해하기 위해서는 16세기 초의 나폴리를 세기 말에 이르러 어마어마한 빚을 지고 살아남기에 급급했던 모습에 비추어 판단해서는 안 된다. 이 시기에 나폴리는 제국에게는 큰 부담이었다. 그러나 1503년, 아니 1530년에도 여전히 나폴리 왕국은 전략적으로 유리한 입지와 막대한 수입을 보장해주는 나라였다.[62]

　이러한 정책의 결과 에스파냐는 이슬람의 팽창에 맞서 싸우게 되었다. 에스파냐는 투르크인들보다 먼저 북아프리카 지역에 진출했다. 시칠리아와 나폴리에서 에스파냐는 기독교 세계의 최전선에 서게 되었다. 루이 12세가 "가톨릭 왕에게 나는 창을 겨누어야 할 무어인이었다"라고 한 말은 정확했다.[63] 자신의 영토를 지켜야 한다는 단 하나의 이유 때문에, 페르난도는 점점 더 십자군의 옹호자가 되어갔고, 그것이 부여하는 특혜와 이득과 함께 이 역할이 요구하는 모든 책무를 떠맡아야 했다. 페르난도와 더불어 에스파냐 십자군은 이베리아 반도로부터 나왔다. 그들의 목표는 바다 건너에 있는 아프리카 속으로 깊이 침투하는 것도, 신세계를 헤매는 것도 아니었다. 그들은 전 세계가 보는 앞에서 기독교 세계의 중심, 위협받고 있는 중심, 즉 이탈리아로 갔다. 낡기는 했으나 영광스러운 정책이었다.

카를 5세

에스파냐에서 페르난도의 뒤를 이은 사람이 카를 5세였다. 왕이 되기 전 카를 드 겐트라고 불렸던 그는 1516년에는 에스파냐 국왕 카를로스 1세가 되었다. 그와 더불어 모든 일이 복잡해지고 규모가 커졌다. 바다 저쪽 끝에서 술레이만 대제 시절에 그러했던 것처럼 말이다. 황제의 빛나는 역사 앞에서 에스파냐는 배경으로만 머물러야 했다. 그리고 1519년 카를 드 겐트는 신성 로마 제국의 카를 5세가 되었다. 따라서 에스파냐의 국왕으로 일하기에는 시간이 부족했다. 아주 이상하게도 그는 말년[2년 동안]에 이르러서야 정서상 그리고 건강상의 이유로 인해서 그 일을 할 수 있었다. 어쨌든 에스파냐는 카를 5세가 위대한 과업을 이루는 데에 크게 공헌했으나, 그 역사의 주인공은 되지 못했다.

물론 에스파냐가 제국의 경력에 기여한 바를 인정하지 않는 것은 온당하지 못할 것이다. 게다가 이사벨과 페르난도 공동 국왕은 손자를 위해서 장래를 준비해두었다. 그들은 필요하다면 어디서든―영국, 포르투갈, 오스트리아, 네덜란드―영향력을 행사하지 않았던가? 가령 왕실 간의 혼인이라는 중대한 사업에 만전을 기하면서 말이다. 프랑스를 포위하고, 이 위험한 이웃을 지배하려는 생각은 안이 텅 비어 있고 구멍이 난 듯한 기묘한 합스부르크 제국에 고스란히 이어졌다. 카를 드 겐트는 우연히 그 자리까지 가게 되었지만, 또한 에스파냐가 계산하고 준비하고 여망했던 사람이기도 했다. 어쩌면 하나의 사건이 역사의 과정을 바꾸어놓았을 수도 있다. 예를 들면, 에스파냐가 그의 어머니 광녀왕(狂女王) 후아나 1세(1555년 토르데시야스에서 죽었다)가 살아 있다는 이유로 카를을 인정하지 않았다면, 혹은 이베리아 반도에서 성장한 그의 동생 페르디난트를 선호했다면, 어떻게 되었을까? 카를은 1519년 신성 로마 제국의 황제로 선출되지 못했을 수도 있다. 그렇다고 해서 유럽이 대제국을 경험하지 못하지는 않았을 것이다. 1494년에 이미 모험을 시작했던 프랑스가 모험을 재개하여 성공을 거두었을 수도 있었다. 그러나 카를 5세의 행운 뒤에는 이미 대서양의 새로운 활력에 동참하기 시작한 유럽의 교차로이자 산업과 교역의 중심이었던 네덜란드의 경제적 힘이 있었다는 사실을 잊어서는 안 된다. 네덜란드에게는 상품의 판로와 시장 그리고 정치적 안정이 필요했는데, 독일 제국의 혼란이 이러한 안정을 위협할 수도 있었다.

유럽이 하나의 광대한 국가 건설을 향해 나아가고 있었기 때문에, 카를 5세의 운명이 바뀌었다고 해도 제국의 출현이라는 사실 자체는 바꿀 수 없었다. 다만 제국의 성격이 달라질 수 있을 뿐이었다. 1519년 프랑크푸르트에 모인 선제후들은 자국 후보에게 우호적인 투표를 할 수 없었다. 독일 역사가들이 정확하게 설명했듯이, 독일은 그런 후보의 무게를 견딜 수 없었을 것이다. 독일은 두 후보 모두, 즉 카를에 대해서만큼이나 프랑수아 1세에게 맞서 싸워야 했다. 독일은 카를을 선출하면서 차악을 선택한 것일 뿐이었다. 빈을 소유하고 그럼으로써 동부 국경을 지킬 수 있는 사람을 선택해야 했던 것만은 아니었다는 이야기이다. 이와 관련하여 1519년에 베오그라드는 여전히 기독교인들의 영토였으며, 베오그라드에서 빈에 이르기까지 헝가리 왕국의 두꺼운 보호벽이 펼쳐져 있었다는 사실을 잊지 말아야 한다. 헝가리 국경이 무너진 것은 1526년이었다. 모든 것은 그때, 오직 그때에만 바뀔 것이었다. 합스부르크와 오스만 제국의 역사를 당치도 않게 엮어서는 안 된다. 황제에 대해서 다음과 같은 민중들의 노래가 떠돌았던 것은 1519년이 아니었다.

| Das hat er als getane | 황제는 이것을 모두 행했다 |
| Allein für Vatterland | 다만 조국을 위해서일 뿐 |

Auf das die römische Krone   이리하여 신성 로마 제국은

Nit Komm in Turkenhand.   투르크인의 손에 떨어지지 않았다

게다가 독일은 카를 5세에게 어떤 도움도 주지 않았다. 1521년부터 루터는 운명적인 과업에 착수했다. 엑스 라 샤펠[아헨]에서의 대관식 직후였던 1520년 가을, 황제는 그의 동생 페르디난트를 위해서 헝가리 공주인 안나와의 결혼을 포기했고, 1522년 2월 7일 브뤼셀에서 동생에게 에어블란트(Erbland : 세습영지)를 비밀리에 양도했다.[64] 이는 독일에서 어떤 문제에서건 개인적으로 개입하지 않겠다는 것을 의미했다.

또한 카를 5세는 에스파냐에 직접적으로 의지할 수도 없었다. 이 나라가 유럽과 동떨어져 있고, 아직까지는 신세계로부터 국고로 들어오는 것이 미미했기 때문이다. 1535년 전까지는 그러했다. 따라서 1521년부터 카를 5세 평생의 근심거리였던 프랑스와의 갈등에서, 황제가 기댈 수 있는 두 거점은 이탈리아와 네덜란드일 수밖에 없었다. 유럽의 이 중심축을 따라 황제는 모든 노력을 집중시켰다. 대법관 가티나라는 카를 5세에게 무엇보다도 이탈리아를 지켜야 한다고 조언했다. 카를 5세는 적어도 평화 시기에는 네덜란드에서 많은 세입이 있었고, 1529년처럼 차입의 가능성도 있었고 예산도 남아돌았다. 사람들은 그의 치세 하에서 모든 부담은 늘 네덜란드에 지워졌다고 말했으며, 1552년 이후에는 그런 말들이 더욱 많아졌다. 시칠리아, 나폴리, 밀라노를 짓눌렀던 일들이 네덜란드에서 일어난 것이다. 이들 국가들은 부유하기는 했으나, 이들의 넘쳐나던 부가 조금씩 줄어들었다. 그 과정은 카를 5세와 펠리페 2세가 군사적인 노력을 네덜란드에 집중함으로써 빠르게 전개되었고, 따라서 네덜란드의 교역은 피해를 입었다. 물론 에스파냐로부터 막대한 돈이 흘러들었으며, 펠리페 2세 치하에서는 그 규모가 더욱 커졌다. 그러나 1560년에도 논란은 여전히 계속되고 있었다. 네덜란드는 에스파냐보다 더 고통받고 있다고 주장했다. "에스파냐는 어떤

손해도 입지 않고 있으며, 통행허가증 덕분에 프랑스와의 교역을 계속해왔다."[65] 따라서 에스파냐는 이 전쟁의 피해에 대해서 그리 불평할 것이 없었다. 그들에 따르면, 이 전쟁은 오직 "에스파냐 국왕이 이탈리아에 발판을 마련하기 위한 것"이었을 뿐이다.[66] 이 무익한 논란들은 플랑드르 지방에 불리하게 작용했다. 펠리페 2세는 에스파냐에 정착했는데, 1567년의 알바 공작의 목표들 가운데 하나는 반란 지방들의 목을 옭죄는 것이었다. 네덜란드의 재정에 관한 정확한 역사를 살피는 것이 매우 유용할 것 같다.[67] 1559년 베네치아인들은 네덜란드를 부유하고 인구밀도가 높은 지역이기는 하지만 물가가 무척 비싼 곳으로 그리고 있다. "물가는 이탈리아의 2배, 독일의 3배, 플랑드르의 4 또는 5배나 된다."[68] 네덜란드의 재정 메커니즘을 결정적으로 붕괴시킨 것은 아메리카로부터의 은의 유입과 그 이후에 일어난 전쟁으로 인한 가격 등귀에 의한 것일까? 소리아노는 1559년에 저서인 『보고서(Relazione)』에서 "네덜란드는 에스파냐 국왕의 금고이자, 그의 광산, 그의 서인도 제도이다. 그 나라는 프랑스, 이탈리아, 독일 전쟁이 벌어진 수십 년 동안 황제의 사업을 재정적으로 떠받치고 있다."[69] 소리아노의 유일한 오류는 현재형으로 말한 것이다.

카를 5세의 정책에서 이중의 기본 공식을 이루었던 것은 이탈리아와 네덜란드였다. 종종 독일과 에스파냐 쪽에서 힘을 얻기도 했지만 말이다. 펠리페 2세를 연구한 한 역사가의 말대로 이 제국은 이탈리아인들, 플랑드르인들, 부르고뉴 공국의 사람들에게 매우 개방적인 세계주의적인 나라였으며, 그들은 황제의 측근으로 등용되어 에스파냐인들과 어깨를 나란히 하는 경우도 있었다. 이사벨과 페르난도 공동 국왕 시대와 펠리페 2세 시대 사이에서 카를 5세의 시대는 보편적인 색채를 띠고 있었다. 십자군이라는 개념 자체가 변화했다.[70] 이베리아적인 성격을 상실했고, 레콩키스타의 이상과도 멀어졌다. 1519년의 선거 이후, 카를 5세의 정책은 현실감을 잃었고, 보편 왕국(Monarchie Universelle)이라는 꿈속에서 길을 잃었다. 가티나라는 다음과 같은 상소를 올렸다. "전하, 선거가 끝난 후, 신께서 모든 왕들과 기독교 왕자들 위에 전하를 끌어올리시는 빛나는 은혜를 베푸신 지금, 전하는 선조이신 강력한 샤를마뉴 이외에는 그 누구와도 비교할 수 없습니다. 전하는 보편 왕국 건설의 길 위에 있으며 그것은 한 명의 목자 아래로 기독교 세계 전체를 모으는 일입니다."[71] 보편 왕국이라는 이 개념은 카를 5세의 주된 정책 기조로 작동하게 되었을 뿐만 아니라, 당대의 인문주의적인 큰 흐름과 맥을 같이 했다. 1520년 에스파냐에 머물던 독일인 게오르크 사우어만은 황제의 비서인 페드로 루이스 데 라 모타에게 『에스파냐의 위로(Hispaniae Consolatio)』라는 저서를 헌정했다. 이 책에서 그는 에스파냐 그 자체를 투르크에 맞서 기독교 세계를 통합시키는 하나의 평화로운 보편 왕국이라는 개념으로 바꾸기 위해서 노력했다. 마르셀 바타용은 단일한 기독교 세계라는 이 개념이 에라스무스와 그의 제자들 그리고 그의 친구들에게 얼마나 소중한 것이었는지를 설명했다.[72] 1527년에 로마의 약탈 이후, 비베스는 에라스무스에게 다음과 같은 편지를 썼다. "황제가 위대한 승리를 거두고 교황이 그에게 굴복하면서, 그리스도께서 우리 시대에 이 이상을 실현시킬 수 있는 놀라운 기회를 주셨습니다."[73] 황제의 정책적 이상과 실천에 동기를 부여하고 이데올로기적인 야심에 생생한 색채를 부여한다는 점에서, 이 편지보다 더 확실한 문장은 없을 것이다. 이것이야말로 16세기의 주요한 정치적 드라마가 가지는 가장 매혹적인 측면들 가운데 하나임에 틀림없다.

펠리페 2세의 제국

카를 5세의 업적은 16세기 후반부에 접어들면서 펠리페 2세에게 승계되었다. 제국의 수장이라는 점에서는 같았지만 그 성격은 너무나 달랐다! 1558-1559년의 중요한 시기를 거치며 위대한 황제의 유산으로부터 벗어난 이 제국은 유럽 문제에 덜 개입하고 에스파냐와 대서양 문제에 더 주력하면서 카를 5세의 제국보다 더 넓고 더 긴밀하고 더 견고해지기조차 했다. 이 제국은 풍부한 자원, 넓은 영토, 넘치는 부를 가지고 있었다. 비록 그 군주는 자신이 가진 수많은 칭호들을 완성시키고 가장 빛낼 수 있는 황제라는 지위를 잃었지만 말이다. 카를 5세의 아들은 신성 로마 제국의 상속자에서 배제되었다. 신만이 이것이 얼마나 많은 고심 끝에 내려진 결정인지 아실 것이다. 분명히 1551년에 아우크스부르크에서는 원칙적으로 카를 5세의 아들에게 신성 로마 제국의 상속권이 예정되어 있었다.[74] 그런데 로마 궁정에서 벌어진 프랑스 외교사절들과의 상석권(上席權) 싸움이기는 했지만, 모두의 이목이 집중되었던 이 중요한 자리에서 그에게는 잔인하게도 황제 칭호가 없었다. 1562년 신중왕 펠리페 2세는 황제의 자리를 가질 생각을 했다. 1563년 1월 그가 서인도 제도의 황제로 선포될 것이라는 소문이 돌았다.[75] 1563년 4월에는 펠리페 2세를 서인도 제도와 신세계의 국왕으로 선언할 것이라는 말도 돌았다.[76] 다음 해인 1564년 1월에는 다시 서인도 제도의 황제가 될 것이라는 소문들이 이어졌다.[77] 20여 년 후인 1583년에는 펠리페 2세가 여전히 그 칭호를 노리고 있다는 소문이 베네치아에 돌았다. 프랑스의 대사가 앙리 3세에게 보낸 편지에서 "전하, 그랑벨 추기경이 이번 9월에 로마에 와서 그의 주군에게 황제의 칭호를 주도록 만들 것이라는 말을 이곳 귀족들로부터 들었습니다"라고 썼다.[78]

이것은 베네치아에서 떠도는 헛소문에 불과했을까? 그래도 그것이 주는 정보는 흥미로운 구석이 있다. 같은 원인은 같은 결과를 낳는 법이다. 펠리페 3세 역시 신성 로마 제국의 황제 후보가 될 것이다. 이는 단지 허영심에서 나온 단순한 정책이 아니었다. 위신 문제가 중요했고 외양을 위해서 많은 것을 희생했던 한 세기 내내 프랑스와 에스파냐의 외교관들은 상석권을 두고 한치의 양보도 없는 전쟁을 벌이며 대립했다. 1560년, 성가시고도 출구가 없는 이 갈등을 끝내기 위해서 펠리페 2세는 신성 로마 제국의 황제에게 트렌트 공의회에 보낼 외교사절을 같은 사람으로 임명하자고 제안했다.

황제가 되지 않았기 때문에, 펠리페 2세는 기독교 세계의 제1인자로서 카를 5세가 누리던 외양상의 지위를 잃었다. 카를 5세와 그의 대리인이 누린, 어느 누구도 반박할 수 없었던 그 지위 말이다.

펠리페 2세 제국의 가장 핵심적인 성격은 에스파냐적 성격—오히려 카스티야적 성격이라고 해야 할지도 모르겠다—이었다. 이는 신중왕과 적대관계에 있건 아니건 간에 동시대인들 모두가 알고 있는 사실이었다. 그들은 왕을 거미줄 한가운데에서 거의 움직이지 않는 거미로 생각했다. 그러나 1559년 9월, 플랑드르에서 돌아온 이후 펠리페는 다시는 반도를 떠난 적이 없었는데, 이것이 단지 에스파냐를 우선시하고 있던 개인적 감정 때문이었을까? 광범위한 의미에서 필연적인 것은 아니었을까? 우리는 카를 5세의 제국에 속한 국가들이 하나하나 아무런 말도 없이 황제의 정책 비용 지불을 거부하게 되었음을 살펴보았다. 그리고 이 모든 적자가 시칠리아, 나폴리, 밀라노 그리고 네덜란드를 제국의 짐으로 만들었고, 황제가 더 이상 체류할 수 없는 곳으로 만들었다. 펠리페 2세는 네덜란드에서 이것을 경험했는데, 그곳에서 1555년부터 1559년까지 오직 에스파냐에서 보내오는 은에 기대어 또는 곧 그것이 곧 도착하리라는 희망으로 살았다. 군주의 입장에서 돈의 출처가 되는 곳에 거주하지 않으면서, 이런 도움을 얻는 것은 어려운 일이다. 펠리페 2세가 에스파냐로 향한 것은 아메리카의 은에 가까이 가기 위한 전략적인 철수였다. 잘못이 있었다면, 그것은 은을 위해서 가능한 한 멀리 가서 대서양 연안의 세비야 혹은 리스본에까지 가지 않은 것이었다.[79] 국왕을 반도의 지리적 중심인 카스티야에 붙들어둔 것은, 게다가 본능적으로 그곳에서의 거주를 즐겼던 것은 윙윙거리는 큰 벌집 속에서 일어난 일을 가장 잘, 어느 누구보다도 빨리 파악할 필요성이 있었기 때문이 아니었을까?

거미줄의 중심이 에스파냐에 있다는 사실은 많은 결과를 초래할 것이었다. 먼저 자신들 가까이에 거주하는 국왕에 대한 에스파냐 인민들의 사랑이 점점 더 커졌고 맹목적이 되어갔다는 사실이다. 펠리페 2세는 카스티야인들로부터 저지대 국가들의 선량한 신민들이 그의 아버지에 대해서 가졌던 애정에 비견될 만큼의 사랑을 받았다. 따라서 그 결과는 펠리페 2세가 이베리아 반도 사람들의 임용, 이해관계와 그들의 감정을 우선하게 되었다는 것이다. 펠리페 2세는 외교 문제에서는 카스티야 출신의 완고하고 거만하며 타협을 모르는 대귀족들을 등용했다. 반면 국내 문제나 관료적인 잡무를 처리할 때는 신분이 낮은 사람들을 선호했다. 영토가 흩어져 있던 제국을 통치하기 위해서 카를 5세는 이곳저곳을 옮겨다니는 방법을 썼다. 자신의 존재의 온기를 왕국 곳곳에 전해야 했던 그는 적대적인 프랑스를 우회해야 했다. 펠리페 2세의 정착 정책으로 여행의 속성상 짐을 가볍게 해야 하는 문제가 사라지면서, 중앙 행정체계가 발전했다. 서류의 흐름이 그 어느 때보다 활발해졌다. 카스티야는 수도의 지위를 가지게 되었고, 제국의 다른 지역들은 부차적인 지역이 되었다. 따라서 에스파냐인들에 대한 증오가 도처에서 확인되었다. 그것은 그 시대의 하나의 징후였으며, 앞으로 닥칠 폭풍을 예고하고 있었다.

펠리페 2세는 이러한 변화를 충분히 인지하지 못했을 뿐만 아니라, 스스로 부친의 정책을 그대로 계승하고 있다고 믿었던 것이 분명하다. 그는 선왕으로부터 배운 교훈을 지나치리만치 잘 기억하고 있었고, 결정적인 순간에도 선왕의 정책들을 과하게 염두에 두고 있었으며, 선왕의 제국 정책들의 살아 있는 서류이자 뛰어난 목록인 알바 공작이나 그랑벨 추기경 같은 사람들이 주변에서 자신을 돕도록 했다. 아마도 펠리페는 선왕이 경험했던 것과 적어도 외견상으로는 유사한 상황에 종종 직면했던 듯하다. 네덜란드의 지배자인 그가 왜 카를 5세처럼 북해의 상업 요지인 네덜란드의 안전을 위해서 꼭 필요했던 영국과의 평화를 위해서 노력하지 않았을까? 또한 아버지가 그랬듯이, 왜 여러 나라들을 책임지고 있었던 그가 신중하게 기회를 노리는 그의 평소의 이미지대로 행동하지 않았을까? 멀리 서로 떨어져 있었으며 좀처럼 화합하지 못했던 그의 나라들의 관계를 조정하는 일에 왜 좀더 노력하지 않았을까?

그러나 상황은 급격한 변화를 요구하고 있었다. 이제 제국에는 과거의 장식들만이 남아 있었다. 카를 5세의 웅대한 정책은 펠리페 2세 치세 초기, 1559년에 평화조약이 체결되기 이전에 이미 1557년의 재정 파탄으로 갑자기 유죄선고를 받고 청산되어야 했다. 모든 것을 재구성하고 재출범시켜야 했다. 카를 5세는 숨가쁜 질주를 하는 동안 단 한번도 그런 제동장치를 작동시킨 적이 없었다. 펠리페 2세의 통치 초기에 이루어진 강력한 평화정책은 제국의 약화를 보여주는 신호였다. 위대한 설계는 시간이 한참 흐른 뒤에야 소생할 것이고, 이 또한 군주의 욕망 때문이라기보다는 상황에 따른 것이었다. 흔히 반(反)종교개혁(Countre-Réfome)이라고 잘못 부르고 있는 가톨릭 개혁운동이 조금씩 지평을 넓히면서 자리를 잡기 시작했다. 일련의 노력 끝에 느린 준비과정을 거쳐 나타난 이 운동은 1560년에 이미 신중왕의 정책 방향을 바꾸어놓을 정도로 강력하게 발전했으며, 1580년대에 이르러서는 북유럽의 프로테스탄트 세력에 맞서 격렬하게 폭발했다. 펠리페 2세 치세 말기에 에스파냐를 격랑 속으로 밀어넣은 것도, 국왕을 가톨릭의 수호자로 만든 것도 바로 이 운동이었다. 이것은 오스만 제국에 맞선 십자군보다 그를 더 종교적인 열정에 휩싸이게 했다. 그에 비하면 지중해에서의 투르크와의 전쟁은 어쩔 수 없이 끌려들어간 것인데, 레판토 해전은 속편이 없는 하나의 에피소드일 뿐이었다.

1580년대 이후 신세계로부터 들어온 귀금속의 양이 전례 없는 규모에 이르렀다는 것 또한 중요한 요소였다. 그랑벨이 에스파냐 궁정으로 귀환했을 때는 상황이 좋았다. 그러나 펠리페 2세의 치세 말기의 제국주의가 그가 혼자서 만든 것이 아님을 기억하자. 1580년대 이후의 대규모 전쟁은 세계의 중심이 된 대서양의 지배를 위한 것이었다. 대서양이 북쪽의 프로테스탄트 세력에게 넘어가느냐, 아니면 에스파냐인에게 돌아가느냐는 중대한 문제였다. 은, 무기, 배, 화물, 정치사상을 가진 에스파냐 제국은 서쪽으로 방향을 틀어 이 거대한 전장으로 들어갔다. 그 순간 오스만 제국은 아시아에서 전투를 벌이기 위해서 지중해에 등을 돌렸다. 지중해의 거대한 두 제국이 적어도 16세기 마지막 20년 동안 같은 방식으로 움직였으며, 지중해는 더 이상 그들의 야망과 욕망의 대상이 아니었음을 우리는 기억해야 할 것이다. 제국의 후퇴의 종소리가 다른 곳에서보다 먼저 지중해에서 울리지 않았는가?

우연과 정치적 이유

오늘날 역사가가 정치와 경제 요소를 연관지어 고려하는 것은 합당할 듯하다. 물론 모두 다 그러한 것은 아니지만, 많은 사실들이 인구의 증가, 교환의 촉진과 경제 후퇴에 의해서 좌우되기 때문이다. 우리는 오스만 제국과 합스부르크 제국이 정책의 큰 방향을 결정하는 데에서 경험했던 일련의 어려움과 세기적 추세의 역전 사이에 어떤 연관관계가 존재하는지를 밝힐 것이다. 이러한 관계를 보다 명확하게 보여주기 위해서, 큰 인물들과 큰 사건에만 주의를 기울이는 역사가들의 설명은 모든 것을 왜곡할 위험이 있을 수 있기 때문에 배제했다. 또한 우리의 입장에서는 보다 흥미로울 수도 있는 장기적인 정치 전망도 포기할 생각이다. 정책과 제도는 그 자체로서 설명될 수 있기 때문이다.

위대한 경제학자 요제프 A. 슘페터의 마지막 저서에 있는 짧은 글을 보면, 우리의 생각과는 부분적으로 반대되는 주장이 나온다.[80] 슘페터에게는 자본주의의 점진적인 발전이라는 단 하나의 "지배적인" 경향만이 있을 뿐이다. 나머지 경제와 정치 분야들은 모두 우연이고, 예기하지 못한 사건이고 콩종튀르이고 사소한 것에 불과하다. 그에 따르면, "아메리카의 정복이 귀금속의 흐름을 만들었으며," 덕분에 합스부르크 왕실이 존립할 수 있었던 것은 우연이다. 사회적, 정치적 긴장을 폭발시킬 수 있는 "가격혁명"이 일어난 것도 우연이다. 또한 제국을 포함한 영토국가들이 16세기에 발전한 것 또한 우연일 뿐이다. 이 모든 것이 그저 우연이란 말인가? 과거의 거대한 정치세력이 저절로 사라졌다는 말인가? 독일의 신성 로마 제국은 1250년 프리드리히 황제의 죽음으로 쇠퇴했고, 교황령은 그들이 거둔 승리가 너무 큰 희생을 치르고 얻은 것인 탓에 같은 운명에 처해졌다는 것인가? 비잔틴 제국은 1453년보다 훨씬 이전에 이미 쇠퇴하고 있었다.

슘페터의 이러한 주장은 하나하나 논박되어야 마땅하다. 그러나 13세기에 교황령과 제국의 자연스러운 붕괴는 우연도 자기 파괴적인 무모한 정책의 결과도 아니었다는 것을 짧게 지적하는 것으로 논의를 마치려고 한다. 13세기의 경제적 도약은 16세기와 마찬가지로 정치적인 진전을 유발시켰고, 정치적 대격변을 예비했다. 그후의 경제적인 후퇴는 도처에 뚜렷한 흔적을 남겼다. 다음 세기 내내 계속될 이러한 파괴는 장기적인 경제적 침체 국면에 의한 것이다. "중세의 가을"은 독일의 신성 로마 제국을 포함하여 비잔틴 제국으로부터 그라나다 왕국에 이르기까지 연약한 나무들을 베어버렸다. 이 모든 것이 완만하고 자연스러운 하나의 과정이다.

대체로 15세기 중반경 경기 회복의 징후가 분명해지자, 파괴와 혁신과 재생 과정이 다시 시작되었다. 교황령이 타격을 받은 것은 루터의 반란과 아우크스부르크 제국 의회(1530)가 실패하면서부터이다. 어쩌면 교황청은 양보와 과감한 화해를 향한 정책을 취할 수도 있었을 것이다. 그러나 교황청은 16세기 내내, 실제로는 베스트팔렌 조약(1648) 때까지도 정치적 차원에서도 여전히 큰 세력이었다.

다른 주장들에 관해서 살펴보면, 가격혁명이 신세계로부터 대량의 귀금속이 들어오기 전에 발생했다는 사실—이는 슘페터 자신이 직접 한 말이다—을 떠올려보자.[81] 영토국가들(루이 11세, 랭커스터의 헨리 7세, 아라곤의 후안, 메흐메트 2세의 나라들)의 성장도 아메리카의 발견보다 먼저 이루어졌다. 신세계의 광산이 중요한 역할을 했다면, 그것은 유럽이 그것을 이용할 수단을 가지고 있었기 때문이다. 게다가 광산의 이용은 공짜가 아니었다. 사람들은 흔히 카스티야가 아메리카 대륙을 얻은 것은 행운이었다고 말한다. 그러나 카스티야는 그후 아메리카 대륙을 개척해야 했고, 종종 얻는 것이 있는 만큼 잃은 것도 많았다. 신세계가 쉽게 은과 금 광산을 제공하지 않았다면, 유럽의 팽창력은 다른 땅에서 출구를 찾고, 다른 전리품을 국내로 가져왔을 것이다. 루이 데르미니는 서양이 신세계를 선택하면서 또다른 선택안이 될 수도 있었던 극동을 놓친 것은 아니었는지 자문했다.[82] 신세계에서는 모든 것을 창조해야 했던 반면, 극동에서는 이미 수많은 것들이 준비되어 있었기 때문이다. 아마 또다른 대안도 있었던 듯하다. 바로 아프리카의 금과 중부 유럽의 은처럼 쉽게 포기해버린 것들 말이다. 따라서 이 모든 상황을 결정한 것은 서양의 강력한 에너지였다.

사실, 슘페터의 주장은 우연이라는 요소가 좋은 구실이 되던 시절에 종종 등장했던 역사가들의 주장과 설명들을 반복한 것이다. 이런 식의 주장은 자본주의만큼이나 복잡한 진보의 열매인 국가의 중요성을 과소평가한다. 실제로 콩종튀르는 넓은 의미에서 정치적 토대를 가지고 있으며, 정치 상황을 만들어간다. 새로운 게임이 시작될 때, 승자는 결코 과거의 승자가 아니다. 좋은 패는 한 사람에게 머물지 않는다.

2. 국가의 자원과 약점

지금까지 우리는 16세기에 진행된 국가와 "제국"의 성장을 원인보다는 결과의 측면에서 살펴보았다. 근대 국가는 수많은 난관을 극복하며 등장했다. 새로운 현상들 가운데 가장 눈에 띄는 점은 국가 기구와 관리들의 수적 증가이다.

"관리"[83]

우리가 시대착오의 과오를 무릅쓰고 편의상 "관리(fonctionnaire, civil

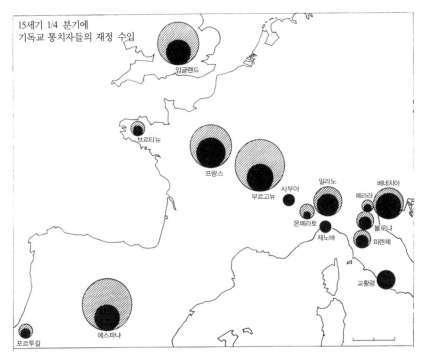

15세기 1/4 분기에 기독교 통치자들의 재정 수입

도표 56. 각 지역 통치자들의 재정 수입

베네치아인들이 남긴 이 흥미로운 수치들(Bilanci generali, vol. I, tome I, Venise, 1912, p.98-99)은 의문의 여지가 있다. 그럼에도 불구하고 1410년부터 1423년까지의 유럽 국가들의 재정 수입이 전반적으로 줄어들었음을 보여준다(회색 원은 1410년의 수치, 그리고 검은색 원은 1423년 수치이다). 잉글랜드에서는 200만 두카트에서 70만 두카트로 줄었고, 프랑스에서는 200만 두카트에서 100만 두카트로 줄었다. 에스파냐에서는 300만 두카트에서 80만 두카트가 되었다. 베네치아에서는 110만 두카트에서 80만 두카트로 감소했다. 이 수치가 정확하다고 해도, 우리는 실제 봉급을 계산하듯이 통치자들의 실제 수입이 얼마였는지를 계산해보아야 한다. 국가는 가격의 등귀와 하락의 시기에 늘 뒤늦게 반응하는 경향이 있다. 즉 경기가 위축될 때에 재정 수입은 곧바로 줄어들지 않는다. 이는 국왕에게 이득을 줄 것이다. 그러나 경기가 회복된다고 해도 재정 수입이 재빨리 늘지 않는 것 역시 사실이다. 이러한 가정은 사료가 불분명하고 불충분하기 때문에 확인하기 어렵다. 한 가지 분명한 사실은 정부 수입이 경제 국면에 따라서 변화한다는 것이다.

servant)"라고 부르는 집단이 대규모로 등장한 것은 이 시기였다. 그들은 정치사의 여러 통로들을 가득 메우고 있었으며, 정치혁명, 나아가 사회혁명을 일으켰다.

관직에 오르자, 관리들은 즉시 공적 권위의 일부를 장악했다. 16세기에만 해도 어느 나라에서건 그들의 출신은 보잘것없었다. 게다가 오스만 제국에서는 종종 전쟁 포로 출신의 기독교도나 유대인도 있었다. H. 겔저가 조사한 바에 의하면,[84] 1453년부터 1623년까지 48명의 대재상들 가운데 5명만이 "투르크" 출신이었고, 그나마 그중 1명은 키르카시아(캅카스 산맥 인근) 사람이었다. 10명의 대재상들의 출신 지역은 밝혀지지 않았고, 나머지 33명 중에는 그리스인이 6명, 알바니아인이나 유고슬라비아인이 11명, 이탈리아인 1명, 아르메니아인 1명, 그루지야인 1명이 포함되어 있었다. 오스만 제국의 최고위층까지 올라간 기독교인들의 수는 오스만 관료층에 침투한 기독교인들의 규모를 짐작하게 해준다. 오스만 제국이 몽골 제국보다 비잔틴 제국과 더 유사했던 이유는 관리들의 충원이 이처럼 광범위한 지역에서 이루어졌기 때문일 것이다.[85]

우리가 잘 알고 있는 에스파냐의 예를 들어보자. 이곳의 관리들은 도시에 거주하는 도시의 하층 계급 출신이거나 심지어는 농촌 출신인 경우도 있었는데, 그러면서도 자신을 이달고(시골 귀족) 가문 출신이라고 자처했다(에스파냐에서는 으레 그렇게 말한다). 그러나 관리들의 사회적 신분 상승에 관한 이야기는 누구나 알고 있는 사실이었으며, 특히 관리들에 대해서 노골적으로 적대감을 드러내던 디에고 우르타도 데 멘도사 같은 대귀족 옹호자는 『그라나다 전쟁(Guerre de Grenade)』에서 이 사실을 분명히 했다.[86] "이사벨과 페르난도 공동 국왕께서는 사법과 내무 행정을 대귀족과 하층민 사이의 중간층 사람들인 법률가(letrado)에게 맡기셨는데, 그들의 일은 법을 연구하는 것이었다." 법률가는 이탈리아 문서에 언급되어 있는 법률학자와 같은 부류이거나 16세기 프랑스의 법률학자들, 즉 툴루즈 대학 출신 여부와는 관계없이 로마 법에 대한 지식을 이용하여 발루아 왕조의 절대주의적 지배를 위해서 노력한 사람들과 같은 사람들이었다. 우르타도 데 멘도사는 민사 재판관, 형사 재판관, 재판장들, 그리고 프랑스의 고등법원과 유사한 아우디엔시아(Audiencia)의 판사들을 하나하나 언급하며 관리 집단 전체를 비판했다. 멘도사의 가장 큰 분노를 산 집단은 무엇보다도 왕실 회의(Consejo Real)의 최고재판관들이었는데, 이들이 모든 문제들을 처리할 권한을 가지고 있었기 때문이다. 멘도사는 그들이 다른 사람의 직무를 탐하고, 군 장교들(결국은 대귀족)의 고유 영역에까지 감히 발을 들이려고 한다고 보았다. 이런 재앙 덩어리들은 에스파냐에만 있었던 것은 아니었다. "이런 식의 통치방식은 기독교 세계 전체에 널리 전파되었으며, 관리들의 권력과 위세가 오늘날 하늘을 찌른다."[87] 우르타도 데 멘도사의 이러한 지적은 정확하다. 신분상승에 성공한 법률가 외에도 이제 막 관직에 오르려고 준비하는 에스파냐 대학들(그리고 이미 오래 전에 신세계의 대학들)을 가득 메운 학생들을 상상해보라. 귀족이자 누에바 에스파냐에서 태어난 대영주인 델 발레 공작 로드리고 비베로가 다음 세기 초에 불편한 마음으로 셈한 바로는 적어도 7만 명의 학생들이 있었다.[88] 그들 가운데에는 구두장이와 농사꾼의 아들들도 있었다! 국가나 교회 탓이 아니라면 도대체 누구의 잘못이란 말인가? 그들은 학생들에게 자리와 수입을 제공하면서 대학을 들끓게 한 것이다. 학생들을 이끄는 것은 지식에 대한 갈구가 아니었다. 이들 법률가들의 대부분은 알칼라 데 에나레스나 살라망카에서 학위를 받았다. 로드리고 비베로의 눈에는 너무 많아 보였던 7만 명의 학생이 에스파냐의 인구와 비교해보면 적은 편이라고 생각할 수도 있겠지만, 이사벨과 페르난도 공동 국왕에 의한 국가 건설의 시기에 이 정도의 사회적 상승이 진행되고 있었다는 것은 분명히 정치적으로 중대한 의미를 가진다. 이때 이미 아주 미천한 출신의 "국왕 관리들"이 등장했는데, 『인디아스의 법(Leyes de Indias)』의 편집자이기도 한 팔라시오스 루비오스는 이달고의 아들도 아니었다.[89] 시간이 조금 흘러 카를 5세 치하에서 비서관으로 활동하던 곤살로 페레스는 조상이 유대인이라는 의혹도 있었다.[90] 펠리페 2세 시대에 수많은 직위와 명예 그리고 다양한 업무를 수행하다가 1572년에 뇌출혈로 사망한 에스피노사 추기경도 귀족 출신이 아니었다. 그의 집에는 미처 살펴볼 시간이 없어서 수년째 묵혀 있던 서류들과 보고서들이 가득 쌓여 있었다. 곤살로 페레스도 에스피노사 추기경처럼 성직자였고, 돈 디에고 데 코바루비아스 데 레이바 역시 성직자였다. 1594년에 돈 디에고의 친척인 세바스티안 코바루비아스 데 레이바는 그를 추억하는 아주 긴 소개의 글을 남겼는데,[91] 우리는 이 글에서 돈 디에고에 관한 여러 가지 사실들을 알 수 있다. 그는 톨레도에서 태어났으며, 부모는 비스카야 출신의 귀족이었다. 살라망카에서 학업을 마친 그는 오비에도 콜레주에서 교수를 역임했으며, 이후 그라나다 아우디엔시아에서 법관으로 등용되었고, "서인도제도"산토 도밍고의 대주교를 거쳤으며, 마침내 쿠엥카 주교를 겸하는 카스티야 평의회 의장에 임명되었다(실제로는 1577년 9월 27일, 마드리드에서 67세의 나이로 의장직에 취임하기 직전에 사망했다). 그의 삶은 교회 직무와 국가 공직을 병행해서 수행할 수 있었음을 보여준다. 다른 곳에서와 마찬가지로 에스파냐에서 교회는 가난한 사람들에게 널리 개방되어 있었다.

오스만 제국에서 술레이만의 치세는 승전의 시기인 동시에 국가 건설의 시기이자 방대한 법제화의 시기였다. 술레이만은 입법자 술레이만이라고 불리는데, 그의 나라 곳곳에서, 특히 콘스탄티노플에서 법 연구가 재개되고 법조인 계층이 양산되었기 때문이다. 그의 법전을 통해서 잘 조율된 법체계는 영국의 헨리 8세가 그 작동방식을 연구하기 위해서 콘스탄티노플로 사절단을 파견할 정도로 훌륭했다.[92] 실제로 오리엔트에서 『법령집(*Kānūn-nāme*)』은 서방에서 유스티니아누스 법전,[93] 에스파냐에서 『법률대전(*Recopilación de las Leyes*)』과 같은 정도로 유명했다. 헝가리에서 술레이만이 취한 법과 관련된 모든 조치는 아보울 수드라는 법률가가 담당했는데, 특히 소유권과 관련된 법률의 세부 조항들 가운데 상당 부분이 오늘날까지도 건재할 정도로 잘 만들어졌다. 『물테카(*Multaka*)』라는 법률 안내서의 저자인 이브라힘 알-할라비라는 법학자는 16세기 서양의 위대한 법률가들과 견주어도 손색이 없다.[94]

생각하면 할수록 오리엔트와 서양은 신기할 정도의 유사성을 가진 듯하다. 두 세계는 의심의 여지없이 달랐지만, 항상 구분되지는 않았던 것이다. 로마 법의 전통을 가진 법률가들과 코란의 법률적 주해가들은 오리엔트에서건 서양에서건 군주의 대권을 드높이기 위해서 노력했다는 점에서 똑같은 하나의 거대한 군대였다. 군주권의 강화를 이들의 노력과 헌신, 혹은 계산으로만 돌리는 것은 옳지 않을 것이다. 권력은 법적 원천만 가지는 것이 아니기 때문이다. 군주정은 모두 전방위적인 권위를 가진다. 이를 위해서 경제도 한 역할을 했다. 그러나 법조인 집단은 최상층에서부터 말단 서기에 이르기까지 위대한 국가를 만들기 위해서 노력했다. 이들은 국가의 팽창을 가로막는 것을 증오했고 분쇄했다. 이베리아 반도의 관리들이 종종 권력 남용에 가까울 정도로 힘을 발휘했던 아메리카에서조차 군주에 대해서 충성하던 이 미천한 사람들의 역할에 반대할 사람은 없었다. 부분적으로는 자신의 의사에 반하여 근대 국가가 된 오스만 제국은 아시아 동쪽의 정복지역에서 징세 청부인들을 늘렸다. 이들은 자신들이 거둬들이는 세금의 일부를 제몫으로 남겼지만, 그중 상당 부분을 콘스탄티노플로 송금했다. 제국은 봉급을 받는 관리들의 수도 늘렸다. 이들을 가급적 감시가 용이한 도시에서 근무하게 하면서 주어진 임무를 수행하는 대가로 국고에서 봉급을 지급했다. 이러한 관리들 가운데 신앙을 버린 기독교인들이 점차 늘어났고, 차차 오스만 제국의 지배계급에 통합되었다. 그들은 "발칸의 기독교 가정에서 끌려온 주로 5세 미만의 아이들로 이루어진 전리품"을 의미하는 데브쉬르메(devshirme) 출신이었다.[95] 데브쉬르메라는 용어는 정치적 카테고리인 동시에 사회적 카테고리를 지칭한다. 오스만 국가의 이 새로운 대리인은 발칸 반도에서 티마를리(timarli : 티마르[timar], 곧 봉토의 보유자)의 수를 감소시킴으로써 이들 집단의 몰락을 가져오게 될 것이고, 제국의 새로워진 힘을 뒷받침하게 될 것이다.[96]

16세기의 국가는 항상 의도했던 것은 아니지만 그의 관리들을 이리저리

1. 베네치아의 경우

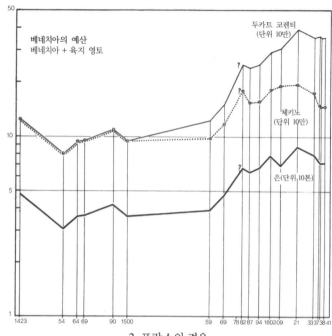

2. 프랑스의 경우

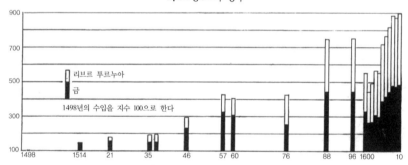

도표 57. 경기 변동에 따른 국가 예산의 변화

베네치아의 세입은 세 곳—도시, 육지 영토(테라 페르마), 제국—에서 나온다. 제국에서 나오는 수입은 논의에서 제외했다. 그 수치가 종종 희망사항인 경우가 많기 때문이다. 그래프는 전체 예산서(Bilanci generali)에 근거하여 젬마 미아니가 작성했다. 3개의 곡선은 베네치아와 육지 영토의 세수입을 모두 합한 수치를 나타낸다. 첫 번째 곡선은 명목상의 수치(두카트 코렌티)로 표시한 것이고, 두 번째 곡선은 금(체키노로 표시)으로 표시한 수치이고, 세 번째 곡선은 은(은 10톤을 단위)으로 표시한 수치로 했다. 프랑스에 관한 수치는 F. C. 스푸너가 작성한 것인데, 유감스럽게도 극히 불완전하다. 리브르 투르누아로 계산된 명목상의 수치로 표시된 그래프와 금으로 계산된 수치로 표시된 그래프가 있는데, 결함이 있음에도 불구하고 가격의 변동과 관련된 예산의 변동을 보여준다.

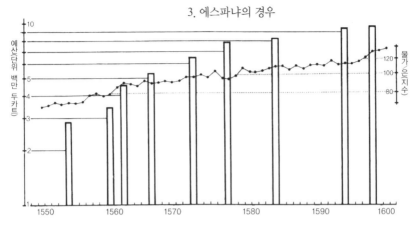

3. 에스파냐의 경우

도표 58. 경기 변동에 따른 국가 예산의 변화

은 가격 지수는 얼 J. 해밀턴에게서 차용했다. 재정 수입은 상당 기간 동안 가치 변동이 없었던 계산화폐인 카스티야 두카트로 100만 단위로 계산했다. 재정 수입의 계산은 알바로 카스티요 핀타도의 간행되지 않은 연구물에서 차용했다. 세수입 계산이 불완전하기는 하지만, 가격의 변동과 세수입 변화 사이의 일치가 베네치아와 프랑스의 경우보다 더 선명하다. 적절한 표현은 아니지만 우리는 "예산(budget)"이라는 표현을 사용한다. 정확한 재정지출 액수를 확인하는 것은 거의 불가능하다. 내가 알기로는 시망카스 문서보관소와 잉글랜드 문서보관소만 실제 재정 상황을 보여준다. 우리가 가지고 있는 것과 유사한 방식으로 시칠리아와 나폴리 왕국의 예산에 대해서도 그래프 작성이 가능하다. 오스만 제국에 대해서도 가능하다. 오스만 제국의 예산에 관한 조사는 오메르 루트피 바르칸 팀이 이미 수행된 바 있었다.

로 이동시켰고,[97] 편의에 따라서 본거지를 떠나게 했다. 대국일수록 이러한 경향은 더 심했다. 프랑슈콩테 출신의 그랑벨 추기경이 바로 그런 유랑의 길에 오른 사람으로서, 스스로 자신은 어느 곳에도 속해 있지 않다고 말했다. 법학사 출신의 폴로마레스는 그란 카나리아 섬의 아우디엔시아를 거쳐 바야돌리드의 아우디엔시아에서 은퇴했다.[98] 국왕의 군대에 소속되어 있던 군인들의 경우는 장교건 아니건 간에 행정 관료들보다 거주지의 이전이 더 빈번했다. 16세기 말 낭트 주재 에스파냐 대표이자 유능한 군인이었던 돈 디에고 멘도 데 레데스마는 개인적인 자금난을 해결하기 위한 "도움"을 받을 목적으로 지금껏 그가 충성을 다해 수행해왔던 임무들의 내역을 길게 상술하는 편지를 펠리페 2세에게 보냈다.[99] 귀족 가문 출신임이 분명한 그는 아주 어린 나이에 자신의 형제와 함께 이사벨 왕비, 곧 평화의 왕비(카트린 드 메디시스의 딸로서, 펠리페 2세의 세 번째 부인이 되었다)의 시동이 되었다. 소년임에도 이미 그라나다 전쟁에 출전했고, 이탈리아에서는 돈 후안 데 아우스트리아를 수행했다. 또한 1580년 포르투갈 정복 때에는 그의 두 형제와 함께 사모라 시의 항복을 중개했고, 가신 부대들로 하여금 사모라 시 민병대에 합류하도록 했다. 그후 사모라 시가 알카발라(소비세)의 증액을 거부하여 다른 도시들마저 동요시키자, 정부는 이 도시를 설득하기 위해서 돈 디에고를 급파했다. "그곳에 들어가자마자, 저는 모든 것을 원만하게 해결했고, 사람들을 충분히 설득했습니다.……" 이것이 그의 가장 큰 공적일 것이다. 이후 그는 말라가에서 코레히도르(corregidor, 왕실 파견관)를 역임했다. 당시 에스파냐는 코레히도르라는 거물급 시장들을 통해서 신민들을 통치했다. 코레히도르는 프랑스의 도지사(Intendant)에 해당한다. 코레히도르로 임명된 돈 디에고는 항구의 방파제 건설에 주력했다. 이후 드레이크의 위협을 받던 탕헤르와 세우타를 방어하기 위해서 그곳으로 갔는데, 그에 따르면 이 작전으로 인한 금전적 부담을 국왕에게 요구하지 않았다고 한다. 대신 돈 디에고는 자비로 이 재앙과도 같은 임무를 수행하느라 파산했다고 하는데, 60명이 넘는 기사들과 그밖의 귀족들에게 식사를 제공해야 했기 때문이라고 설명했다. 그후 그는 세우타 총독이 되어 전임자의 업무에 대한 조사를 시작했다. 그는 자신이 엄정하게 이 일을 처리함으로써 전임자가 다시 이 자리에 복직할 수 있었다고 자부했다. 자신이 한 일은 분명히 옳은 일이었다고 자부했지만, 그로 인해서 다시 관직에서 밀려나게 된 그는 사모라 부근에 있는 집으로 돌아가야 했고, 그곳에서 그를 맞이한 것은 가난에 시달리는 아내와 아이들의 원성이었다. 그후 그는 6개월 예정으로 브르타뉴로 떠나라는 명령을 수락했다. 그런데 6개월 예정이었던 것이 이미 5년이라는 긴 세월이 되었다. 자신이 집을 떠나 있는 동안 큰 형과 형수는 사망해서, 자신은 그들로부터 한푼도 유산을 받을 수 없었다. 궐석자는 늘 죄인이기라도 한 것처럼, 자신은 벌써 두 번의 소송에서 패소하기까지 했다. 물론 국왕은 그를 브르타뉴로 파견하자마자 연간 1,500두카트의 수입을 보장하는 기사령과 함께 4년치의 미불 급료를 그에게 지불했다. 그러나 그동안 그가 지출해야 했던 막대한 경비와 그와 그의 가족이 처한 가난을 생각할 때, 돈 디에고는 그간의 공적에 대한 보상치고는 터무니없이 적다고 느꼈다.

에스파냐의 문서보관소에는 이와 유사한 수천 통의 고소장과 기록들이 보관되어 있다. 역사가들은 이 청원서에 기록되어 있는 내용을 문자 그대로 믿지는 않지만, 근대 에스파냐의 "관리들"의 급료가 매우 낮았으며, 에스파냐 제국 이곳저곳을 끊임없이 옮겨다녀야 했고, 지역적인 유대의 끈으로부터 단절되어 뿌리를 잃어갔다는 사실은 의심의 여지가 없다고 생각한다. 그들의 생활은 아마도 종종 가난을 면치 못했던 것 같다. 마드리드에서는 일자리, 연금, 밀린 봉급을 찾으려는 무직 관리들이 많았으며, 접견을 기다리는 상이군인들도 많았다. 그들의 아내와 딸들은 연명하기 위해서 몸을 팔았다. 부유한 상인들의 거리인 마요르 거리(Calle Mayor)에서 관직을 구하며 실업자들은 여름이면 시원한 곳을, 겨울이면 햇빛이 잘 드는 양지를 찾아 프라도 산 히에로니모를 이용하거나 저녁 산책을 나온 사람들의 번잡한 물결 속에 뒤섞이곤 했다.[100]

관직 세습과 관직 매매

관리들은 관직을 통해서 충성의 기회와 명예 그리고 금전적인 보상을 얻을 수 있었다. 따라서 관직에 영원히 머물고자 하는 것이 그들의 희망이고 욕망이었다. 시간이 흐르면서 이러한 경향은 점점 더 뚜렷해졌다. 관직 매매는 총체적인 병폐 그 자체였다. 관직 매매가 크게 성행했던 프랑스도 예외가 아니었다. 사실 16-17세기의 국가들이 이러한 병폐가 만연하도록 좌시할 수밖에 없었던 이유는 실제 수입의 감소가 아니었을까? 어쨌든 『법률대전』

을 살펴보면,[101] 에스파냐에서 발생한 개인에 의한 국가 공권력의 점유와 이로 인한 새로운 특권층의 등장을 추적할 수 있다. 이에 관해서 상세한 사실을 파악하기 위해서는 시망카스 문서보관소에서 레눈시아스(renuncias)와 관련된 엄청난 자료들을 뒤져보아야 한다.[102] 권리 양도라는 뜻의 레눈시아스는 관직을 다른 사람에게 양도하는 것을 뜻한다. 수천 건이 넘는 사례들이 있다. 예를 들면, 1558년 6월 바르셀로나 종교재판소의 한 경찰은 자신의 아들에게 관직을 넘기는 것을 허가해달라고 청원했다.[103] 같은 해에 나온 또다른 문서에는 자신들이 원하는 사람에게 관직을 양도할 수 있는 권리를 허가해달라는 레히도르(Regidore), 곧 지방 행정관들의 요구를 정부가 승인하는 내용이 담겨 있다. 수혜자가 18세 미만이라도 양도가 가능했으며, 이 권리는 생전이든, 임종 때든, 유언장에서든 언제나 행사할 수 있었다. 관례에 따라서 정해진 양도에 필요한 20일의 유예기간 이전에 사망하더라도 레눈시아스는 유효했다.[104]

당대 프랑스의 모습을 연상시키는 이러한 세부적인 사실들은 여러 가지 의문이 들게 한다. 에스파냐에 대한 체계적인 연구가 진행되면 역사가들이 프랑스에 대해서 규명한 것과 같은 것을 이 나라에서도 확인할 수 있으리라고 나는 생각한다. 이베리아에 대해서 내가 가장 이상하게 생각하는 것은 관직 매매가 지나치게 일찍 나타났다는 점이다. 이사벨과 페르난도 공동 국왕 이전인 후안 2세와 엔리케 4세의 치세 중에,[105] 그러니까 15세기 초에[106] 이미 첫 징후들이 나타났다. 적어도 시청 관직들 가운데 많은 관직들이 이미 양도가 가능한 것이었다. 아마도 국왕은 걸핏하면 관직 매매권을 돌려받았던 것 같은데, 그것은 강제적이었거나 혹은 권리 양도에 필요한 유예 기간의 규칙에 의한 것이었다. 관직 매매의 규칙은 권리를 양도한 자(관직을 양도하고 난 뒤 적어도 20일 정도 살아 있어야 한다[107])도 그리고 새로운 자격 보유자에게도 적용되었다. 새로운 자격 보유자는 승계 증서에 서명한 뒤 30일 안에 출두하고 선서를 해야 한다는 조항을 엄격히 지켜야 했다.[108] 1563년 신분의회는 펠리페 2세에게 30일에서 60일로 양도 기간의 연장을 요구했는데,[109] 이는 과거에 정해진 절차가 유력 가문에 대한 지속적인 위협이 되었다는 증거이며, 관직 구매자들이 종종 집안의 결혼 지참금으로 써야 할 귀중한 은을 지불수단으로 이용했기 때문에 이런 일들이 집안의 불행을 초래할 수도 있었다는 것을 잘 보여준다.[110] 점차 수많은 관직이 양도할 수 있는 관직이 되었다. 부자간 이외에는 양도를 금한다는 규정[111]이나 사법 관직과 같은 경우 거래를 금지한다는 규정[112]은 관직 매매의 병폐가 점점 더 심각해졌음을 그 나름으로 말하고 있다.[113] 국왕은 관직의 수를 늘리고 이를 매각했다는 점에서 이러한 현상에 책임이 있었다.[114] 흔히 관직 매매의 확산에 대해서 안토니오 페레스를 비난한다.[115] 그러나 책임을 져야 할 것은 국무비서보다는 시대이다. 시장직, 그리고 대법원과 국왕 평의회의 서기관직들조차 매매할 수 있었다.[116] 프랑스식 관직 매매의 확산은 게오르크 프리드리히의 표현을 빌리면, 관료제와 가부장주의가 결합된 일종의 봉건적인 분위기 속에서 진행되었다.[117] 군주정은 관직 매매와 그것의 논리적인 귀결인 부패의 놀음에서 패자가 되었다. 국왕은 왕권에 대한 커다란 장애물을 만든 셈이었다. 펠리페 2세의 왕권은 루이 14세의 절대권력에 비할 수 없을 정도로 턱없이 약했다. 물론 카스티야에서 관직 매매는 늘 소수의 관직에만 국한되었고, 시청 관직들만이 그 대상이 되었던 것이 사실이다. 신분의회의 지지를 받으면서 도시 귀족층이 지역적인 이해관계를 지켰던 것도 바로 이 부분에서였고, 코레히도르들이 이들을 쉽게 장악할 수 없었던 것도 이 때문이었다. 도시의 역할은 매우 중요했다. 조세의 역사는 도시 상황과 연관되어 검토되어야 한다.[118]

관직 매매라고 부를 수 있을 만한 국가 기구의 왜곡현상이 오스만 제국에서도 나타났다. 나는 앞에서 오스만 전역에서 나타난 관직 매매 현상이 이집트에서 전거를 찾을 있다고 지적한 바 있다.[119] 후원자의 환심을 사고 그들에게 상당한 액수의 진상품을 바쳐야 했기 때문에, 공직자들은 자신의 부하들과 백성들로부터 정기적으로 상납을 받아야 했다. 사회의 최고위층으로부터 가장 밑바닥까지 거대한 약탈 구조가 조직화되었다. 오스만 제국은 탐욕스러운 관직 보유자들의 먹잇감이 되었으며, 이러한 구조 속에서는 공직자들도 그 관례를 따라야 했다. 게를라흐가 메흐메트 소콜루에 관해서 말한 것처럼, 베네치아인들이 지켜본 바로는 이러한 약탈의 수혜자는 대재상이었다. 소콜루는 라구사 인근 출신의 고아였는데, 술탄의 징병관들에 의해서 18세에 징집되었다가 오랜 시간이 흐른 뒤인 1565년 6월에 대재상이 되었고, 1579년 암살되기 전까지 현직에 있었던 인물이다. 관직에 오르기를 기다리던 사람들이 보내오는 선물 덕분에 그는 막대한 수입을 올렸다. 가르초니라는 베네치아인은 "믿을 만한 사람들에 따르면, 그의 연수입이 금화 100만 두카트에 이른다"고 말한다.[120] 게를라흐는 "메흐메트 파샤는 금과 귀금속으로 가득한 엄청난 보물 창고를 가지고 있다.……관직을 얻고자 하는 자는 그에게 수백에서 수천 두카트 가치의 선물을 하거나 말이나 아이들을 데려가야 한다"는 기록을 남겼다. 이러한 증언들에 맞서 메흐메트 소콜루를 옹호하려고 애쓸 필요는 없다. 그가 진정한 위대한 사람이었다는 사실은 달라지지 않기 때문이다. 다만 돈과 관련해서 그는 당대의 풍습을 따랐을 뿐이다. 그것이 자기 아랫사람들이 보낸 것이건, 외국의 유력자가 보내온 것이건 상관없었다.

그러나 오스만 제국에서 재상의 막대한 재산은 언제나 술탄의 것이었다. 술탄은 대신이 임종하면 그의 죽음이 자연사건 아니건 간에 그의 재산을 몰수했다. 이런 방식으로 국가는 관리들의 횡령 행렬에 동참했다. 물론 모든 재산이 이렇게 간단히 회수되지는 않았다. 종교기관이 대신들의 재산 도피처가 되었는데, 종교 건축물이 그 증거들이다. 이러한 우회적인 방식으로 횡령행위를 통해서 벌어들인 부의 일부가 가족의 안전과 미래를 위해서 남겨졌다.[121] 서양의 제도는 일반적으로 동양의 방식보다 덜 엄격했으나, 관직 매매 분야에서만큼은 두 지역 모두에서 국가 기구의 근본이 이상할 정도로 파괴되어 있었다. 이런 파괴가 언제부터 두드러지게 나타났는가 하는 문제가 남아 있다. 이런 점에서 16세기의 징후들은 전조일 뿐이다.

오스만 제국이나 유럽의 많은 국가들에서나 관리들의 수는 16세기에 이상하리만치 많아진다.[122] 1534년에 유럽 쪽의 투르크 지역에서는 공직자들을 이끄는 수장으로 1명의 베이렐르베이(beglerbeg : 군관구 사령관)가 있고, 그 밑에 30명의 산작(sandjac : 소군관구 사령관)이 있었다. 아시아 쪽에서는 6명의 베이렐르베이가 63명의 산작을 거느리고 있었다. 1533년에 베이렐르베이 한 명이 더 임명되어 카푸단 파샤(Kapudan Pasha) 자리가 만들어졌는데, 에스파냐에서는 이 관리를 해군 제독이라고 불렀다. 제독은 함대의 지휘 이외에 갈리폴리, 카발라, 알렉산드리아 항구의 행정을 맡았다. 카이로 베이렐르베이 자리가 1534년에 창설되면서, 최고 공직자 서열에 9명의 베이렐르베이가 근무했다. 40년 후인 1574년에는 20개의 군관구가 있었다. 유럽 쪽에 3개(소피아, 티미쇼아라, 부다), 그리고 아시아 쪽에 13개, 아프리카 쪽에는 처음에는 3개였다가 4개(카이로, 트리폴리, 알제, 그리고 곧 튀니스)로 늘어났고, 해군 제독 직도 생겼다. 아시아가 오스만 정부의 관심과 군사적 노력이 집중된 곳이었다는 사실은 그곳에 군관구 수가 엄청나게 많았다는 사실을 통해서 알 수 있다. 이런 경향은 계속되었다. 무라드 3세(재위 1574-1595) 치하에서 전체 숫자는 21개에서 40개로 늘어났고, 그중 아시아에만 28개의 군관구가 있었다. 페르시아와의 전쟁으로 방대한 국경지역에 대한 정복과 조직이 진행되었기 때문이다. 이러한 증설은 필요에 따른 것이었다. 그러나 투르크에서 칭호에 대한 욕구가 새롭게 증대되었고, 공직에 대한 갈증도 끊임없이 늘어나고 있었다는 사실도 잊지 말아야 한다. 수바지(soubadji : 지방 부대장)는 산작이 되기를 꿈꾸었고, 산작은 베이렐르베이로 승진하기를 원했다. 그들 모두는 정기적으로 자신의 서열보다 높은 곳으로 가게 되었다.

에스파냐의 관직 보유자들에게 일어났던 것과 유사한 일이 오스만 제국에서도 나타나기 시작했다. 어쩌면 먼 나라 이베리아 반도에서보다도 먼저 일어났을지도 모른다. 왜냐하면 이베리아 반도에서 사치에 채워진 재갈이 벗겨지기 위해서는 펠리페 2세의 금욕주의적인 지배가 끝날 때까지 기다려야 했기 때문이다. 오리엔트에서는 1566년에 술레이만이 사망하자마자 모든 것이 변했다. 무명옷을 입던 늙은 황제가 금지했던 비단에 금은 수를 놓은 의복이 갑자기 재등장했다. 세기 말이 되자, 콘스탄티노플에서는 화려한 축제들이 계속되었고, 축제의 휘황찬란한 불빛이 노령의 함머(Hammer)의 무미건조한 옛 이야기에조차 붉은 빛을 던질 정도였다. 궁정의 사치는 전대미문의 수준이었고, 그곳의 의자들은 모두 금사로 짠 덮개로 덮혀 있었다. 여름에는 최고급 얇은 비단을 덮고 자는 일이 습관이 되었다. 당대인들은 투르크 여성의 슬리퍼 한 짝이 기독교 세계의 공주가 가진 장신구 전체보다 더 값나가는 것이라고 장담했다. 겨울에는 고급 모피로 치장했고, 식탁에는 사치스러운 이탈리아 요리가 넘쳐났다.[123] 1612년 5월 콘스탄티노플에 파견된 네덜란드 외교관 코르넬리우스 하가가 자신의 환영회를 마친 후에 "개선을 축하하는 날인 것 같다"[124]라고 말했다는데, 이 애교스러운 말의 진심을 믿어야 할 것이다. 전쟁과 기근으로 뒤틀려서 생기를 잃어버린 한 나라에서 벌어진 무라드 4세 시대의 대규모 축제들에 대해서 무엇이라고 말할 수 있을까? 에스파냐와 거의 같은 시기에 오스만 제국도 "황금 시대"의 격랑과 환희 속에 빠져버렸다는 것은 희한한 일이다. 이 불꽃놀이는 국가를 현명하게 이끌어나가기 위해서 반드시 지켜야 하는 모든 규칙들과 국가 예산의 절대적인 필요성과는 뚜렷하게 모순되는 것이었다.

지방의 자치

거대한 정치 기구가 보여주는 화려한 구경거리를 보고 있노라면, 길을 잃어버리기 십상이다. 15세기의 세계와 16세기의 세계를 비교해보면, 그 사이에 세계가 많이 커졌다는 사실을 알 수 있다. 그러나 모든 것은 상대적이다. 만일 현대에 국가 업무에 참여하는 관리들의 거대한 집단을 생각해보면, 16세기 "관리들"의 수는 터무니없이 적은 편이다. 이 불충분한 인원만으로는 "절대적인" 권력을 가진 광대한 국가를 완전하게 다스릴 수 없었다. 이 국가는 근본적으로 불완전하고 비효율적이었다. 수천 개의 하위 자치체들과 충돌했다. 그러나 무기력했을 뿐이었다. 거대한 에스파냐 제국에서 도시들은 자유로웠다. 도시들은 불입해야 할 세금을 미리 계약함으로써 간접세에 대한 통제력을 쥐고 있었다. 우리가 그 구조를 잘 알고 있는 세비야와 부르고스는 1557년에 한 베네치아인 대사가 쓴 것처럼[125] 큰 자유를 누리고 있었다. 그는 "에스파냐에서는 영주들과 자치체들이 그들만의 고유한 법에 따라 통치한다." 마찬가지로 이베리아 반도 바깥에 있기는 했지만, 에스파냐 제국의 지배를 받았던 메시나도 1675년까지는 공화국으로 남아 있었고 모든 부왕들에게 골칫거리였다. 1577년 6월에 마르콘토니오 콜론나는 다음과 같은 편지를 썼다. "메시나의 특권이 얼마나 큰가를 그리고 부분적으로는 칼라브리아로 가는 것이 쉽기 때문에 이 도시에 얼마나 많은 범법자들과 살인자들이 살고 있는지를 전하께서는 알고 계십니다. 따라서 (메시나를 이끄는 고위 행정관직인) 스트라티코가 직무를 제대로 수행하는 것이 아주 중요합니다. 이 관직을 맡은 자는 2년 만에 섬의 부왕이 10년 걸려야 가질 수 있는 수익보다 더 많은 수익을 올릴 수 있다고 합니다. 다른 무엇보다도 보증금만 많이 내면 중대 범죄를 저질러도 감옥에 가는 사람이 없다고 합니다. 일단 보증이 파기되는 경우에는 그 돈은 고스란히 스트라티코의 수중에 들어가게 됩니다. 오늘날 이 도시는 도둑이 너무나 많아서 성내에서조차 사람들을 유괴해서 몸값을 받는다고 합니다."[126]

이베리아 반도 내에 있건 밖에 있건 간에 여러 지역 전체, 도시, 때로는 특권이 있는 지역에도 에스파냐의 국가 공권력은 제대로 미치지 못했다. 멀리 떨어진 변경지역의 경우 역시 모두 그러했다. 1570년까지 그라나다 왕국이 그런 사례에 해당한다. 1580년부터 1640년에 관계가 단절될 때까지 포르투갈은 자유를 가진 "자치령"이었고, 침략자 에스파냐도 그들의 자유와 권리를 건드릴 수 없었다. 바스크 지역의 작은 지방들도 항상 그러했다. 특권 회수 조치가 이루어지고 1591년의 봉기와 폭동이 진압된 이후에도 펠리페 2세는 아라곤에 어떤 조치도 취할 수 없었다. 그것은 신성 모독에 가까운 일이었다. 따라서 아주 부주의한 여행자라고 해도 카스티야를 벗어나 경계를 넘어 아라곤에 들어가는 순간 완전히 다른 세상을 만나게 된다. 그곳에서는 준독립적인 영주들이 대포까지 갖춘 성에 거주하면서 온갖 횡포를 부리고 있었다. 지척의 카스티야는 국왕권에 굴복하고 무장을 풀었는데도 말이다. 이들은 사회적, 정치적 특권과 세제상의 특혜까지 누리고 있었다. 아라곤 전체는 자율적으로 통치되었고, 국왕의 징세권으로부터 절반쯤 벗어나 있었다. 사정이 이렇게까지 된 데에는 지척에 프랑스가 있었기 때문이다. 혼란의 조짐이 조금이라도 보이면 프랑스는 이를 이용하여 불완전하게 닫혀 있는 에스파냐라는 문을 박차고 들어올 수 있었다.[127]

오스만 제국 내의 유럽 지역에서 술탄의 권위가 약화되었던 것도 비슷한 이유에서였다. 제국 북쪽 지역에 있던 몰다비아, 왈라키아, 트란실바니아와 크림 반도에 있던 타타르인의 왕국에서 그러했다. 우리는 알바니아, 모레나, 발칸 반도의 산악지대가 누리는 자율성이 지정학적 위치의 결과임을 확인한 바 있다.

국가에 대한 저항은 다양한 형태를 띠었다. 여전히 저항적이었던 칼라브리아는 물론이고 나폴리 왕국에서는 유목민 연합과 거대한 나폴리 시가 큰 역할을 했다. 목동 연합을 통해서 농민들은 영주와 국왕의 전횡에서 벗어났다. 나폴리에 살게 되면, 도시의 공기가 그들을 자유롭게 해주었다. 남쪽에 있던 시칠리아에서는 세속 당국의 권력으로부터 도피하게 되면 시칠리아 종교재판소의 보호를 받을 수 있었다. 이곳에서는 종교재판소의 세력이 예외적으로 컸다. 투르크에서 수도가 거대하게 커진 것도 어쩌면 비슷한 이유에서이지 않았을까? 지방에서는 그 어느 것도 베이렐르베이, 산작, 수바시,

그리고 그 누구보다도 더 사람들이 두려워했고 증오했던 보이보드라는 그들의 대리인들의 탐욕에 맞서 개인을 보호해주지 못했다. 어느 정도 법질서가 잡혀 있던 콘스탄티노플에서나 그나마 안전이 보장되었다.

16세기에 국가 관리들의 부패가 극심했다는 것은 의심의 여지가 없다. 이는 기독교 세계에서든 이슬람 세계에서든 마찬가지였고, 남유럽이든 북유럽이든 다르지 않았다. 1573년 알바 공작이 플랑드르인들에 대해서, "민사 소송에서든 형사 소송에서든 돈 거래가 이루어진다. 마치 푸줏간에서 고기를 팔 듯이 판사들 대부분이 그들을 사고 싶어하는 사람에게 일상적으로 자신을 팔고 있다."[128] 이런 전반적인 부패야말로 통치자의 의지를 제한하는 것이며, 이는 만만한 문제가 아니었다. 부패는 눈에 잘 띄지 않은 채 복합적인 힘을 가지게 되었고, 그 자체로서 하나의 권력이 되었으며,[129] 사람들이 법을 피하기 위해서 몸을 숨기는 도피처가 되었다. 힘과 계략이 뒤엉켜 있는 이 문제는 새삼스러운 것이 아니다. 로드리고 비베로는 1632년경에 "에스파냐의 법은 파리와 모기만 잡는 거미줄과 같다"고 술회한 바 있다.[130] 부자와 권력자들은 함정을 벗어났고, "빈자들과 특권이 없는 자들만"이 곤란을 겪었다. 이는 모든 시대의 진리가 아닐까?

국가의 재정과 차입

거대한 영토를 가진 국가의 또 하나의 약점은 납세자들과 직접 접촉하지 못하며, 그들에게서 원하는 만큼 세금을 거둘 수 없었다는 것이다. 이로부터 조세 행정 측면에서 그리고 재무 행정 측면에서 이상한 무능력이 생기게 된다. 16세기가 끝날 무렵의 이탈리아에 대해서 우리가 이미 인용했던 예들은 차치하고라도, 국가는 재정 부서도 국립은행도 가지고 있지 않았다. 1583년에 펠리페 2세의 측근들 가운데 국립은행에 관해서 생각한 사람이 있었으나, 그 계획은 구체화되지 않았다.[131] 따라서 너무 근대적인 느낌을 주는 은행가라는 말 대신에 대부업자라고 불러야 할 사람들에게 돈을 빌려

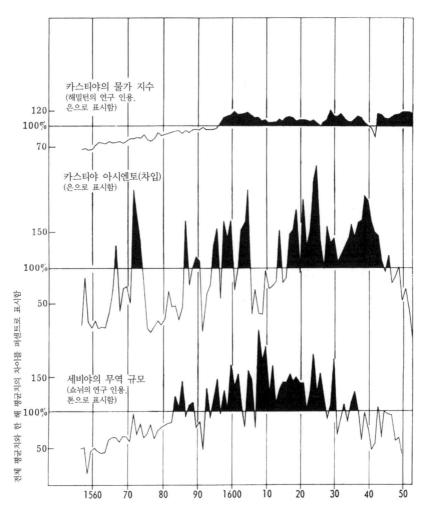

도표 59. 카스티야의 아시엔토와 경제생활 1550-1650

얼 J. 헤밀턴이 조사한 물가지수의 변동(진폭이 크지 않은 것 같다)과 세비야 무역량의 급격한 상승과 그후의 큰 폭의 하락과 비교할 때, 아시엔토 계약, 즉 국가의 단기 차입 곡선은 지진계의 진동 폭과 유사해 보인다. 그래도 전체적으로는 물가 곡선, 특히 세비야의 물가지수와 약간의 유사성을 보이는데, 이는 세비야가 아시엔토 계약의 선금의 담보이자 아시엔토 계약의 환급금으로 제공된 아메리카 대륙의 은의 입항지라는 점을 감안할 때에 자연스러운 결과이다. 대체로 100퍼센트 선을 넘어서는 것은 전쟁의 압력이 있었음을 보여주는 것이고, 이 선 아래로 떨어지는 것은 평화 시기이거나 전쟁이 중단되었음을 나타낸다(포르투갈 정복의 경우는 예외로 한다). 30년전쟁 시기에 이루어진 막대한 규모의 차입은 주목할 만하다. 아시엔토 곡선은 알바로 카스티요 핀타도가 작성한 것이다("아날 ESC," 1963).

야만 하는 상황이 에스파냐 제국의 핵심부에서 나타났다. 국왕은 그들 없이는 아무 일도 할 수 없었다. 펠리페 2세가 1559년 9월에 에스파냐로 돌아온 후 10년 동안 가장 큰 골칫거리는 재정을 정상화시키는 것이었다. 사방에서 그에게 전해지는 의견서에서 제시하는 분석 결과는 늘 같았다. 아파이타티 가문이나 푸거 가문 혹은 제노바인들에게 돈을 빌리라는 것이었다. 에라소에서 민족 봉기가 일어나자, 이번에는 부르고스의 말벤다 가문 같은 에스파냐인 대부업자들이 추천되었다.

펠리페 2세와 그의 아버지 카를 5세의 영토가 분산되어 있었다는 사실은 세금을 거둬야 할 곳과 지출해야 할 곳이 여기저기 흩어져 있었다는 것을 의미했으며, 이로 인해서 국왕은 어쩔 수 없이 국제적인 상인 가문에 의존해야 했다. 자금 이체를 위해서도 상인의 도움이 필요했다. 그밖에도 상인들의 역할이 하나 더 있었다. 앞으로 들어올 세금을 담보로 하여 미리 선금을 주는 일이었다. 이는 상인들이 세금 징수를 위해서 직접 나서야 했고, 납세자들과 만나야 했다는 것을 의미한다. 결국 에스파냐의 징세구조를 자신들의 이익을 위해서 조직했던 사람들은 이들 대부업자들이었다. 1564년에 펠리페 2세는 제노바인들에게 트럼프의 판매 독점권을 주었다. 그후에는 안달루시아의 염전들도 그들에게 양도해야 했다. 그는 또한 선왕 시절의 계약을 갱신하면서 푸거 가문에게 알마덴 광산의 채굴권과 기사단들의 재산 관리권을 넘겨주었다. 기사단의 재산 관리권의 경우는 광대한 밀밭, 목초지, 통행세와 농민들의 지대를 외국인들의 손에 넘기는 것을 의미했다. 푸거 가문은 성실하고 조직적이고 열정적인 독일인 대리인들과 중개인들을 고용했다. 이러한 외국의 상사가 아닌 경우에는 도시나 신분의회 같은 중간 권력집단들이 세금 징수를 맡았다. 재정적인 측면에서 국가가 미완성된 것이 아니라면, 무엇이란 말인가?

현금 수송이 에스파냐만큼 필수적이지는 않았던 프랑스에서도 은행가들과 대부업자들은 중요한 역할을 했다. 사업가들이 국가 재정 분야에서조차 자유롭게 활동할 수 있었던 투르크에서도 사정은 마찬가지였다. 게를라흐는 『일지(*Tagebuch*)』에서, "콘스탄티노플에는 무역과 그밖의 다른 많은 벌이들로 부유해졌으나 여전히 상인 복장을 하고 다니는 그리스인들이 많다. 그 이유는 투르크인들이 그들의 부를 알고 빼앗아가지 않도록 하기 위해서이다"라고 썼다.[132] 이들 중 가장 부유한 사람은 미카엘 칸타쿠제누스라는 사람이었다. 투르크인들이 악마의 아들이라고 불렀던 이 가짜 그리스인은 그 조상이 영국인이라는 터무니없는 소문도 있었다. 어쨌든 그의 막대한 재산은 그가 오스만 제국에서 벌인 국가 관련 사업과 기묘하게 연결되어 있었다. 칸타쿠제누스는 제국 내의 모든 염전을 독점한 상인이자, 수많은 세관의 징세청부업자였고 여러 관직들을 사 모았으며 재상처럼 정교회의 주교와 수도 대주교들을 뜻대로 해임할 수도 있었다. 또한 몰다비아나 왈라키아 같은 지방 전체의 수입을 총괄하고, 20-30척의 갤리 선을 무장시킬 수 있는 영주였다. 안키올리에 있던 그의 사치스러운 대저택은 황궁과 겨룰 수 있을 정도였다. 이 벼락부자는 갈라타나 여타 지역들의 그렇고 그런 그리스 동향인들과 함께 뭉뚱그려 말할 사람이 아니었다. 이처럼 부를 과시하며 조심성이 없었던 그는 결국 1576년 7월에 체포되었다. 부정축재자로 몰려 막대한 재산을 내놓는 대가로 메흐메트 소콜루에 의해서 처벌을 면했다. 석방되자 그는 전보다 더 큰 규모로 사업을 재개했다. 이번에는 소금뿐만 아니라 마초를 독점했고, 과거처럼 몰다비아와 왈라키아에서 술책을 부렸다. 결국 올 것이 오고야 말았다. 1578년 3월 13일, 술탄의 명에 따라 그는 재판 절차도 없이 안키올리에 있는 자신의 대저택 대문 앞에서 교수형에 처해졌고, 그의 재산은 몰수되었다.[133]

미케스 또는 미카스라는 이름으로 알려져 있고 말년에는 낙소스 공작이라는 명망가의 지위를 누렸던 조제프 나시라는 포르투갈 출신의 유대인이 있었다. 이 사람은 위의 인물과 동급이면서도 그보다 더 기이한 운명을 살았던, 여러 가지 면에서 수수께끼 같은 인물이다. 오랫동안 이곳저곳을 목적 없이 돌아다녔던 그는 네덜란드와 브장송을 거쳐간 적이 있었고,[134] 베네치아에 살았던 적이 있었으며, 1550년경 콘스탄티노플에 정착했다. 이미 매우 부유했던 그는 성대한 결혼식을 올렸고, 유대교로 귀의했다. 출세하기 전부터 술탄 셀림 1세의 절친한 벗이었던 그는 고급 포도주를 궁에 조달하면서 여러 섬들에서 생산되는 포도주 십일조의 징세청부를 맡았다. 1570년 키프로스 섬을 공격하도록 술탄을 종용한 사람도 바로 그였다. 가장 놀라운 것은 1579년에 그가 막대한 재산을 소유한 채 천수를 누리고 사망했다는 점이다. 이 놀라운 인물을 재평가하는 작업이 있기는 하지만, 이 오리엔트의 푸거에 관해서 기존에 알려진 것 외에 더 밝혀진 사실은 없다.[135] 에스파냐의 문서에는 그가 에스파냐에 우호적이었으며 에스파냐 국왕의 협력자였던 것으로 나와 있다. 그러나 그는 우리가 친에스파냐, 반프랑스로 분류할 만한 사람이 아니다. 그렇게 되면 콘스탄티노플의 정치 현실이 얼마나 유동적이었는지를 망각할 우려가 있다. 따라서 칸타쿠제누스의 경우처럼 오스만 재정에서의 그의 정확한 역할에 집중하는 편이 더 흥미로울 것이다. 오스만 재정에 관해서 알아야 할 것은 여전히 너무나 많다. 과연 이 목표를 이룰 날이 올 수 있을까?

기독교 국가들과는 반대로 오스만 제국이 가지지 못했던 것이 단기채든 장기채든 공적 신용[공채]이었음은 분명하다. 소규모든 대규모든 대부업자들의 개인 돈을 그리 어렵지 않게 우아한 방식으로 빌릴 수 있는 능력 말이다. 서양의 각국은 개인의 비축금을 끌어내기 위한 다양한 방식들을 찾아냈다. 프랑스에서는 파리 시청이 지급을 보증하는 공채가 잘 알려져 있었다.[136] 에스파냐에서는 후로(juro)라는 공채가 있었다.[137] 펠리페 2세 말기에 공채가 8,000만 두카트라는 막대한 금액에 이르게 되자 그 가치는 급락했고 광적인 투기의 대상이 되었다. 정부는 공채의 시세를 감안하여 70퍼센트의 이자를 지불했다. 세르반테스의 단편 소설 『집시 처녀(*La Gitanilla*)』에 나오는 한 인물에 따르면, 돈을 모으고 유지하는 방법은 "에스트레마두라의 목초지를 담보로 하는 공채를 가지는 것"이다.[138] 여러 가지 변수들은 존재하지만, 공채는 역시 좋은 투자처라는 뜻이다. 이탈리아에서 공적 신용을 얻기 위해서는 중개기관인 몬테 데 피에타(Monte de Pietà)를 통해야 했다. 귀차르디니는 "피렌체는 몬테 데 피에타의 약점이고, 몬테 데 피에타는 피렌체의 약점이다"라고 말한 바 있다.[139] 16세기의 상황을 묘사했던 이 말은 17세기에 가면 보다 더 분명해진다.[140] A. 도렌은 이탈리아 경제사에서 공채 구매에 대규모 투자가 이루어졌다는 것이 16세기 초에 시작된 이탈리아의 퇴조의 원인이자 징후였다고 주장했다. 돈이 모험을 피해 도피한 것이다.

아마도 로마보다 더 공적 신용에 자주 의존했던 곳은 없었을 것이다. 당시 로마는, 영토는 좁았지만 막강한 영향력을 행사했던 교황령이라는 이상한 국가의 중심이었다. 콘스탄츠 공의회[1414-1418] 이후 15세기 백 년 동안 성장을 거듭한 개개의 국가들에게 밀리면서 교황권은 크게 쇠퇴했고, 교황령의 자원에만 의존할 수밖에 없게 되었다. 따라서 교황청은 수입을 늘릴 방법들을 여러 가지로 강구했다. 15세기 말과 16세기 초의 교황들이 사제라기보다는 세속 군주와 같았던 데에는 이유가 있었다. 재정 상황이 그들을 그렇게 만들었던 것이다. 16세기 중반에 이르러도 상황은 달라지지 않아서, 교황청 수입의 80퍼센트 가까이가 교황령으로부터 나왔다. 이러한 상황에서 면세 특권을 줄이기 위한 치열한 싸움이 벌어졌다. 교황청이 비테르보, 페루자, 오르비에토 외에 움브리아 지방의 중소도시의 지방 재정을 흡수한 것은 이러한 싸움에서 얻은 큰 승리였다. 볼로냐만이 자치 상태를 유지했다. 그러나 이러한 승리는 대체로 고전적인 옛 징수체계가 그대로 이어지게 만들었다. 즉 세입원은 확보되었지만, 한 역사가가 지적했듯이, "교황청이 직접 납세자들과 접촉하는 것은 아주 예외적인 경우뿐이다."[141]

중요한 것은 이 징세 전쟁이 공적 신용에 호소했던 사실이다. 클레멘스 바우어가 교황청 재무행정의 역사는 "차입의 역사"였다고 했던 말은 옳다.[142] 차입은 은행가들에게서 빚을 내는 형태가 일반적이었던 단기 채무와 교황청 회계청이 상환을 담당하는 형태의 장기 채무가 있었다. 교황청의 차입이 속인들의 관직 매매와 연관되어 있었던 만큼 그 기원에 주목하여 살펴야 한다. 교황청의 관리와 채권자들 사이에는 처음에는 명확한 구분이 없었다. 관리-채권자들이 단체를 구성했던 것이다. 그들은 관직을 구입했고, 이자 명목으로 정해진 수입을 보장받았다. 예를 들면, 1509년에 설립된 곡물 장관의 단체에서는 141개의 관직이 총 91,000두카트에 팔렸고, 로마의 급여 수입 가운데 1만 두카트가 이들에게 지급될 급료이자 이자 명목으로 책정되었다. 후일 관리 협회(官吏協會)의 설치와 더불어 교황청이 소액 채권자들에게 공채 판매를 시작하자, 채권 보유자에게 부여되는 관직의 직함이 순전히 명예직이 되었다. 먼저 1520년에 산 피에트로 기사단이 창단되면서, 이러한 경향이 나타나기 시작했다. 뒤이어 산 파올로 기사단과 산 조르조 기사단이 세워졌다. 마침내 정부 채권의 완성된 형태가 나타난 것은 메디치 가문 출신의 클레멘스 7세가 피렌체의 제도를 따른 것 같은 몬테(Monte)가 만들어졌을 때였다. 원리는 프랑스 파리 시청 공채와 같았다. 일정액의 자금을 내놓는 대가로 일정액의 보증된 수입을 양도하는 것이었다. 루오기 디 몬티(Luoghi di Monti)라고 불렸던 공채는 로마 내에서든 밖에서든 거래가 가능했는데, 대개 액면가보다 높은 값에 거래되었다[Monti는 Monte의 복수형이다]. 그후 톨파의 명반 광산에 의해서 보증되는 몬테 알루미에레(명반 광산 몬테)가 창설되었고, 몬테 산토 부오나벤투라(성 부오나 벤투라 몬테), 몬테 델라 카르네(식육 몬테), 몬테 델라 페데(신용 몬테) 등이 상황에 따라서 필요할 때마다 추가되었다. 알려진 것만 해도 30여 개가 넘는다.

이것은 대체로 원금 회수가 가능한 채권이었다. 예를 들면 1555년에 세워진 몬테 노벤날(9년 몬테)은 **원칙적으로** 9년이 지나면 원금을 환급해야 했다. 그러나 상속이 가능한 영구 공채도 있었다. 종신 공채를 영구 공채로

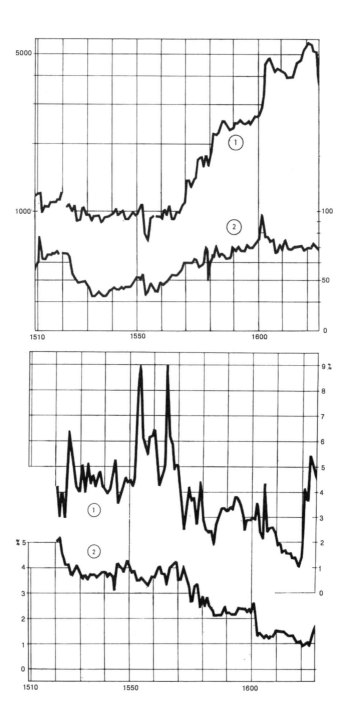

전환하는 것은 이자율을 낮출 수 있는 기회였기 때문에, 단기적으로 교황청의 재정 상황에 이익이 되었다. 이 모든 사항들이 로마의 몬테가 시대에 뒤떨어진 것이 아니었음을 말해준다. 로마의 몬테는 피렌체나 베네치아의 공채나 산 조르조 은행 또는 카스티야의 공채에 비교될 수 있을 것이다. 정확한 통계 수치를 제시하기는 어렵지만, 1526년부터 1601년까지 교황청은 교황청 자신을 위해서 (때로는 로마 귀족 대표들을 위해서) 1,300만 에퀴를 차입했던 듯하다. 이 액수는 오늘날의 독자들에게 그리 많아 보이지 않을 수 있다. 그러나 식스투스 5세는 이렇게 모은 돈을 산탄젤로 성채의 금고에 보관했는데, 은 26톤과 금 3톤에 이르렀다. 결과만 놓고 보면 도저히 이해할 수 없는 매우 촌스러운 정책이었지만, 돈을 빌리는 방식 자체는 매우 근대적인 것이었다. 이 몬테의 고객이 국제적인 성격을 띠고 있었기 때문에, 로마에서 공채 발행이 크게 늘면서 제노바 공채 시장이 성장을 멈춘 것은 자연스러운 일이다.[143] 레오폴트 폰 랑케가 말했듯이 로마는 적어

←도표 60. 1509-1625년 산 조르조 은행의 "루오기"

옆 페이지의 네 곡선 그래프는 카를로 M. 치폴라가 쓴 중요한 논문을 요약하고 있다(409쪽의 주 145를 참고할 것). 루오기(luoghi)는 제노바 공화국의 공채 이름이다. 액면가 100리라(2,000솔도)로 발행되며 이자율이 변동하는 영구 공채이다(베네치아처럼 이자가 고정되어 있지 않았다). 이자는 세금을 담보로 확보하고 있으면서 세금의 징수까지 맡았던 산 조르조 은행의 수익률에 따라서 달라졌다. 루오기의 발행 규모는 1509년(193,185매)부터 1544년(477,112매)까지 크게 증가했고, 그에 따라서 시세는 떨어졌다. 그후 발행되는 채권의 매수는 안정을 찾았다(1597년 437,708매, 1681년 476,706매). 첫 번째 곡선은 시장에서 거래되는 루오기의 시세를 그린 것이다(왼쪽의 눈금은 1,000에서 5,000솔도를 나타낸다). 두 번째 곡선은 루오기의 이자율, 즉 레디토(reddito) 추세를 보여준다(오른편의 눈금은 40에서 100솔도를 나타낸다). 이자율은 16세기 후반에 확실히 상승세를 나타내다가, 다음 세기에 줄어든다. 그런데 루오기 이자는 단 한 번도 정확하게 지불된 적이 없었다. 절반은 4년 후에, 나머지 절반은 또 1년이 지나야 지급되었다. 만일 채권 소지자가 즉시 지급받기를 원한다면, 그는 이자 쿠폰을 할인해야 했으며 할인율은 시장 상황에 따라 달라졌다(두 번째 그래프의 첫 번째 곡선). 연체와 할인율을 감안한 루오기의 실제 이자율을 산정하는 것이 가능한데, 마지막 곡선이 그것이다. 1570년 이후 이자율은 분명한 하향세를 보이며, 1600년이 지나면 이 경향은 더욱 강화된다. 이에 따라 치폴라는 다음과 같은 결론을 내렸다. "이러저러한 이유로 인해서, 17세기 제노바에서는 1.2퍼센트에 자금을 빌릴 수 있었다." 이러한 비정상적인 상황이 제노바 금융시장의 건강 상태를 나타내는 것인지는 더 연구해보아야 한다.

도 투자자들의 "중요한 유럽의 화폐 시장이었던 것 같다"고 말할 수 있지 않을까?[144] 그럴 듯하지만, 확실한 것은 아니다. 중요한 것은 신중하든 무모하든 모든 국가들이 이용하고 있었고 수많은 공채 소유자들이 만족하며 거래하는 신용시장이 유럽에서 크게 발달하고 있었다는 점이다. 경제 상황만으로는 이러한 열광을 설명할 수 없다. 아마도 안전을 추구하는 집단 심리가 작동했던 것 같다. 1570년부터 1620년까지 "역사가들이 가격혁명이라고까지 부르는 경기 호황이 지속된 제노바에서 이자율의 감소라는 역설적인 현상"이 분명히 확인된다.[145] 1522년 이후 4-6퍼센트 정도에서 변동하던 이자율이 1577년부터 1588년 사이에는 2퍼센트로, 가장 낮을 때는 1.2퍼센트까지 떨어졌다. 이 시기는 제노바에 금과 은이 유입되던 시기와 일치하며, 이 시기에는 투자처를 찾는 것이 매우 힘들었다. "자본이 그처럼 싼 값에 제공된 것은 로마 제국이 몰락한 이후로 유럽사에서는 처음 있는 일이었으며, 이것이야말로 진정 기묘한 혁명이었다." 다른 시장들의 상황을 분석함으로써, 오늘날처럼 이자율이 어떤 곳에서는 경기를 활성화시키고 다른 곳에서는 불경기를 유발시킨 것을 보여줄 수 있다면, 매우 흥미로운 연구가 될 것이다. 나는 이것이 충분히 가능했을 것이라고 본다. 어쨌든 공채 붐, 즉 갑작스러운 공채 투자의 인기 상승은 16세기 정부의 업무를 원활하게 만들었다.

모든 것을 고려할 때, 오스만 제국에서 봉토와 관직의 소유자들을 부당하게 수탈한 이유는 소액이든 거액이든 자금주들에게서 돈을 빌리는 것이 서양처럼 가능하지 않았다는 데 있었다고 생각할 수 있다. 물론 오스만 제국에도 신용 제도가 있었다. 우리는 재판관 앞에서 상인들이 인정한 채무증서들[146]과 대(大)투르크 제국의 신민인 상인들이 사용하던 환어음에 관해서 살펴본 바 있었다. 필요하다면 유대 상인들이 자신들끼리, 때로는 종교가 같은 사람들과 또는 서양에 있는 그들의 대리인들과도 환어음을 사용했던 것을 밝힌 새로운 연구물들도 참고할 수 있다.[147] 장 보댕이 여행 중에 들었다는 세기 중반의 다음과 같은 소문도 이 사실을 잘 보여준다.[148] 즉 오스만 파샤들이 리옹 금융조합의 투기에 동참했다는 것이다. 불가능하지 않았을 것이다. 그러나 오스만 제국에는 공적 신용제도가 없었다.

1600-1610년: 중소 규모 국가들의 약진?

16세기 말과 17세기 초 대규모 영토국가들은 질병을 앓고 있었거나 적어도 피로에 지친 상태에 있었을까? 당대인들의 증언을 듣게 되면, 유명한 환자 침대 맡으로 모여드는 사이비 의사들이 떠오른다. 저마다 병에 대한 갖가지 해석과 진단 그리고 처방을 제시하는 사람들 말이다. 에스파냐에는 몽상적인 개혁가들, 즉 국내외 조언자들이 늘 넘쳐났으며,[149] 이들만으로도 하나의 사회집단을 구성할 수 있을 정도였다. 17세기가 시작된 지 얼마 지나지 않아 이들의 수는 늘어났고 목소리도 커졌다. 그리고 빽빽하게 열을 지어 역사의 심판대 앞으로 몰려가 증언을 늘어놓았다. 포르투갈도 상황은 비슷했다.

이들의 증언이 이토록 생생한데, 어떻게 에스파냐 군주정의 쇠퇴를 믿지 않을 수 있을까? 사건들, 증인들, 1612년의 토메 카노의 우울한 그림들[150]로부터 브라질과 서인도 제도로 향하던 포르투갈 선박들에게 닥친 재앙들을 상세하게 묘사한 『해양 비극의 역사(Historia tragico-maritima)』라는 매우 흥미로운 문집[151]에 이르기까지 모든 것이 이 사실을 증언하고 있다. 사람들은 불운, 쇠락, 약화, 적들의 승리, 바다에서의 위험, 모잠비크의 암초에 걸려 난파된 선박들, 희망봉 부근에서 사라진 선박들에 관해서만 이야기한다. 이베리아 반도의 도로가 강도들로 들끓고 흑사병으로 수없이 많은 사람들이 죽었다는데, 어느 누가 에스파냐의 강한 골격이 약해졌다는 것을 의심할 수 있을까? 외적으로 에스파냐는 여전히 위용을 자랑하고 있었다. 스러져가면서도 에스파냐는 위협적이었다. 적어도 마드리드는 17세기 유럽에서 가장 눈부신 삶이 펼쳐진 곳이었다.

그러나 같은 시기에 콘스탄티노플의 궁전은 유례없는 사치를 누리고 있었다.

그럼에도 불구하고 이곳에도 그늘이 드리우기 시작했으며, 피폐의 징후들이 늘어나고 있었다. 오스만 제국은 널빤지를 잘못 조립한 선박처럼 삐거덕거리고 있었다. 때로는 공공연하게 때로는 암암리에 일어난 여러 차례의 반란들이 알제에서 페르시아의 국경에까지, 타타르 지방에서 이집트 남부에 이르기까지 진행되면서 제국을 뒤흔들었다. 이 나라가 망하기만을 바라던 유럽인 관찰자들의 눈에는 오스만 제국이라는 기계가 수리 불가능할 정도로 고장난 것처럼 보였다. 예수회와 카푸친 회는 난파 직전의 이 세계의 영혼을 정복하기 위해서 엄청난 열정을 쏟으며 헌신했다. 유럽에서 이 불신자들을 몰아내고 땅을 되찾을 수 있는 절호의 기회가 아니었겠는가? 베네치아 주재 에스파냐 대사였던 이니고 데 멘도사는 계속해서 이런 말을 되풀이했다. 이런 생각으로 한껏 마음이 부풀었던 그는 예수회에 들어가기 위해서 외교관으로서의 삶을 포기하려고까지 했다. 이런 몽상가가 그 혼자만은 아니었다. 오스만 제국의 분할을 위해서 싸울 준비가 되어 있던 투사들이 나타났고, 이 싸움은 그 긴 역사의 시작이었다. 다른 사람들도 이 길을 좇았다. 1600년에 카를로 루치오 신부, 1606년에 프랑스인 장 에메 샤비니, 1609년 또다른 프랑스인 자크 에스팽샤르, 1609년 10월의 조반니 미오티, 같은 해 12월의 이름을 알 수 없는 한 이탈리아인, 1611년 카푸친 회 소속의 프란체스코 안토니오 베르투치가 그런 사람이다. 쉴리의 "큰 계획"이나 느베르 공작 샤를 곤자가와 그의 아버지 조제프의 이에 못지않은 원대한 계획(1613-1618)은 언급할 필요도 없다. 약간의 의지만 있다면, 학자들은 여기서 언급한 어느 한 사람의 이름만으로도 열 사람을 더 찾을 수 있을 것이다. 실제로는 그들의 숫자에 100을 곱해야 한다. 종교적 열정에 취한 유럽은 17세기 초부터 "병자"의 유산 상속을 기대하고 있었다. 그러나 선동가들의 생각은 틀렸다. 병자는 그리 빨리 죽지 않을 것이기 때문이다. 예전의 활기를 다시는 찾지 못하겠지만, 그는 오랫동안 목숨을 계속 이어갈 것이다. 크게 얻은 바는 없었지만, 1590년에 투르크는 페르시아를 상대로 한 전쟁에서 공허한 승리를 했다. 1606년에는 독일, 즉 서양을 상대로 한 소모적인 전쟁 끝에 큰 이익 없이 평화협정을 체결했다.

그러나 바퀴는 이미 돌고 있었다. 16세기 초기는 규모가 큰 국가들에게 유리하게 돌아갔다. 경제학자들이 말하듯이, 이 국가들은 최적의 크기를 가진 정치적 기획이라고 할 만했다. 이 세기가 지나가면 그 이유가 명확하지는 않지만, 이 거대한 괴물도 급변하는 여러 상황들에 의해서 부침을 겪을 것이다. 표면적인 위기였을까, 아니면 구조적인 위기였을까? 단순한 약화였을까? 아니면 퇴조의 징후였을까? 어쨌든 17세기 초에는 중간 규모의 국가들만이 활기차게 움직였던 듯하다. 갑작스러운 번영을 누리기 시작한 앙리 4세의 프랑스가 그렇고, 모험과 문학으로 환하게 빛났던 엘리자베스 시대의 작은 영국이 그렇고, 암스테르담을 중심으로 힘을 통합한 홀란드가 그러했다. 1555년부터 나라의 몸과 마음을 쇠하게 할 30년전쟁의 조짐이 나타날 때까지 물질적인 번영을 누리던 독일 역시 그러했다. 지중해에서는 다시 한번 금으로 부유해지는 모로코나, 도시에서 출발하여 영토국가로의 발전의 역사를 보여준 [투르크의 데이 통치의] 알제의 섭정시대가 그 예이다. 부, 아름다움, 지성이 충만했던 빛나는 베네치아나 페르디난도 대공이 다스리던 토스카나 역시 이 경우에 해당한다. 모든 것이 이 새로운 세기가 국내 정치문제를 효과적으로 해결할 능력이 있는 적당한 크기의 나라들을 도와주는 것처럼 돌아갔다. 이 나라들에서는 수많은 콜베르들[152]이 경제를 진단하고, 관세를 징수하고, 신민들의 새로운 시도들을 자극하고 그들을 가까이서 보호하는 데에 성공했다. 제국의 복잡하고 때때로 선명하지 않은 큰 역사보다 일련의 이 작은 나라들의 역사로 이미 방향이 바뀌었음을 알 수 있다.

달리 말하면, 제국들은 1595년부터 1621년까지의 긴 침체기를 중간 규모의 국가들보다 더 심하게 겪었다. 정도도 아주 약했고 기간도 짧기는 했지만, 상승 국면이 돌아왔을 때, 대규모 정치체들은 그들의 경쟁자들처럼 재빨리 기력을 회복하지 못했고, 17세기 중반부터 한 세기에 걸친 장기적인 위기가 시작되자 상황은 더욱 악화되었다. 18세기에 경제적인 대부흥기를 충분히 누리며 부상한 강대국들은 오스만이나 에스파냐 같은 16세기의 제국이 아니었다. 지중해의 쇠퇴였을까? 물론이다. 그러나 그것만은 아니다. 에스파냐는 대서양 쪽으로 몸을 돌릴 수 있는 충분한 기회가 있었기 때문이다. 그렇다면 왜 에스파냐는 그렇게 하지 못했을까?